Russell Franklin • Hemingways Kind

Russell Franklin
Hemingways Kind

Roman

Aus dem Englischen
von Michaela Grabinger

KEIN&ABER
POCKET

Die Originalausgabe erschien unter dem Titel
The Broken Places bei Phoenix Books, an imprint
of The Orion Publishing Group Ltd, an Hachette UK Company
Copyright © 2023 by Russell Franklin

Die Zitate von Ernest Hemingway stammen aus:
Inseln im Strom, Rowohlt 2000
Der Garten Eden, Rowohlt 2006

Alle Rechte vorbehalten
Copyright © 2023/2024 by Kein & Aber AG Zürich – Berlin
Covergestaltung: Hannes Aechter, Berlin
Satz: Dörlemann Satz, Lemförde
Druck und Bindung: CPI books GmbH, Leck
ISBN 978-3-0369-6183-5
Auch als eBook erhältlich

www.keinundaber.ch

Die Welt bricht jeden, und danach sind
viele an den gebrochenen Stellen stark.

Ernest Hemingway

Seht euch den Jungen an.

Wie fest seine Füße in den zu großen Stiefeln auf dem Boden stehen, und wie sein Gewicht auf dem vorderen Bein liegt. Der Körper leicht geneigt, das Gewehr locker in beiden Händen. Wie er es gelernt hat.

Sein Blick ist auf den Korb gerichtet, der vor ihm steht. Der Vogel darin muss nervös sein. Er hat bestimmt den ganzen Tag das Stimmengewirr gehört. Und die Schüsse.

Der Junge atmet. Atmet durch die Nase ein. Atmet durch den Mund aus.

Hinter dem Menschengewühl erstreckt sich unter einem schimmernden Hitzeschleier die Bucht. Doch für den Jungen gibt es kein Menschengewühl, keine Bucht, keine Außenwelt. Für ihn gibt es nur seinen Körper und das Gewehr, den Vogel und den wartenden Himmel.

Die Zeit dehnt sich. Ein letzter Herzschlag für jeden von ihnen beiden.

Kaum ist der Korb geöffnet, stürzt der Vogel flatternd hervor, erhebt sich mit torkeligen Schlägen schneeweißer Flügel in die Luft, wird schneller, ist frei.

Der Junge dreht sich, folgt der Flugbahn des Vogels. Seine Haltung ist perfekt, unbewusst wie jede Anmut. Mit quälender Geduld wartet er, bis der Vogel seinen Rhythmus gefunden hat, und richtet das Gewehr ein Stück nach vorn aus, vor das Tier. Einmal noch atmen, dann drückt er ab.

Das Gewehr stößt mit einem Knall zurück, glänzendes Holz schleudert gegen das schön geschwungene schmale Schlüsselbein, und ein Schwarm Blei faucht in die Luft, während der Vogel höher hinauffliegt, getrieben von dem Wunsch nach Leben, doch geradewegs hin zum Tod, der ihm entgegeneilt.

Der Junge entspannt sich, und Gewehr und Vogel sinken gleichzeitig. Erst jetzt spürt er den Schweiß an seinem schmächtigen Rücken hinunterrinnen und den Durst in der Kehle brennen.

Die Welt dringt ein. Stimmengebraus, ein Durcheinander von Armen und Beinen, Menschen, die sich um ihn scharen und ihn hochheben, während Fäuste den Himmel in Stücke brechen und eine durch die Luft geworfene Bierflasche einen sepiabraunen Regenbogen über der Menge spannt.

Wieder dreht sich der Junge um, doch diesmal ungelenk, plötzlich ohne die Lockerheit von vorhin, und sucht das eine Gesicht, das einzige, das ihm in diesem Meer von Gesichtern wichtig ist. Zuerst sieht er nur Menschenschaum, blitzende Augen und aufgerissene Münder und Hände, die sich ihm entgegenstrecken, als wollten sie von ihm gesegnet werden. Dann sieht er ihn, seine bulligen Schultern, die sich mühelos einen Weg durch das Chaos bahnen.

Sein Vater greift nach ihm, entreißt ihn der Menge und hält ihn mit glänzenden Augen wie einen fleischgewordenen Sieg in die Höhe.

TEIL 1

KEY WEST

1939

»Nicht jetzt, Gregory.«

Seine Mutter rührte sich nicht, als Greg das Zimmer betrat, sondern starrte weiter in den Vorgarten hinunter. An dem Martini in ihrer Hand hatte sie noch nicht einmal genippt.

Sie wirkte ruhig, doch gleich unterhalb ihres kurz geschnittenen dunklen Haars pulsierte eine Ader, ein Zeichen dafür, dass ihr Herz heftig schlug, was verständlich war. Unverständlich war ihre Starre. Warum *machte* sie nichts?

»Mom …«

Sie schenkte ihm erst Beachtung, als er sie am Ärmel zupfte. Da zuckte sie zusammen und sah sich die Stelle an, die er berührt hatte. Als könnte er auf dem Kaschmir einen Fleck hinterlassen haben.

»Mom …« Er versuchte es noch einmal, inständig, obwohl er wusste, dass sie nicht hinhören würde, wenn er quengelte. »Bitte rede mit ihm! Sag ihm, dass er –«

»Hergott noch mal, es reicht, Greg!« Ihre Stimme klang schrill und hatte einen scharfen Unterton. »Lass mich gefälligst in Ruhe.«

Er wich gekränkt zurück, und sie starrte wieder aus dem Fenster.

Alles ging kaputt. Und er hatte nicht die leiseste Ahnung, wie er es reparieren könnte.

Er stürzte aus dem Schlafzimmer, übersprang jede zweite Stufe, lief so schnell die Treppe hinunter, dass er zu fallen glaubte, und kam in dem Moment im Vorgarten an, in dem sein Vater den nächsten schweren Koffer hinten in sein Auto hievte.

»Papa ...«, sagte er flüsternd.

Sein großer Bruder Patrick war schon draußen, doch auch er unternahm nichts, außer am Verandageländer zu lehnen und ein Gesicht zu ziehen, als würde seiner Erwartung nach gleich jemand aus dem Gebüsch springen und *Überraschung!* rufen.

Papa drehte sich zu ihnen um. Sie starrten ihn an. Er senkte den Blick, räusperte sich, rang nach Fassung.

»Was zieht ihr so muffelige Gesichter? Kommt runter zu mir, damit ich euch richtig sehen kann.«

Sie gehorchten. Greg überlegte noch immer, was er ihm sagen könnte. Wie ging der perfekte Satz, der seinen Vater zur Besinnung bringen und ihm klarmachen würde, dass das alles vollkommen falsch war?

»Kopf hoch, ihr zwei. Nächsten Sommer besucht ihr mich in Kuba, ist ja nicht so weit weg. Martha freut sich schon auf euch – ihr werdet sie mögen. Und ihr kriegt ein Zimmer in einem hohen Turm, wie im Märchen. Als würdet ihr ganz oben in einem Leuchtturm wohnen. Na, hört sich das gut an?«

Sie nickten pflichtschuldig. Patrick hatte Gregs Hand

genommen und drückte sie so fest, dass es wehtat, aber das machte Greg nichts aus.

»Du machst weiter mit Baseball, Gig. Ich habe da eine Idee – warte, bis du mich besuchst! Und du, Patrick, du passt auf deinen kleinen Bruder auf, hast du gehört?«

»Ja, Sir.«

»Gut. Also dann …« Papa beugte sich zu ihnen, als wollte er sie umarmen, richtete sich aber gleich wieder auf und verstrubbelte ihnen die Haare. »Also.« Er warf einen Blick nach oben, vielleicht in der Hoffnung, die Mutter der beiden zu sehen.

Greg wusste nicht, was er noch sagen könnte. Er ließ Patricks Hand los und rannte davon.

Tief im Inneren glaubte er, Papa würde ihn rufen, ihn fragen, was denn los sei, doch als er am Ende der Straße angelangt war, hatte er nichts gehört, nur den Wind in den Orangenbäumen. Er hatte gar nicht bemerkt, wohin er lief, aber jetzt führten ihn seine Füße über das Gras und durch die Tür des Leuchtturms von Key West.

Er stieg auf den Turm, der für einen Leuchtturm nied-rig war, und trat auf die Aussichtsplattform. Hier oben hatte er schon viele stille Stunden verbracht, Schiffe auf ihrem Weg über das schimmernde Meer betrachtet, Vögel, die in der Thermik glitten, oder seine Mutter, wenn sie im Pool ruhig ihre Bahnen zog. Jetzt zählte nur der unver-stellte Blick in den Vorgarten, wo Papa die Kofferraum-haube zuknallte und einen letzten Blick auf das Haus warf.

Solange Greg nicht da war, konnte Papa nicht fahren. Papa konnte nicht weg, ohne von Greg Abschied genom-men zu haben.

Doch genau das konnte er. Er stieg ein, und das Auto fuhr langsam rückwärts von der Einfahrt auf die leere Straße. Papa winkte Patrick zu, der auf dem Rasen saß. Dann lehnte er sich aus dem Fenster und sah nach oben, direkt dorthin, wo Greg auf dem Leuchtturm stand. Als hätte er genau gewusst, wohin Greg laufen würde. Als verstünde er Greg voll und ganz.

Er hob die Hand, und trotz allem winkte Greg zurück, als sein Vater davonfuhr.

HAVANNA

1940

Gregs Schuhe baumelten wie zwei Gewichte an den
Schnürsenkeln und zogen den Gürtel nach unten. Bei jedem Schritt spritzte das Wasser an seine Beine. Der kleine
Fluss wand sich funkelnd in der Mittagssonne. Beide Ufer
waren dicht mit Schilf bewachsen, sodass der Blick auf die
dahinterliegenden Felder verstellt war.

Patrick ging hinter ihm, vorsichtig mit den Zehen tas-
tend, aus Angst, es könnte ihn etwas beißen oder zwicken.
Mit seiner tief in die Stirn gezogenen Yankees-Kappe und
dem klobigen Rucksack sah er aus, als wollte er in den
Rocky Mountains wandern, nicht wie ein Junge, der sich
nur die Zeit bis zum Abendessen vertrieb. Sie waren erst
seit ein paar Tagen in Kuba, und er musste sich erst an
die viele *Wildnis* gewöhnen, wie er es nannte, obwohl es
hauptsächlich Ackerland war.

Greg achtete nicht auf seinen Bruder. Er konzentrierte
sich auf das Wasser vor ihm, registrierte jede Veränderung
von Licht und Schatten. Im Flugzeug hatte er in der Zeitschrift *Hero Stories* die Geschichte von einem ausgesetzten
Seemann gelesen, der mit seinen bloßen Händen Fische

gefangen und so überlebt hatte. Er stellte sich Papas Gesicht vor, wenn er mit einem Fisch fürs Abendessen zurückkäme, für den er nicht mal eine Angel gebraucht hätte.

»Wenn du so rumspritzt, verjagst du jeden Fisch weit und breit«, murmelte Patrick und zog sich den Rucksack ein Stück höher auf die Schultern.

Greg ließ sich nicht beirren. »Und wenn ich so langsam gehen würde wie du, wären wir jetzt noch im Haus.«

»Ich bin nur zwei Schritte hinter dir! Ich bin nicht langsamer als du, nur leiser. Du hast keine Ahnung vom Jagen.«

»Das werden wir ja sehen ...« Greg bemerkte neben einem alten, halb im Wasser liegenden Ast einen Schatten, der unter der hellen Oberfläche kaum zu sehen war.

Jetzt ging er doch leiser und hoffte, Patrick würde nicht bemerken, dass er den Fuß vor jedem Schritt ganz aus dem Wasser heraushob. Er sah schon Papas bewundernden Blick, schmeckte das von den Gräten genagte Fleisch.

Langsam, behutsam näherte er sich dem Ast in einem Bogen, denn sobald er den Fisch sehen würde, könnte der ihn sehen. Dann bückte er sich, tauchte in einer einzigen gleitenden Bewegung die Hände ins Wasser und zog eine leuchtende, schlabbrige, völlig durchweichte Zeitung heraus, ein Exemplar der Morgenausgabe vom selben Tag. Auf der Titelseite prangte ein fleckiges Foto von Präsident Machado, der ihn so finster ansah, als hätte Greg ihn aus dem Mittagsschlaf gerissen.

Er starrte die Zeitung an und zerknüllte sie schließlich wütend zu einem Ball. Patrick hinter ihm lachte schon.

»Genial. Jetzt können wir deinen Fisch einwickeln.«

Greg schleuderte ihm den triefenden Klumpen entgegen. In seiner Baseballmannschaft in Key West galt sein Wurfarm als legendär, und prompt traf er Patrick mit einem satten Klatsch direkt ins Gesicht.

Sein Bruder taumelte kurz, wischte sich über die Wange und sagte achselzuckend: »Na gut, das war verdient.«

In der Flussbiegung musterte sie ein großer, krummbeiniger Vogel, bevor er sich mit wenigen kraftvollen Flügelschlägen in die Luft hob und ruckartig davonflog. Greg beschattete seine Augen und sah ihm nach.

»Nicht schlecht.« Patrick stieg die Uferböschung hinauf, um den Vogel noch ein paar Sekunden sehen zu können, bevor er aus seinem Blickfeld verschwand. »Gut, dass Papa nicht da ist.« Er spannte ein imaginäres Gewehr und tat so, als würde er schießen.

Greg überlegte, ob Patrick Papa damit nicht unrecht tat. Die Vorstellung, sein Vater könnte einen so komischen dummen Vogel abschießen, war nicht schön. Allerdings hatte er ihn schon alles Mögliche abschießen sehen.

Er kletterte zu seinem Bruder hinauf, band die Schuhe ab und streckte seine Beine in die Sonne. »Fühlt sich an, als würde ich hier braten.«

»Tust du auch, oder jedenfalls siehst du so aus.« Patrick begann in seinem Rucksack zu kramen.

»Muss der eigentlich *überall* mit?«

»Man nennt das vorbereitet sein, du Schwachkopf.« Wie zum Beweis zog Patrick zwei Flaschen Cola und ein Schweizer Messer hervor. »Aber wenn du keine willst ...«

»Okay, ich nehms zurück.«

Patrick grinste und hebelte die Kronkorken von den Flaschen.

Erst als Greg die noch immer leicht kühle Flasche in der Hand hielt, bemerkte er, wie durstig er war, und trank die Hälfte in einem Zug. Dann rülpste er, wegen der Kohlensäure.

»Eklig«, sagte Patrick und nahm einen Schluck.

Greg rülpste noch einmal, griff in die Tasche seiner Shorts und zog eine zerknitterte Packung Zigaretten heraus. »Ich bin auch vorbereitet.«

»Sind die von Martha? Hast du sie geklaut?«

»Nein, die hat Papa am Pool vergessen. Willst du jetzt eine oder nicht?«

»Ja. Hast du Streichhölzer?«

»Ich hab gewusst, dass *du* welche hast.«

Patrick seufzte, weil Greg ihm seinen kleinen Sieg gestohlen hatte, zog dann aber bereitwillig eine Schachtel Streichhölzer hervor und zündete die beiden Zigaretten an. »Hoffentlich erstickst du dran, Schlauberger.«

»Gerade eben war ich noch ein Schwachkopf.«

»Dann bist du eben beides. Und ein Dieb.«

»Ein Meisterdieb.« Greg inhalierte tief und ließ den warmen Rauch in seine Lunge strömen. Ihm wurde etwas schwindelig; es war eine Weile her, dass er das letzte Mal geraucht hatte. Seit Papa gegangen war und mit Martha in der Finca wohnte, lagen im Haus in Key West keine halb vollen Packungen Filterlose mehr herum, die sich ihm praktisch aufdrängten, und seiner Mutter eine ihrer schlanken Silk Cuts aus der Handtasche zu stehlen, wäre ein schweres Verbrechen gewesen.

Alles fühlte sich gut an. Das kühle, klare Wasser, das ihm über die Zehen rann. Der Himmel, strahlend blau, wie frisch gestrichen. Der Geschmack von Zucker und Rauch auf der Zunge.

»Da.« Patrick hielt ihm seine Baseballkappe hin. »Setz sie auf.«

»Brauch ich nicht.«

Patrick drückte sie ihm mit dem Schild nach hinten auf den Kopf. »Dein Nacken ist schon ganz rot, Gig. Du siehst aus wie ein Hummer.«

»Ich brauch sie nicht«, entgegnete Greg missmutig, nahm sie ab und versuchte sie Patrick wieder aufzusetzen.

Patrick wich zurück und wehrte sie mit erhobenen Händen ab. »Ich weiß. Aber tu mir trotzdem den Gefallen.«

Greg strich sich die Haare glatt, setzte die Kappe unwillig auf und zog den Schild fast bis zum Hemdkragen in den Nacken. Er gab es nicht gern zu, aber der Schatten kühlte die Haut tatsächlich ein bisschen.

Er trank einen Schluck Cola. »Danke, Pat.«

Sein Bruder erwiderte nichts, sondern schwenkte nur die Füße durchs Wasser und summte fröhlich vor sich hin.

Greg lehnte sich zurück, stützte sich auf die Ellbogen und betrachtete ihn verstohlen aus den Augenwinkeln. Seine Schultern waren inzwischen genauso breit wie die von Patrick, fand er. Er war zwar zwei Jahre jünger und wesentlich kleiner, doch während sein Bruder wie aus Kleiderbügeln und alten Fahrradteilen zusammengebaut zu sein schien, hatte Greg das, was sein Vater eine »Boxerstatur« nannte. Trotzdem sah man sofort, dass sie Brüder waren. Beide hatten den gleichen dunklen Haarschopf, die gleichen dunklen Augen und den gleichen ausgeprägten

Unterkiefer, auch wenn Patrick mehr nach der Mutter kam und Greg mehr nach dem Vater.

Über ihnen flog ein Vogelschwarm vorbei, rabenschwarz vor dem hellen Himmel, gleich darauf schossen unten kleine Fische durch das martiniklare Wasser.

»Ganz schön verrückt hier«, sagte Greg.

»Und wie«, erwiderte Patrick, während sich der Fischschwarm in der glitzernden Oberfläche des rasch fließenden Wassers verlor. »Aber eigentlich ganz okay. Mom würde es allerdings nicht gefallen.«

»Wegen den Insekten? Oder weil Martha –«

»Lass es einfach, Gig.«

Nachdem sie eine Zeit lang geschwiegen hatten, sagte Patrick: »Tut mir leid.«

»Schon gut, Pat. Eigentlich ist sie ganz okay.«

»Stimmt … Ich will nur gerade nicht daran denken. Krieg ich noch eine?«

»Klar.«

Patrick zündete die Zigarette an und machte einen Lungenzug. Plötzlich raschelte es hinter ihnen, und mit einem Knacks zerbrach ein Ast.

Die Jungen erstarrten. Greg verschüttete etwas von seiner Cola über sein Kinn. Erst nach einer Weile traute er sich zu sprechen und flüsterte: »Was war das?«

»Keine Ahnung«, antwortete Patrick. »Irgendein Tier.«

»Ach nee! Und was für eins?«

»Keine Ahnung. Was für Tiere gibt es in Kuba?«

»Ein Löwe?«

»Gibts in Kuba nicht, du Schwachkopf.«

»Dann eben ein Gepard.«

Patrick schnaubte verächtlich, und wie als Reaktion darauf raschelte es heftig im Gestrüpp.

»Gibt es hier ganz bestimmt keine Löwen?«

»Ganz bestimmt nicht«, sagte Patrick, doch diesmal klang er weniger sicher. »Wahrscheinlich ein Affe oder so was.«

»Schleichen wir uns an.«

»Was?«

»Wir sehen nach, was es ist. Komm schon.«

»Warte, Gig!«

Doch Greg schlüpfte schon in seine Schuhe und kroch ins Unterholz – auf dem Bauch, wie er es gesehen hatte, wenn sich im Film Soldaten an ein feindliches Camp heranschlichen. Gras und Pflanzen, deren Namen er nicht kannte, schob er mit seinen bloßen Armen zur Seite.

Er hielt inne und wartete auf ein weiteres Rascheln, das ihm die Richtung weisen würde.

»Warum geht es nicht voran?«, flüsterte Patrick fast schon absurd laut hinter ihm.

»Ich will hören, ob da Schlangen sind.«

Bedeutsames Schweigen. »Glaubst du wirklich, dass es hier Schlangen gibt?«

»Ja, wahrscheinlich. Deshalb hat Papa gesagt, dass wir nicht in die Felder gehen sollen – alles voller Schlangen und Spinnen.«

Wie eine Schnecke in Menschengestalt kroch Patrick mit seinem Rucksack nach vorn. Als er dicht an Greg herangekommen war, flüsterte er ihm ins Ohr: »Du laberst nur Scheiße, Gig.«

Greg grinste in sich hinein, und nun folgte er seinem

Bruder nach. Während er hinter ihm her robbte, entdeckte er einen Grashalm von passender Länge, riss ihn aus der weichen Erde, beugte sich vor und strich damit, leise aber vernehmlich fauchend, über Patricks Nacken.

Patrick schrie auf, drehte sich hastig um und packte den Halm mit beiden Händen, als wollte er den bedrohlichen Angreifer erwürgen. Es dauerte ein paar Sekunden, bis ihm klar wurde, was er da hielt und dass sich sein kleiner Bruder hinter ihm auf dem niedergedrückten Gras wälzte und vor Lachen nicht halten konnte.

»Greg.« Er spuckte aus und stemmte sich hoch. »Jetzt bist du dran!«

Immer noch lachend lief Greg los und brach durchs Unterholz. Sein Bruder war ihm dicht auf den Fersen. Plötzlich schoss ein riesiger Leguan aus dem Gras und lief mit weit gespreizten Beinen, die an die Kolben einer Dampflok erinnerten, auf der Suche nach besserer Deckung an ihnen vorbei.

Greg rannte, als ginge es um sein Leben. Sein Bruder war älter und größer und hatte längere Beine, doch Greg war leichtfüßiger und trug keinen idiotischen Rucksack mit sich herum. Immer wenn Patrick näher kam oder mit den Fingerspitzen Gregs T-Shirt streifte, schlug Greg einen Haken oder machte auf dem Absatz kehrt und ließ seinem Bruder nicht die geringste Chance, ihn einzuholen.

In der Hoffnung, Patrick in den engen Straßen und Gassen abschütteln zu können, lief Greg Richtung Barrio – zu dem kleinen Ort San Francisco de Paula, in dem das Haus seines Vaters stand –, hastete zwischen Bäumen hindurch und sprang auf eine staubige Vorstadtstraße hinunter. Patrick war noch immer dicht hinter ihm. Greg flitzte um ein Auto herum und hätte es fast in einen Hausdurchgang geschafft, wäre er nicht über herumliegende Steine gestolpert. Er fing sich zwar sofort wieder – er war viel zu trittsicher, um hinzufallen –, doch Patrick nutzte die gewonnene Zeit, packte die Hand, die sein Bruder ausgestreckt hatte, um die Balance zu halten, und nahm Greg in den Schwitzkasten.

»Jetzt hat dich eine Schlange erwischt, Gigi!«, rief Patrick triumphierend und drehte sich um sich selbst, sodass Greg die Füße nicht auf den Boden bekam. »Pass bloß auf, die beißt!« Er presste seine Fingerknöchel in Gregs Kopfhaut.

Es wäre kinderleicht gewesen, nach hinten auszuholen und Patrick in die Leber zu boxen – sein Vater hatte ihm einmal gezeigt, wie das ging –, doch Greg zerrte nur an dem Arm, der gegen seine Kehle drückte. Er war zwar kleiner, aber stärker, und der Griff seines Bruders ließ langsam nach, auch wenn Patrick Gregs Kopf noch immer mit den Knöcheln bearbeitete.

Er hielt es nicht länger aus, sein Kopf fühlte sich an wie ein durchstochener Football. »Okay, ich geb auf, ich geb auf.«

Patrick ließ ihn los und lehnte sich an eine Wand, um zu verschnaufen. Greg hockte sich in den Staub und rieb sich den Hals. »Mensch Patrick, willst du mich umbringen?«

»Du hast angefangen!«

»Warum willst du denn deinen armen kleinen Bruder verprügeln?«

Patrick prustete abschätzig und hob die heruntergefallene Kappe auf. »Da – damit dein *armer* kleiner Nacken nicht noch mehr leiden muss.«

Greg setzte die Kappe wieder auf und ließ sich von ihm hochziehen. Erst in diesem Moment sah er die Jungen, die auf der anderen Straßenseite im Schatten eines knorrigen Baums saßen. Er musste praktisch über sie hinweggesegelt sein, als er aus dem Gebüsch auf die Straße gesprungen war.

Reglos wie Katzen und mit undurchdringlichen Mienen beobachteten die sechs von ihrem düsteren Plätzchen aus das Geschehen. Gregs Sonnenbrand schien sich schlagartig bis zu den Wangen auszubreiten – er wurde rot. *Warum willst du deinen armen kleinen Bruder verprügeln?* Er konnte nur hoffen, dass sie kein Englisch verstanden.

Auch Patrick schien die Sache peinlich zu sein. Er hustete in die Hand, warf Greg einen Blick zu und kickte einen Stein hierhin und dorthin.

Nach einer halben Ewigkeit erhob sich einer der Jungen wie ein erschöpfter alter Mann mühsam vom Boden. »Eres de la casa grande?«, fragte er. *Seid ihr aus dem großen Haus?*

Er meinte die Finca Vigía, das Landhaus, in dem Papa mit Martha wohnte. Für Key-West-Verhältnisse war es nicht riesig, doch verglichen mit den dicht gedrängten Häusern im Barrio ein herrschaftlicher Bau.

Greg nickte. »Sí. Acabamos de llegar.« *Wir sind noch nicht lang hier.*

Der Junge nickte ebenfalls. Dann fragte er: »Englisch?« »Amerikaner.«

»Aber ihr sprecht Englisch, ja?«

»Sí. Yeah.«

»Ihr seid Söhne von Papa?«

»Ihr kennt unseren Vater?«, fragte Patrick.

»Sí. Er spielt … er spielt Baseball mit uns. Er kauft uns Bälle.« Der Junge drehte sich um und sprach leise zu den anderen. Sie erwiderten etwas und nickten alle, außer einem, der in scharfem Ton und viel zu schnell antwortete, als dass Greg mit seinen kläglichen Spanischkenntnissen etwas verstehen konnte.

Der Junge, der stand, sah den anderen an, schüttelte den Kopf und drehte sich um. Er trat in die Sonne, schlenderte über die Straße zu Patrick und streckte ihm die Hand entgegen.

»Ich heiße Finco Ramos. Ramos.«

»Patrick.« Sie schüttelten sich die Hände wie zwei Diplomaten. »Und das ist Gigi. Greg.«

Ramon musterte Greg anerkennend. »Du siehst ja genauso aus wie er … Giggly?«

»Greg.« Gigi wurde er in der Familie genannt. Das harte Doppel-g kam von Greggy, dem Spitznamen, den er als Kind verwaschen ausgeprochen hatte. Aus dem Mund eines fremden Kindes hörte es sich peinlich an.

Die anderen Jungen waren inzwischen mit aufgesetzter Gleichgültigkeit ebenfalls herübergeschlendert und stellten sich schulterzuckend oder mit halbherzigem Händeschütteln vor. Nur der Junge, der mit Ramos gesprochen hatte, machte nicht mit.

Greg ignorierte ihn. Er versuchte die Stimmung der Gruppe zu deuten. Die meisten waren in seinem Alter und ein paar vermutlich zwölf oder dreizehn, also so alt wie Patrick, aber alle gaben sich viel reifer und taten so, als fänden sie ein Gespräch mit amerikanischen Kindern irgendwie langweilig.

Alle außer Ramos. Er nickte die ganze Zeit, während sich die anderen vorstellten, trat schließlich auf die beiden Jungen zu und klopfte ihnen auf den Rücken. »Kommt mit, wir zeigen euch de Paula.«

Patrick und Greg sahen sich an. Vielleicht war diesen Burschen nicht zu trauen, aber sie zu beleidigen schien auch keine gute Idee zu sein. Papa hatte ja wirklich erzählt, dass einige Jungs aus dem Ort immer bereitstünden, um mit ihm Baseball zu spielen. Sich jetzt davonzumachen und ihnen abends vor dem Haus wiederzubegegnen, wäre peinlich.

Patrick nickte, und die Gruppe bewegte sich durch die gewundene Straße. Die kubanischen Jungen brachten sie zum Hauptplatz des Orts, einer kleinen, mit drängelnden und schiebenden Menschen vollgestopften Fläche. Den Geräuschen nach zu urteilen, fand gerade ein Hahnenkampf statt. Sie führten sie über den Markt, auf dem alte Männer mit staubiger Haut neben Verkaufsständen dösten, die vor farbenprächtigen Früchten überquollen. Sie zeigten ihnen die Kirche in der Mitte des Orts, eine großartige lebende Ruine, die alle umliegenden Häuser überragte und ihren Schatten auf die rechtschaffenen alten Damen warf, die dort ein- und aus gingen.

Gregs Bedenken waren bald zerstreut. Nachdem sich ihre natürliche Scheu gelegt hatte, erwiesen sich die Jungen als begeisterte Fremdenführer. Weil der kleine Ort San Francisco de Paula außer seiner Nähe zu Havanna kaum etwas zu bieten hatte, waren sie persönlich stolz darauf, dass sich ein berühmter Mann bei ihnen niedergelassen hatte.

Der bockige Junge trottete der Gruppe hinterher und weigerte sich, mit Patrick und Greg zu sprechen oder sie auch nur anzusehen. Er hieß Cordaro und verbarg nicht im Geringsten, dass er die bleichen, halb stummen Eindringlinge mit den schicken Kleidern und dem reichen Vater verachtete.

Greg spürte, dass ein Streit unvermeidbar war, dennoch blieb er auf Distanz. Er hatte noch genug Key West in sich, genug von den gestärkten Hemden und schicken Möbeln seiner Mutter, um sich zurückzuhalten. Das würde sich in den kommenden Monaten und Jahren ändern. Sein Vater würde ihn in die kubanischen Boxringe führen und ihm beibringen, dass man immer zuerst und am härtesten zuschlagen musste und beides tun sollte, wenn man ein Mann war.

Der Streit brach aus, als sie im Westen von San Francisco de Paula, wo die schönen Häuser des Zentrums eng beieinanderstehenden Hütten wichen, auf einer ungepflasterten Straße Stierkampf spielten. Statt roter Tücher, die sie nicht hatten, rannten und sprangen sie mit ihren Hemden herum und wirbelten eine Menge Staub auf.

Das Spiel hatte keine Regeln, zumindest keine, die sie hätten in Worte fassen können. Fest stand nur, dass einer von ihnen der Stier, einer der Matador war und die restlichen Jungen die Picadores darstellten, die ganz nach Lust und Laune dem Matador dabei halfen, dem Stier zu entwischen, oder dem Stier, den Matador in die Enge zu treiben, und ansonsten vor vereinzelt vorbeifahrenden Autos warnten.

Greg war der Stier, Cordaro der Matador, und während die anderen auf ihren imaginären feurigen Rössern und mit ihren imaginären scharfen Lanzen um sie herumtänzelten, ließen sich die beiden nicht aus dem Blick. Cordaro war größer als Greg, hatte längere Beine und war dadurch schwer zu fassen. Immer wieder ließ er es zu, dass die von Gregs Fingern dargestellten Hörner den Stoff seines Hemds streiften, und sprang im letzten Moment zur Seite. Doch Greg war unermüdlich, und nach einiger Zeit hörte er Cordaro keuchen, wenn er an ihm vorbeikam und seinen Bauch mit der Schulter streifte. Als sie sich nach einer abrupten Drehung wieder einmal in einer Staubwolke gegenüberstanden, spürte Greg, dass er ihn diesmal drankriegen würde.

Und Cordaro spürte es auch, das sah Greg ihm an. Deshalb trat er vielleicht nicht aus reiner Bosheit, sondern ebenso sehr aus Angst nach Greg, als der erneut auf ihn losging. Greg erwischte es am Fuß, und er landete bäuchlings auf dem steinigen Boden. Nach und nach verstummten das Gejohle und Gelächter. Greg rappelte sich hoch, spuckte Erde aus und betrachtete die schmale Platzwunde am Unterarm, aus der schon Blut quoll.

Der gespielte Kampf war zu Ende. Worauf warten? Die Geschichten seines Vaters gingen ihm durch den Kopf, Geschichten über Whiskey und über Beleidigungen, die durch einen zügig ausgeführten letzten Punch bereinigt wurden. Über schwache Männer, die in sich zusammenfielen wie von der Leine genommene Laken, und über wahrhaft große, die unbesiegt stehen blieben. Doch etwas hielt ihn zurück.

Einer der Jungen, Rodolfo, ging zu ihm und gab ihm sein Hemd. Er arbeite gelegentlich im Haus, hatte er erzählt. Wenn Gäste da seien, halte er Türen auf und serviere Drinks und verdiene damit gutes Geld. Vielleicht sah er Cordaro aus Loyalität zu seinem Arbeitgeber so verächtlich an. Wie auch immer – Greg war ihm dankbar.

Cordaro grinste. »Un accidente. Giggly.«

Gespannt wie Seeleute, die darauf warten, dass die Gewitterwolken aufreißen, bildeten die Jungen einen Kreis um Greg und ihn.

Obwohl alle Augen auf ihn gerichtet waren, zögerte Greg noch immer. Er spürte förmlich den Blick seines Vaters. Angst hatte er nicht, er wollte nur einfach nicht kämpfen. War er feig?

Papa hätte auf jeden Fall Ja gesagt.

Quälend lang geschah nichts. Dann trat Patrick plötzlich vor, stellte sich zwischen die beiden und sagte etwas zu dem älteren Jungen, was Greg nicht verstand, weil Patrick zu schnell Spanisch sprach. Cordaro schüttelte abschätzig den Kopf. Daraufhin spuckte Patrick aus, und als er sich abwandte, verpasste ihm Cordaro zum Abschied einen Stoß. Es war kein heftiger Stoß – Patrick taumelte kaum –, doch für Greg war er der Tropfen, der das Fass zum Überlaufen brachte. Er stürzte sich auf den Jungen.

Der Kampf war kurz, aber brutal, ein Hagel von Schlägen, ein Gewirr aus Knien und Ellbogen in einem Handgemenge, das Greg mit brachialer Kraft für sich entschied, indem er Cordaro aus dem Gleichgewicht brachte, seine Faust so weit freibekam, dass er ihm einen Magenschwinger verpassen konnte und gleich darauf einen Schlag ins Gesicht. Cordaros Nase platzte auf wie eine reife Pflaume.

Dem Älteren sackten die Beine weg, und Greg ließ ihn ungelenk zu Boden fallen. Cordaro lag eine Weile benommen da, dann richtete er sich auf und blieb schwankend wie ein Betrunkener sitzen. Seine Nase blutete stark, und die linke Gesichtshälfte schwoll bereits an. Trotz des Adrenalins und obwohl es ihn immer noch in den Fingern juckte, bekam Greg Angst, dass er ihn ernsthaft verletzt haben könnte.

In einem blutroten Nebel schüttelte Cordaro den Kopf, und als sein Blick auf Greg fiel, waren seine Augen wieder klar. Greg ließ sich nicht anmerken, wie erleichtert er war.

Cordaro wischte sich das Blut von den Lippen, betastete fast geziert seine Nase und warf den Kopf zurück. »Du kämpfst wie ein Vieh«, sagte er leise auf Englisch. Es klang gequetscht, weinerlich.

»Und du wie ein Mädchen«, erwiderte Gigi verächtlich. Das Adrenalin schoss noch immer durch seine Adern, und seine Hände waren zu Fäusten geballt und kampfbereit. »Peleas como una niña.«

»Nur Kraft, kein Stil.«

»Und du hast weder noch. Soll ich es beweisen? Ich mach dich gleich noch mal fertig!«

Cordaro nahm die Hand versuchsweise von der Nase. Als kein frisches Blut herausschoss, zuckte er mit den Achseln.

Ramos lachte. »Cobarde. Er hat Angst vor dir, Gigi.«

»Ich hab vor keinem Angst. Ich kämpfe morgen wieder mit dir, hier«, fauchte Cordaro.

»Warum nicht jetzt gleich?«, sagte Greg und trat vor. »Lucke ... luchemos ahora. Ahora!« In diesem Moment hätte er mit allem und jedem gekämpft. Er hatte sein eigenes Bild vor Augen, stark und furchtlos in der Mittagssonne, wie ein Held aus den Geschichten seines Vaters. Nicht einmal Patricks warnender Blick konnte seine Rauflust dämpfen. Dass er den Kampf ursprünglich für seinen Bruder geführt hatte, war vergessen. Er hatte gekämpft, weil er kein Feigling war, und er hatte gewonnen.

Cordaro wich seinem Blick aus und murmelte etwas.

Zufrieden ließen Greg und die anderen Jungen aus dem Barrio Cordaro auf der staubigen Straße zurück, damit er sich wieder besinnen konnte. Es würde am nächsten Tag keinen Kampf geben.

Wie berauscht von Gregs Sieg rannten sie ohne Grund in halsbrecherischem Tempo durch die engen Gassen und weiter auf den breiteren Straßen, vorbei an dem vom Blut kleiner Märtyrer schwarz befleckten Hahnenkampfring, umliefen Autos und Pferde, wie aus Leder gestanzte alte Männer und junge Damen mit seidiger Haut, Obsthändler in Schürzen und Polizisten, die trotz der drückenden Hitze Uniformen und gestärkte weiße Handschuhe trugen. Sogar Patrick ließ sich begeistern und lachte und jauchzte mit.

Sie bewegten sich, schwärmten aus, liefen mal hintereinander und mal in breitem Strom durch die Straßen, vorbei an farbenprächtig lackierten Türen, blank gescheuerten morschen kleinen Veranden, dicht zusammengedrängten

Häusern, eine Welt aus tief schwarzem Schatten und glei-
ßendem Licht. Dann atmete das Städtchen aus, und sie
ließen sich weitertreiben, sprangen über Mauern und
durchquerten Gärten, in denen gebleichte Wäsche an Lei-
nen welkte, wichen dösenden Wachhunden aus und Haus-
frauen mit scharfen Augen.

Nach einiger Zeit verlief sich das Barrio in Wiesen,
und sie achteten nicht auf die Schlangen, nicht auf die
Spinnen, nicht auf wütende Erntearbeiter, sondern rannten nur, rannten.

Atemlos und nass geschwitzt blieben sie am Feldrain
stehen. Ramos strich sich das dichte schwarze Haar aus der
Stirn und ging zu Greg. »Wir sind schon spät. Papa wartet
auf das Spiel.«

Es ärgerte Greg, dass ihnen der Name so leicht von den
Lippen ging. *Papa.* Als hätten sie einen Anspruch auf ihn.
Doch er zeigte es nicht.

Durstig und müde setzte sich die Gruppe in Marsch
Richtung Finca. Auf der kurvigen Straße zum Haus lag
ein Hund wie hingegossen an einer Mauer; darüber pro-
menierte eine schwarze Katze mit samtigen Pfoten auf den
Ziegelsteinen, während ein alter Mann, einen breitkrempigen Hut auf dem Kopf, mit präzisen, rhythmischen Schnit-
ten seiner Gartenschere Sträucher stutzte.

Sie gingen durch das breite Eisentor, hinter dem das
Haus niedrig und lang gestreckt zwischen den Bäumen
stand. Der gedrungene Umriss wurde nur durch den kleinen eckigen Turm unterbrochen, in dem Greg und Patrick
schliefen, der Ausguck, der dem Haus seinen Namen gegeben hatte, Finca Vigía.

Die Jungen aus dem Barrio klopften gar nicht erst an die Tür, sondern folgten dem schmalen Weg zwischen Haus und Turm. Die rechts und links des Pfads wuchernden üppigen Pflanzen brachten sie hin und wieder zum Stolpern. Hoch oben an den Wänden und unten im Gestrüpp schrillten Zikaden.

Papa wartete schon im Garten. Er fläzte auf den Verandastufen; in der einen Hand hielt er ein schweres Glas, in dem Eiswürfel klirrten, in der anderen einen Baseball.

Als er sie sah, stand er auf. Das Glas stellte er ab, den Ball warf er mit einer raschen Drehung des Handgelenks in die Höhe, fing ihn geschickt und schleuderte ihn ansatzlos mit Effet in die Gruppe der Jungen. Alle reagierten zu spät; der Ball traf Rodolfo an der Schulter und glitt Ramos, der danach griff, aus den Händen.

Rodolfo zuckte einen halben Schritt zurück, beherrschte sich aber und rieb sich nicht an der Schulter. Das hatte der Junge bereits gelernt. Schwäche wurde nicht akzeptiert – nicht im Barrio und noch viel weniger in der Finca.

Papa lachte sein tiefes, dröhnendes Lachen. Er war in fröhlicher Stimmung. Ein gutes Zeichen – offenbar kam er mit dem Schreiben voran, und keine neidischen Journalisten hatten in den Morgenzeitungen böse Dinge über ihn gesagt.

»Jungs, ihr müsst an eurem Fielding arbeiten. Ihr könnt nicht immer wissen, was auf euch zukommt. Beim Baseball geht es nicht nur um den Schläger.«

»Ja, Caballero.« Rodolfo tastete im schütteren Gras herum, hob den Ball auf und warf ihn von unten zurück.

Papa grinste die Jungen an, und sein Blick fiel auf Greg. Im nächsten Moment flog Greg der Ball entgegen, schneller als zuvor und obendrein angeschnitten, sodass Greg zur Seite springen musste, um das Leder gerade noch mit den Fingerspitzen streifen zu können. Sein Körper bewegte sich, ehe sein Geist begriff, und als er plötzlich mit trockenem Gras im Mund und dem schmutzigen Ball fest in der brennenden Hand auf dem Boden lag, war er selbst überrascht.

Sein Vater sah mit undurchdringlicher Miene zu, wie er sich hochstemmte. Dann brüllte er, ohne seinen Gesichtsausdruck zu verändern, in einem Ton, der eine Katze auf zehn Schritt Entfernung umgebracht hätte: »PATRICK!«

Patrick zwängte sich an den anderen Jungen vorbei nach vorn. »Was ist?«

»Ich dachte, du wärst noch im Haus«, sagte Papa verwundert.

»Ich war den ganzen Tag draußen.«

»Das sehe ich. Tja, Pech für dich. Bring die Schläger und die Handschuhe raus. Ich bin an der Plate.«

Patrick seufzte und trottete ins Haus, während die anderen Papa folgten. Greg zögerte kurz und sah seinem Bruder nach. Dann lief er zur Gruppe.

Papa hatte mit unzähligen kleinen Bestechungsgeschenken versucht, die Finca – in der er mit einer Frau lebte, die nicht die Mutter von Patrick und Greg war – für seine Söhne während der Ferien zu einem Zuhause zu machen. Dazu zählten das Zimmer ganz oben im Turm mit der Aussicht über die ganze Stadt, die Freiheit, weder zu einer bestimmten Zeit zurück sein noch morgens aufstehen zu müssen, die Erlaubnis, beliebig viel Alkohol zu konsumieren. Und jetzt offenbar auch ein Baseballfeld.

Es bestand allerdings nur aus ein paar alten, in Form einer Raute ausgelegten Kissen und Linien aus Gras, das man unter Einsatz von Salz hatte verdorren lassen, doch mit den vielen Körpern, die es jetzt füllten, fühlte sich Greg beinahe in die Little League in Key West zurückversetzt, und genau das war wohl Papas Absicht gewesen.

Nachdem die Jungen ihren Durst an einem Gartenschlauch gestillt hatten und Patrick mit Schlägern und Handschuhen zurückgekommen war, wärmte Papa jeden Spieler mit einigen weichen Unterarmwürfen auf. Erst wenn sie jeden Ball zuverlässig so trafen, dass er über das ganze Feld flog, begann er von oben, über die Schulter, zu werfen.

Dann wurde es ernst. Wie beim Stierkampfspiel zählte auch hier niemand mit. Wer am weitesten geschlagen oder die spektakulärsten Bälle gefangen hatte, wurde nach Gefühl entschieden.

Papa war ausschließlich Werfer. Hin und wieder gab er einen Tipp und sagte, was gut oder schlecht gemacht worden war. Die anderen lachten und schwätzten, doch Greg schwieg fast immer, konzentrierte sich auf die Flugbahn des Balls und darauf, wie er ihn fangen könnte, oder achtete, wenn er Schlagmann war, auf die Wurfhand seines Vaters und bemühte sich, seine Körperspannung zu halten und stets vorbereitet zu sein.

Das Spiel hatte sich ungefähr eine Stunde hingezogen, als Greg ein sensationeller Schlag gelang. Sein Vater musste sich ducken, damit er kein Auge verlor. Der Ball segelte wie im Traum über den Pool und ins Gebüsch auf der anderen Seite des Gartens. Durch die Reihen der Jungen ging ein anerkennendes Raunen, doch Greg sah nur seinen Vater an.

Als Papa seinen Blick erwiderte und lächelnd nickte, durchströmten Greg Freude und große Erleichterung.

Auf der Veranda ertönte Applaus, und alle drehten sich um. Martha lehnte in der Tür. Die eingerollte Zeitung unter dem Arm, um die Hände frei zu haben, zwinkerte sie den Jungen zu und sagte: »Du bist ein Naturtalent, Gigi.«

Greg spürte die Röte seinen Hals hinaufkriechen, und schon kam ein scharfer Luftzug, und der nächste Ball war wie eine kleine Kanonenkugel an seiner Wange vorbei-gezischt.

»Aufgepasst, Gig!«, rief sein Vater und rollte mit den gewaltigen Schultern. »Wir sind noch nicht fertig.«

Rodolfo war als Nächster an der Reihe, doch weder er noch ein anderer machten Anstalten, Gregs Platz ein-zunehmen. Als Greg sich für den zweiten Versuch bereit machte, wurde es still.

Der nächste Wurf seines Vaters war der bisher schnellste. Greg zog den Schläger nicht rasch genug durch, um den Ball auch nur zu berühren. Keine Sekunde später folgte der nächste, ein fieser Foul Ball, dem er mit einem Rück-wärtssprung ausweichen musste. Er landete auf dem Hin-tern.

»Na los, Gigi – du bist doch ein Naturtalent«, sagte sein Vater sanft, während Finco die Bälle in seine wartenden Hände zurückwarf.

Greg stand keuchend auf und brachte sich wieder in Position. Er war klug genug, um sich nicht zu beschweren. Er packte den Schläger noch fester, spannte den Unterkiefer an und sah zu, wie sein Vater ausholte und einen weiteren gewaltigen –

»Ernest!«

Wieder richteten sich alle Augen auf die Veranda, doch Martha war inzwischen zu der Bank unter den Bäumen gegangen und balancierte ein frisches Glas Whiskey auf ihrem Knie.

Obwohl es keine zwei Menschen gab, die sich weniger ähnelten als diese beiden, fühlte sich Greg einen Augenblick lang an seinen Vater erinnert, und zwar wegen der Körperhaltung, dieser schwankenden Grazie von Hochseilartisten ohne Netz.

»Wenn du damit fertig bist, bei Kindern Eindruck zu schinden, würde ich dich heute gern noch sprechen.«

Sein Vater ließ die Hand mit dem Ball sinken und starrte Martha über die Köpfe der Jungen hinweg an, die gespannt warteten, ohne zu ahnen, welche Bedeutung ein fehlendes *den* haben konnte.

Greg hielt den Schläger, so fest er konnte. Der Schweiß, der seinen Rücken bedeckte, wurde allmählich kalt. Er musste bereit sein. Diesmal würde er treffen.

Während die Sonne schwerelos auf die fernen Dächer des Barrio sank, ließ Papa die Bälle achselzuckend zu Boden fallen. »Ihr habt die Dame des Hauses gehört, Jungs – der Spaß ist vorbei. Geht heim, sonst sorgen sich eure Mütter.« Er trat in den Schatten der Bäume, zog die lächelnde Martha von der Bank hoch und ließ es zu, dass sie ihre Hand an seinen Rücken legte. Gemeinsam gingen sie hinein. Auf den Verandastufen drehte sie sich noch einmal um und sah Greg ausdruckslos an.

Wie aus dem Griff eines Magnets befreite Eisenspäne löste sich die Gruppe schlagartig auf. Die Jungen aus dem Barrio eilten lautlos auf flinken Füßen hinaus in den offenen Rachen des Abends. Greg und Patrick blickten ihnen hinterher und spürten dem sanften Schmerz in ihren zur Ruhe kommenden Körpern nach. Draußen im Zwielicht ertönte ein Schuss, aber nicht nah genug, als dass irgendwer reagierte.

Erst als der letzte Junge verschwunden war und der Gärtner das hohe Tor verschlossen hatte, sagte Patrick: »Ganz kurz habe ich gedacht, sie hätte es verbockt.«

Greg schüttelte den Kopf in Erinnerung an die vielen Stunden in Key West, in denen Patrick und er wie Soldaten im Schützenloch in ihren Zimmern ausgeharrt hatten, während von unten Geschrei und Gebrüll und das Klirren von zerschmetterndem Porzellan hinaufdrang. »Die streiten nicht.«

»Noch nicht«, erwiderte Patrick. »Alles in Ordnung mit dir?«

In Gregs Schulter pochte ein dumpfer Schmerz, und seine Hände zitterten, obwohl er sie in die Hüften stemmte. »Ja, alles in Ordnung.«

HAVANNA

1942

»Es wächst sich nicht aus. Ich dachte schon, es wäre so weit, aber er verbirgt es inzwischen nur besser.«

Greg blieb mit dem kalten, beschlagenen Wasserglas in der Hand auf der Treppe stehen. Sein Vater sprach laut – er hatte getrunken –, aber er lallte nicht.

»Bist du dir sicher?« Das war Marthas Stimme.

Greg wusste, dass die Unterhaltung nicht für seine Ohren bestimmt war. Nur hinterhältige Menschen lauschten. Trotzdem blieb er wie angewurzelt stehen.

»Und ob. Zerknüllt und in einem alten Federmäppchen versteckt. Wenn mir nicht die Stifte ausgegangen wären, hätte ich sie nie gefunden. Musste fast kotzen. Ein lustiges Federmäppchen für Kinder, und dann ist *das* drin. Wie eine Metapher für das Ganze –«

Sein Vater hatte die Unterhose im Federmäppchen entdeckt. Greg stellten sich vor Schuld und Angst die Nackenhärchen auf.

»Vielleicht sollten wir ihm Hilfe besorgen.«

»Kommt nicht in Frage.«

»Aber wenn er –«

»Da hängt ein verfaulter Apfel am Ast, und wohin wird geschaut? Auf den Baum. Nein!«

»Es muss ja nicht öffentlich werden. Wir suchen jemanden, der diskret ist. Auf jeden Fall schwärt da etwas in ihm. Greg ist ein wundervolles Kind, aber irgendetwas stimmt nicht mit ihm, und es wird nicht besser.«

»Du weißt genau, was die Leute sagen würden, Martha.«

»Über dich?«

»Ja, natürlich! Hörst du mir eigentlich zu? Dass er das von Pauline hat, weil in ihrer Familie so gut wie alle krank sind, wird niemanden interessieren.«

»Brauchst du wirklich noch einen?«

»Ist das dein Ernst? Das bisschen Trost habe ich doch wohl verdient. Sie hat meinen Sohn verseucht!«

»Ist ja gut. Aber wenn er sich nirgendwo Hilfe holen darf, solltest zumindest du mit ihm reden. Es offen ansprechen —«

»Du kannst mich mal, Martha. Hast du auch nur die leiseste Ahnung, wie es ist, Kinder zu haben und zusehen zu müssen, wie alles den Bach runtergeht?«

»Du kannst mich auch mal, mein Lieber.«

Kaltes Wasser platschte auf Gregs Zehen und versickerte im Treppenläufer. Er umklammerte das Glas fester und zwang sich, eine Stufe hinaufzugehen, dann noch eine, und plötzlich war er wieder in dem Zimmer, das er sich mit Patrick teilte, und lehnte an der Tür.

HAVANNA

1940

Schon bald zog der Alltag in die Finca ein.

Greg lief fast jeden Vormittag mit den Jungs aus dem Ort über die Insel. Patrick kam manchmal mit, blieb manchmal aber auch in seinem Zimmer und hatte grundlos schlechte Laune.

Greg verliebte sich schnell in Kuba. In die vertrockneten Felder mit den mineralisch hell in der Sonne stehenden Pflanzen, und in die tiefen Regenwälder mit den Tieren, die man zwar hörte, aber nie sah. Und in die Menschen, die stolz und hitzig und großzügig waren.

Manchmal ging er nachts allein weg, stieg über die Mauer der Finca und erkundete die Insel, die unter der Sternendecke schlief, während die Generatoren träge tuckerten und aus fernen Grammofonen schmalzige Lieder erklangen. Kuba würde sich nie verändern, sagte er sich, und er auch nicht, solange er blieb.

Nach zwei Wochen Aufenthalt lagen Greg und Patrick vormittags am Pool und tranken den Rum ihres Vaters, nur leicht mit Limettensaft gestreckt.

Greg schwamm und plantschte in der Sonne, während Patrick im Schneidersitz still unter einem Schirm saß und in der düsteren Stimmung versank, in die er vor dem Frühstück geraten war, als Papa mit Gregs und Patricks Mutter brüllend telefonierte.

Greg störte es nicht, dass sein Bruder schwieg. Manchmal kam man besser miteinander aus, wenn keiner sprach; außerdem würde der Rum demnächst seine magische Wirkung entfalten. Beide waren bereits erfahrene Trinker. In Key West hatten sie sich immer bedienen dürfen, wenn ihre Mutter abends aus war, weil Papa es besser fand, wenn sie sich früh und in Maßen daran gewöhnten, anstatt an ihrem einundzwanzigsten Geburtstag besinnungslos in der Gosse zu liegen. Und hier in Kuba, ein Meer von ihrer Mutter entfernt, hatte er seinen Barschrank geöffnet und erklärt, er wisse, dass sie sich nicht blamieren würden. Und aus Angst, sie könnten dieses heilige Vertrauen missbrauchen, hatten sie bisher nie mehr getrunken, als sie vertrugen.

Erwartungsgemäß tauchte Patrick nach etwa einer Stunde aus seiner Niedergeschlagenheit auf – allerdings nicht, wie von Greg erhofft, mit einer Arschbombe. Er setzte sich nur an den Beckenrand und tauchte die Füße ins kühle Wasser.

»Ich glaube, Papa mag Martha wirklich«, sagte er, als Greg zu ihm schwamm.

»Schon möglich.«

»Findest du sie auch ziemlich jung für ihn?«

»Ja, vielleicht.«

»Irgendwann wird ihr langweilig sein.«

»Wie viel Rum hast du getrunken, Patrick?«

»Nicht viel. Jedenfalls nicht so viel, dass ich betrunken bin, wenn wir spielen.«

»Bist du sicher?«

»Hörst du eigentlich zu?«

»Ja. Ich kapier nur nicht, warum du darüber redest.«

»Ich sage nur, dass sie zwar hübsch und jung und klug ist, aber sie wird nicht bleiben.«

»Warum? *So* alt ist Papa auch wieder nicht, und man hat Spaß mit ihm …«

»Papa könnte in ein Brötchen scheißen, und du würdest sagen: Das ist ein Hotdog.«

Greg lehnte sich beleidigt zurück. »Gar nicht wahr.«

Trotz der mauen Erwiderung nickte Patrick. »Tut mir leid, Gig. Ich weiß auch nicht, was mit mir los ist.«

Greg, der noch immer sauer war, tauchte ins Wasser, bis es ihm an die Augen reichte und er wie ein Krokodil auf seinen Bruder starrte.

»Ich sag ja, dass es mir leid tut. Vielleicht war es doch zu viel Rum.«

Greg richtete sich auf. »Dann machen wir dich jetzt mal nüchtern«, sagte er und verpasste ihm einen kräftigen Spritzer.

Seelenruhig wischte sich Patrick das klatschnasse Haar aus den Augen und stand auf. »Du siehst ehrlich gesagt selbst ziemlich betrunken aus, Gig.«

Danach hatten sie fast den gesamten Alkohol in ihrem Blut verbrannt, und Greg war sich ziemlich sicher, die Hälfte des Wassers im Pool geschluckt zu haben.

Sie verbrachten die Mittagszeit mit der Lektüre von

Büchern aus Papas Bibliothek im Schatten der Sonnen-
schirme. Die meisten waren so makellos, als kämen sie
frisch aus der Buchhandlung. Nicht der kleinste Tropfen
Schweiß oder Wasser durfte auf diese Seiten fallen.

Als das Tor geöffnet wurde und sie die Jungs aus dem
Barrio hörten, die auf der Zufahrt standen, konnten sie es
längst kaum mehr erwarten. Sie zogen sich hastig an und
liefen hin.

Die angenehme Entspannung der vergangenen Stunden fiel schon wieder von Gigi ab. Dass er dem täglichen
Baseballspiel mit ebenso viel Angst wie Vorfreude entgegensah, kam ihm nicht merkwürdig vor.

Die Jungs drängten sich inzwischen vor der Haustür,
weil sie nicht wussten, ob sie zu früh gekommen waren,
und den großen Mann keinesfalls bei der Arbeit stören
wollten. Als Ramos Patrick und Greg kommen sah, hob
er die Hand und fragte: »Ist er so weit?«

»Jetzt bestimmt«, antwortete Patrick. »Wir haben euch
sogar hinter dem Haus gehört.«

Ramos zuckte zusammen. »Und ... feliz?«

Greg nickte. Seit dem Mittagessen war aus den Fenstern
von Papas Arbeitszimmer Radiomusik gedrungen – immer
ein Zeichen dafür, dass der Vormittag gut gelaufen war.

Ramos grinste, und Greg lächelte zurück, aber gezwungen. Er war mit den Gedanken schon beim Spiel.

»Jungs!« Papas Stimme dröhnte aus der offenen Tür,
und gleich darauf schritt er die Stufen hinunter. »Schön,
dass ihr ausnahmsweise alle pünktlich seid. Cordaro, was
schaust du so finster, endlich verzieht sich dein blaues
Auge. Hast dich wohl ganz schön hingelegt ...«

Cordaro, der irgendwann nachgegeben hatte und jeden Abend mit den anderen mitging, murmelte etwas auf Spanisch und scharrte mit dem nackten Fuß über das Gras.

»Ja, ich weiß Bescheid.« Papa sah Rodolfo an. Dann schenkte er Greg ein verstohlenes, komplizenhaftes Lächeln, das Greg das bevorstehende Spiel fast vergessen ließ.

»Wie auch immer – ich habe da was für euch. Wir sind ein richtiges Team, und ein richtiges Team muss ordentlich ausstaffiert sein.« Er machte eine kurze Pause, als könnte einer der Jungs etwas einwenden. »Ihr geht jetzt alle rein. Martha hat eure Trikots und alles andere vorbereitet. Ihr könnt die Sachen hierlassen, wenn ihr sie nicht tragt, dann bleiben sie besser in Schuss.«

Die Jungs sahen ihn unverwandt an.

»Na, was ist? Rein mit euch!«

Sie stürmten los, sprangen die Stufen hinauf und hinein in den großen dunklen Eingangsbereich wie stiebende Funken in einem Kamin. Und wirklich standen beide Flügel der Esszimmertür weit offen, und Martha wartete in einem langen, cremefarbenen Kleid mit den Baseballsachen, die sie sorgsam auf dem glänzenden Tisch ausgelegt hatte – alles so weiß, dass die Jungs sich erst in die Hände spucken und die Finger am Hemd abwischen mussten, bevor sie es wagten, den Stoff anzufassen.

»Auf jedem Trikot steht der Name«, verkündete Martha mit ihrem samtweichen Lachen, als wäre sie schon seit Jahren mit den Jungs aus dem Ort befreundet. »Wer nicht lesen kann, sagt mir, wie er heißt, dann zeige ich ihm sein Trikot. Die Größen konnten wir natürlich nur schätzen ...«

Alle schrien gleichzeitig los, jeder wollte der Erste sein. Nur Greg und Patrick blieben im Hintergrund. Ihnen waren weder helle neue Kleidungsstücke noch Marthas Charme fremd. Sie sahen zu, wie die anderen ihre blütenweißen neuen Trikots und Hosen anzogen, betrachteten Martha, deren Lächeln und Lachen wie immer von dem scharfen, unsteten Blick begleitet waren, der Greg an ein Kameraobjektiv erinnerte. Und dann stolzierte Ramos wie ein Gockel zu ihnen und deutete auf das Signet über seinem Herzen.

»Schau, Gigi! Schau!«

In Gold waren dort eine Sternschnuppe und der Schriftzug *Estrella De Gigi* aufgestickt – Gigis Stars.

Die Brüder betrachteten das Trikot, dann ging Patrick ohne ein Wort zum Tisch, zog sich aus, streifte die Baseballsachen über und verließ den Raum mit den noch steifen grellen Buchstaben auf der Brust.

Greg blickte ihm hinterher. Er hätte ihn gern zurückgerufen, doch er wusste nicht, was er sagen sollte. Schließlich ging auch er zum Tisch, um den sich die anderen drängten, und berührte das Trikot und den goldenen Schriftzug.

»Dein Vater hat darauf bestanden«, sagte Martha.

»Estrella De Gigi!«, rief einer der Jungs, die anderen stimmten johlend ein und sprangen herum.

Greg zog seine Hand zurück. Seine Finger hatten einen Fleck auf dem weißen Stoff hinterlassen.

Alle stürmten in den Garten. Sein Vater und Patrick saßen auf den Stufen und steckten die Köpfe zusammen wie zwei Verschwörer. Sein Bruder machte eine Bemerkung, sein Vater lachte. Obwohl Gregs Name an der Brust aller anderen Jungen prangte, krampfte sich bei dem Anblick sein Magen zusammen.

Patrick spielte gut. Er drosch einen Ball nach dem anderen bis zum Rand des Finca-Grundstücks, zerfetzte die Sukkulenten und verwüstete die Blumenrabatten. Schon raunten sich einige der Jungs zu, dass er Gigi an diesem Tag vielleicht endlich schlagen werde.

Greg gab vor, sie nicht zu hören, und ignorierte auch, dass sein Vater bei jedem Ball, den Patrick hart schlug, in Triumphgeschrei ausbrach.

Das Spiel zog sich in den Abend hinein. Keiner wollte derjenige sein, der seine wartende Mutter erwähnte – schon gar nicht, solange Greg weiter verlor. Während der Tag langsam endete und der Himmel im Licht pulsierend bernsteingelb erglühte, ebbten das Gelächter und die Witzeleien ab. Greg spürte die Blicke der anderen, doch er erwiderte sie nicht, sondern sah nur den an, der gerade an der Plate stand.

Es war Patrick – irgendwie war es immer Patrick. Ein Auge halb geschlossen, damit kein Schweiß hineinfloss. Papa warf den Ball tief und schnell, und Patrick neigte sich genau richtig und traf mit der Spitze des Schlägers. Das Geräusch war so schön wie der Schlag selbst. Der Ball flog in die dichter werdende Düsternis und prallte an die Mauer hinten im Garten.

Es war mit Abstand der weiteste Ball an diesem Tag, vielleicht sogar der weiteste in allen bisherigen Spielen. Papa schützte seine Augen mit der erhobenen Hand vor der untergehenden Sonne, während Patrick eine gemächliche Ehrenrunde um die grob angedeutete Raute lief. »Verdammt gut, Patrick. Fast so weit, wie ich in deinem Alter geschlagen habe.«

Patrick zuckte mit den Achseln, als er den Schläger zurückgab, konnte aber nicht verhindern, dass seine Mundwinkel nach oben wanderten.

»Ich glaube, die Trikots müssen schon jetzt geändert werden. Jungs, wie findet ihr Estrella De Patrick?«

Für Greg war es wie ein Schlag ins Gesicht.

»Es ist zwar schon spät, und ich will eure Mütter nicht wütend machen, aber was meint ihr – sollen wir Gig noch eine Chance geben, sich den Titel zurückzuholen?«

Die Jungs hatten wahrscheinlich nicht jedes englische Wort verstanden, doch das Wesentliche war ihnen klar. Unschlüssig sahen sie einander an. Sie wollten nicht aufhören zu spielen, noch weniger aber ihre Mütter verärgern.

Greg trat vor. »Spielen wir weiter. Ich bin bald an der Reihe.«

Sein Vater sah sich lächelnd danach um, ob irgendeiner widersprach, doch alle schwiegen.

»Dachte ich mir schon, Greg.«

Die Nacht hatte den Ort fast verschluckt, als Greg den von Schweiß und geplatzten Blasen dunkel gewordenen Schläger aufhob. Seine Hände waren schon wund gescheuert, doch er achtete nicht auf den Schmerz, als er mit den Fingern über die Maserung strich und durch seine hauchdünn gewordene Haut jede Delle und jeden Knubbel spürte.

Papa beobachtete ihn. Ein Junge warf ihm einen Ball

zu, den er fing, ohne hinzusehen. Seine Augen blieben auf seinen Sohn gerichtet.

»Bereit, Gig-man?«

Statt einer Antwort hob Greg den Schläger über die Schulter, spreizte die Beine, holte tief Luft und –

– etwas Schmutzigweißes flog am Rand seines Blickfelds vorbei. Sein Vater stand mit ausgestrecktem Arm da, und Greg brauchte kein Sonnenlicht, um das feine Lächeln in seinem Gesicht zu sehen.

»Ich dachte, du wärst bereit. Das ist Strike one.«

Greg sagte immer noch nichts. Hätte er jetzt den Mund aufgemacht, hätte er sich übergeben müssen. Er packte den Schläger noch fester, so fest, dass die Haut einriss.

Der Ball wurde geholt, und als Papa die lässige Haltung aufgab und ihm den Ball wie einen Peitschenhieb zuwarf, war Greg diesmal darauf gefasst. Oder, falls er doch nicht darauf gefasst war – falls er den Ball nicht mal kommen sah –, zumindest sein Körper, und als Nächstes wurde ihm bewusst, dass er den Schläger schon geschwungen hatte und das süße Gefühl des Kontakts mit dem Ball in seinen Armen kribbelte.

Ganz am Ende dieses Abends flog der Ball in hohem Bogen dem Himmel entgegen. Über das Gras, die niedrigen Sträucher, die Gartenmauer hinweg in die Straßen von San Francisco de Paula und in die Nacht.

Einige Jungs jubelten. Papa stützte die Hände auf die Knie und lachte. »Verflucht noch mal, dieser Kerl! Morgen früh rufe ich bei den Red Sox an.«

Gregs Erleichterung war so groß, dass ihm schon wieder übel wurde. Er atmete tief, um sich zu beruhigen, und blickte sich halb stolz, halb beschämt nach seinem Bruder um, ohne zu wissen, welche Reaktion er sehen wollte. Patricks Gesicht war so verkniffen, als versuchte er, etwas hinunterzuschlucken, was nicht durch seine Kehle passte. Doch dann lösten sich seine Züge, er zuckte mit den Schultern und stimmte in den Jubel der anderen ein. Es fiel ihm leicht – er war ganz locker, und sein Lächeln, als er den Daumen hob, echt.

Greg hätte den Neid, diesen Schmerz in seiner Brust, nicht erklären können.

Damit war das Spiel selbstverständlich zu Ende. Die Jungen rannten hinein und zogen sich eilig um. Greg setzte sich auf die Eingangsstufen und sah zu, wie sie einzeln oder zu zweit herauskamen, und ihre nackten Füße blitzten auf, als sie an ihm vorbei nach Hause liefen. Bestimmt dachten sie schon an die Schläge, die sie kassieren würden, weil sie zu spät zurückkehrten. Er hatte ein schlechtes Gewissen, doch Reue empfand er nicht.

Die Äste des riesigen Kapokbaums, der die Fassade des Hauses beschattete, schwangen sanft in einem Lüftchen über ihm, das zu hoch oben wehte, als dass er es spüren konnte. Patrick ging wie ein Gespenst auf dem Rasen herum und hob die Bälle und liegengebliebenen Handschuhe auf.

Papa schlenderte leise summend zum Haus hinauf. An der Tür blieb er stehen. »Wir müssen irgendwas finden, was du nicht gut kannst, Gig-man. Das stärkt den Charakter.«

Greg hob den Blick und versuchte zu erraten, welche Antwort Papa gefallen würde. »Ja, vielleicht. Aber wer will schon den Charakter von einem Verlierer?«

Sein Vater lachte. Nicht über ihn, sondern mit ihm.

Noch ein paar Jungs kamen heraus und verabschiedeten sich, während sie weiterliefen, doch Papa achtete nicht auf sie. Er beugte sich zu seinem Sohn hinunter und verstrubbelte ihm die Haare. »Stimmt. Weißt du, wie man ein guter Verlierer wird, Gig? Mit viel Übung. Bleib, wie du bist.« Grinsend legte er seine Hand an Gregs Hinterkopf. Das war alles, aber es war genug.

Papa ging hinein, und Greg wandte sich wieder zum Garten, aus dem Patrick auf ihn zukam. Es war klar, dass sein Bruder Papas Worte gehört hatte. Vielleicht hatte er sie sogar hören sollen.

Patrick setzte sich neben ihn und klemmte sich den Schläger zwischen die Knie. »Gut getroffen.«

»Du auch.«

»Danke. Aber das mache ich dir so schnell nicht nach. Ich habe in meinem ganzen Leben nicht so gut gespielt wie du heute. Glaubst du, du schaffst es irgendwann noch mal über die Mauer?«

Greg zuckte mit den Achseln. »Vielleicht. Versuchen werde ich's auf jeden Fall.«

»Am Vormittag vor dem Spiel saufen, das ist wahrscheinlich das Geheimnis. Das machen wir jetzt immer so.«

Greg grinste. »Machen wir.«

Er zögerte kurz; dann lehnte er sich an seinen älteren Bruder.

»Alles in Ordnung mit dir?« Patrick rückte ein Stück zur Seite und legte den Arm um Greg.

»Ja.«

»Das sagst du immer.«

»Weil mit mir immer alles in Ordnung ist.«

Im Haus klingelte das Telefon. Man hörte Martha etwas sagen, dann stand sie plötzlich an der Tür.

»Patrick, bist du da draußen? Ach, da seid ihr ja. Süß, ihr zwei ... Patrick, deine Mutter möchte dich sprechen.«

Er stand auf. »Ich komme.«

Als sein Bruder an der Tür war, rief Greg: »Patrick?«

Patrick blieb, halb im Licht, halb im Dunkeln, stehen. »Hm?«

»Warum macht es dir nichts aus?«

Sein Bruder neigte den Kopf zur Seite und grinste. »Weil Baseball blöd ist. Ich weiß das, weil ich es nicht gut kann.«

»Nein, im Ernst.«

»Im Ernst? Weil es unwichtig ist, Greg. Total unwichtig.«

Er verschwand im Haus, und die Tür fiel hinter ihm zu. Greg hörte ihn am Telefon in der Diele sprechen. »Hallo? Hallo, Mama. Ja, mir gehts gut ... Baseball gespielt. Ja, Ja, ich war nicht schlecht ...«

Wieder leuchtete die Tür auf, und Rodolfo, wie immer der Letzte, stürmte heraus und sprang verwegen über die Baseballsachen, die noch in einem Haufen auf den Stufen lagen. Auf der Zufahrt drehte er sich leichtfüßig um und rief: »Hasta luego, Gigi la estrella!«

Greg hob die Hand und blickte seinem Freund nach.

Im Haus sagte Patrick leise: »Ja, du fehlst mir auch. Willst du mit Gregory reden? Okay. Ja, gut, sag ich ihm.«

Greg wandte sich nicht zu ihm, als sein Bruder den

Kopf aus der Tür streckte. »Liebe Grüße von Mama. Es kommen Gäste, sonst hätte sie …« Patrick verstummte.

»Schon klar.«

Nicht weit entfernt bremste kreischend ein Auto. Ein Hund begann heftig zu kläffen. Die übliche Geräuschkulisse des Barrio.

Greg stand auf, nahm Schläger und Handschuhe und ging ins Haus.

Erst am nächsten Abend brachte er die quietschenden Autoreifen mit Rodolfos Tod in Verbindung. Der Wagen hatte Rodolfo keine zehn Meter vom Tor der Finca entfernt in einer engen Seitenstraße erwischt, die von den Jungs manchmal als Abkürzung genutzt wurde. Das Auto war zwar langsam, aber ohne Licht gefahren, und ehe der Fahrer etwas bemerkte, hatte er den Jungen schon erwischt.

Rodolfo war noch ein Stück gekrochen – nicht auf sein Elternhaus zu, sondern in Richtung der Finca mit ihren hohen hellen Fenstern, den gekühlten Limonaden und sauberen weißen Baseballtrikots –, bis ihn der Schmerz überwältigte.

Sein Vater hatte sich auf die Suche nach ihm gemacht und ihn eine halbe Stunde nach dem Unfall gefunden. Da war Rodolfo noch nicht tot, doch es sollte nicht mehr viel länger dauern.

Sein Vater wäre nie auf die Idee gekommen, im großen Haus um Hilfe zu bitten, den berühmten Mann zu fragen, ob er ihn mit seinem sterbenden Sohn ins Krankenhaus fahren würde, wo man die möglicherweise lebensrettenden

Maßnahmen bestimmt nicht an einen armen Jungen aus den Barrios verschwendet hätte.

Rodolfos Vater hatte in dem Moment, als er das kleine, im Sternenlicht fast unsichtbare Bündel auf der Straße liegen sah, alles begriffen. In den Tagen danach erzählte er Greg, dass er als Kind drei Brüder und eine Schwester verloren habe und sein Vater an einer Blutvergiftung gestorben sei, nachdem er auf einen Nagel getreten war. Er wusste, wie es zuging auf der Welt.

Er brachte seinen Sohn nach Hause, damit Rodolfo im eigenen Bett sterben konnte.

Am nächsten Nachmittag tauchte niemand am Tor auf. Greg, der nicht wusste, dass die Familien schon ihre Beileidsbesuche machten und die Jungs nicht aus dem Haus durften, nahm an, dass im Ort ein Fest stattfand, zu dem die Americanos nicht eingeladen waren. Weil Patrick wieder einmal trübsinniger Stimmung war und sich in ein russisches Meisterwerk vertieft hatte, ging Greg ohne ihn zum Fluss. Er empfand das Alleinsein als seltsam befreiend.

Er stellte sich vor, er wäre sein älterer Halbbruder John, den Papa Bumby nannte, was Greg und Patrick nicht tun durften. Dass er John erst ein paarmal begegnet war, machte es leichter, sich in ihn hineinzuversetzen und sich auszumalen, wie er Kuba schon Jahre zuvor, bei Papas erstem Besuch auf der Insel, erkundet hatte, in jener fernen Zeit, als sie noch reine Wildnis gewesen sein musste.

Plötzlich hatte er Lust auf einen Whiskey Soda und auf Patricks Gesellschaft bekommen und war im ersten

Abendlicht zurückgegangen. Sein Vater hatte unter dem Kapokbaum gestanden, und Papas sonst stets gebräuntes Gesicht mit den geröteten Wangen war bleich und finster, während er auf Rodolfos älteren Bruder Rene am Fuß der Eingangstreppe hinuntersah.

Und so stand Greg am nächsten Tag mit Patrick vor Rodolfos Zuhause. Keiner von beiden war jemals in dem dunklen, kühlen Haus gewesen oder überhaupt im Haus eines der Jungen. Wo seine Freunde wohnten, hatte Greg nie interessiert.

Weil die Fenster keine Scheiben, sondern nur Läden hatten, konnten sie hören, wie Papa Rodolfos Eltern leise sein Beileid aussprach. Greg sah die Szene unwillkürlich vor sich: die fahle, schrecklich zugerichtete Leiche wächsern im Licht der Kerzen, sein Vater, die breiten Schultern hängend, die zierliche Hand der trauernden Mutter ergreifend.

Eine Szene wie aus einem Film, ohne jede Spur von echtem Leben. Es ging ihm nicht in den Kopf, dass Rodolfo tot war. Er hatte ihn doch erst zwei Abende zuvor gesehen.

Gigi la estrella!

Er wäre gern hineingegangen, um sich die Leiche anzuschauen. Dann wäre es vielleicht wirklich geworden. Aber das hatte sein Vater verboten. So stand er da und sah zu, wie die Eidechsen mit steifen Beinen über die Fensterläden huschten und sich der Staub auf die Windschutzscheibe von Papas riesigem Chrysler legte.

Wie unter Zwang starrte er auf die dicken Reifen des Wagens. Er hörte das Quietschen einer Bremse die Nacht durchschneiden und davor sich selbst sagen: *Spielen wir weiter.*

Eine Woche später kam statt Rodolfo Rene zur Finca, öffnete Türen und brachte Papa und Martha das Eis für die Drinks an den Pool. Seine Beflissenheit war so übertrieben, dass man sie für Sarkasmus gehalten hätte, wäre er nicht so angestrengt konzentriert gewesen, wie seine ständig gerunzelte Stirn verriet.

Bald war klar, dass Rene den Herrn der Finca für eine Art Halbgott hielt – nicht so sehr wegen dessen enormen Ansehens, sondern weil der berühmte Mann die Güte besessen hatte, die Familie des Jungen in deren dunkelster Stunde in ihrem bescheidenen, ärmlichen Haus aufzusuchen. Diese Ehre habe, wie er immer wieder beteuerte, seine Eltern zu Tränen gerührt.

Papa zeigte sich mit dem neuen Arrangement sehr zufrieden, und nach einigen weiteren Tagen angemessener Trauer wurde auch wieder Baseball gespielt, wobei Rene den Platz von Rodolfo einnahm.

Noch Wochen später nannte Gregs Vater Rene immer wieder Rodolfo und bemerkte es meist nicht einmal, so als wäre Rodolfo einfach ein paar Jahre älter geworden.

Dieses Problem hatte Greg nicht. Er sprach nie mit Rene. Er konnte ihm nicht in die Augen sehen.

LOS ANGELES

1951

Es war spät, und der Mond hing dick am Himmel über Greg, der auf der Treppe vor der hell erleuchteten gotischen Fassade der Bibliothek saß.

Er wusste selbst nicht genau, warum er da saß, außer weil es dort still war, er gut seine Nerven beruhigen, einen Joint rauchen und die Rückkehr nach Hause verzögern konnte. In der letzten Stunde waren nur wenige Leute vorbeigekommen, von einem bernsteingelben Lichtfleck zum nächsten gegangen unter den von Faltern umschwirrten diesig leuchtenden Straßenlaternen. Wenn er genau hinschaute, sah er den Staub von den Flügeln der Falter zu Boden schweben, während sich die Tiere am brühheißen Glas zu Tode stießen.

Erst zwei Monate waren vergangen, und schon bereute er es, die Arbeit in der Werkstatt aufgegeben zu haben, schon hatte er das Gefühl, nicht fürs College geeignet zu sein. Aufs College zu gehen war ein Fehler gewesen, das war ihm inzwischen klar, doch dieser Fehler ließ sich nicht rückgängig machen – zumindest nicht ohne dass es daheim als demütigend und enttäuschend empfunden worden wäre.

Das Lernen war nicht das Problem, auch nicht die von fern drohenden Prüfungen. Alle hatten behauptet, das College wäre ein großer Schritt, das Ende der langen Phase, in der er seine Ausbildung hatte schleifen lassen, doch in Wahrheit war alles einfacher als erwartet. Vielleicht sogar zu einfach.

Das Problem war anders gelagert. Das Problem war ein Drang, den er nicht richtig einordnen konnte.

Ein paar junge Männer kamen angetorkelt, schon jetzt betrunken, obwohl ihr Abend kaum begonnen hatte. Als sie ihn allein auf der Treppe sahen, riefen sie, dass er mitkommen solle, aber er winkte ab, und der süßliche Rauch aus dem Joint brannte ihm in den Augen.

Sie verschwanden, ohne ihm böse zu sein, und riefen ihm zu, dass sie im Cabana zu finden wären. Sollte er sich doch anders entscheiden, würden sie ihm den ganzen Abend Whiskey spendieren.

Sie kannten ihn zwar nicht persönlich, doch sie wussten von ihm. Für sie war er nur ein Name, ein Unikum auf dem Campus, das mitzunehmen sich lohnte, ganz einfach weil es neu war.

Die Autowerkstatt vermisste er mehr denn je. Mit den Jungs dort war er zwar auch nicht gerade eng gewesen, aber zumindest hatten sie erwartet, dass er wie alle anderen seine Zeche selbst bezahlte, wenn sie mit ihm ausgehen wollten. Wenn er sie verärgert hatte, war das mit einem sauberen Kampf aus der Welt geschafft worden, und nie hatte ihm einer was nachgetragen, auch nicht, nachdem sie gesehen hatten, dass er wie ein Berserker zuschlug.

Und die Arbeit hatte ihm auch gefallen. Jedes Teil einer Maschine hat einen Zweck. Mit dem entsprechenden Wissen und der nötigen Geduld ließ sich alles reparieren.

Nur die Bezahlung hatte ihm nicht gefallen, und Shirley war geradezu entsetzt gewesen. Andererseits hatte seine Frau so ziemlich alles an seinem Job als ölverschmierter Mechaniker gehasst. Den Schmutz, die langen Arbeitszeiten, das Proletenhafte. Was im Grunde verständlich war. Er hatte ihre Erwartungen weiß Gott nicht erfüllt.

Greg zog so lange an seinem Joint, dass ihm schwindlig wurde und die glühende Asche seine Finger verbrannte. Er beherrschte sich und zuckte nicht zusammen, sondern warf den Stummel in den Schatten und hielt die Luft an, so lang es ging. Das Gras schwächte das dumpfe Dröhnen seiner Gedanken. Nicht sehr, aber immerhin.

Er wusste natürlich, was ihn wirklich beruhigen würde, aber das war verboten. Für ihn begann eine neue Phase im Leben. Er wurde Vater. Er durfte es nicht vergeigen.

Im Grunde war es völlig egal, wie sehr er das College hasste, denn es gab kein Zurück. Shirley, seine Eltern, einfach alle glaubten, er würde endlich etwas aus sich machen. Seine Mutter war sogar von Key West hergeflogen, als sie von seiner Einschreibung erfahren hatte. Nur sie konnte vom Flughafen kommen und aussehen, als hätte sie gerade eine französische Boutique verlassen, so faltenlos war ihr weißes Dior-Kleid gewesen.

»Ach, ist das nicht schön?«, hatte sie gesagt, als sie mit Shirleys recht passablem Tom Collins zwischen den Fingerspitzen geziert auf dem Sofa in der feuchten kleinen Wohnung saß.

»Ja, schön, dass du hier bist, Mom. Shirley …« Er hatte

Shirleys Hand getätschelt, als wären sie ein altes Ehepaar. »Shirley hat sich sehr darauf gefreut, dich kennenzulernen.«

»Na, hoffentlich bin ich keine Enttäuschung.« Sie hatte seiner Frau ein Lächeln geschenkt, das Greg nicht kannte, und Shirley war zusammengefahren. »Mein Sohn benimmt sich doch hoffentlich gut?«

»Ja, natürlich, Mrs Pfeiffer. Greg ist –«

»Hemingway, bitte. Mrs Hemingway.«

»Gut, dann eben Mrs Hemingway.« Greg spürte, dass Shirley ungehalten wurde, und drückte ihre Hand. »Greg ist –«

»Stimmt das, Greg? Benimmst du dich?«

»Ja.«

»Ja?« Sie warf ihm einen vielsagenden Blick zu.

»*Ja.*« Er stieß das Wort heftig hervor. Wenn jemand, und besonders seine Mutter oder sein Vater, das, was mit ihm nicht in Ordnung war, auch nur streifte, empfand er das als unerträglich. Es erinnerte ihn an einen schmerzenden Zahn. Obwohl jede versehentliche Berührung die reine Qual war, machte sich die Zunge ständig daran zu schaffen.

»Sei mir nicht böse, Gregory, ich glaube dir. Der Umzug hierher – genau das hast du gebraucht: einen Neustart.« Ihr Lächeln war ehrlich, vielleicht schwang darin sogar ein bisschen Stolz mit. »Ist das nicht toll? Mein Sohn auf dem College!«

Nur ein kurzes Lächeln und doch genug. Er hatte als Kind gelernt, sich damit zu bescheiden, dass sie ihm nur ein paarmal im Monat ein Lächeln schenkte.

»Hast du ihren Blick gesehen? Als wäre ich Scheiße

an ihrem Schuh«, sagte Shirley eine Viertelstunde später. Seine Mutter hatte mit dem Hinweis, sie müsse in L.A. Freunde besuchen, ihren noch immer eiskalten Drink hinuntergestürzt und war nach einem Abschiedskuss, den sie an Gregs Wange vorbeigehaucht hatte, hinausgerauscht. »Und mit dir hat sie gesprochen wie zu einem Kind. Wie hast du es mit dieser Zicke ausgehalten, frage ich mich.«

Shirley hatte natürlich keine Ahnung. Einmal waren seine Nägel bei ihrer Rückkehr noch lackiert gewesen, doch das war schon das Schlimmste, was sie je mitbekommen hatte. Und seit er studierte, hatte er sich nicht den kleinsten Ausrutscher erlaubt. Er hatte es im Griff.

»So redest du nicht über meine Mutter!«

Sie hatte gelacht, aber aufgehört, als sie sein Gesicht sah. Wahrscheinlich war das der Moment gewesen, in dem ihre Beziehung abzukühlen begann.

Greg drehte noch einen Joint, zündete ihn an, starrte dann aber nur darauf. Vielleicht sollte er Patrick anrufen. Es wäre schön, die Stimme seines Bruders zu hören.

Aber Patrick wollte ja nichts von ihm wissen. Er war in Harvard, hatte zu tun, baute sich so weit weg vom Rest der Familie, wie es nur ging, ein eigenes Leben auf. Greg konnte es ihm nicht verdenken.

»Hemingway!«

Eine schemenhafte Gestalt stand ihrerseits mit einem Joint in der Hand am Fuß der Treppe. Greg kniff die Augen zusammen, um das Gesicht erkennen zu können: das dünne Haar nach hinten geklatscht, wahrscheinlich, um in Kombination mit der Hakennase ein Adlerprofil zu erzielen. Der Mann sah aus wie ein pomadisierter Geier.

Gregs Gedächtnis – es verfuhr nach dem gleichen Prinzip wie ein Mensch, der für alle Fälle alte Corn-Flakes-Schachteln aufhob – spuckte einen Namen aus: Richard Shipman, einer dieser Treuhandfondsknaben. Er kannte ihn kaum.

Shipman verlagerte sein Gewicht auf den anderen Fuß, weil ihn Gregs Schweigen verwirrte. »Bist du das, Hemingway?«

»Ich heiße Greg.«

»Greg. Sehr schön.« Shipman straffte den Rücken. »Ein paar von uns gehen rüber zu Blondie's. Da gibts eine Show, und ich habe die Einladungskarte von meinem Vater. Lässige Mädchen, Champagner für alle. Komm mit!«

Greg stand auf. Er musste nach Hause. Shirley würde sich fragen, wo er blieb, und die Art, wie der Kerl ihn ansah, gefiel ihm nicht. Als wäre er eine seltene Münze, die Shipman auf dem Gehweg gefunden hätte. So sahen ihn viele an.

Trotzdem nickte er. »Gut, gehen wir.«

Er blieb gerade mal eine knappe Stunde mit Shipmans Leuten zusammen. Hätte er auch nur eine Minute länger seichte Gespräche mit diesen wie Rennpferde hochgezüchteten Menschen führen müssen, hätte er sich wahrscheinlich beide Augen mit einer Sektflöte ausgestochen. Er hatte versucht, das Ganze mit Hilfe von Alkohol durchzustehen, aber dadurch war alles nur schlimmer geworden.

Shipman versuchte ihn an der Tür aufzuhalten, doch Greg ging stur weiter und stieß ihn mit der Schulter zur Seite, als wäre er aus Stroh. Er hörte ihn stürzen, blickte sich aber nicht um.

Niemand folgte ihm, trotzdem begann er zu laufen, das Adrenalin trieb ihn an. Auf dem Gehweg rauschte er an Paaren und Grüppchen vorbei und erkannte auch mit flüchtigem Blick, wie unglaublich wohl sie sich in ihrer Haut und in der Gesellschaft der anderen fühlten.

Er wäre so gern in der Menge untergetaucht, hätte sich so gern selbst weggeworfen wie eine Maske, die in der Gosse landet, doch es gab kein Entrinnen. Er lief weiter.

HAVANNA

1942

»Ganz ruhig, Greg. Ein guter Schütze braucht Geduld.«

Einer von Papas breiten Fingern drückte in die weiche Haut an Gregs Schläfe. Er wich nicht zurück. Jede Faser seines Körpers konzentrierte sich auf die gähnende blaue Leere zwischen den Bäumen.

»Du wirst es beim ersten Mal nicht schaffen und beim zweiten Mal auch nicht. Das kann niemand von Geburt an. Man muss ein Gefühl dafür bekommen.«

Ein Schweißtropfen lief ihm langsam den Rücken hinunter. Der kühle Schaft brannte an seiner heißen Wange. Wie konnte das Gewehr in so warmer Luft so kalt sein, fragte er sich und schob den Gedanken beiseite.

Konzentration.

»Nicht dorthin zielen, wo sie ist, sondern dorthin, wo sie sein wird. Und den Geschossabfall und den Wind musst du natürlich auch bedenken. Je größer die Entfernung, umso größer der Geschossabfall und umso größer der Einfluss des Winds, je nachdem wie stark er weht.«

Greg ließ die Stimme seines Vaters im Hintergrund verklingen. Das meiste von dem, was Papa sagte, verstand er gar nicht. Er wollte einfach schießen und den Knall hören.

»Gut. Bist du bereit?«

»Bereit.« Kein Zögern. Ihn nie sehen lassen, dass man zögerte.

Ein metallisches Klicken ertönte, und eine dunkle Scheibe – die Taube, Papa sagte immer die Taube – flog in die Luft. Nach der langen Vorbereitung überraschte es ihn trotz seiner selbstgewissen Antwort auf Papas Frage, wie plötzlich sie da war. Er fuchtelte mit dem Gewehr herum, und obwohl er nicht abdrücken wollte, gab es einen gewaltigen Knall, und das Gewehr stieß ihm so heftig in die Schulter, dass er in einer Wolke aus perlgrauem Rauch auf den Boden fiel.

Sein Vater brummte zufrieden. »Ich habe dir gesagt, dass du die Beine spreizen sollst. Und den Kolben hättest du festhalten müssen, das ist bei Kaliber zwanzig ganz wichtig. Das Ding schlägt aus wie ein Maultier.«

Greg rappelte sich hoch. Seine Schulter brannte, und sein Kopf dröhnte, aber das Schlimmste war die Enttäuschung. Er hatte es sich so sehr gewünscht, gleich mit dem ersten Schuss einen Treffer zu landen. Papa zu zeigen, dass er noch immer derselbe Greg war.

Vorsichtig legte er das harte Holz wieder ans Schlüsselbein.

»Tuts weh?«

Greg hob den Blick zu Papas kleinen, scharfen Augen. Das meiste an seinem Vater war viel zu groß, zu derb für einen Mann, der sein Geld am Schreibtisch verdiente, doch wenn man in seine Augen sah, verstand man es plötzlich.

»Nein.«

»Lüg mich nicht an, Greg!«

»Ein bisschen.«

»Dann dürfen wir es nicht übertreiben. Sobald du Angst vor dem Gewehr hast, wars das. Wir machen alles schön langsam.«

Greg zögerte. Erst als er sah, dass er weiter beobachtet wurde, drückte er das Gewehr fester gegen die Schulter und achtete nicht auf den Schmerz.

»Noch eine.«

Wieder brummte Papa, und Greg wusste nicht, was das heißen sollte. »Bist du sicher? Den harten Kerl markieren bringt gar nichts.«

Früher hätte er das nie gesagt. Seit der Szene im Schlafzimmer im Jahr zuvor hatte sich viel geändert – Papa hatte ihm erst nach mehreren Wochen wieder in die Augen gesehen –, aber vielleicht würde es irgendwann doch wieder wie früher werden. Dass Papa überhaupt mit ihm schießen gegangen war, musste ein Zeichen sein, dass es ging.

Er presste den Schaft an sein Schlüsselbein, trieb sich in den Schmerz.

»Na gut … Das linke Auge bleibt offen, das brauchst du fürs räumliche Sehen. Bist du so weit?«

Greg riss gehorsam beide Augen auf. Das Gewehr lag schwer in seinen Händen, schwerer, als es Holz und Metall eigentlich zustand. »Ich bin so weit.«

Die Zikaden dröhnten wie mit einer Stimme, unsichtbar, aber überall.

Ein Klicken, ein Surren, die Taube flog.

Gregs Finger spannte sich fester um den Abzug, doch

er zwang sich zur Ruhe. *Geduld.* Während er dem Bogen folgte, den die Taube wie eine Rakete beschrieb, lockerte sich sein Körper, und sein Atem verlangsamte sich. Und in dem Moment, als die Taube aus Ton fast schon hinter den Bäumen verschwunden war und Papa hinter ihm wieder brummte, stieß er den Atem aus und drückte leicht gegen den Abzug.

Diesmal war das Gewehr dicht an der Schulter, und Gregs Körper ging mit der Bewegung mit, als der Rückstoß erfolgte. Er stand fest auf dem Boden, und nun sah er sogar die kleine Schrotwolke aus der Mündung hervorbrechen, eine halbe Sekunde lang durch die Luft fliegen und das Herz der fernen Taube in einer Blüte aus Staub durchschießen.

Rauch quoll gemächlich aus dem Doppellauf des Gewehrs. Er roch wundervoll, wie hundert gleichzeitig angezündete Streichhölzer.

»Nicht schlecht«, sagte Papa kühl. »Ein ziemlich guter Schuss.«

Gregs Hochgefühl brach in sich zusammen, doch er verzog keine Miene, während er sich das Gewehr auf die Schulter schwang. So dumm war er nicht. »Ich finde es ehrlich gesagt ziemlich einfach. Weiß gar nicht, warum alle so ein großes Ding daraus machen.«

Da grinste Papa endlich, und das Gewicht in Gregs Brust, das immer schwerer geworden war, löste sich schneller auf als der Pulverdampf. Wenn Papa etwas bewunderte, dann Gewinner. Und wenn er etwas liebte, dann arrogante Gewinner.

Solange er selbst gewann. Oder sein Kind.

Papa nahm das Gewehr und hängte es sich über die Schulter. In seinen Händen wirkte es viel kleiner. »Das reicht für heute. Dein Körper muss sich langsam daran gewöhnen. Morgen gehen wir wieder hierher, dann kannst du daran feilen. Und dann wechseln wir zu echten Vögeln. Der Unterschied zwischen der Taube und einem echten Vogel ist riesig. Vögel beschleunigen beispielsweise, so fängt es schon mal an.«

Er machte sich auf den Rückweg zum Clubhaus. Wahrscheinlich dachte er schon an den eiskalten Daiquiri, der dort auf ihn wartete.

Greg folgte ihm. Kaum wandte ihm sein Vater den Rücken zu, rieb er sich die schmerzende Schulter. Der lehmige Boden fühlte sich weich an. Ringsum war der Wald still und kühl.

Bis zum Clubhaus war es nicht weit, doch hier zwischen den Bäumen fühlte es sich wie in der Wildnis an. Nur sie beide, einzige Überlebende eines schrecklichen Flugzeugunglücks, bahnten sich, ganz auf ihren Mut und Verstand angewiesen, ihren Weg zurück in die Zivilisation.

»Nächsten Monat findet hier in El Cerro ein großer Schießwettbewerb statt«, sagte Papa, ohne sich umzudrehen. »Du solltest Patrick und mich begleiten, damit du ein Gefühl dafür entwickelst. Da könntest du den Profis zusehen.«

»Okay.« Greg versuchte nicht zu begeistert zu klingen. Endlich war es so weit. Er hatte gewusst, dass Papa alles als einen großen Irrtum betrachten würde, sobald er gut schießen könnte, als ein Spiel, bei dem er ihn ertappt hatte.

Bei einem schrecklichen, dummen Spiel, auf das sie jetzt alle lachend zurückblicken konnten.

Ein Vogel wagte sich aus der Deckung und flog trällernd über sie hinweg. Beide sahen ihm nach, ohne stehen zu bleiben.

»Das Gewehr ist nicht geladen«, sagte Papa, wie um sich zu rechtfertigen.

»Wenn Patrick schießt«, sagte Greg nach einer Weile, als sie sich dem Waldrand näherten, »kommt Mama dann auch und schaut zu?«

Sein Vater seufzte. »Das ist nichts für Frauen, Greg.« Inzwischen bekam Papa schon miese Laune, wenn man Gregs Mutter nur erwähnte. Als hätte sie ihn verlassen.

Aber er hatte nicht Nein gesagt, immerhin.

»Ich könnte ja vielleicht auch schießen. Bis dahin könnte ich üben. Wenn ich über …«

»Das ist ein internationaler Schießwettbewerb, Greg.«

»Na und?«

Sein Vater blieb stehen. Die Bäume am Waldrand hinter ihm verschwammen im grellen Mittagslicht, und die dicken grünen Blätter hingen ihm tief um den Kopf. »Na und?« Er lachte. »Überrascht mich nicht – du bist ein echtes Naturtalent, Gigi.« Es war Monate her, dass er den Spitznamen zuletzt verwendet hatte. »Na gut, mal sehen. Aber du musst üben. Ich will nicht, dass du mich blamierst. Du musst dir deine Teilnahme verdienen wie alle anderen auch.«

»Ich blamiere dich nicht, ich übe.«

»Na prima.«

Sein Vater betrachtete ihn noch kurz mit leicht geneigtem Kopf und einem kleinen Lächeln.

Der Schießclub lag eine halbstündige Autofahrt vom Haus entfernt im Stadtteil Boyeros, wo die Häuser groß und die Zäune hoch waren. Nach kurzem Streit um den Beifahrersitz waren sowohl Greg als auch Patrick nach hinten verbannt worden. Nun herrschte Waffenruhe, und sie hockten aneinandergelehnt auf der Rückbank. Hin und wieder setzten sie sich anders hin, damit ihre Beine nicht an dem glühend heißen Leder klebten.

Ihr Vater hatte beide Fenster geöffnet und einen Arm ins Sonnenlicht gehängt. Nur der ratternde Fahrtwind war zu hören und das rhythmische Geräusch von Patricks Nagelbeißerei – bis Papa sagte, er solle das sofort bleiben lassen. Danach nur noch der Wind im Kampf mit dem Fahrgestell. Greg hätte gern Radio gehört, um sich abzulenken, sagte aber nichts.

Von ihrer Wohngegend mit den niedrigen Häusern ging es aufs offene Land. Beiderseits der Straße wiegte sich auf Feldern, die man bald abbrennen würde, Zuckerrohr dick und glatt und unglaublich grün im Wind.

Eine zweite, fast identische Ortschaft tauchte wie aus dem Nichts auf, und andere schwere, glänzende Autos verstopften die Straße, auf der es im Schneckentempo an Häusern vorbeiging, die immer vornehmer wurden. Einfache Türen wichen hohen Toren, wo eben noch Zäune gewesen waren, standen jetzt Mauern.

Sie hörten den Club, bevor sie ihn sahen. Die Musik und die lauten Stimmen verschwammen zu einer Welle, die sich nie brach. Dass die gewohnten Gewehrschüsse fehlten, war etwas unheimlich. Als Papa sich räusperte, sah Greg seinen Nacken zucken.

Dann bog der Wagen in die lange Kiesauffahrt ein, und hinter gepflegten Bäumen lugte das niedrige Dach des Clubs hervor. Die lange, schattige Veranda und der Rasen davor, auf dem sonst höchstens ein knurriger alter ehemaliger Jäger oder ein gelangweilter Einheimischer in Kellnerjacke herumstand, waren voller Menschen. Männer – trotz Hitze im Anzug –, Frauen in farbenprächtigen Kleidern, die fast bis zum staubigen Boden reichten, Unmengen von Personal mit Drinks auf Tabletts und Leute, allerdings nur vereinzelt, die dem Aussehen nach gekommen waren, um tatsächlich zu schießen.

Papa blieb kurz sitzen, ließ eine Hand über das Lenkrad hängen und atmete langsam aus. Bei jedem anderen hätte Greg gesagt, er sei nervös, aber nicht bei seinem Vater. Und wirklich dröhnte Papas Stimme selbstbewusst, als er fragte: »Bereit, Jungs?«

»Ja, Papa.«

Sie stiegen aus und traten in den blendend hellen Tag.

Erst als sich die Reporter um ihn scharten, wirkte Papa entspannter. Er kannte die meisten mit Namen und hatte bestimmt schon für jede Zeitschrift geschrieben, die sie vertraten. *Field and Stream*, *Sports Illustrated* und alle kubanischen Zeitungen waren gekommen, um über den Schießwettbewerb zu berichten.

Es ging um die kubanische Meisterschaft. Spitzenschützen aus aller Welt waren auf die Insel geflogen, doch die Presse interessierte sich nur für Papa, und die Reporter umdrängten ihn wie junge Hunde.

»Mr Hemingway, Sir, nehmen Sie am Wettkampf teil?«

»Wenn sich die besten Jäger der Welt versammeln, ist es ja wohl meine Pflicht mitzumachen.«

»Und? Gewinnen Sie den Pokal?«

»Warten wir ab. Ich hatte ein halbes Jahr kein Gewehr in der Hand. Ich war zu sehr mit der Marlinjagd beschäftigt – das ist der wahre Sport für Männer. Wir werden sehen, wie weit mich mein Instinkt bringt. Meine Söhne nehmen ebenfalls teil.« Papa deutete über die Schulter hinweg auf Patrick und Greg, die ziemlich verloren hinter ihm standen. »Sie schießen zwar noch nicht lange, dürften aber einigen Profis hier das Leben durchaus schwermachen.«

Die Reporter richteten nun ihre Blicke auf Greg und Patrick, knipsten aber die zwei schlaksigen Jungen, die ihre um die Schulter gehängten Gewehre kaum überragten, nur aus Höflichkeit. Dann stellten sie Papa weitere Fragen.

Daran waren Greg und Patrick gewöhnt. Sie schlugen die Zeit tot, indem sie die gut gekleideten Damen und Herren beobachteten. Die Leute stopften Kanapees in sich hinein, als hätten sie seit Wochen nichts gegessen.

Die Wettkämpfer in der Menge waren leicht zu erkennen. Einige trugen Lederwesten mit unzähligen Aufnähern, Abzeichen und gewonnenen Preisen in Form von Anstecknadeln und erklärten äußerst bereitwillig jedem, der auch nur einen Blick darauf warf, woher jede einzelne dieser Trophäen stammte. Die übrigen stachen durch ihre Ruhe hervor; sie unterhielten sich nicht, lachten nicht, aßen nicht mal, sondern standen im Schatten des Clubgebäudes, nippten nur ab und zu an ihrem Gin oder Whiskey und warteten auf den Wettkampfbeginn.

Gigi musste nicht fragen, auf welche Gruppe er achten sollte.

Er sah zu seinem Vater hin, der gerade eine großartige Geschichte erzählte. Die Reporter lachten sich krumm, und jede Bewegung von Papa drückte Zufriedenheit aus.

Der Schwips, den sich Greg mit Whiskey angetrunken hatte, ebbte ab. Er wurde nervös.

»Bin gleich wieder da«, sagte Patrick und verdrückte sich Richtung Clubhaus. Seine Stirn war schweißnass. Greg fühlte so sehr mit seinem Bruder, dass es auch ihm den Magen umdrehte. Bisher hatte er sein Frühstück bei sich behalten, aber ob ihm das weiter gelingen würde, wusste er nicht.

Zuerst war er enttäuscht gewesen, dass seine Mutter nicht gekommen war, doch jetzt fühlte er sich eher erleichtert. Im Grunde hatte er es ohnehin geahnt. Papa und sie sprachen nur noch am Telefon miteinander, und danach weinte sie meistens. Und das war auch seine Schuld. Eines Abends im letzten Jahr, nicht lang nach seiner Rückkehr aus Kuba, war er ins Wohnzimmer gegangen und hatte mitbekommen, wie sie den Hörer auf die Gabel knallte. Sie hatte sich zu ihm umgedreht und mit zitternder Unterlippe gesagt: »Bravo, Greg. Wegen dir hatte er einen erstklassigen Wutanfall.«

Er hätte am liebsten die Hände vors Gesicht geschlagen und sich versteckt, als er daran dachte.

»Du bist der Sohn von Ernest, richtig?«

Greg zuckte zusammen. Er hatte den großen, dünnen Fremden nicht kommen hören, der über eine randvolle Sektschale hinweg durch dunkle Brillengläser zu ihm hinuntersah. Die hellen Bläschen glitten hilflos in das kleine schwarze Loch zwischen den Lippen des Mannes, die gleich darauf anerkennend schmatzten. »Bist du stumm?«

»Nein, Sir. Ich meine: Ja, ich bin Greg Hemingway.«

»Gregory. Sehr erfreut.« Die knochige Hand des Mannes umschloss Gregs Hand wie eine Spinne, die ihre Beine um eine Fliege legt. »Ich habe deinen Namen auf der Liste gesehen. Du nimmst teil? Sehr gut! Wer berühmt ist, soll sich etwas gönnen dürfen. Und wie hätten wir den Sohn des großen Schriftstellers abweisen können! Bei dir sehen bestimmt alle besonders genau hin – schließlich will man wissen, ob du dem ruhmreichen Namen gerecht wirst – und den vielen Chancen, die er mit sich bringt.«

Wieder meldete sich sein Magen, doch das verkniffene Lächeln des Mannes zwang Greg, den Mund aufzumachen. »Sehr gut. Ich schieße nämlich immer am besten, wenn Leute zusehen. Und von meinem Gewinn spendiere ich Ihnen etwas zu trinken.«

Die Brauen des Mannes, dünn wie Bleistiftstriche, schossen hinter der dunklen Sonnenbrille in die Höhe. In diesem Moment erhob sich über seiner Schulter ein dicker, stark behaarter Arm und umschlang seinen Hals.

»Ventura, du Mistkerl! Wo hast du dich versteckt?«

Der kerzengerade Rücken des Mannes ließ sich nicht biegen, aber als Papa Ventura zu sich drehte, machte der sich immerhin etwas kleiner. »Vor aller Augen, Ernest. Wie immer.«

»Das sind die rätselhaften Antworten, die ich von dir erwarte. Gut gemacht!«

»Ich gebe mein Bestes.« Ventura versuchte seine eisige Ausstrahlung beizubehalten, was ihm Papas Begeisterung zusehends erschwerte. Papas gute Laune rührte wahrscheinlich von den Daiquiris her, die er getrunken hatte, während er die Reporter unterhielt.

Denn so war Papa: wie das Meer. Egal, ob er gerade glücklich, wütend, traurig oder verbittert war – er riss alle mit, ob sie es wollten oder nicht.

»Und worüber habt ihr zwei gesprochen?«, fragte Papa. »Du hast meinem Sohn garantiert einen Rat gegeben.«

»Selbstverständlich.«

»Welche Weisheiten hat er dir offenbart, Greg?«

Gigi zögerte. Sein Blick suchte nach einem Funken Menschlichkeit hinter den rauchigen Gläsern. Er hatte gute Lust, Ärger zu machen, doch der starre Blick des Mannes hielt ihn zurück. »Er hat gesagt, dass ich schießen soll, damit alle sehen, dass ich zu Recht hier bin und dem Namen Hemingway Ehre mache.«

Das gefiel Papa. Er klopfte Ventura auf die Schulter. »Pass nur auf, Esteban, der Junge ist mein Sohn! Er enttäuscht mich nicht, hab ich recht, Greg?«

Greg schluckte. »Ja, Sir.«

»Ganz genau. Komm jetzt. Wir müssen Patrick suchen und unsere Nerven beruhigen. Wir sehen uns, Ventura.«

»Es war mir wie immer ein großes Vergnügen, Ernest.« Ventura deutete eine Verbeugung an. »Und Gregory – ich freue mich auf deine Darbietung ...«

Patrick kniete im Clubhaus auf einem Barhocker und redete auf den Barkeeper ein, einen alten Mann aus dem Ort, um ihm klarzumachen, dass weißer Rum mit Eis für einen Zwölfjährigen vollkommen in Ordnung war.

»Sags ihm, Papa!«, rief er, als sich sein Vater gefolgt von Greg einen Weg durch die Menge bahnte.

Papa warf Patrick zwar einen finsteren Blick zu, beugte sich jedoch über das glänzende Eichenholz und sagte mit einer Stimme, die sehr leise und zugleich sehr laut klang: »Wenn mein Sohn einen Drink bestellt, dann machst du ihm den Drink, *amigo*, hast du gehört? Los jetzt!«

Der Barmann nickte scheinbar unbeeindruckt und drehte sich zu den glänzenden Flaschen an der Rückwand um.

»Vor dem Schießen trinken?« Erst jetzt wandte sich Papa zu seinem Sohn. »Was denkst du dir dabei, Pat? Nimmst du die Sache überhaupt ernst? War es reine Zeitverschwendung, dich mitzunehmen?«

»Nein, ich wollte nur … Ich wollte mich beruhigen.« Patrick verstummte unter dem wütenden Blick seines Vaters.

»Schwachsinn.« Der Rum wurde hingestellt, und Papa trank ihn ex. Dann fügte er, ohne auch nur in die Richtung des Barmanns zu sehen, »Zwei Cola« hinzu.

Der alte Mann nickte gehorsam und schlurfte davon. Während Papa Patricks Charakter weiter in Frage stellte, beobachtete Greg, wie der Barmann zum Kühlschrank ging und zwei Flaschen herausnahm. Sein frisch gestärktes weißes Hemd legte sich in Falten, als er sich bückte, und er nahm sich die Zeit, es geradezuziehen. Dann ging er gemächlich zurück, stellte die Flaschen ab, und als er sah, dass Greg ihn betrachtete, zwinkerte er ihm kaum merklich zu, als wollte er zeigen, dass er ganz unbeschwert war.

»Danke«, sagte Greg.

»Sehr gern, junger Mann.«

Eine Frau beugte sich über die Bar und schnippte dicht vor dem Gesicht des Barkeepers mit den Fingern, um seine Aufmerksamkeit auf sich zu lenken. Der Alte zuckte nicht mit der Wimper. Er nickte Greg zu, drehte sich weg und nahm die Bestellung der Frau auf.

Über so viel Selbstbeherrschung konnte Greg nur staunen. Wenn Papa etwas gegen den Strich ging, durfte die ganze Familie den Tag getrost vergessen – als sie noch eine Familie gewesen waren. Dieser Mann ließ einfach alles an sich abperlen.

Greg dachte gerade darüber nach, ob man so zur Welt gekommen sein musste oder ob man das lernen konnte, als die Hand seines Vaters auf seine Schulter fiel.

»Hörst du zu, Gig-man?«

»Hm? Ja, ja.«

»Gut. Trink deine Cola. Der Zucker hilft. Die Listen hängen aus, du bist als Erster dran. Das ist zwar nicht optimal, aber es wurde ausgelost, also nimm es wie ein Mann. Und eigentlich ist es ziemlich toll, der Allererste im Wettkampf zu sein, findest du nicht?«

Kurz darauf trat Greg in die gellende Sonne hinaus. Seine Lippen waren noch kalt und schmeckten süß.

Die Zuschauer hatten sich in Hufeisenform um den Schießstand und auf die ersten Meter des offenen Felds gestellt. Dahinter platzierten weiß uniformierte Männer die Körbe mit den Vögeln. Das schwache Flattern unsichtbarer Flügel kräuselte das Gras. Wiederum dahinter die heruntergekommenen herrlichen Vororte von Havanna. Dann nur noch das Meer.

Am Abschusspunkt stand ein scharfsichtiger, mit einem Klemmbrett ausgerüsteter Einheimischer, dem die glühende Mittagshitze offenbar nicht das Geringste ausmachte.

Greg trat mit über dem Arm abgeknicktem Gewehrlauf vor und lud mit gefühllosen Fingern zwei Patronen.

Das Stimmengewirr verstummte. Sein Herzschlag dröhnte in seinen Ohren.

Er ließ den Lauf einrasten. Spannte den Hahn. Von einer Sekunde zur anderen wurde aus einem Stück kalten Metalls etwas Lebendes in seiner Hand.

Die Menge war still geworden. Nur die leisen Regungen menschlicher Körper, Geräusper und das Geklirr von Eiswürfeln hingen noch in der Luft.

Der Schweiß brannte in seinen Augen, lief an seinem Körper hinunter. Er hob das Gewehr.

Der Mann beugte sich vor. »Sind Sie bereit, Señor?«

Greg holte tief Luft.

»Ich bin bereit.«

HAVANNA

1941

Greg ging auf Zehenspitzen die Treppe hinauf.

Martha war in die Innenstadt von Havanna gefahren – warum und für wie lange, wusste er nicht. Papa saß im Arbeitszimmer, kritzelte mit seinem Bleistiftstummel vor sich hin und murmelte gelegentlich dazu.

Früher hätte sich Greg nur dann ins Schlafzimmer gewagt, wenn beide außer Haus gewesen wären und er genau gewusst hätte, wann sie zurückkommen würden. Und selbst dann hätte er sowohl nach der Abfahrt als auch vor der Rückkehr mehrstündige Puffer eingebaut, falls sie etwas vergessen hätten oder aus irgendeinem Grund früher zurückkämen.

Vor der Tür zum Arbeitszimmer blieb er stehen und linste durch den Spalt, um sich zu vergewissern, dass der Rücken seines Vaters noch über den Schreibtisch gebeugt war.

Was genau Papa tat, wenn er den ganzen Vormittag so dasaß, verstand Greg nicht; doch er wusste, wie wichtig es seinem Vater war, und schlich sich ohne Bedenken auf Zehenspitzen durch den Gang ins Schlafzimmer.

Die Bodendielen unter seinen Füßen waren kühl. Sie verliefen über die ganze Distanz von der Vorderseite bis zur Rückseite des Hauses, und an jedem Ende fiel aus großen Fenstern Licht darauf. Er ließ die Tür bewusst angelehnt, um seinen Vater kommen zu hören, falls der entgegen seiner Gewohnheit eine Pause einlegte.

Die Kleider seiner Mutter wären besser gewesen, aber die von Martha taten es auch. Das Nerzcollier hatte sie achtlos über die Rückenlehne des Stuhls vor ihrem Schminktisch geworfen. Es war zwar bestimmt ein Vermögen wert – jedenfalls hatte Greg noch nie die Mutter eines Jungen aus dem Barrio so etwas tragen sehen –, doch er strich nur im Vorübergehen leicht über den geisterhaft weichen Pelz.

Die zweiflügelige Tür des großen Schranks aus glänzendem Eichenholz erinnerte ihn an den Eingang einer mittelalterlichen Burg. Greg zog die Flügel ehrfurchtsvoll auseinander, trat einen Schritt zurück und ließ sie von selbst nach außen schwingen.

Er schlüpfte aus seinem alten Polohemd, aus den fleckigen dunkelblauen Shorts und den Boxershorts und ließ alles ordentlich auf einen Haufen fallen. Dann nahm er auf gut Glück ein gelbes Kleid heraus und zog es über den Kopf an. Es fiel nicht, es floss über ihn. Der Stoff war so dünn, dass Greg durch ihn hindurch den Schrank, das Fenster und den Stuhl sehen konnte, der einmal seiner Mutter gehört hatte – alles wirkte wie aus Gold.

Er blieb reglos stehen und war ganz bei sich. Spürte die Begrenzungen seines Körpers und das Kleid, das sie fühlbar machte, das Gewicht der Glasperlen unten am Saum, die sich in der Sonne erwärmten. Er stellte sich vor, seine Mutter hätte das Kleid an, malte sich aus, wie sich beim Gehen erst ihre eine, dann ihre andere Schulter unter den schmalen Trägern senkte, wie sich ihr Körper und das Kleid getrennt voneinander und doch gemeinsam bewegten.

Er hatte nicht das Gefühl, sich verkleidet zu haben, das hatte er nie. Es war das Gefühl, etwas loszulassen, wie wenn eine Schlange die matte Haut von sich abzog und das zarte, wie Edelstein glänzende Fleisch darunter zum Vorschein brachte.

Behutsam und respektvoll schürzte er mit kleinen Händen das Kleid und ging zu dem hohen Spiegel in der Ecke. Der Junge mit den breiten Schultern und den schnellen Fäusten war verschwunden. Wahrscheinlich war er irgendwo dort draußen und lief am schnellsten oder kletterte am höchsten oder tat, was immer er tun musste, um sich lebendig zu fühlen.

Das Mädchen da in dem stillen Zimmer musste sich um das alles nicht kümmern. Es musste niemanden besiegen, nichts beweisen. Es genügte, einfach es selbst zu sein.

Sie war natürlich noch immer Greg, aber ein anderer Greg.

Sie trat ein Stück nach hinten, betrachtete sich und begann sich zu drehen, spürte das Kleid, das um sie schwang. Da wurde das Lächeln echt. Sie lachte.

Die Tür ging auf, und Papa machte einen halben Schritt ins Zimmer. Er erstarrte.

Sie sahen sich an, und in Greg war nur ein Gedanke: *Ich hatte vergessen, wie still er ist. Wie kann er so kräftig und dabei so still sein?*

Über Papas Gesicht krochen Gefühle. Bestürzung verwandelte sich zuckend in etwas, was Greg nicht verstand – in den Blick eines Mannes, der einen alten, verhassten Feind wiedererkennt –, und dann in nackten Ekel. Er starrte Greg an, als hätte er einen Stein aufgehoben und darunter etwas gefunden, das sich krümmte und wand.

Das Mädchen verflog wie Rauch, und der Junge blieb hilflos zurück. Er wollte sich verstecken, verschwinden, überall sein nur nicht hier, in diesem Kleid, von seinem Vater mit diesem Blick betrachtet. »Papa, ich –«

Sein Vater drehte sich um, ging und schloss leise die Tür.

HAVANNA

1942

»Trink noch eins, Gig. Wir haben doch schließlich was zu feiern!«

»Okay, Papa.«

»Dir wird schlecht, wenn du nicht aufpasst.«

Papa sah Patrick böse an. »Bist du sein Bruder oder seine Schwester?« Einige Leute an den anderen Tischen in dem kleinen Lokal schauten zu ihnen, doch er bemerkte es nicht. Seine Stimme wurde im Laufe des Abends eher noch lauter. »Wer mit einem Gewehr umgehen kann, schafft auch ein paar Gläser Wein. Lass den Jungen trinken.«

Patrick lehnte sich auf seinem Stuhl zurück. Seine Wangen waren gerötet, seine Augen trübe. Er hatte den Großteil des Tages im Schatten sitzend verbracht, nachdem er sich etwa zur Halbzeit des Wettkampfs aufs Ohr gelegt hatte, weil er müde und unruhig geworden war und wahrscheinlich selbst zu viel getrunken hatte.

Papa schenkte ordentlich Weißwein in Gregs bereits halb volles Glas. »Das Zeug ist gut, das habe ich damals immer in Paris getrunken. Drüben ist es allerdings sehr viel billiger, ist ja klar.«

Greg nickte, als wüsste er genau Bescheid, murmelte »Danke, Papa« und trank den nächsten Schluck. Sein Vater hatte gesagt, der Wein habe ein Bouquet aus Heckenkirsche und Melone, einen Körper mit deutlichen Noten von Apfel, Eiche und Holunderblüte und einen langen, trockenen Abgang. Für ihn schmeckte er wie mit Zitrone aromatisierter Essig, doch er tat so, als fände er ihn köstlich.

Greg hatte nicht vorhersehen können, wie Papa reagieren würde, nachdem sein Sohn so viel besser abgeschnitten hatte als er, und als Papa ihn in die Luft hob und strahlte, weil die Leute kamen, um ihm und Greg die Hände zu schütteln und ihm zu seinem Sohn, dem Meisterschützen, zu gratulieren, war er so glücklich wie nie gewesen.

In diesem Moment hatte es keinen Schatten zwischen ihnen beiden gegeben. Nichts Verkehrtes. Keine Enttäuschung.

Das war besser gewesen als aller Wein der Welt.

Er trank den nächsten Schluck.

»Dieses Zeug und nichts anderes, sag ich dir, Sohn!«

Patrick hielt den Blick gesenkt und aß konzentriert das restliche Hummerfleisch. Papa sah nicht einmal zu ihm hin. »Verdammt, Gig, nach dem sechsten Vogel wusste ich, dass du heiß bist. Du hast wie mit einem eingebauten Radar geschossen.«

»Ich musste gar nicht nachdenken«, gestand Greg. »Ich habe einfach immer abgedrückt, und sie sind runtergefallen.«

»Genau das meine ich mit heiß sein, Junge. Du hast allein nach Instinkt geschossen.«

»Er ist nur vierter geworden«, brummte Patrick zu seinem Teller hinunter. »Nicht mal aufs Treppchen hat er's geschafft.«

»Und *du* kannst von Glück sagen, dass du nach deinem Zusammenbruch nicht Letzter geworden bist.« Papa warf Patrick einen vorwurfsvollen Blick zu. »Dein Bruder hat heute einige der besten Schützen der Welt übertroffen. Er kommt in die Zeitung. Du könntest dich durchaus ein bisschen brüderlicher verhalten.«

Patrick zuckte zusammen. »Ich freue mich ja für ihn. Und ich sage auch nicht, dass er nicht sehr gut geschossen hat. Du warst großartig, Gig. Aber ich …« Patrick nuschelte noch etwas Unverständliches vor sich hin, und sein Vater fragte nicht nach.

»Zumindest kannst du deiner Mutter jetzt eine gute Geschichte erzählen, Gig.« Papa trank einen großen Schluck, und die funkelnden Wassertröpfchen, die an dem beschlagenen Glas hinunterliefen, versickerten in der Tischdecke. »Hier geht es ziemlich anders zu als in Key West, was?«

»Wenn sie hätte dabei sein können, das wäre schön gewesen«, sagte Greg seufzend. Er stellte sie sich in einem eleganten Kleid auf dem Rasen vor, das hübsche Gesicht strahlend vor Begeisterung für ihren außergewöhnlichen Sohn.

»Du glaubst, sie wäre gekommen?« Papa lachte spöttisch. »Sie wäre mit einem Gin Tonic zu Hause geblieben, das weißt du genau. Übertrieben mütterlich war sie noch nie.«

»Vielleicht wäre sie aber doch gekommen«, entgegnete Greg, obwohl er es besser wusste.

»Glaube ich leider nicht, mein Kleiner. Ich habe Haie

gesehen, die mehr Mutterinstinkt hatten als sie. Hat sie sich damals in Miami auch nur ein einziges Baseballspiel von dir angeschaut? Nein, da stand immer nur dein Papa am Spielfeldrand und hat dich angefeuert.«

Ein einziges Mal warst du da, dachte Greg, aber er sagte es nicht. Es wäre ihm wie Verrat vorgekommen.

»Ein ganzes Team habe ich dir geschenkt, verdammt noch mal«, sagte Papa, als könnte er Gedanken lesen.

»Ich weiß. Ich bin auch dankbar dafür.«

»Gut.« Er schenkte sich nach und sagte lächelnd: »Hör auf zu schmollen. Heute bist du ein Sieger.«

»Stimmt nicht. Patrick hat recht, ich bin nur Vierter geworden.«

»Schwachsinn, du bist ein echter Champion. Du hast gegen Männer geschossen und sie wie ein Mann besiegt. Ha, schau, wie er grinst, Patrick! Er weiß es genau. Und? Gibst du Baseball auf, jetzt wo du weißt, wo deine wahre Begabung liegt?«

»Bestimmt nicht. In Baseball bin ich viel besser.«

»Wieder Schwachsinn.«

»Nein, es stimmt. Außerdem macht Baseball mehr Spaß. Schießen ist viel zu einfach, da muss man nur dem Vogel folgen und sich dann … entspannen. Ganz einfach. Ich weiß gar nicht, wie man *nicht* treffen kann.«

»Nun mach mal halblang, Gig.« Papa beugte sich vor. Er war plötzlich sehr ernst. »Nichts zerstört ein Talent so zuverlässig, wie wenn man damit angibt. Du musst es für dich behalten. Wenn du zu viel darüber sprichst und zu viel darüber nachdenkst, verschwindet es, glaub mir.«

Greg sah zu ihm, dann zu Patrick, der mürrisch auf die

Reste seines Hummers starrte. Patricks zerschlissene alte Kappe bedeckte die eine Hälfte seines Gesichts. »Okay. Ich wollte ja nur ...« Er stieß mit dem Knie an Patricks Bein, und als sein Bruder den Blick hob, sagte er grinsend: »Schießen macht Spaß, aber es ist nicht wirklich wichtig.«

Patrick zögerte kurz. Dann schenkte er seinem Bruder ein mattes Lächeln.

Die Sterne und die Straßenlampen verschwammen, als Papa mit ihnen heimfuhr. Patrick lag zusammengesackt auf der Rückbank und schnarchte mit offenem Mund und leicht gerunzelter Stirn. Greg hatte das Fenster herunter-gekurbelt, ließ sich die kühle Luft an die heißen Wangen wehen und von Havannas leisem, schläfrigem Dröhnen berieseln: vom Murmeln der Generatoren, dem Surren flackernder Glühbirnen, den leisen, vom Rum verwasche-nen Stimmen auf den Veranden und Terrassen, vom steten fernen Flüstern des Meers. Er streckte die Hand hinaus, spürte den Luftwiderstand – die ganze Welt stürmte gegen ihn an und verlor.

In der Finca brannte Licht – alle Fenster strahlten wie am Jüngsten Tag, und der Leuchtturm in der Ferne schwenkte goldene Speere durch die Luft, die Papas Ge-sicht erhellten, als der Wagen in die Zufahrt einbog. Greg sah jedes Detail seiner Hände am Lenkrad deutlich wie auf einem Holzschnitt, und zum ersten Mal fiel ihm auf, dass seine Hände wie die seines Vaters waren, nur in klein.

Patrick murmelte kurz etwas, als Papa ihn von der Rückbank hob und ins Haus trug. Jetzt endlich zeigte Papa Mitgefühl und lächelte ihn an; Patrick bekam ja nichts mit.

»Armer Kerl. Welcher Junge, der was taugt, erträgt es schon, dass ihn sein Bruder übertrifft.« Er zwinkerte Greg verschwörerisch zu. »Und er muss sich einiges bieten lassen.«

Während sein Vater Patrick zu dem Zimmer im Turm hinauftrug, das sich die Brüder teilten, stand Greg auf der Zufahrt und sah dem Kreisen des Leuchtturmlichts zu. Er wusste selbst nicht, wie er sich fühlte. Irgendwie traurig und müde und schwer, alles gleichzeitig, aber nichts davon ganz. Die drei Gefühle hatten sich wie Farben zu einer einzigen Empfindung vermischt, die er nicht benennen konnte.

Aber warum? Das Schießen war besser gelaufen, als er es sich je hätte träumen lassen. Papa war stolz und verhielt sich, als wäre die Sache im letzten Jahr nie passiert. Als wäre alles wieder normal.

Das Leuchtturmlicht drehte und drehte sich. Speere aus Licht, die das Dunkel durchsuchten und nie etwas fanden.

Wahrscheinlich hatte er zu viel getrunken.

Er ging rein und spritzte sich kaltes Wasser ins Gesicht, um das Gefühl zu vertreiben, dass er die ganze Zeit stürzte. Sein Vater kam vom Turm her ins Haus und schenkte sich noch ein Glas Whiskey ein, jetzt, wo Patrick sicher im Bett lag. Plötzlich war Greg erschöpft. Er machte sich auf den Weg, den sein Vater gerade gegangen war, und stieg die Wendeltreppe im Turm zu Patricks und seinem Zimmer hinauf.

Patrick lag auf der Seite. Er wirkte jünger als sonst, verletzlicher.

Als Greg auf die Bettkante plumpste, regte sich Patrick und öffnete die blutunterlaufenen Augen.

Greg wollte ihm etwas sagen, doch er brachte nur »Pat …« heraus.

Sie sahen sich an, und schließlich sagte sein Bruder lächelnd: »Gig, du warst großartig heute.«

»So gut schieße ich nie wieder im Leben.«

»Na und? Du hast es zumindest ein Mal geschafft. Wenn das nichts ist …«

Das Licht, das zur Tür hereinschien, verdunkelte sich, und Papa legte sich zwischen die beiden aufs Bett.

»Ein verflucht guter Tag.« Er streckte die Arme aus und zog seine Söhne, den einen links, den anderen rechts, zu sich heran. »Ich weiß nicht, wann ich an Land zuletzt so viel Spaß hatte.«

Greg rutschte ein bisschen, um bequemer zu liegen. »Ist Angeln so viel besser?«

»Das lässt sich gar nicht vergleichen. Ein Vogel ist nur ein bewegliches Ziel. Ein sechshundert Pfund schwerer Marlin ist ein Gegner. Und das Meer. Verdammt, Gig, das Meer … Dir hat es richtig gut gefallen, stimmts, Pat?«

Auf der anderen Seite von Papas langsam schlagendem Herz kam keine Antwort.

»Er schläft seinen Rausch aus. Hatte nicht mehr viel anderes zu tun als zu trinken, nachdem er eingepennt war. Ich wollte, dass er nur noch Cola trinkt, aber da habe ich selbst noch geschossen.« Normalerweise hätte es ihn ge-ärgert, dass sein Sohn keinen Rum vertrug, und vielleicht hätte er sich sogar verraten gefühlt, doch jetzt war er nach-sichtig, beinahe liebevoll. »Er hat sich wacker geschlagen. Hat sein Bestes gegeben. Das tut er immer, mein Patrick, das muss man ihm lassen. Ein wahres Löwenherz.«

Eine Zeit lang lagen sie schweigend da, schauten zur Decke und lauschten den Geräuschen des alten Hauses, das auf seinem Fundament ächzte.

Greg war fast eingedöst, als sein Vater zu lachen begann. »Du hättest ihre Gesichter sehen sollen, Gig. Diese kleinkarierten, eitlen Gecken! Nach deinem letzten Treffer haben sie geschmollt und den Mund zusammengekniffen wie zu einem Hundearschloch. Die meisten sind schon ihr ganzes Leben leidenschaftliche Schützen, und dann kommst du daher …«

»Zuerst dachte ich, ich hätte zu dicht davor gezielt und der Schuss wäre danebengegangen«, gab Greg zu. »Erst als alle gejubelt haben, war mir klar, dass ich getroffen hatte.«

»Da war noch jede Menge Spielraum. Herrgott, was für ein Schuss.« Er gähnte, und sein Arm zog Greg ein Stück näher heran. »Siehst du, Gig-man? Siehst du? Du kannst dieses Gift, das dich befallen hat, diese Krankheit – du kannst es besiegen.«

Greg erwiderte nichts. Er wusste natürlich, was Papa meinte. Das Mädchen im Zimmer. Papa hatte zum ersten Mal davon gesprochen. Zum ersten Mal ohne dieses höhnische Grinsen darauf angespielt. »Hör zu, Mr Gig.« Er seufzte. »Ich kenne das. In Paris wollte ich mal ein Mädchen nur deshalb küssen, weil der Mund so verdammt dick geschminkt war. Ich wollte meinen eigenen Mund mit dem roten Lippenstift beschmieren. Du siehst, ich kann es verstehen, aber du musst es bekämpfen.«

Greg fragte sich, warum das für seinen Vater ein und dasselbe war. Ein Mädchen küssen und ein Mädchen sein oder sich zumindest wie eines anziehen …

Kurz darauf schnarchte Papa, aber Greg war hellwach und starrte die Decke an.

Ich kann es verstehen, aber du musst es bekämpfen.

Und er würde es bekämpfen. Er drehte sich auf die Seite und drückte sein Gesicht an den Rücken seines Papas.

LOS ANGELES

1951

Greg ging die ganze Nacht von einer Bar in die nächste, trank oft nicht mal sein Glas aus, bevor er weitermusste. Als hätte er eine Sprungfeder im Kopf, die so fest zusammengedrückt war, dass sie zitterte. Nur Bewegung entlastete diese Feder, lockerte die Spannung ein kleines bisschen, sodass er wenigstens atmen konnte.

Er kannte dieses Gefühl. Er hatte es schon immer gekannt, doch in seiner Kindheit war es fast unmerklich gewesen. Auf Tage melancholischer Teilnahmslosigkeit waren solche voller innerer Unruhe gefolgt. Mit zunehmendem Alter war alles schlimmer geworden – die Teilnahmslosigkeit hatte sich in Verzweiflung verwandelt, die Unruhe in eine Manie, die seine hart erarbeitete Selbstbeherrschung über den Haufen warf. Beim letzten Mal, als es so schlimm war, hatte er fast seinen Bruder getötet.

Seitdem hatte er eine Diagnose mit dem bezaubernden Namen *manisch-depressiver Wahnsinn*. Heilung gab es nicht, und um die Krankheit im Zaum zu halten, blieben nur zwei Möglichkeiten: Drogencocktails oder Elektroschock-Therapie, beides mehr Folter als Medizin.

Er musste sich einfach zusammenreißen. Dieser Schub war nicht allzu schlimm. Er würde ihn überstehen.

Er beendete seine Tour durch die Bars und lief durch die Straßen, bis er sich verirrte und nicht mehr wusste, wo er war, zwischen Lokalen, niedrigen Wohnblöcken, bewachten Golfplatzeingängen und all den anderen hässlichen, geduckten Gebäuden, die zu den teuersten Immobilien der Welt gehörten.

Erst nach mehreren Stunden, als es im Osten schon dämmerte, verlangsamte der entgleiste Zug in seinem Kopf seine Fahrt. Greg hatte sich wieder im Griff und schaffte es sogar, auf der Fahrt nach Hause ruhig im Taxi zu sitzen. Den Kopf ans Fenster gelehnt dachte er gar nichts mehr, sondern zählte nur jeden Atemzug.

Wenig später öffnete er vorsichtig die Tür zu seiner Wohnung. Das obere Scharnier quietschte, aber wenn man den Knauf fest packte und das Ganze anhob ... Na bitte, leise wie ein Schatten.

Kaum in der Wohnung stolperte er über einen von Shirleys schicken Schuhen, die sie sich nicht leisten konnten. Normalerweise hätte er sich auch im Dunkeln gefangen, ohne stehen zu bleiben, doch jetzt hatte zu viel Whiskey sein gequältes Hirn geflutet. Er stürzte schwer und stieß mit dem Kopf an den Couchtisch.

»Scheiße.« Er versuchte sich mit zittrigen Armen hochzustemmen, aber vergeblich. Alles drehte sich viel zu schnell.

»Greg?«

»Scheiße.«

Das Licht ging an, strahlte erschreckend hell. »Verdammt, was machst du da, Greg?« Shirleys Gesicht tauchte in seinem Blickfeld auf, ein hübscher, stinksaurer Mond über ihm. »Weißt du, wie spät es ist?«

»Die Nacht war schlimm. Mir gehts nicht gut.«

Er versuchte noch einmal, sich hochzurappeln, doch der Boden unter seinen Händen bockte dagegen auf.

»Das ist mir scheißegal, Greg. Ich habe morgen vor der Arbeit einen Vorstellungstermin. Lass dich volllaufen, so viel du willst, aber schlaf dann gefälligst draußen und weck mich nicht auf.«

»Ja, tut mir leid. Ich hab nichts angestellt. Keinen Ärger gemacht. Nur zu viel Whiskey.«

Sie sah ihn an und warf insgeheim eine Münze mit rasiermesserscharfem Rand.

Einen Moment lang trieb ihn die Erinnerung zurück in die erste Nacht, in der sie ihn so angesehen hatte. In die Nacht ihrer ersten Begegnung, als sie Arm in Arm mit ihrem Freund bei der Party aufgetaucht war. Lange schwarze Haare, espressobraune Augen.

Später hatte sie ihn auf der Party am Getränketisch abgepasst, sich dicht zu ihm gebeugt und ihm trotz der lauten Musik ins Ohr geflüstert. Er hatte gefragt, wo ihr Freund sei. Da hatte sie ihn so angesehen wie jetzt und gesagt, das sei ihr egal. Sie hatte sich an ihn gelehnt, und sein Körper hatte jede Wölbung und Kurve ihres Körpers wie Braille-schrift gelesen. Und als sie ihn küsste, hatte er sich gesagt: Genau das und nichts anderes will ich.

Sie seufzte. »Du bist zu nichts zu gebrauchen, ist dir das eigentlich klar, Greg?«

»Ja.«

Er schloss die Augen. Er hörte, dass sie zum Spülbecken ging und ein Glas mit Wasser füllte.

Ja.

Sie stellte ihm das Glas hin, ließ etwas, offenbar einen feuchten Waschlappen, auf sein Gesicht fallen und trottete ins Schlafzimmer zurück.

Das Licht ging aus.

Greg wachte auf, weil eine Tür zugeknallt wurde.

Draußen rumorte der Morgenverkehr. Der Büroangestellte mit dem glänzenden Anzug hastete von seiner Wohnung über ihnen die Treppe hinunter. Gregs Herz schlug langsam und regelmäßig.

Er prüfte sorgfältig seinen Zustand, streckte Arme und Beine, betastete das Gesicht. Ein Bluterguss an der Schulter, wahrscheinlich vom Sturz. Ein dumpfer Schmerz am Schienbein, den er sich nicht erklären konnte. Die Unterlippe war leicht geschwollen. Über der linken Braue saß eine Schwellung von der Größe eines Dauerlutschers, die beim Berühren wehtat.

Nicht schlimm, wenn man bedachte, wie viel er getrunken hatte. Selbst sein Kater hielt sich in Grenzen. Er hatte die monströse Konstitution seines Vaters geerbt, und zumindest sein Körper schien unverwüstlich zu sein.

Es ging ihm sogar richtig gut. Ja, die Nacht war übel gewesen, aber es hätte sehr viel schlimmer kommen können. Und jetzt war es vorbei. Vor ihm lag ein neuer Tag.

Der Gedanke verlieh ihm Kraft, machte ihn wieder jung. Ein funkelnagelneuer Tag – unendliche Möglichkeiten.

Die Schritte des Mannes von oben. Unten fiel eine Tür ins Schloss. Hier drinnen war er gut abgeschottet, konnte tun, was er wollte. Hier musste er sich vor nichts fürchten.

Tief in ihm flüsterte ein letztes Fetzchen Verstand, dass das nicht stimme. Dass das Gefühl, mit ihm wäre alles in Ordnung, am stärksten sei, wenn die Manie am heißesten lodere.

Ein letzter Rest Zögern hielt ihn noch eine Weile am Boden, doch die Energie in seinem Körper wuchs schon wieder an und übertönte die leiser werdende Stimme, bis er sich sicher war, dass es sie nie gegeben hatte.

Shirley würde den ganzen Tag unterwegs sein. Er würde die Kleider in ihrem Schrank stundenlang ganz für sich haben, bevor sie heimkam. Sie hatte es noch nie bemerkt. Nie Verdacht geschöpft.

Er stand auf und ging sich schön machen.

HAVANNA

1942

»Patrick? Patrick, schläfst du?«

»Jetzt nicht mehr. Warum bist du wach?«

»Ich habe mir ein Glas Wasser geholt.«

»Warum sitzt du dann auf meinem Bett?«

»Einfach so. Ich wollte —«

»Aua, geh runter von meinem Bein, du Trottel! Du verschüttest das ganze Wasser.«

»Entschuldigung. Ich wollte nur —«

»Wenn du nicht sofort damit rausrückst, schlafe ich weiter, Gig.«

»Okay. Also ... Ich habe Papa und Martha gehört. Sie haben über die Sache geredet, die ich manchmal mache, du weißt schon.«

»Die Sache? Ach so ...«

»Ja. Und ich habe mir gedacht —«

»Ich will nicht darüber reden, Greg. Leg dich wieder hin.«

»Ich weiß, keiner will darüber reden, aber ... Ich weiß, dass ich das nicht tun soll, aber ... Findest du es böse?«

»Mensch, Greg, warum fragst du mich das?«

»Nur so.«

»Also, ich finde nicht, dass du deshalb böse bist. Es ist eine schlechte Angewohnheit, so wie Nasenbohren. Du schadest zwar keinem, aber es ist … es ist eklig.«

»Stimmt.«

»Okay?«

»Ja. Eklig.«

»Greg, das soll aber nicht –«

»Nein, du hast recht. Ich muss … Also dann, gute Nacht.«

»Gute Nacht, Gig.«

LOS ANGELES

1951

Greg nahm sich Shirleys hässlichstes Kleid – so knallig blau wie sonst nur Bonbons und Mundspülung. Hätte er es tief in den Abfalleimer gestopft, sie hätte es nie vermisst. Seinetwegen hätte es auch aus Sackleinen sein dürfen. Es ging ihm nicht darum, gut auszusehen. Er musste es sich nur kurz besorgen, damit sein Hirn wieder ein paar Monate Ruhe gab.

Trotzdem – als sich der billige glänzende Stoff um ihn legte, hatte das etwas ... Elektrisierendes. Wie ein zweites Nervengeflecht, das –

Nein. Er rang den Gedanken nieder, so als würde er eine extrem giftige Spinne zertrampeln. Dann ging er ins Bad und betrachtete sich im Spiegel, zwang sich, lange und gründlich hinzusehen. Muskelbepackte Schultern, Bartstoppeln, Brusthaar, das aus dem Ausschnitt hervorspähte.

Er zwang sich, die ganze Wahrheit offen zu sagen. »Eklig.«

Es funktionierte. Er war ein Mann mit einer Krankheit, mit einer Störung im Gehirn, die dazu führte, dass er Frauenkleider anziehen musste. Das war alles.

Und irgendwann würde er diese Krankheit besiegen. Irgendwann wäre er davon geheilt.

Aber nicht heute.

Die Wohnung lag an dem einen Ende einer hufeisenförmigen Anlage, und solange sich Greg ganz links hielt, konnte er in der Sonne stehen, ohne von irgendwem auf dem Weg zur Arbeit bemerkt zu werden. Er sollte nicht hier draußen sein, das wusste er, es war ein Fehler. Die Energie, die seinen ganzen Körper durchströmte, machte ihm klar, dass ihn die Manie im Griff hatte, sorgte aber zugleich dafür, dass ihm das egal war.

Die bröckeligen Betonplatten, aus denen der Weg durch die Anlage bestand, waren noch kühl von der Nacht. Die Sonne schien warm auf Gregs nackte Haut. Er atmete tief ein und aus, und die aufgeheizte, abgasverseuchte Stadtluft war milder als ein kubanischer Frühlingsmorgen. Es war ungewohnt, und er fand es merkwürdig, in den vertrauten sonnenverbrannten Hof hineinzusehen, in den die Menschen nacheinander aus ihren Nestern traten, um sich von der großen Stadt forttreiben zu lassen.

Irgendwo auf dem Dach sang keck und furchtlos ein Vogel. Greg hörte ihm zu, während Absätze die Treppe hinunterklapperten, Mütter ihren Kindern hinterherriefen, von ihnen aber geflissentlich ignoriert wurden, während das unablässige Rauschen des Straßenverkehrs zu einem Dröhnen anschwoll, das den halben Vormittag nicht schwächer werden würde. Der Vogel ließ sich von all dem nicht stören, er sang. Bestimmt war er klein und unscheinbar – er klang wie die Spatzen, die rings um die

Finca in der Erde gepickt hatten –, und sein abgehacktes Gezwitscher konnte man kaum als Musik bezeichnen, aber es war trotzdem herrlich.

Greg wünschte, er hätte ein Instrument gelernt. Vielleicht war es ja noch nicht zu spät. Warum nicht jetzt gleich in ein Pfandhaus gehen, wo er bestimmt ein halbes Dutzend billiger Geigen und Gitarren zur Auswahl hätte? Beibringen würde er es sich selbst. Jeden Tag üben. Es wäre ganz leicht.

Nein, er durfte nirgendwohin. Das hatte er sich beim Verlassen der Wohnung selbst eingeschärft.

Aber wieso eigentlich? Was machte ihm Angst? L.A. war eine riesige Stadt. Wer würde ihn auf einer Runde um den Block erkennen?

Ein leichter Flügelschlag bewegte die Luft, und Greg hob rechtzeitig den Blick, um den Spatzen klein und farblos und unbekümmert wie ein Gott durch den Hof schwirren und aus der Anlage hinausfliegen zu sehen.

Er blickte ihm nach. Schon glitt die Sonne an seinen Schultern hinunter.

Wie hätte er dieses Zeichen missachten können?

Warum ausgerechnet ins Kino, wusste er nicht. Das Kino war Shirleys Domäne, dort fegte sie Kippen zusammen und kratzte Kaugummi von den Sitzen, bis ihre Karriere als Mannequin Fahrt aufnehmen würde, was seit der ersten Begegnung mit ihr jeden Tag so weit sein konnte. Im Grunde gab es keinen Ort, der weniger geeignet gewesen wäre, abgesehen vielleicht vom Arbeitsraum seines Vaters. Er hatte keinerlei Erklärung dafür, dass ihn seine

Füße hierhergetragen hatten, aber er brauchte auch keine. Für ihn war es okay.

Anfangs lief es gar nicht schlecht. Er erstand problemlos eine Karte für *Ein Amerikaner in Paris* und fand es nicht mal schlimm, dass der mürrische junge Kassierer während des ganzen Vorgangs stur auf einen Punkt über Gregs Schulter starrte.

Doch kaum war er im Zuschauerraum, kippte seine Stimmung, denn ihm wurde schlagartig und mit großer Wucht klar, dass er nicht zwei Stunden im Dunkeln gefangen sein wollte, wenn draußen eine strahlende Welt auf ihn wartete. Ein paar Leute drehten sich auf ihren Sitzen um und gafften, als er zögernd dastand, und ein hagerer Kerl, den Greg mit einer Hand hätte vermöbeln können, deutete sogar auf ihn und lachte.

Das Kino war ein Fehler gewesen. Er musste raus, in die Sonne, an die Luft.

Als er wieder im Foyer war, ging es ihm etwas besser. Hätte er das Kino sofort verlassen, wäre er den restlichen Tag durch L.A. gestreift, bis sich das Rauschen in seinem Kopf erschöpft hätte. Doch er ging nicht hinaus, er ging in die Toilette.

Er hatte gepinkelt und wusch sich gerade die Hände, als jemand laut an der Tür rüttelte. Er achtete nicht darauf, nahm noch mehr Seife und entfernte den Schmutz unter den Fingernägeln, die er passend zum Kleid blau lackiert hatte.

Inzwischen hämmerte es an der Tür. Es klang nach einer fleischigen Faust, die auf das billige Sperrholz eindrosch. Greg trocknete sich in aller Ruhe die Hände.

Als er rausging, stand vor der Toilette ein Polizist, fast so breit wie hoch – und er war sehr hoch. Seine Uniform war ungefähr zwei Größen zu klein, was ihn komischerweise noch massiger wirken ließ. Er musterte Greg unter breiten, buschigen Augenbrauen hervor und begann das Gespräch mit einem sehr ernsten »Junger Mann«.

»Sir.«

»Ich glaube, Sie haben wohl die falsche Toilette gewählt, junger Mann.«

Greg blickte auf die Tür, auf der ein Schild mit der Silhouette einer Figur im Kleid angebracht war. Gut, vielleicht war er etwas zu weit gegangen, doch es gefiel ihm nicht, wie die Lippen des Polizisten zuckten, als würde er sich ein Grinsen verkneifen und als überlegte er schon, wie er abends in der Bar von der Begegnung mit Greg erzählen würde. »Ich denke schon, dass das die richtige ist.«

»Haben Sie getrunken, junger Mann?«

Der Mund des Polizisten war schmal geworden wie ein gemeißelter Strich, was Greg eine gewisse Genugtuung verschaffte. Und es imponierte ihm geradezu, dass der Mann diesen Eindruck beim Sprechen aufrechterhalten konnte.

»Nein.« An der Popcorn-Theke beobachteten mehrere Platzanweiserinnen das Ganze mit großen Augen. »Was soll die Scheiße? Natürlich nicht. Es ist noch nicht mal Mittag.«

»Kein Grund, ausfallend zu werden.«

»Bei allem Respekt – wir werden uns in dieser Sache leider nicht einigen können. Wenn Sie sonst nichts auf dem Herzen haben, würde ich jetzt gern ...«

»Lassen Sie sich bloß nicht noch mal da drin erwischen,

mein Sohn. Das tut man nicht, haben Sie mich verstanden?«

»Ich bin nicht Ihr Sohn.« Greg blieb ruhig, obwohl ihm der Polizist inzwischen gewaltig auf die Nerven ging. »Wenn Sie mich jetzt bitte entschuldigen – ich muss noch mal pissen.«

Der Mann ging einen halben Schritt auf ihn zu. »Tun Sie das nicht.« Er flehte Greg geradezu an, es sich anders zu überlegen. Doch das hatte Greg gar nicht nötig. Seine Entscheidung war gut. Sie war perfekt. Er war noch nie so sehr von sich überzeugt gewesen. Frauenkleider hatten ihn schon immer entspannt, den Druck rausgenommen, aber hier draußen, vor aller Welt, war es noch mal etwas anderes. Er fühlte sich wie eine Rakete.

»Junge, hör zu ...« Der Polizist versuchte es noch einmal. Er klang, als wäre er gleich am Ende mit seiner Geduld. »Du kannst tragen, was du willst – meinetwegen steckst du dir einen Fisch auf den Schwanz. Aber ins Frauenklo gehst du nicht. Geh da pissen, wo wir anderen auch pissen!«

Greg legte die Hand an die Tür. »Ist doch kein Grund, ausfallend zu werden, Officer.«

»Wenn du da reingehst, schnappen die Handschellen zu, das verspreche ich dir.«

Greg zögerte, aber nur kurz. »Das wollen wir doch mal sehen, Drecksbulle.« Er stürmte in die Toilette. Der Polizist eilte ihm hinterher und packte ihn an seinem Kleid, um ihn zurückzuziehen. Greg hörte, wie der Stoff riss, und konnte gerade noch »Es gehört meiner Frau, du Arsch –« brüllen, da legten sich schon zwei fleischige Arme um ihn,

drückten ihm seine Arme fest an den Körper und quetsch-
ten ihm alle Luft aus der Lunge.

Der Polizist war ein Hüne und offenbar daran gewöhnt,
lästigen Individuen das Leben aus dem Leib zu pressen.
Deshalb entschied sich Greg für ein Überrumpelungsma-
növer. Er stieß sich mit den Beinen ab und warf sein ganzes
Gewicht nach vorn, bis der Polizist die Balance verlor.

In der nur wenige Sekunden andauernden seltsamen
Stille, die daraufhin folgte, sah sich Greg in dem langen
Spiegel über den Becken: Das Oberteil des Kleids hing
in Fetzen an seinen Hüften herunter, er selbst stand vornübergebeugt mit dem massigen Polizisten auf seinem Rücken, der mit den Beinen in die Luft trat, aber nicht losließ.

Plötzlich sah er ein Foto vor sich, das seine Mutter auf
der langen Afrikareise gemacht hatte – sie hatten ihn damals mit einem Kindermädchen zu Hause gelassen –, das
Foto einer Frau, die sich ihr kostbares Kind auf den Rücken gebunden hatte. Kaum hatte er zu lachen begonnen,
gelang es dem zappelnden Polizisten, ihn aus dem Gleichgewicht zu bringen. Sie kippten gemeinsam und stießen
kopfüber in eine geschlossene Toilettenkabine.

Jemand schrie, doch Greg konnte nicht sehen, was los
war. In seinen Augen war zu viel Blut.

Er drehte sich mühsam um, versuchte sich hochzustemmen, bekam jedoch ein glattes Bein zu fassen, das er
erschrocken losließ – »Entschuldigung, Miss«. Ein Bleistift-
absatz bohrte sich mitten in seine Stirn, sodass er wieder
nach hinten und auf die Fliesen fiel. Gleich darauf landete
das volle Gewicht des Polizisten auf ihm.

Wenig später saß er mit hinter dem Rücken gefesselten

Händen friedlich in der Ecke, während ihm der Polizist erstaunlich zart das Blut von den Augen wischte. Als das Gesicht des Mannes aus der Dunkelheit hervortrat, war Greg ziemlich erleichtert, weil kein Kratzer darin zu sehen war. Offenbar hatte sein eigener Kopf beim Sturz in die Tür die ganze Wucht des Aufpralls abbekommen. »Alles in Ordnung?«, fragte er.

Der Polizist senkte die Hand mit dem angefeuchteten Klopapier und setzte sich auf die Fersen. »Ja, alles in Ordnung. Bin ich gewohnt. Und Sie?«

»Alles in Ordnung. Der ›Drecksbulle‹ tut mir leid.«

»Hm.« Er wusch noch ein bisschen Blut aus Gregs Wimpern. »Die Kollegen sind auf dem Weg. Wir zwei warten hier.«

»Klingt vernünftig.«

»Und Sie haben ganz sicher nicht getrunken?«

»Ich habe eine Krankheit. Deshalb ... Ach, egal.«

»Eine Krankheit. Ja klar.«

Und dann rief hinter ihm jemand »*Greg?*«

Beide drehten sich um. Shirley stand in der Tür, hinter sich eine glotzende Menge. Sie sah ganz besonders hübsch aus. Die alberne kleine Kappe, die sie bei der Arbeit im Kino tragen musste, schaffte es kaum, das wallende schwarze Lockenmeer einzudämmen.

Greg betrachtete sie lächelnd. »Hallo, Liebling. Das mit dem Kleid tut mir leid.«

Greg war noch immer lächelnd auf der dünnen Gefängnismatratze eingeschlafen und wachte mit dem Gefühl auf, von sich selbst überfallen worden zu sein.

Die Manie, die am Tag zuvor voll zum Ausbruch gekommen war, hatte sich wieder gelegt, und er konnte sich
das Ganze ruhig durch den Kopf gehen lassen. Er lag den
ganzen Morgen in seiner grell beleuchteten Zelle und
versuchte herauszufinden, wie alles so schnell hatte außer Kontrolle geraten können, doch es gelang ihm nicht.
Es blieb ihm vollkommen rätselhaft; die Folgen hatte er
trotzdem zu tragen.

O Gott, die Folgen. Jetzt wusste Shirley Bescheid. Er
kämpfte gegen die Übelkeit an, die in ihm aufkam, und
versuchte sich krampfhaft daran zu erinnern, wie sie die
Toilette betreten hatte. Wie hatte sie ihn angesehen? Sie
hatte verwirrt, wütend und peinlich berührt gewirkt, aber
das war auch schon alles. Es hätte schlimmer kommen können.

Wütend war möglicherweise leicht untertrieben. Als sie
auf den Streifenwagen gewartet hatten, war Shirley dicht
vor ihm in die Hocke gegangen und hatte ihm leise und
laut zugleich ins Ohr gezischt: »Verdammt, was *soll* das,
Greg?«

»Ich …«

»Ist das *mein Kleid*?«

»Es ist sowieso ziemlich hässlich. Wir werfen es in den
Müll.« Erst jetzt, in der Zelle, wurde ihm klar, wie absurd
der Gedanke war, der noch tags zuvor vollkommen logisch
geklungen hatte.

»*Was?*«

»Wir werfen es einfach weg und vergessen das Ganze.
Ich … ich bin krank, Shirl, aber es ist nichts Schlimmes.«

»Krank?«

»Die Stimmungsschwankungen, du weißt schon. Aber das macht nichts, ich habe alles im Griff.«

Sie brauchte einige Sekunden, um alles zu verarbeiten. »Im Griff? Und seit wann hast du – ach was, ist mir total egal. Bist du komplett verrückt geworden? Ich arbeite hier! Meine Freundinnen sind hier! Ich kann mich hier nie wieder blicken lassen. Verdammte Scheiße, warum hast du …«

Ihre Worte erstickten sie fast, doch Greg wusste nicht, wie er ihr helfen sollte. Früher hatte er die Frage nie verstanden; jetzt war das Wort für ihn genauso wichtig, wie es für Shirley immer gewesen war. Warum? Warum auf die Straße gehen, wo man für alle zu sehen war? Warum ausgerechnet ins Kino, wo das Risiko groß war, dass seine Frau ihn entdeckte? Warum in die verfluchte Damentoilette?

Er stöhnte auf und vergrub den Kopf in der Armbeuge.

Der Vorfall würde die Runde machen. Was, wenn seine Freunde davon erfuhren? Was, wenn es irgendwer Papa erzählte?

Er zog sich das schmutzige Kissen über den Mund und schrie.

Er war doppelt verflucht. Die Stimmungsschwankungen – gut, damit konnte er leben, auch wenn es schwierig war. Und der Drang, sich in Frauenklamotten zurechtzumachen, den er bei klarem Verstand unter Kontrolle hatte. Aber beides zusammen zerstörte sein Leben.

Die Zellentür wurde aufgestoßen, und ein Polizist mit Knopfaugen rief ihm zu: »Ach, endlich wach? Du hast das Recht auf einen Anruf. Der wäre schon gestern fällig gewesen, aber du warst total high, deshalb telefonierst du jetzt. Also los, mach schon!«

»Ich war nicht high.« Greg schwang seine Füße vom Bett auf den Boden.

»Ja klar. Los, beweg deinen Arsch!«

Greg stand auf. Der Polizist wich einen halben Schritt zurück, aber er war noch immer zu nah. Ein einziger gezielter Schlag, und Greg könnte ... Nein, nicht mal er war so dumm, einen Bullen zu schlagen.

Er schlurfte brav hinter dem Mann her. Der Raum mit den Telefonapparaten sah aus wie eine Kohlezeichnung. Schwarz-weiße Bodenfliesen, tiefschwarze, glänzende Türen in fleckigen elfenbeinfarbenen Wänden. Schwarze Uniformen auf weißer Haut zogen vorbei, während Greg den schmierigen Kunststoffhörer langsam ans Ohr hob.

Einen einzigen Anruf.

Shirley? Sie hoffte wahrscheinlich, dass er die Höchststrafe bekam. Ein Telefongespräch mit ihr würde kurz und heftig ausfallen und zum größten Teil aus Kraftausdrücken bestehen.

Papa? Lieber sterben.

Seine Mutter? Klar, sie würde die Kaution für ihn hinterlegen, aber eben auch enttäuscht schniefen. Vielleicht sogar leicht gereizt. Sie hatte sich redlich bemüht, Gregs Probleme zu ignorieren, als wären sie weg, wenn sie sie nicht sah. Und er würde sie ihr wieder direkt vor Augen führen.

Der einzige andere einigermaßen gut erreichbare Mensch, der ihm einfiel, war seine Tante Virginia, eine nette Frau mit einer Engelsgeduld, was wahrscheinlich erklärte, warum sie immer so viel Zeit für ihn gehabt hatte.

Die Telefonistin stellte ihn durch, und schon nach dem

zweiten Klingelton klickte es, und sie meldete sich wie immer mit »Glück gehabt!«.

Er grinste. Er hatte vergessen, wie gern er sie mochte. »Hallo, Jinny, hier spricht Greg. Ich weiß nicht, wie ich es dir schonend beibringen soll, aber ich wurde festgenommen. Ich bin im Knast. Das hier ist der eine Anruf, den ich tätigen darf, wie im Film.«

»Verhaftet? Wie bitte, Greg?«

»Ich war ein bisschen betrunken und habe Ärger gemacht. Nichts Schlimmes, aber die Polizei wollte ein Exempel statuieren.«

»Warte einen Augenblick, Gigi.«

»Ich heiße Greg«, erwiderte er, aber ihm wurde klar, dass er zu niemandem sprach. »Jinny? Bist du noch dran?« Einige Sekunden lang blieb es still, dann nahm jemand den Hörer auf.

»Gregory.«

Er erschrak beim Klang ihrer Stimme. »Mutter. Hi. Hallo. Ich wusste nicht, dass du in L.A. bist.«

»Auf Besuch bei Jinny. Also, was gibts?«

»Hat sie dir nichts gesagt?«

Stille. Seine Mutter wiederholte nie etwas Gesagtes.

»Sie haben mich festgenommen, Mom. In L.A.«

»Warum?«

»Weil ich zu einem Polizisten frech war und mich mit ihm geprügelt habe.«

»Das ist alles?«

»So ziemlich.«

»Gregory …«

»Ja, ich weiß.«

Sie schwieg eine Weile. »Hast du es deinem Vater erzählt?«

»Nein ... Wir halten Papa besser aus der Sache raus.«

»Mit nur einem Elternteil wäre zwar vieles einfacher für dich, aber er hat das Recht, es zu erfahren.« Ihr war jede Gelegenheit recht, Papas Stimme zu hören.

»Bitte, Mom.«

»Ich fahre hin. Bist du im Polizeipräsidium?«

»Ja. Du kommst hierher? Musst du nicht, Mom. Ich brauche nur irgendwen, der die Kaution für mich hinterlegt.«

»Du brauchst keine Kaution, Gregory. Ich fahre gleich los.«

Eine knappe Stunde später stand sie in makellosem Cremeweiß und Bernsteingelb in seiner Zelle. Eine unsichtbare Kraft hielt allen Schmutz und Dreck des Gefängnisses von ihr ab.

Greg saß auf dem niedrigen Bett mit der knubbeligen Matratze. Er trug die schlechtsitzende Knastkluft, die er nach seiner Ankunft hatte anziehen müssen, und sah überallhin, auf seine Hände, seine Füße, nur nicht zu ihr. Am liebsten hätte er sich in den Gully im Eck gezwängt – den für Pisse, Kotze und Blut.

Es waren nicht die schönen Sachen, die sie trug, oder ihr schicker schwungvoller Pony. Es war ihre Haltung: hermetisch verschlossen und hundertprozentig kontrolliert.

»Wie kann man so blöd sein.«

»Keine Ahnung. Ich wollte nur ...«

»Was wolltest du nur?«

»Ich weiß es nicht.«

»Ich auch nicht. Und ich habe auch keine Zeit für so etwas. Jinny ist krank – wirklich krank, nicht einfach nur süchtig nach Aufmerksamkeit.«

Greg starrte noch immer auf seine schlaff im Schoß liegenden Hände. »Ist es schlimm?«

»Das wissen wir nicht. Sie wird hoffentlich wieder gesund, aber jemand muss sich um sie kümmern. Ich wäre jetzt besser bei ihr.«

»Es tut mir leid.«

Sie seufzte. »Gut, dann packen wir deine Sachen zusammen.«

»Welche Sachen?«

»Was weiß ich denn?«

Soweit er sich erinnern konnte, hatte er nichts dabeigehabt, doch seine Erinnerungen an den zurückliegenden Tag glichen überbelichteten Fotos – viel zu hell und durchweg unscharf.

»Okay … Danke, dass du gekommen bist, Mom.«

»Dafür sind Mütter da.«

»Dass sie ihr Kind aus dem Knast rausholen?«

»Dass sie kommen, wenn ihr Kind sie anruft. Obwohl du streng genommen gar nicht mich angerufen hast.«

»Ich hatte keine Ahnung, dass du in L.A. bist.«

»Ich dachte, du wolltest nur die Kaution?«

Er versuchte etwas Schlaues zu erwidern, aber es fiel ihm nichts ein.

»Dafür bin ich gut genug, ja? Ich habe dich zwar nie bemuttert und verhätschelt, wie du es gern gehabt hättest –«

»Ich wollte nie, dass du –«

»– aber wenn du mich gebraucht hast, war ich da.«

Eine schamlose Lüge.

Er ließ es gut sein und stand auf. »Ich hätte dich anrufen sollen, aber offenbar war mir das Ganze einfach zu
peinlich.« Peinlich war nicht das Wort, das er eigentlich
meinte, aber egal.

»Jetzt ist es zu spät. Los, komm.«

Sie hatte ihm einen in Wachspapier eingeschlagenen
feuchten Waschlappen, einen Kamm, einen Rasierer und
geschmackvolle, teure Kleidung zum Wechseln gebracht,
an der noch die Preisschilder hingen.

Innerhalb kürzester Zeit hatte er sich von einem wenig
vertrauenswürdigen künftigen Sträfling in einen gut situ-
ierten jungen Herrn verwandelt, einen von der Sorte, die
man bittet, kurz auf das Fahrrad aufzupassen, während man
schnell ins Geschäft springt.

Der Beamte, der mit versteinerter Miene an der Theke
der Effektenkammer stand, fühlte sich offenbar nicht ver-
arscht, als er ein dünnes Metalltablett mit dem zerfetz-
ten Rest eines knallblauen Kleids zu Greg hinschob. Das
Kleid lag da wie ein Singvogel, den ein Laster überfahren
hatte.

»Das darf nicht wahr sein«, sagte Gregs Mutter. »Diese
Dreckskerle. Nimm es mit, Greg, wir werfen es draußen
in den ersten Abfalleimer.«

Er griff fast zögerlich danach, nahm die beiden schmalen Träger zwischen Daumen und Zeigefinger und hob
das Kleid von dem schmutzigen Tablett. Darunter kam ein

einzelner, von einem schwarzen Rüschenhöschen obszön umschlungener Flip-Flop zum Vorschein.

Er spürte, dass ihn der Beamte ansah, und obwohl er sich wie eine Schnecke kurz vor dem Gifttod fühlte, zwang er sich, den Blick zu heben. Der Mann hielt eine Weile stand, dann schaute er weg. »Was ist – nehmen Sie den Fetzen mit oder nicht?«

»Passen Sie auf, was Sie sagen, Sie … Sie Beamter!« Gregs Mutter schnappte sich die restlichen Sachen und stopfte sie in ihre elegante Handtasche. Dann nahm sie Greg das Kleid aus der Hand und stopfte es hinterher. Er fand es erstaunlich, dass sie alles hineinbekam. »Und richten Sie Ihrem Chef aus, dass ich jedes Wort so gemeint habe. Ich bin nächsten Monat mit dem Polizeipräsidenten zum Essen verabredet und kann es kaum erwarten, ihm zu erzählen, wie schrecklich Sie meinen Sohn behandelt haben, obwohl er nichts Kriminelles getan hat.«

Der Mann murmelte etwas Unverständliches, wandte den Blick aber nicht ab. Greg unterschrieb noch ein paar Formulare, dann öffnete sich die Tür des Polizeipräsidiums und gab den Weg in einen glühenden Vormittag in Los Angeles frei.

Er schloss die Augen, holte tief Luft, obwohl es nach Autoabgasen und Pisse stank, und ließ sich die Sonne ins Gesicht scheinen. »Danke, Mom.«

Er spürte, dass seine Mutter an ihm vorbeiging, schlug die Lider auf und sah, wie sie die ganze Handtasche ungeöffnet in den nächsten Abfalleimer schmiss.

»Ist da nichts drin, was du –«

»Nichts, was sich nicht ersetzen lässt. Ich will diesen

Schmutz aus den Augen haben.« Das grelle Licht versank spurlos in ihrem pechschwarzen Haar.

Greg konnte nur dastehen und wie ein Kind warten.

»Das nächste Mal rufst du als Erste mich an«, sagte sie. »Bitte.«

»Weiß Pa… weiß Dad davon?«

»Ja. Ich habe ihm ein Telegramm geschickt und mit ihm telefoniert, kurz bevor ich hergefahren bin. Ich wollte es ihm nicht verschweigen.«

Eine schlimme Scheidung, jahrelanger einseitiger Hass, unzählige Gemeinheiten, aber sie wollte es ihm nicht verschweigen.

»Wie hat er reagiert?«

Sie wandte ihm ihr ausdrucksloses Gesicht zu. »Heftig. Du weißt ja, wie dein Vater zu der Sache steht. Er hatte gehofft, dass du wieder auf die richtige Spur kommst. Du wirst selbst bald Vater.«

»Glaubst du, das weiß ich nicht?«

»Sprich nicht so mit mir, Gregory. Ganz ehrlich: Du machst mir Kopfschmerzen.«

»Entschuldigung.«

Greg wandte beleidigt den Blick ab. Eine hübsche Blondine stakste in Stöckelschuhen vorbei. Er straffte unwillkürlich die Schultern und wurde mit einem anerkennenden Blick belohnt. Wenn er seinem Vater zumindest hin und wieder für etwas dankbar sein musste, dann für diese Schultern.

»Ich habs gesehen«, bemerkte seine Mutter trocken.

»Was?«

Sie schüttelte den Kopf. »Du bist eben der Sohn deines

Vaters«, sagte sie, was aus ihrem Mund nur ein Kompliment sein konnte. »Ich rufe ihn heute Abend noch einmal an. In der Zwischenzeit kann er nachdenken und sich beruhigen. Wir biegen das hin. Du warst immer sein Liebling.«

Aber nicht deiner. »Warst.«

»Ich muss zurück zu Jinny.«

»Ich würde dich gern zum Mittagessen einladen, Mom.«

Sie spähte in die Straße, als würde sie jemanden erwarten. Dann warf sie einen Blick auf die zierliche Silberuhr an ihrem zierlichen blassen Handgelenk. »Eigentlich habe ich überhaupt keine —«

»Nur eine Stunde. Ich habe dich ein halbes Jahr nicht gesehen.«

»Ah, jetzt kommt also die Tour mit dem schlechten Gewissen. Das ist so langweilig, Gigi —«

»Greg.«

»Gut, dann eben Greg. Also, meinetwegen. Aber nur eine Stunde, dann muss ich zurück.«

»Eine Stunde ist wunderbar — besonders jetzt, wo ich weiß, dass ich mich nur festnehmen lassen muss, damit du mich besuchst.«

»Deinen Charme kannst du dir bei mir sparen, junger Mann — den hast du von mir.« Doch sie lächelte. Er bot ihr den Arm, und sie hängte sich bei ihm ein.

Als der Anruf am nächsten Morgen kam, musste Greg nur den Arm ausstrecken und nach dem Hörer greifen.

Er hatte auf der Couch übernachtet. Shirley war im Schlafzimmer und packte ihre Koffer oder machte auch nur entsprechende Geräusche, damit er das glaubte. Es spielte so oder so keine Rolle. Für ihn war diese Ehe bereits Vergangenheit. Vielleicht würde sie morgen enden, vielleicht nächstes Jahr; auf keinen Fall würde sie weiterbestehen.

Er konnte Shirley nichts vorwerfen. Sie hatte ihr Bestes gegeben, und hätte *er* sich von dem Mann trennen können, der im Kleid draußen war – er schämte sich noch immer zu Tode, wenn er daran dachte –, hätte er es sofort getan. Er beneidete sie.

Wahrscheinlich würde sie zurückkommen. Sie war noch jedesmal zurückgekommen. Nur bezweifelte er zum ersten Mal, ob das auch gut war.

Als das Telefon klingelte, reagierte er zunächst nicht. Stattdessen betrachtete er die ersten Strahlen des Tages, die durch die Schlitze in den Jalousien glitten, und dachte über die Zukunft nach.

Nach einer halben Minute hatte der Anrufer immer noch nicht aufgegeben. Greg seufzte und streckte sich nach dem Hörer. »Hallo?«

»Greg?« Das war Jinnys Stimme, aber ohne die übliche Zuversicht, das versteckte Grinsen, mit dem sie das Leben zu einem Witz erklärte, den nur sie verstand.

»Jinny? Was ist? Alles in Ordnung?«

»Greg.«

Der Ton, in dem sie seinen Namen ausgesprochen hatte, jagte ihm einen Angstschauer über den Rücken.

»Greg. Gigi. Deine Mutter. Es – es tut mir so leid.«

Nach dem abendlichen Telefongespräch mit dem Mann, der die Liebe ihres Lebens gewesen war, hatte Pauline

Pfeiffer ihre Tränen getrocknet, zur Beruhigung ihrer Nerven einen starken Martini getrunken und war ins Bett gegangen.

Pauline habe schon seit Tagen über Bauchschmerzen geklagt und kaum gegessen, was Jinny aber nicht bedeutsam erschienen war. Sie hatte gedacht, ihre überspannte Schwester hätte ein Geschwür.

Stunden vergingen. Aus den Bergen kamen Kojoten und schnürten im Mondlicht silbrig schimmernd durch den Garten. Nur das ferne Dröhnen der Straßen war zu hören, und hin und wieder strich der Wind träge durch die beiden Palmen vor dem Haus.

Dann ertönten die Schreie.

Jinnys Lebensgefährtin Laura war als Erste bei Pauline, die mit geschlossenen Augen im Bett lag, wie am Spieß schrie, sich krümmte und den Bauch hielt, als käme jeden Moment etwas Schreckliches daraus hervor.

Jinny und Laura trugen die brüllende, um sich schlagende Frau zu ihrem kleinen Kombi und preschten die kurvigen Bergstraßen hinunter – über Rot und sehr dicht an einigen Fußgängern vorbei, wobei ihnen möglicherweise ein Opossum zum Opfer fiel.

Nach einer sehr oberflächlichen Untersuchung landete Pauline ganz oben auf der Dringlichkeitsliste – die Schreie machten den anderen Patienten zu schaffen, außerdem war sie hervorragend krankenversichert.

Kaum hatte der Chirurg das Skalpell in die bleiche Haut ihres aufgeblähten Unterleibs gedrückt, schwand jede Hoffnung, die Ursache des Problems jemals finden zu können. Der Mann schnitt praktisch in eine Blase, eine

Unmenge Blut schoss heraus und klatschte auf die frisch geschrubbten Bodenfliesen des Operationssaals.

Er gab sich Mühe, versuchte den Riss zu ertasten. Er war bestens ausgebildet, überaus fähig und hatte doch nicht die kleinste Chance.

Fünfzehn Minuten nach ihrer Ankunft im Krankenhaus war Pauline auf einem OP-Tisch aus Edelstahl gestorben, ohne noch etwas gesagt zu haben. Und sie hatte auch nichts mehr gedacht, außer dass diese Schmerzen verschwinden sollten – dass das Nichts sie aufnehmen sollte. Und als das geschah, hatte nur noch Erleichterung geherrscht.

Trotz all seiner Bemühungen hatten sich Greg und seine Mutter nie nahegestanden. Er hatte sie mehr als einmal sagen hören, dass sie nur Kinder ertragen könne, die mindestens sechs oder sieben Jahre alt seien und über ein Minimum an Vernunft verfügten.

Das war keiner ihrer kleinen Partyscherze gewesen, mit denen sie andere gern schockierte. Nein, sie hatten sich nie nahegestanden. Und doch waren die wenigen Erinnerungen an sie sehr intensiv.

Die paar Gelegenheiten, bei denen sie ihre kleine Hand an seinen Nacken gelegt hatte. Oder ihn auf die Stirn geküsst hatte, weil es ihm gelungen war, seinen Vater aus einer miesen Laune herauszuholen. Oder als er einmal die Masern gehabt hatte und sie eine halbe Stunde an seinem Bett saß und vorlas und das Licht der Lampe so weich auf ihrer Haut lag.

Und die Erinnerung daran, zwar nicht bei ihr gewesen zu sein, es sich aber immer gewünscht zu haben.

Er hatte es nicht geschafft, die kühle, elegant gekleidete Göttin und das Stück weißes Fleisch in der Leichenhalle der Klinik gedanklich zusammenzubringen.

Er hatte darum gebeten, sie sehen zu dürfen, obwohl der Leichnam bereits durch Jinny identifiziert worden war. Er würde es sonst nie wahrhaben können, das war ihm klar. Doch vielleicht war es ein Fehler gewesen. Real fühlte es sich auch danach nicht an, und obendrein sah er jedesmal, wenn er die Augen schloss, diese Grimasse: Die Signatur der Qual stand seiner Mutter unauslöschlich ins Gesicht geschrieben. Er hatte Angst, dass er sich eines Tages nur noch daran erinnern könnte, wenn er an sie dachte.

Seitdem hatte er aufgepasst. Er war nicht ausgegangen und hatte keinen Tropfen Alkohol angerührt, sondern nur auf der Couch gesessen, vor dem in voller Lautstärke dröhnenden Fernseher. Er spürte förmlich das Seil unter seinen Füßen, spürte sein Schwanken.

Shirley hatte versucht mit ihm zu reden. Er hatte gesehen, dass sich ihr Mund bewegte, doch was sie sagte, war genauso unverständlich gewesen wie das, was aus dem Fernseher kam, und nach einiger Zeit hatte sie etwas gebrüllt und war gegangen. Vermutlich hatte sie ihm genau das gesagt – dass sie gehen werde.

Die Sonne stand schon tief, die Fenster glichen Bronzetafeln, die Schatten dicken Platten der Vernichtung, als das Telefon auf dem Tischchen zu klingeln begann.

Greg starrte verdutzt auf den in der Gabel ruckelnden Hörer und nahm blinzelnd ab.

»Was ist?«

»Das nenne ich eine nette Begrüßung.«

Etwas zog sich in ihm zusammen, er kämpfte gegen die Tränen an. »Papa.«

»Gig.«

»Du weißt es.«

»Ja. Einen solchen Tod hat sie nicht verdient.«

»Entschuldige, ich hätte dich anrufen sollen. Aber ich wusste nicht, was ich sagen sollte. Ich konnte einfach nicht –.«

Stille. Sein Vater setzte sein Schweigen manchmal so ein wie andere ihre Fäuste. »Ja, du hättest anrufen sollen. Aber ich kann es verstehen.«

»Gehts dir gut?«

»Mir? Was soll die Frage?«

»Ich weiß nicht. Ist doch ein großer Schock …«

»Hm. Ja, es geht mir gut. Ich arbeite wie verrückt. Hält das schwarze Tier in Schach. Und du?«

»Ich weiß nicht. Ich glaube, ich habe es immer noch nicht ganz begriffen.«

»So einen Tod hat eine Frau wie sie nicht verdient. Wir haben uns zwar nicht … Aber das heißt ja nicht, dass ich …«

»Nein.«

»Komm nach Hause, Greg. Raus aus L.A. Besuch mich. Patrick kommt auch. Wir drei könnten auf der Pilar rausfahren wie früher. Vielleicht wirst du diesmal nicht seekrank. Das Meer war in den letzten Tagen ganz wunderbar. Sanft wie ein Lamm und klar wie Gin.«

Greg beugte sich fast in den Apparat hinein. Die Sonne Kubas, die die Haut und das Fleisch durchdrang und einem bis in die Knochen fuhr, als würde man nie wieder frieren müssen. Hellgrüne Felder, die sich endlos erstreckten. Das kühle Wasser, das an den Schiffsrumpf schwappte. »Klingt ziemlich gut, muss ich sagen.«

»Oder wir gehen jagen. Wenn es ums Schießen geht, bist du für mich noch immer das größte Naturtalent überhaupt, Greg. Du hättest dranbleiben müssen …«

»Ich weiß.«

»Du bist nie an irgendwas dran – Also, wir drei könnten wieder auf Vogeljagd gehen. Dann könntest du mich blamieren wie früher.«

»Okay.«

»Kommst du?«

»Ich steige morgen ins Flugzeug. Ich freue mich schon auf Patrick.«

»Großartig. Maria soll das Gästezimmer herrichten. Ich kann euch zwei ja nicht mehr in *ein* Zimmer stecken.«

Am anderen Ende der Leitung sagte jemand etwas. Mary? Oder eine aktuellere Geliebte? Dann miaute eine Katze; wahrscheinlich saß sie auf Papas Schoß.

»Gestern war noch alles in Ordnung mit ihr«, sagte er in die Stille hinein, weil er nicht wusste, was er wollte. Vielleicht einfach nur von ihr sprechen. »Die Bullen sind vor ihr strammgestanden.« Vielleicht einfach davon erzählen, um den Tod real werden zu lassen und den Schwebezustand zu beenden. »Sie hatte das kleine weiße Kleid an, das du ihr geschenkt hast, damals in dem Jahr, bevor ihr euch getrennt habt. Sie hat es in Ehren gehalten, es sah nagelneu aus. Sie sah nagelneu aus.« Oder den Anschein erwecken, sie wäre wieder lebendig. Erinnerungen teilen, die es nur innerhalb einer Familie gibt.

Sein Vater hatte seine Mutter vor dem Ende mit einer

Verachtung behandelt, die die meisten Männer nicht für ihre schlimmsten Feinde aufgebracht hätten, doch tief im Inneren hatte er wohl noch Gefühle für sie gehabt.

Dass er keine Ahnung hatte, wo sich die immerhin hochschwangere Shirley aufhielt, kam Greg nicht in den Sinn.

»Na ja.« Sein Vater seufzte tief auf. Es klang, wie wenn ein leise gestelltes Radio plötzlich laut zu rauschen beginnt. »Sie war sehr mitgenommen. Sehr mitgenommen. Sie hat mich gestern Abend angerufen und wollte über deine … Das war kein einfaches Gespräch.«

»Ach so. Ja, klar.«

»Gigi …«

»Es war nicht …« Ihm fehlten die Worte. Er legte den Kopf in den Nacken und betrachtete die an der Decke sprießenden Schimmelflecken. Die Wohnung stank nach Schweiß und Scham. »Es tut mir leid.«

»Es tut dir leid?«

Seine beschissene Verschlossenheit. Seine legendäre beschissene Verschlossenheit. »Ja, es tut mir leid. Ich habe einen Fehler gemacht, aber das ist Vergangenheit. Lass uns jetzt bitte nicht –«

»Du könntest wenigstens so tun, als würdest du dich schämen.« Die Stimme seines Vaters war härter geworden.

»*Du* sagst doch immer, dass man bestimmte Dinge nicht aussprechen muss.«

»Nicht frech werden, Greg! Nicht nach dieser Sache.«

»Ich werde nicht frech. Ich versuche nur –«

»In aller Öffentlichkeit, Greg! Als würden mir die Zeitungen nicht schon genug nachstellen.«

»Es geht hier nicht um dich, Papa!«

»Nein, du kleiner Wichser, hier geht es um dich. Um deine Taten. Um deine Abgründe. Ich dachte, du wärst es losgeworden. Hättest es jetzt im Griff.«

»Ich habe es im Griff!« Greg war unwillkürlich aufgesprungen. Die Fingerknöchel der Hand, die den Hörer hielt, liefen weiß an. »Das war ein Ausrutscher. Ein einziger Ausrutscher, damit ich mir nicht die Augen ausreißen musste.«

»Untersteh dich, jetzt auch noch Mitleid mit dir zu haben!«

»Wieso nicht? Irgendwer muss es ja haben.«

Er wartete auf eine sarkastische Replik seines Vaters, doch es blieb still.

»Ich kann damit umgehen, Papa.«

»Ich verstehe bis heute nicht, wie es dazu kommen konnte.« Er klang jetzt nur müde. »Du warst ...«

»Ich kann damit umgehen, Papa, wirklich.«

»Das nennst du damit umgehen können?«

»Ich wurde festgenommen, weil ich auf Streit aus war, das ist alles. Im Grunde keine große Sache.«

»Keine große Sache?«

»Nein.«

»Immerhin ist deine Mutter deswegen gestorben.«

Greg schwieg. Leckte sich über die Lippen. Schluckte. »Was?«

»Es hat dich durch und durch vergiftet und deine Mutter umgebracht. Tu nicht so, als würdest du das nicht sehen.«

Einen Moment lang sah Greg es tatsächlich. Ihre Hände an ihrem Bauch beim Verlassen der Zelle. Die Last, die sie zu tragen schien, als sie ihn auf der Straße angeblickt hatte.

»Aber ich habe doch nicht – ich bin doch kein –«

»Ein Herzinfarkt kommt nicht aus heiterem Himmel, Greg. Bist du wirklich nicht in der Lage, auch mal an andere zu denken? Begreifst du nicht, was deine …« Er holte tief Luft, um sich zu beruhigen, und dieser Atemzug sagte mehr als alle ausgesprochenen Wörter. »Die Belastung. Die Scham. Ahnst du auch nur, was das mit einer Mutter oder einem Vater macht? Das Verkommene. Hast du jemals daran gedacht, was das in uns angerichtet hat? Was sonst hätte sie getötet? Bring den Mut auf und übernimm die Verantwortung wie ein Mann!«

Schweigend lauschte Greg dem keuchenden Atem seines Vaters. Dann ließ er den Hörer fallen.

TEIL 2

HAVANNA

1947

»Fährst du heute mit Papa zum Hafen, Gigi?«

»Ich heiße Greg. Du weißt, dass ich diesen blöden Spitznamen hasse. Nein, wahrscheinlich nicht.«

»Ich vergesse immer, dass du das Meer nicht magst. Wirklich schade …«

»Ja.«

Greg lehnte sich zurück und spürte den Korbstuhl unter sich knarren. Eine beleidigte Katze schoss so schnell aus dem Schatten des Stuhls hervor, dass er nur ihren gebrochenen Schwanz wütend zucken sah, bevor sie im Gebüsch verschwand. Er beneidete sie. Die Zeit, als er in die Felder laufen konnte, wann er wollte, war längst vorbei.

Mary richtete sich auf, und ihre Gartenschere funkelte in der Sonne; nur die Innenseiten der Klingen, an denen der Brei aus den zerquetschten Teilen der geköpften Blumen haftete, waren dunkel. Mary liebte es, Verwelktes wegzuschneiden.

»Du lässt ihn wohl am besten eine Weile in Ruhe nach deinem kleinen …«

»Ja, ja.«

Sie lächelte ihr seltsames nichtssagendes Lächeln und beugte sich wieder hinunter zu den Sträuchern unter dem Verandageländer. Der saubere Klang von Stahl auf Stahl hallte durch die Luft.

Greg lächelte nicht zurück. Wieder lag ihm die Frage auf der Zunge, und wieder sprach er sie nicht aus: *Was sieht er in dir?*

Er wusste noch immer nicht genau, woran er mit der neuesten Frau seines Vaters war. Komischerweise war er auf Mary viel wütender, als er jemals auf Martha gewesen war, obwohl die seine Mutter verdrängt hatte.

Wenn Martha die stoppelige Wange seines Vaters küsste oder Greg sie beim Sonnenbaden am Pool sah oder in ihrem Arbeitszimmer in die Maschine hämmern hörte, hatte er wider Erwarten immer eine seltsame Genugtuung empfunden.

Er konnte es sich zwar nicht erklären, doch meistens war dieses Gefühl nach einem der langen Telefonate in ihm entstanden, die seine Mutter mit seinem Bruder führte, oder wenn er sich daran erinnerte, wie sie bei einer feucht-fröhlichen Party wieder mal allen erzählt hatte, *wie gern* sie Ernest eine Tochter geschenkt hätte, wie enttäuscht sie beide über zwei Jungen gewesen seien.

Mit Martha hatte er über alles reden können: über das Buch, das er gerade las, über Geopolitik, über die Fein-heiten des Baseballspiels. Sie wusste alles über alles. Selbst jetzt noch dachte er gern daran zurück, wie sie am Pool Ananas gegessen und Martinis getrunken hatten, an seine Scheingefechte mit ihrem rassiermesserscharfen Verstand, der dem seiner Mutter mehr als ebenbürtig gewesen war.

Und sie hatte ihn – das war vielleicht am erstaunlichsten – gern bei sich gehabt. Das hatte er nie bezweifelt. Auch nach großen Auseinandersetzungen mit Papa war sie zu ihm gekommen, und er hatte geduldig zugehört, während sie seinen Vater mit Wörtern zerlegte, mit einer Wut filetierte, die Greg nicht verstand – wie konnte man jemanden gleichzeitig lieben und hassen?

Mary war eher Kaninchen als Raubtier. Wahnsinnig nett, solange alles so war, wie sie es wollte, aber mehr nicht. Jeden Sommer, wenn Greg und Patrick zur heimlichen Erleichterung ihrer Mutter nach Kuba gebracht worden waren, setzten die drei das alte Spiel fort und tauschten höfliche Belanglosigkeiten aus, als wären sie sich noch nie begegnet. Greg war überzeugt, dass es Mary lieber gewesen wäre, wenn Patrick und er den Sommer bei ihrer Mutter verbracht hätten, was sie Papa aber bestimmt nie sagte.

Ganz abgesehen von dem kleinen Vorfall, dem Unterwäscheklau … Der hatte auch nicht gerade zu einer Verbesserung der Beziehung geführt.

Papa hatte es ihm sehr übel genommen.

Normalerweise hätte sich Greg auf ein bisschen quälenden Small Talk eingelassen, doch jetzt war er dafür zu fahrig, zu unkonzentriert. Dabei ging es ihm nicht etwa schlecht – er fühlte sich gut, so als hätte er vollgetankt und würde gleich losfahren.

Deshalb sprang er sofort auf, als Patrick durch die Tür stürmte und Papas Autoschlüssel um den Finger kreisen ließ.

»Gib mir die Schlüssel, Patrick, ich fahre«, sagte er, obwohl er selbst nicht wusste, wo es hingehen sollte.

Patrick sah ihn nicht mal an. »Erst wenn du die Prüfung bestanden hast.«

»Wir sind hier nicht in Miami. Gib mir die Schlüssel oder ich lege mich vor den Wagen.«

»Dann überfahre ich dich.«

»Das machst du garantiert nicht. Papa würde dich umbringen. Er liebt sein Auto, und meine Gedärme von da unten wegzukratzen, würde ewig dauern.« Rodolfo blitzte kurz in seinem Kopf auf, doch er wischte das Bild beiseite.

»Na gut.« Patrick kratzte sich am Kinn, ein frischer Pickel. »Aber wenn wir angehalten werden, ist es dein Problem.«

»Wir werden schon nicht angehalten. Schließlich fahre ich besser als du.« Genau so etwas hatte er nicht mehr sagen wollen – typische Gemeinheiten von blöden kleinen Brüdern. Er hoffte, Patrick würde etwas Fieses erwidern, damit sie quitt wären, doch der verzog nur das Gesicht und warf ihm die Schlüssel zu.

Greg fing sie. Dann rutschte er über die Motorhaube, um dämlich zu wirken und seinen Bruder zu einer Bemerkung zu provozieren.

Und tatsächlich fragte Patrick: »Und? Wie heiß ist es da oben?«

»So heiß, dass mein Arsch jetzt halb durchgebraten ist. Ich lerne einfach nicht.«

Patrick lachte, und alles war wieder gut.

Greg ließ sich hinters Lenkrad fallen. Er liebte dieses Auto. Den Geruch, das Leder, das sich auch dann noch weich anfühlte, wenn die Luft so stickig war wie jetzt und die Sitze glühten.

Normalerweise war es im Auto kühl und dunkel, weil es in der Garage gestanden hatte, doch letzte Nacht war Papa damit von einer Bar nach Hause gefahren und hatte es wie ein Mordopfer auf der Zufahrt liegengelassen.

»Wohin?«, fragte Greg, nachdem Patrick auf den Beifahrersitz gehopst war.

»Zur Post. Papa hat eine neue Scott für mich bestellt, ich will nachsehen, ob sie schon da ist. Ich möchte sie gleich nach dem Mittagessen ausprobieren.«

»Okay.«

Eine neue Flinte Kaliber 12. Sündhaft teuer. Greg hatte das Interesse am Schießen verloren – wie an den meisten Dingen, die er beherrschte –, doch Patrick fuhr nach wie vor mindestens zweimal pro Woche zum Schießclub, um sich seine Treffsicherheit zu erhalten. Greg wollte gar nicht wissen, ob er das vor allem tat, um Papa zu gefallen.

Der Motor, ein Erzeugnis höchster Ingenieurskunst, sprang sofort an, und Greg fuhr zum Tor hinaus. Auf der autoleeren Straße gab er richtig Gas. Der Wagen beschleunigte gierig, und plötzlich spürte Greg ein Kribbeln im ganzen Körper, so sehr berauschte ihn die schiere Kraft des Gefährts: tausend Pfund perfekt verarbeiteter Stahl, der auf jeden noch so leisen Befehl von ihm reagierte.

»Nicht übertreiben, Gig«, sagte Patrick. Er blieb zwar leise, umklammerte aber sein Knie mit der Hand.

Greg war einen Moment lang versucht, aufs Gas zu steigen, den Schlitten wirklich flitzen zu lassen, sodass die Welt verschwamm. Doch Patricks Knöchel waren weiß. Greg zwang sich zur Ruhe.

»Was ist los mit dir?«

»Nichts. Entspann dich, Patrick, außer uns ist kein einziges Auto auf der Straße.«

»Das habe ich nicht gemeint. Du bist seit einigen Tagen irgendwie … komisch.«

»Komisch?«

»Nervös.« Patrick zuckte mit einer Schulter. Er sah nicht Greg an, sondern starrte auf den dicken Teppich aus Zuckerrohr, noch katzenaugenhell vom nächtlichen Regen. Greg warf einen kurzen Blick auf den Hinterkopf seines Bruders und zuckte seinerseits mit den Schultern.

Patrick würde es nicht schaffen, ihm die Stimmung zu vermiesen. Er war nicht komisch. Es ging ihm gut. Zugegeben, er war in letzter Zeit ziemlich komisch, wenn es ihm gut ging, aber na und?

Er kurbelte das Fenster hinunter und legte den Ellbogen in den Wind, doch die Chromleiste verbrannte die dünne Haut am Unterarm, und er zuckte zusammen.

Patrick, der noch immer wegsah, schüttelte den Kopf und sagte: »Du lernst wirklich nie.«

»Halt den Mund.«

»Keine Sorge – genau das macht unter anderem deinen Charme aus.«

»Ziemlich verkorkster Charme.«

»Der ist immer der beste.«

Ein paar Kinder spielten auf der staubigen Straße. Ein Junge hatte sich sein Hemd über den Arm gelegt, ein anderer streckte die Finger an den Schläfen in die Höhe. Stierkampf. Sie machten den Weg frei, und Greg fuhr grinsend in Schrittgeschwindigkeit an ihnen vorbei.

»Unglaublich, dass ihre Eltern sie ganz allein auf der Straße spielen lassen«, sagte Patrick. »Was da alles passieren kann ...«

»Haben wir auch gemacht.«

»Ja, das Ergebnis ist bekannt.«

Der Satz traf Greg wie ein Schlag. Beide schwiegen. Kaum waren sie an den Kindern vorbei, gab er Gas.

»Und worin besteht *dein* verkorkster Charme?«, fragte er, während sie wieder Fahrt aufnahmen.

»Was?«

»Verkorkster Charme. Wenn meiner unter anderem darin besteht, dass ich nie lerne, worin besteht dann deiner?«

»Meiner? Ich habe keinen. Ich bin durch und durch zuverlässig und vorhersehbar. Meine Lebenskurve ist eine Gerade.«

»Das hat sich für dich ausgezahlt.«

»Was?«

Greg wagte es noch einmal und steckte den Arm vorsichtig aus dem Fenster. Und obwohl es wieder wehtat, zog er ihn nicht zurück. »Du hast eine langfristige Strategie verfolgt, und es hat funktioniert. Mich kann Papa nicht anschauen, ohne zusammenzuzucken.«

Er wandte den Blick von der Straße ab und sah, dass Patrick ihn anstarrte. »Woher kommt das, Gig?«

Greg wusste es nicht. Sein Mund gehorchte ihm nicht mehr richtig. Das da war Patrick, der Einzige, der immer zu ihm gehalten hatte.

»Ich will nur sagen, dass sich deine Mittelmäßigkeit ausgezahlt hat.«

Patrick schwieg. Greg konnte nicht zu ihm hinsehen. Alles fühlte sich unwirklich an.

Vor ihnen tauchte ein Karren mit einem Berg Ananas auf. Greg schaltete hoch und schwenkte zum Überholen nach links, und der Wagen fühlte sich an, als wäre er eine Erweiterung seines Körpers. Grün und Orange blitzten neben dem Fenster auf, und fast hätte er den Arm ausgestreckt und sich im Vorbeifahren eine geschnappt.

Die Felder wichen Vorstadtsiedlungen. Mit einem Blick in den Rückspiegel sah er, dass hinter ihm eine Staubwolke toste wie ein Kometenschweif.

Endlich sprach Patrick wieder. »Du fährst zu schnell, Gig.«

»Nein.«

»Gig.«

»Du bist ein verdammter Schwächling, Patrick.«

»Gigi!«

Eine Gestalt flink und schmal wie ein Vogel schoss aus einer Zufahrt auf die Straße. Nur eine Sekunde lang sah Greg ein dunkles, ernstes Gesicht – die Narbe, die sich von der Unterlippe zur Kinnspitze zog –, dann riss er das Lenkrad so heftig nach rechts, dass sich die ganze Welt verbog, und als ihn die erste Welle des Aufpralls durchfuhr, dachte er nur: *Nicht schon wieder.*

Die Schmerzen weckten ihn. Seine letzte Erinnerung war, dass sich der Wagen um sich selbst drehte wie ein Mädchen beim Radschlagen. Aber offenbar stand er richtig herum. Wenigstens das.

Er öffnete die Augen. Alles verschwamm wie auf den

Bildern, die ihm sein Vater in Büchern gezeigt hatte, auf Bildern, die sie gemeinsam auf der seit Langem versprochenen Reise nach Frankreich und Spanien ansehen würden. Verwirbelte Schönheit, ein hingetupfter Klecks, mit dem ein schlanker, lebensprühender Bauernjunge dargestellt werden konnte.

Ein Junge ...

Plötzlich sah er Rodolfo vor sich, der seit sieben Jahren tot war, sah ihn so, wie er ihn nur in seiner Vorstellung gesehen hatte – der Bauch violett verfärbt und so tief eingedrückt, dass die Wirbelsäule wie eine zerstörte Zugschiene unter der Haut hervorragte.

Ihn durchfuhr ein gewaltiger Schreck, gewaltiger sogar als dieser eine grausame Tod. Ein Schreck so gewaltig, dass er ihn nicht benennen konnte. Dieser Schreck umfasste alles.

Er verschwand so schnell, wie er gekommen war, und zurück blieb ganz normale menschliche Panik, menschliche Angst.

Sein Blick wurde klarer. Er setzte sich mühsam auf – zuckte zusammen, als es in seinem Hals leicht zu pochen begann – und starrte auf das zertrümmerte Vorderteil, den zerfaserten Stamm des Baums, an dem sie zum Stehen gekommen waren.

»Scheiße.«

Wieder fiel ihm Rodolfo ein, diesmal eine reale Erinnerung: der dunkle Fleck am nächsten Morgen im Straßenstaub, die verschmierte Spur, da wo sein Freund seinen zerstörten Körper über den Boden geschleift hatte.

Die Tür schwang ächzend auf, und er fiel auf die Erde.

Ohne auf seine Schmerzen zu achten, spähte er in den schattigen Zwischenraum zwischen Auto und Boden, in den Teile des Fahrgestells ragten, und sah eine armdicke Achse, entzweigebrochen wie ein Streichholz. Sonst sah er nichts.

Er blickte hinter sich auf die Straße. Keine in sich zusammengesackte Gestalt. Er drückte die Stirn an den Boden und begann erleichtert zu schluchzen.

Dann hörte er jemanden stöhnen und kam zur Besinnung, und ein einziges Wort fuhr wie elektrischer Strom durch sein Gehirn.

Patrick.

Er drehte sich abrupt zur Tür. Sein Bruder war über dem Armaturenbrett zusammengesunken, und Greg verstand nicht, wie Patrick einen Laut von sich gegeben hatte, denn er war ohne Bewusstsein. Oder ...

»Patrick.« Er stemmte sich ins Wageninnere. »Patrick. Nein, nein, nein, nein, Patrick.« Vorsichtig lehnte er seinen Bruder auf dem Sitz zurück. Aus Patricks Nase spritzte Blut.

»Patrick.«

An der Schläfe seines Bruders bildete sich eine faustgroße Beule, über die sich ein immer dunkler werdender Bluterguss breitete.

»Patrick.«

Plötzlich fiel ihm ein, dass er ihn besser nicht bewegte. Was, wenn er ihm das Rückgrat oder das Genick gebrochen hatte? Was, wenn die feinen Nerven in der Wirbelsäule in diesem Augenblick an einem Knochen scheuerten, der gebrochen war und hervorstand? Sollte er ihn trotzdem halten? Ihn vorsichtig zurücklegen? Er geriet in Panik, konnte nicht mehr denken.

»Patrick.«

Ich habe meinen Bruder umgebracht. Der Gedanke war ein unumstößliches und sofort vollstrecktes Todesurteil. Es gibt Dinge, die überlebt man nicht.

Er ließ Patrick los, so behutsam er konnte, und rutschte zurück ins heiße Sonnenlicht.

Natürlich hatten sich einige Einheimische um den Wagen versammelt, wenn auch mit einem gewissen Sicherheitsabstand, und auf den schattigen Veranden der umliegenden Häuser standen Leute wie in Erwartung einer Parade. Greg ließ den Blick die Straße hinunterwandern. Das hier war nicht das Barrio; da und dort standen Autos, alt, aber sehr gut gepflegt. Er sah nach oben. Keine Telefonleitungen.

»Scheiße.«

Einer der Gaffer stand neben einem imposanten alten Packard Runabout. Nur das ausgebleichte Dach aus Leinwand ließ erkennen, dass der Wagen fast so alt war wie Greg.

»Hey.« Greg fuchtelte mit den Armen. Es knirschte in seinem Schlüsselbein, doch er achtete nicht auf den Schmerz. »Hey, Señor! Señor, por favor, ayudame. Mi padre. Mi Padre Hemingway. El gran escritor de la Finca Vigía! Dile qué pasó. Por favor.« Die harten spanischen Laute torkelten ihm aus dem Mund. Der Mann musterte ihn ungerührt, mit verschränkten Armen, die Augen tief im wettergegerbten Gesicht. Schließlich schnaubte er verärgert auf, drehte sich um und öffnete die Tür seines Wagens.

»Gracias! Gracias, señor!«, rief Greg ihm nach, als das Auto den überdachten Abstellplatz auf dem kleinen Grundstück des Mannes verließ, den Weg einschlug, den Greg und Patrick gekommen waren, und im halsbrecherischen Tempo von dreißig Kilometern pro Stunde davonzuckelte.

»Gracias«, flüsterte Greg noch einmal.

Dann war er wieder im Wagen, sah nach, ob sein Bruder noch atmete, versuchte herauszufinden, ob irgendetwas gebrochen war.

»Alles in Ordnung, Patrick, das wird wieder, ich versprechs dir. Hörst du mich? Patrick!«

Sein Bruder hatte die Augen geöffnet. Sie waren blutunterlaufen, und die zarten Lidränder hatten sich tiefrot verfärbt. Patrick erwiderte nichts. Er starrte Greg nur stirnrunzelnd an, als wäre sein Bruder das Seltsamste, was er jemals gesehen hätte.

»Es tut mir leid, Pat. Es tut mir leid.«

Die Stille im Krankenhaus war erstickend. Man hörte nichts als das Ticken der alten Wanduhr.

Greg saß vornübergebeugt auf der Holzbank im Gang, die Arme auf die Knie gestützt, die Hände vor sich gefaltet.

Ein Stück den Gang hinunter hockte sein Vater in fast identischer Haltung. Greg sah nicht zu ihm hin, doch er konnte ihn spüren. Papas Schweigen quoll aus jeder Pore seines Körpers und füllte die Luft wie mit Rauch.

Greg wünschte, er würde etwas sagen, irgendetwas. Ihn beschimpfen, beschuldigen, verfluchen. Oder ihn vielleicht sogar trösten.

Doch da war nur Schweigen.

Die Schwingtür am Ende des Gangs ging auf, und ein Arzt erschien. Beide, Junge und Mann, hoben den Kopf wie Jagdhunde, aber der Arzt eilte mit hektisch klappernden Sohlen an ihnen vorbei.

Kurz bevor er den Kopf wieder senkte, sah Greg den hässlichen gelben Bluterguss, der an der Kinnlade seines Vaters entstand, und sein Magen zog sich krampfhaft zusammen. Es konnte nicht sein, dass Patrick so etwas tat. Doch nicht Patrick!

Der Jodgeruch, den der Arzt verströmt hatte, erreichte die beiden mit etwas Verspätung.

Gregs Vater räusperte sich, doch er sagte nichts.

Sie hatten zunächst versucht, Patrick bei sich im Haus zu behalten. Der uralte Arzt aus dem Ort, der zur Finca gekommen war, hatte Bettruhe und Eisbeutel an den Schläfen verordnet. Dunkelheit, Ruhe und Frieden.

Greg hatte das Haus wie eine räudige Katze durchstreift, hatte nicht stillsitzen und sich auf nichts konzentrieren können. Sein Schuldgefühl hatte ihn fast zerrissen, aber wohin er auch kam, er fühlte sich unerwünscht, abgeurteilt. Spürte, dass das verdient war.

Papa war wie besessen gewesen. Er hatte jede Nacht auf dem Boden neben Patricks Bett geschlafen, jede wache Minute auf dem kleinen Stuhl bei ihm gehockt, ihn einfach nur beim Schlafen betrachtet und den Blick aus Augen, die an Einschusslöcher erinnerten, keine Sekunde lang abgewandt, so als hielte nur noch der Wille des Vaters das Kind am Leben.

Er schlief kaum. Aß nicht, zumindest hatte ihn Greg nichts essen sehen. Am Abend des zweiten Tages brach er unter dem Druck zusammen. Er schnitt sich die Haare und färbte sie sich mit Marys Tinktur. Mitten während der Prozedur war er wieder zu Sinnen gekommen, und zum Schluss hatte sein Haar ausgesehen wie Zuckerwatte. Zu einer anderen Zeit wäre es witzig gewesen. Jetzt hatte es etwas Obszönes.

Obwohl der Alte es nie hatte wirklich zeigen können, war sich Greg immer sicher gewesen, dass sein Vater Patrick sehr liebte. Doch so stark wie jetzt hatte er diese Liebe noch nie gespürt, nie so unverhüllt und unverhohlen gesehen.

Greg fragte sich, ob Papa genauso fertig gewesen wäre, wenn sein jüngster Sohn dort gelegen hätte, und schämte sich sofort dafür. Sein Vater hatte vollkommen recht: Er war verkommen.

Während dieses Martyriums hatte sein Vater ihn so gut wie gar nicht mehr angesehen – sein letzter Blick auf ihn war der durch die offene Tür des zertrümmerten Wagens gewesen, in dem Greg mit blutdurchtränktem T-Shirt gesessen und seinen Bruder an sich gedrückt hatte. Sein Blick hatte von abgrundtiefer Verachtung gesprochen, und danach war nichts mehr gekommen.

Zunächst hatte sich Patrick scheinbar erholt. Die Schwellung war, wenn auch langsam, zurückgegangen, und er hatte nicht mehr so entsetzlich tief geschlafen, sondern sich im Bett gewälzt und vor sich hingeredet wie mitten in einem lebhaften Traum.

Greg hatte alles von der Tür aus beobachtet. Hineinzugehen und sich dem Schweigen seines Vaters und dem Leid seines Bruders auszusetzen, hatte er nicht über sich gebracht. Er war ein Feigling. Das hatte ihm die ganze Sache endgültig gezeigt. Eigentlich wollte er nur noch weg und sich das Hirn aus dem Schädel blasen, sollte sein Bruder sterben.

Sein Großvater hatte sich vor Gregs Geburt erschossen. Papa hatte ihn für diese Schwäche immer verachtet und behauptet, diese Feigheit nicht in sich zu haben. Nun wusste Greg, dass sie im Blut seines Vaters schlummerte und nur auf die Gelegenheit wartete, in der nächsten, schwächeren Generation zum Vorschein zu kommen.

Dann war Patrick plötzlich aufgewacht.

Greg hatte vor dem Zimmer gesessen, die Beine von sich gestreckt und den Kopf ununterbrochen leicht an die Wand geschlagen, sodass der Schmerz immer stärker wurde. Und er hatte sich vorgestellt, wie er sich anfühlen würde, wenn er noch tausendmal stärker wäre.

Im Haupthaus hatte Mary eine Platte aufgelegt, sich dann jedoch anders entschieden. Das dumpfe Kratzen der Nadel, als sie sich hob, hatte sich mit dem Freudenruf seines Vaters und gleich darauf mit einem gellenden Schrei vermischt.

Obwohl Greg sofort auf den Beinen gewesen war, hatte er nur noch gesehen, wie Papa und Patrick gemeinsam vom Bett herunterfielen. Papa hielt Patrick noch halb umfangen, so als hätte er ihn umarmen wollen, aber Patrick drosch auf ihn ein, um freizukommen, biss und trat und schlug seinen Vater, wohin er nur konnte. Er wollte ihn töten – man sah es ihm deutlich an. Ihn in Stücke reißen.

In diesem Gesicht war nichts von Patrick gewesen. Sein Bruder war zusammen mit der Dunkelheit und all dem Blut versickert, und zurückgeblieben war nur dieses Tier, durch Gregs Schuld. Sein Bruder war auf dem zertrümmerten Armaturenbrett verschmiert und trocknete in der kubanischen Sonne.

Greg stürzte sich auf ihn. Sein Bruder war zwar noch immer größer als er, doch Greg war schon seit Jahren stärker und hob Patrick mit der Kraft der Angst wie eine Puppe auf.

»Tu ihm nichts!«, bellte sein Vater, als hätte Patrick nicht im selben Moment versucht, den Kopf zur Seite zu drehen, um seine Zähne in Gregs Gesicht zu schlagen. Doch er kam nicht hin und begann sich aufzubäumen, schlug um sich und wand sich und stieß mit dem Hinterkopf an Gregs Nasenbein.

Greg sah nur noch Weiß und lockerte offenbar kurz seinen Griff, denn Patrick krümmte sich mit riesigen flackernden Augen in seinen Armen.

Dann war Papa da, packte Patrick ganz ruhig in eine Decke und hielt ihn mit einem Arm fest.

»Alles in Ordnung?« Er hob die freie Hand an Gregs Kinn und drehte Gregs Kopf hin und her.

In diesem Moment stand nichts zwischen ihnen. Es gab nur die ungeteilte Aufmerksamkeit, mit der sein Vater ihn betrachtete wie eine aus einem Bach gefischte Pfeilspitze. Greg spürte plötzlich, wie glatt sein Kinn war und wie rau Papas Finger. Er hätte sich gern an ihn angelehnt, seine Stirn in die Höhlung unter der Schulter gedrückt. Doch er sagte nur: »Ja, Sir.«

»Gut. Ruf ein Taxi.«

Seitdem saßen sie da. Warteten. Sehnten eine Nachricht herbei und fürchteten sie.

Greg rief sich die Sekunden vor dem Unfall immer wieder in Erinnerung. Sein Bruder mit weiß angelaufenen Knöcheln bat ihn inständig, das Tempo zu drosseln. Die Welt ein einziger bunter Wirbel. Seine Brust ein Feuerwerk, das gleich abgebrannt werden würde. In dem Moment war ihm alles ganz richtig erschienen. Jetzt kam es ihm vor wie Wahnsinn. Er hatte nicht die geringste Ahnung, was ihn dazu getrieben hatte, aufs Gas zu steigen.

Ich will nur sagen, dass sich deine Mittelmäßigkeit ausgezahlt hat.

Wieder wurde die Tür aufgestoßen, und beide sprangen von ihren Sitzen. Diesmal hastete ein anderer Arzt auf sie zu und sprach in weichem, säuselndem Spanisch flüsternd auf Papa ein. Greg verstand so gut wie nichts, doch die Miene des Mannes sagte alles.

Sein Vater zögerte kurz, dann nickte er mit dem Gesichtsausdruck eines Mannes, der dazu gezwungen wird, Glas zu zerkauen.

Als der Arzt in die fremde Welt hinter der Tür zurückgekehrt und Papa wieder in sich zusammengesunken war, blieb Greg stehen und wartete, und plötzlich verwandelten sich sein Schuldgefühl und seine Scham in Wut. »Verdammte Scheiße, was hat er gesagt, Papa?«

Sein Vater musterte ihn kühl. »Elektroschock. Sie sprengen ihm das Gehirn. Versuchen es wieder auf Null zu stellen, oder was immer.«

Gregs Wut verrann. Er ließ sich auf die Holzbank fallen.

Dann hörten sie es. Ein Geräusch, das Greg nie vergessen würde.

Hinter der geschlossenen Tür begann es zu dröhnen. Ein tiefes, markerschütterndes Knurren, erzeugt von elektrischem Strom. Dann wieder. Und wieder. Wie riesige, sturmgetriebene Wellen, die sich an Klippen warfen, wieder und wieder und wieder.

Etwas anderes hörte er nicht. Nur das Dröhnen der Wellen, die den Kopf seines Bruders durchströmten.

TANSANIA

1954

Das Feuer war heruntergebrannt.

Nicht weit weg kicherte eine Hyäne; gurgelnde, fast irre klingende Laute. Greg hob gar nicht erst den Blick, als das Gelächter näher kam und nach und nach wieder leiser wurde. Die Serengeti war zwar mit Mondlicht vollgesogen und bis zum Horizont in Silber getaucht, doch er hätte trotzdem nicht das Geringste gesehen.

Irgendwo da draußen streifte Patrick leise wie ein Raubtier durch den Busch, weil er hoffte, in dieser hellen Nacht endlich eine Jagd miterleben zu können.

Greg legte sich seine Tochter bequemer auf den Arm. Lorian schlief tief und fest, ohne sich von den Geräuschen der Nacht stören zu lassen. Während sie träumte, war ihr sonst so mürrisches Gesicht entspannt und offen.

Gut, dass Shirley und er hierhergeflogen waren. Die Jahre nach dem Tod seiner Mutter waren hart gewesen, und er konnte sich nicht erinnern, wo er zuletzt solche Ruhe gefunden hatte.

»Was *war* das?«, fragte Shirley im Zelt und steckte den Kopf hinter dem Moskitonetz hervor.

»Nur eine Hyäne«, antwortete Greg und versuchte sich an einem beruhigenden Lächeln. »Die reißen zwar das Maul auf, aber sie sind Aasfresser und scheuen das Feuer.«

»Das hat schrecklich geklungen.«

»Mach dir keine Sorgen.«

Sie erstarrte, schlug sich auf die Wange und betrachtete mit einem angewiderten leisen Aufschrei die Innenfläche ihrer Hand. »Kommst du schlafen?«

»Gleich. Es ist so friedlich hier draußen.«

»So grausig, meinst du wohl eher.«

Alles spannte sich in ihm an, während er dem Unvermeidlichen entgegensah.

»Wie lange noch, Greg?«

Er seufzte. Da war es.

»Du brauchst gar nicht zu seufzen. Seit einem Monat sind wir jetzt hier. Einen Monat lang Insekten, schmutzige Kleider und Sonnenbrand. Ich fordere weiß Gott nichts Unmögliches.«

»Stimmt.«

»Also?«

Er ließ die Schultern kreisen und bemühte sich, Lorian dabei nicht zu stören. »Ich weiß es nicht.«

»Tage? Wochen? Ich muss das jetzt –«

»Ich weiß es nicht, habe ich gesagt!« Sofort fuhr Lorian mit einem leisen Schluckgeräusch aus dem Schlaf. Er wiegte sie in den Armen, versuchte sie zu beruhigen, aber vergeblich. Schon nach kurzer Zeit greinte sie nicht mehr, sondern brüllte wie am Spieß.

»Das darf nicht wahr sein!« Shirley robbte aus dem Zelt.

Ihre bleichen nackten Arme leuchteten im Mondlicht.
»Gib sie mir.«

»Alles in Ordnung, ich mache das schon.« Er hielt Lorian jetzt anders, aber auch das nutzte nichts.

»Gib sie mir, Greg!«

Er reichte ihr das kleine Mädchen und versuchte es dem Kind nicht übelzunehmen, dass es zu schnuppern begann, sobald es in den Armen seiner Mutter lag, als wäre es nicht Shirley gewesen, die ihre Tochter unter der Obhut eines eigens engagierten Kindermädchens in Amerika hatte zurücklassen wollen, und als hätte nicht *er* ein Machtwort gesprochen und darauf bestanden, dass sie alle zusammenblieben. Und jetzt brüllte Lorian jedesmal, wenn er sie auf den Arm nahm.

Er ballte die Hände zu Fäusten, um das Gift niederzuringen. Er kreiste gerade um eine Depression wie Auswurf um einen Abfluss, und es war schwer, dem Negativen zu widerstehen, mit dem Shirley alles verdüsterte. Er musste sich entspannen, das Ganze über sich hinweggehen lassen. Jenen ruhigen Ort finden und –

»Also, wie lange?«

»So lange, wie ich es sage!«, fauchte er.

Shirley warf entrüstet den Kopf zurück, während sie Lorian an ihrer Brust wiegte. »Ich werde auf keinen Fall –«

»Dann geh, wenn du es so grauenvoll findest!« Er presste seine Fäuste an die Schläfen. »Glaubst du, es macht Spaß, dein ständiges Gemecker zu hören und dass das Ganze ein Riesenfehler war? Zieh doch den Schwanz ein wie immer und lauf zurück nach Amerika!«

Sie machte einen Schritt auf ihn zu und Greg kam der

Gedanke, dass sie ihn ohne Lorian im Arm vielleicht wirklich geschlagen hätte. »*Ich* und weglaufen? Warum sind wir denn hier in der Pampa, du selbstgefälliges Arschloch? Aber du hast recht, ich weiß nämlich wirklich nicht, warum ich hierbleiben soll. So ein Wahnsinn. Du bist verrückt.«

»Ich bin nicht verrückt!«

Sie warf ihm einen langen Blick zu, der sich wie ein Widerhaken in ihn bohrte. Er hatte beteuert, dass die Sache mit den Kleidern nur ein vorübergehender Zwang gewesen sei, ein zufälliger Nebeneffekt der Manie, und sie hatte ihm geglaubt. Doch den Anblick in der Kinotoilette machte das für sie nicht ungeschehen. Sie hatte ihn auf dem Höhepunkt der Manie gesehen und zu ihm hinuntergeschaut, als er in tiefster Verzweiflung war, und hatte ihn trotzdem nicht verlassen.

Doch jetzt sah er es in ihren Augen. Sie war fertig mit ihm.

»Ich fliege morgen mit Lorian nach Hause.« Sie drehte sich um, trug das Kind zum Zelt. »Du bleibst hier. Schieß ruhig weiter mit deiner kleinen Knarre – mal sehen, ob das irgendwas besser macht. Dein Leben kannst du meinetwegen gern vergeuden, aber nicht unseres.«

Greg holte Luft, um etwas Sarkastisches zu erwidern, doch dann seufzte er nur tief auf. »Okay.«

Shirley wirkte überrascht, aber nicht lange. Greg sah nur die vom Feuer beleuchtete Hälfte ihres Gesichts, und was dann kam, war zu subtil, als dass er es hätte verstehen können. Sie sagte: »Dann ist ja alles gut.«

Sie duckte sich in das dunkle Maul des Zelts und machte es hinter sich zu.

Sie waren hergekommen, um allem zu entfliehen, um ihre Probleme zurückzulassen. Was hatten sie sich dabei gedacht? Alle Probleme, die sie beide hatten, lagen allein in Gregs Hand, und es gab kein Entrinnen.

Eine Stunde später schlich sich Patrick ins Lager zurück und tauchte lautlos, leichtfüßig und nur mit einer leichten Jacke vor der Kälte geschützt aus der mondsatten Dunkelheit auf. Greg war erst seit einem Monat in Tansania, Patrick schon seit fast einem Jahr. Er arbeitete zwar hauptsächlich als Fremdenführer, doch Greg staunte noch immer, wie sehr sein Bruder, der Bücherwurm, in der Savanne zu Hause war.

»Und? Glück gehabt mit den Löwen?«, fragte Greg.

»Nein.« Patrick setzte sich ihm gegenüber ans Feuer und legte sich das Gewehr über die Knie. »Sie sind Richtung Ebene losgezogen, und der Wind wäre hinter mir gewesen, wenn ich ihnen gefolgt wäre.«

Greg warf ihm seinen Flachmann zu, und Patrick trank einen großen Schluck Brandy.

»Danke, das habe ich jetzt gebraucht. Es müsste mit den Löwen nur ein einziges Mal klappen, dann –« Er runzelte die Stirn. »Was ist los, Gig?«

Greg hatte geglaubt, er hätte überzeugend den Glücklichen, Entspannten gespielt. Die meisten Menschen täuschte er ohne Mühe, aber Patrick durchschaute den Blödsinn sofort.

»Ich muss heute wahrscheinlich bei dir mit im Zelt schlafen.«

»Oje … So schlimm?«

»Sie fliegt morgen heim. Mit Lorian.«

»Ach so …« Patrick warf einen Blick auf Gregs verschlossenes Zelt, stellte jedoch keine Fragen. Er hatte sich schon immer lieber um seine eigenen Angelegenheiten gekümmert und die endlosen Streitereien zwischen Greg und Shirley ignoriert wie Begleiterscheinungen des Wetters. Auch das bewunderte Greg an seinem Bruder. »In Ordnung. Aber wenn du schnarchst, pennst du draußen.«

Greg griff den Scherz dankbar auf. »Hier brüllen die halbe Nacht Löwen, und du hast Angst, du könntest wegen mir nicht schlafen?«

»Die Löwen schlafen nicht neben mir,«

»Wenn du so weitermachst, bist du demnächst tot.«

»Bist du jetzt die Stimme der Vernunft? Das wäre mir neu.«

»Ich sage ja nicht, dass du es nicht tun sollst. Du solltest nur wissen, dass du Selbstmord auf Raten begehst.«

»Ich sage es sehr ungern, Greg, aber so ist das Leben.«

Die wichtigste Regel bei einem Aufenthalt in der Wildnis lautete: Geh nach Sonnenuntergang niemals vom Feuer weg. Denn nachts fuhren die Raubtiere, die sich eben noch schläfrig gesonnt hatten, ihre Krallen aus und streiften umher, und sie sahen im Dunkeln wesentlich besser als jeder noch so furchtlose Jäger.

Obwohl er das wusste, ging Patrick in hellen Nächten hinaus. Nun zog er ein Stück Stoff hervor und reinigte behutsam sein Gewehr, obwohl er es nicht abgefeuert hatte.

»Ich möchte nur ein einziges Mal eine Rudeljagd miterleben. Nur ein einziges Mal, Greg. Ich weiß nicht, wie lang ich noch hier bin.«

»Willst du weg?«

»Vielleicht, ich weiß noch nicht. Ich kann nicht mein ganzes Leben hier in der Wildnis verbringen.«

»Wieso nicht? Die klassische Karriere eines Harvard-Absolventen.«

»Sehr witzig, Greg.«

»Ehrlich gesagt verstehe ich immer noch nicht, warum du überhaupt hierher wolltest.«

»Ich mag die Natur. Und den weiten Himmel.«

»Ich mag Scotch, aber nach Schottland ziehe ich trotzdem nicht.«

»Witzig.«

Die Scherze fühlten sich hohl an in seinem Mund. Seine Frau war dabei, ihn zu verlassen. Er hatte keinen Plan für den nächsten Tag, geschweige denn für sein restliches Leben. Sosehr er sich auch verstellte, es würde ihn nicht vor dem Abgrund retten, in den er zu stürzen drohte.

Er empfand die langsamen Zyklen von Depression und Manie inzwischen wie Wellen, die ihn hochhoben zur Spitze und dann einsogen in den Strudel. Er hatte keine Kontrolle darüber. Das Nahen der jetzigen Depression hatte er schon vor dem Streit mit Shirley gespürt – vielleicht hatte es ihn sogar verursacht –, und jetzt nistete sie sich so richtig ein. Der nächste Tag würde hart werden.

Patricks Blick war noch immer auf ihn gerichtet. Hatte Greg in dem Gespräch etwas überhört? Achselzuckend versuchte er anzuknüpfen, wo er aufgehört hatte. »Ich verstehe es einfach nicht. Ich dachte immer, du würdest in einer Kanzlei oder in einem College Karriere machen.«

Patrick runzelte die Stirn. »Das dachte ich auch, aber …
Ach, ich weiß nicht, ich mache das ja bestimmt nicht für
immer. Wahrscheinlich wollte ich einfach kein Schisser
sein.« Er schüttelte den Kopf und lachte. »Meine Güte …«

Greg schwieg. Er verstand. Natürlich verstand er. Im
Grunde waren sie beide aus ein und demselben Grund
hier: um sich wie ein Held in einem von Papas Büchern zu
fühlen, wie die Art Mann, die er gutheißen würde.

Patrick putzte weiter sein Gewehr. »Ich war nie wie du,
Greg. Ich war nie gut in dem, was er liebt, aber ich habe
immer alles zu Ende gebracht. Das hast du nie geschafft.«

Die Wahrheit in Patricks Worten war wie ein Schlag
ins Gesicht.

»Weißt du, manchmal habe ich mir gewünscht, du würdest mich gewinnen lassen, damit er mich genauso ansieht
wie dich. Stattdessen« – er hob lächelnd den Kopf, und
plötzlich klang er nicht mehr wehmütig, sondern fröhlich – »bin ich am Arsch von Afrika gelandet und kümmere
mich um Idioten, die nicht wissen, an welchem Ende der
Flinte es peng macht.«

»Na ja«, sagte Greg gedehnt. Er war noch immer ein
bisschen gekränkt. »Wir sind von einer eiskalten Frau und
einem Herkules erzogen worden und hatten eine sehr seltsame Kindheit. Da lockert sich eben die ein oder andere
Schraube.«

»Ach komm, so schlimm war Mom auch wieder nicht.«

»*Deinem* Gefühl nach vielleicht.«

»Du –« Patrick verkniff sich seine wie brutal auch immer geplante Erwiderung, doch Greg musste sie gar nicht
hören, um zu wissen, was sein Bruder sagen wollte.

»Du kannst es ruhig sagen, Pat. Nach dem, was ich getan habe, *musst* du doch sauer sein.«

»Fang nicht wieder davon an.«

»Warum nicht? Es stimmt doch. Ich –«

»Nein, es stimmt nicht! Du hast einen Riesenfehler begangen, ja, aber du hast sie nicht umgebracht.«

Das stimmte zwar nicht, doch aus dem Mund seines Bruders … Hinter Gregs Augen begann es zu brennen. Er musste den Kopf in den Nacken legen und die Augen zusammenpressen. Das war nicht er, das war der Abgrund – die Tränen lauerten ständig auf den kleinsten Vorwand, um hervorzuschießen. »Genau das ist das Problem. Ich mache ständig Riesenfehler …«

Patrick ließ ihm etwas Zeit. Dann sagte er vorsichtig: »Du weißt, du könntest …« Greg schüttelte den Kopf, doch Patrick sprach weiter. »Du willst es nicht hören, aber –«

»Ich lasse mir keine Schocks verpassen, Pat. Das sage ich Papa immer wieder, aber er lässt nicht locker.«

»Ihr redet wieder miteinander?«

»Nein, wir schreiben uns Briefe. Nicht oft, aber … Ich wollte mich mit ihm versöhnen. Ich habe mich entschuldigt.« Es war schwer gewesen. Beide waren stur, und beide waren gekränkt, doch vielleicht hatte er zwischen den indirekten Beleidigungen und bissigen Fragen auch einen Hauch von väterlicher Zärtlichkeit gespürt.

Patrick war endlich fertig mit seiner ohnehin blitzsauberen Flinte und starrte ins Feuer. »Er würde dich bestimmt gern sehen. Persönlich, meine ich.«

»Wir können gern wetten.«

»Er liebt dich, Greg. Ihr streitet euch nur, weil ihr euch

so ähnlich seid. Manchmal denke ich, dass er dir deswegen … du weißt schon.« Er schüttelte den Kopf. »Er macht sich Sorgen. Ja, Elektroschocks, das klingt drastisch, aber sie helfen. Er hat gesehen, wie sie mir das Leben gerettet haben.«

»Ich weiß … Ich war auch dabei.« Greg dachte an den Korridor im Krankenhaus, an das Dröhnen, und ihn schauderte.

»›Alles auf Null stellen‹ haben es die Ärzte immer genannt«, sagte Patrick so sanft, als würde er einen Wurm auf den Haken spießen. »Das Gehirn stabilisieren. Du bist zurzeit wie ein Leuchtturm, und wenn dich etwas durcheinandergebracht hat, ist so ein Neustart wahrscheinlich genau das Richtige.«

Greg ließ sich Zeit, um einen Vorwand zu finden. Patrick hatte recht, er hatte nichts zu verlieren. Doch warum zögerte er dann?

»Ich denke darüber nach.«

»Sehr gut. Ist nur ein Angebot.«

»Ja.« Greg schüttelte den Kopf, um ihn freizubekommen, doch vergeblich. »Ich gehe schlafen.«

»Unter meinem Feldbett liegt ein zusätzlicher Schlafsack. Aber du musst die Spinnen rausklopfen.«

»Klingt gemütlich.«

»Falls dir das nicht gut genug ist, wären da draußen ein paar Sträucher, auf die du dich betten kannst. Versuch da mal die Spinnen rauszuklopfen!«

Es begann gerade zu dämmern, als Greg unter dem Zelttuch hervorkam.

Er machte gar nicht erst ein Feuer, auch kein Frühstück. In seinem Bauch rumorte es, als wäre eine Hand darin, als würden sich schmutzige Finger durch sein Gedärm wühlen.

Zwielicht. Allein. Kein Proviant. Keine Möglichkeit, Hilfe zu erhalten. Nur sein Gewehr. Allen Regeln der Jagd zuwider, dabei war Greg nicht Patrick, sondern ein unbeholfener Eindringling. Es war Wahnsinn.

Er ging hinaus in die Wildnis.

Genau das würde ein Hemingway-Held jetzt tun. Die Sorgen Sorgen sein lassen und jagen und eins werden mit der brutalen Natur. Sich selbst finden, sich selbst heilen, allein mit Willenskraft.

Das Ganze war einfach nur Schwachsinn, aber er fiel darauf rein.

Wie mit einem Schlag sprang die Sonne bluttriefend hoch, und der Himmel entrollte sich über der riesigen Serengeti. Greg hatte schon große Himmel gesehen, in Amerika und auf dem Meer, doch hier krümmte sich die Erde steiler, und das Blau war zum Greifen nah.

Es war zu viel. Er musste nach unten sehen.

Wann war es so schlimm geworden? Alles traf ihn so jäh, als hätte man seine Seele gehäutet.

Links erstreckte sich sein verzerrter Schatten ins Unendliche hinein. Rechts bewegten sich undeutliche Silhouetten zaghaft im Morgendunst. Gazellen wahrscheinlich, oder Impalas.

Ein Stück vor ihm schritten Giraffen in einer kleinen Herde mit staksiger Grazie dahin. Er taxierte sie lange und spürte die Flinte auf seiner Schulter, doch er ging ihnen nicht hinterher.

Heute hatte er es auf etwas anderes abgesehen. Diese Leere konnte nur eine einzige Sache füllen.

Er ging weiter, bahnte sich einen Weg durch dichtes Gestrüpp, das man allen Fremdenführern zufolge unbedingt meiden musste, weil Löwen darin leichtsinnigen Jägern gut auflauern konnten. Er bewegte sich ganz ohne Vorsicht, schob die brüchigen Zweige zur Seite, achtete nicht auf die Kratzer an seinen Beinen. Seine schweren Stiefel wirbelten Staub auf.

Er dachte an die Aufenthalte in Kuba als Kind, an die Boxringe – im Grunde nur gerodete Flächen im Dschungel –, zu denen sein Vater Patrick und ihn oft mitgenommen hatte.

Die Erde dort war immer dunkel gewesen, wie getränkt vom vergossenen Schweiß tausender Kämpfer, doch kaum hatten die ersten beiden den Ring betreten, war sie genau wie jetzt unter den Füßen der Männer aufgewallt und hatte sich durch das Licht der weit unten in den krummen Bäumen hängenden Fackeln hindurchgewunden, als wäre sie von so viel Gewalt zurückgeschreckt.

Greg war ein guter Boxer gewesen. Er hatte alle Jungen in seinem Alter besiegt, und die Einheimischen hatten gejubelt, weil auch der Sohn des großen Mannes ein Großer war – vielleicht sogar ein noch Größerer, wer wusste das schon? Dann hatte ihn sein Vater gegen immer kräftigere Jungen aufgestellt, bis sein Gesicht bei der Rückkehr so blutig und geschwollen war, dass sogar Martha irgendwann meinte, jetzt sei es genug.

Anfangs hatte Greg geglaubt, sein Papa würde ihn gegen die stärkeren Jungen kämpfen lassen, weil er sich sicher war, dass sein Sohn sie schlagen konnte, weil er an seinen Sohn glaubte. Doch mit jedem Kampf, den Greg gewann, wurde sein Vater wütender. Und als es zu starke Jungen waren und Greg immer häufiger schnell und krachend verlor, war Papa auch wieder nicht glücklich.

Damals hatte er es nicht begriffen, doch im Rückblick war es klar zu sehen. Trotz all der Mythen und Halbwahrheiten, der schmutzigen Überraschungsschläge: Papa konnte überhaupt nicht boxen. Nicht gut jedenfalls. Dichter mit dünnen Ärmchen in Paris und untrainierte Einheimische in Kuba schlug er natürlich, doch wenn es um *echtes* Boxen ging, besaß er nur Kraft und Wut, aber kein Können.

Gregs Gedanken wanden sich und verhedderten sich ineinander, doch seine Füße schritten unverdrossen geradeaus.

Es hat deine Mutter umgebracht –

Patricks haltloser, wattiger Blick nach den Schocks. Sie hätten genauso gut eine Puppe herauskarren können –

Seine golden glänzende Kindheit, die dunkler und dunkler wurde und vor seinen Augen zerfiel. Und er versuchte das zu verhindern, obwohl er wusste, dass *er* das war. *Er* zerbrach sie. *Er* machte alles kaputt –

Seine Mutter auf dem Gehweg vor dem Gefängnis. Dieser Blick, der alles sagte und nichts. Nicht mehr da, weil –

Das Gesicht der kleinen Lorian über Shirleys Schulter, unergründlich wie eine attische Maske. Und seine große Erleichterung –

Es hat deine Mutter umgebracht.

Es hat deine Mutter umgebracht.

Es hat deine Mutter umgebracht.

Er kniff die Augen zusammen. Und dann hörte er es: ein leises Grollen, Sommerdonner ohne eine einzige Wolke am Himmel.

Er blieb stehen und lauschte, und einen beseligenden Moment lang war er ganz leer.

Da war es wieder. Undeutlich, aber kraftvoll. Als Junge hatte er in der Bucht getaucht und die Motoren von Frachtschiffen wummern hören, die einen Horizont entfernt gewesen waren. Das fiel ihm jetzt ein.

Er ließ sich auf den Boden fallen, drückte seine noch immer feuchte Wange in die weiche, staubige Erde und lauschte.

Lange hörte er nur seinen regelmäßigen Herzschlag, eine sirrende Mücke und das leise Wispern von trockenem Gras.

Doch dann … Es kam näher. Er spürte es tief in sich.

Er sah sich um. Es musste jetzt sein. Die Gedankenkreise weiteten sich, ihnen fehlte die Mitte, die sie zusammenhielt. Er musste handeln.

Die Gegend war flach. Nur ein bisschen Gestrüpp, viel zu wenig, um eine ganze Herde zu verbergen. Und doch war nichts von ihnen zu sehen.

Die Flinte in seiner Hand war noch kalt, obwohl die Sonne darauf brannte und sein Schweiß sie glitschig gemacht hatte. Er versuchte sich zu konzentrieren.

An dem Abend, an dem Rodolfo gestorben war, hatte Greg ihn nicht mal die erste Base erreichen lassen. Er hatte ja unbedingt seinen Vater beeindrucken wollen, den im Düsteren aufragenden Monolithen. Jeder Nerv, jede Sehne war bis zum Äußersten gespannt gewesen, drohte jeden Moment wie eine Gitarrensaite zu reißen. Kein einziges Mal war es ihm in den Sinn gekommen, dass Rodolfo oder Patrick oder sonst irgendwer genauso gern gewinnen wollte wie er, sich auch gut fühlen wollte.

Er öffnete noch einmal das Patronenlager. Die Patrone steckte darin, scheinbar träge, aber er ließ sich nicht täuschen. Er spürte sie warten.

Es grollte wieder, und dann erklang eine echte Trompete, eine Zirkuströte. Greg wandte sich abrupt nach rechts und folgte dem Ton. Bei jedem Schritt brach er Zweige und brachte Steine zum Rollen, schob alle Vorsicht beiseite.

Seine Mutter ächzte leise, als sie auf die Straßen von L.A. hinaustraten. So müde. Trotzdem versuchte sie mit ihm zu sprechen, versuchte *Bitte Greg, ich ertrage das nicht mehr* zu sagen.

Er lief fast, umklammerte das Gewehr mit beiden Händen, umklammerte es so fest, dass das Glas in seiner Hand zu zersplittern drohte, während er still auf der Treppe stand und seinen tobenden Vater belauschte.

Zusehen zu müssen, wie alles den Bach runtergeht.

Ich will diesen Schmutz aus den Augen haben.

Siehst du, Gig? Ich habe immer gewusst, dass mit dir alles in Ordnung ist.

Es hat deine Mutter umgebracht.

Der Boden senkte sich, und da waren sie.

In den hohlen Händen der Savanne lag ein See aus Serengetihimmel, den die Elefanten riesig groß und gelassen wie Zeppeline durchwateten.

Die Jungen hielten sich am Rand. Eine alte Leitkuh hob den Rüssel und sprühte, jede Einzelheit nachzeichnend, kühlendes Wasser über den Rücken eines anderen Tiers.

Diese Familie hatte Greg noch nie gesehen. Er stand da, betrachtete sie und atmete beinahe schluchzend.

Die Leitkuh entdeckte ihn auf der Anhöhe, musterte ihn und wedelte unschlüssig mit den Ohren. Nach einer Weile watete sie Richtung Ufer.

Die anderen folgten. Eine große Schar trottete auf Greg zu, stieg tropfnass aus dem Wasser. Ihre Füße versanken tief im Schlamm. Dann, auf dem Weg die Uferböschung hinauf, blieb pulvrige Erde daran haften, und es sah aus, als trügen sie Socken.

Greg musste fast lachen. Doch dann zerbrach endlich etwas in ihm. Er schloss die Augen und ließ die Flinte fallen, während er in die Knie ging.

Leise dröhnende Füße näherten sich, und ein derbes Prusten erscholl. So klang sein Vater, wenn er Bleistiftspäne vom Schreibtisch blies. Greg öffnete seine Augen, und sein gespaltener Geist erwartete halb und halb, Papa dort sitzen zu sehen.

Stattdessen musterte ihn ein braunes Auge, das von weichen, bei jedem Blinzeln flatternden Wimpern gesäumt war. Ungeheuerlich groß und klug sah es mit leichter Neugier auf ihn herab. Der Blick dieses Auges verschluckte ihn.

Ein Poltern, das ihm in die Knochen fuhr. Sie war riesig. Jeder Stoßzahn wog mehr als Gregs ganzer Körper. Er spürte den Tod näherkommen.

Er schloss wieder die Augen. Wartete. Etwas streifte ihn.

Er spannte die Muskeln an, hoffte, dass es schnell gehen würde.

Schritte.

Licht und Schatten schwappten über ihn hinweg. Hell, dunkel. Hell, dunkel. Hell.

Greg kniete allein am Ufer des Sees, neben sich das glänzende Gewehr. An der Stelle, wo sie ihn berührt hatte, war seine Schulter feucht.

Patrick, der am Feuer Frühstück machte, blickte verdutzt auf, als Greg ins Lager wankte. »Heya, Greg, so früh auf der Jagd? Wo ist deine Flinte – Greg?«

»Ich lasse sie machen.«

»Was lässt du machen?«

»Die Schocks.«

ROCHESTER, MINNESOTA

1954

Das Dröhnen war überall.

Es kam nicht von außerhalb, sondern aus seinem Inneren. Regelmäßig, rhythmisch, wie riesige Wogen, die an zerklüftete Klippen branden. Nichts hielt einer solchen Gewalt ewig stand. Ganze Kontinente rutschten weg, und am Ende war das Meer nahtlos.

Und es hörte noch immer nicht auf, ließ nicht nach. Es gab nur dieses Stampfen, das seine Ängste und Schrecken in einzelne Teile zerlegte, in Scherben, an denen er sich nicht festhalten konnte, und das Dröhnen ging immer weiter, bis die Scherben zu Staub zerfallen waren, zu Sand, der nicht bleiben, sondern nur strömen konnte und durch ein Loch entwischte, das einmal ein Mann gewesen war.

Es war reine Glückseligkeit.

Als Greg erwachte, fühlte er sich unbeschrieben wie ein weißes Blatt Papier.

Sie ließen ihn allein in der Ecke auf einem Stuhl mit gepolsterten Armlehnen, und er war ganz zufrieden. Er fühlte sich so erschöpft, als wäre er mit einem Riesen über zehn Runden gegangen.

Dass das von den Schocks kam, wusste er, weil sie es ihm gesagt hatten, aber woher sie das wussten und wie er hergekommen war und was er zuvor gemacht hatte, wusste er nicht. Aber das war verständlich. Neues hatte keine Vergangenheit, und er war neu.

Ganz langsam kehrten die Erinnerungen schließlich doch zurück. Zaghaft wie Feldmäuse. Er ließ ihnen Zeit und erinnerte sich mit nur leichter Neugier daran, wer er war.

Gregory. Greg. Gigi.

Er war gerade aus Afrika zurückgekommen, doch warum er dort gewesen war, wusste er nicht.

Er erinnerte sich nun ganz deutlich, wie sehr er sich gefürchtet hatte, als die Elektroden an seinen Schläfen befestigt wurden. Aber die Angst vor den Schocks war kleiner gewesen als die Angst, so, wie er war, in die Welt zurückzugehen. Diese Erinnerung hätte ihn wohl erschüttern müssen, aber so war es nicht. Das, was er seiner Mutter angetan hatte, sein Zusammenbruch, die sicherlich dramatischen Veränderungen, zu denen sein Gehirn gezwungen worden war, der seelenlose Raum, in dem er saß, die helle, fröhliche Welt hinter dem Fenster – das alles schien sehr weit weg. Vielmehr nicht weit weg, sondern irgendwie hohl. Gedanke ohne Gefühl. Tat ohne Vorsatz. Sein Leben bestand nur aus einer Abfolge von Ereignissen. Nicht mehr, nicht weniger.

Hin und wieder kam eine Krankenschwester und wischte ihm übers Kinn.

Einmal tauchte ein Arzt auf und sagte, er sei sehr zufrieden mit der Behandlung. Sie hätten ihn *hart heran-genommen* – die epileptischen Anfälle, die durch die Schocks ausgelöst wurden, hätten jeweils neunzig Sekunden gedauert –, doch Gregs Körper habe alles heldenhaft überstanden. Greg verfüge offenbar über die Konstitution seines Vaters. Der Arzt war ein großer Bewunderer von Gregs Vater und wollte unbedingt in Erfahrung bringen, ob Mister Hemingway seinen Sohn besuchen werde.

Greg erwiderte lächelnd, er wisse nicht, ob und wann sein Vater komme. Vielleicht wisse sein Vater nicht mal, dass er hier sei.

Der Arzt hatte genickt und den Mund geöffnet, und dann war es Nacht gewesen. Greg nahm wahr, dass er wieder im Bett lag. Das Bett war sehr bequem, obwohl er unter dem Laken etwas aus Plastik spürte. Selbst die Dunkelheit empfand er als tröstlich, Geborgenheit spendend, mütterlich. Das war klar – nirgendwo herrschte tiefere Dunkelheit als im Mutterleib. Am Anfang war immer Dunkelheit. Am Anfang und am Ende. Er schlief lächelnd ein.

Als er aufwachte, saß sein Vater auf dem Stuhl in der Ecke. An dem zottigen Bart und dem zerknitterten Hemd war zu erkennen, dass Papa keine Vergnügungsreise hinter sich hatte. Dem Blick nach zu urteilen, mit dem sein Vater ihn betrachtete, sah er allerdings immer noch besser aus als Greg.

»Hi, Papa.«

»Hallo, Gig-man. Wie gehts dir?«

»Weiß nicht. Besser, glaube ich.«

Das Ganze war wahrscheinlich nicht real. Er hatte Papa

seit Jahren nicht mehr gesehen. Das letzte Mal, als ... ja, wann? Greg warf einen Blick aus dem Fenster und stellte zum ersten Mal fest, dass er das Meer sehen konnte. Es strahlte so sehr. Es strahlte heller als der Himmel.

»Dein Arzt ist ein verdammter Schleimer, Gigi.« Sein Vater war neben ihm in die Hocke gegangen. »Aber er hat gesagt, dass sie dir so viel Saft geben mussten, dass es die meisten umgebracht hätte. Hat mich nicht überrascht. Du warst schon immer unzerstörbar. In dieser Hinsicht kommst du nach mir. Und nicht nur in dieser.«

Greg schleppte seinen Blick zurück zum Gesicht seines Vaters. Aus der Nähe betrachtet sah dieses Gesicht wie trockene, rissige Erde aus, doch es hatte auch noch etwas Jugendliches, wenn auch nur in den Augen. »Ich fühle mich nicht unzerstörbar.«

»Nein ... Aber du bist es offensichtlich. Sie sagen, ich kann dich nach Hause bringen. Sie sind alle sehr beeindruckt von dir, Greg.«

»Das hält nie an.«

Sein Vater schluckte. »Komm schon, es geht dir doch prächtig. Niemand außerhalb der Familie weiß, dass du hier bist. Das bleibt unter uns.«

»Okay, Papa.«

»Und ich werde das Ganze etwas beschleunigen. Der Arzt ist zwar ein Arschkriecher, aber er sagt, dass ich dich heimbringen kann, also signiere ich ihm sogar seine beschissene Bibel. Startklar, Gig-man?«

»Ich muss erst packen ...«

»... darum brauchst du dich nicht zu kümmern, schon vergessen?«

»Ja.«

»Macht nichts. Das ist zu erwarten, haben sie mir gesagt. Kein Grund zur Sorge. Wir bringen dich von hier weg.«

»Okay, Papa.«

»Gut. Kannst du aufstehen?«

»Die haben mein Hirn brutzeln lassen, nicht meine Beine.«

Papa lachte, aber es klang nicht heiter.

Greg ging mit kleinen, vorsichtigen Schritten aus dem Zimmer. Den Körper zu bewegen, stellte er fest, fühlte sich an, wie ein Auto zu lenken, ohne Kontakt zum Boden. Er hatte das merkwürdige Gefühl, dass er bei einem Sturz wie Porzellan zerspringen und auf dem weißen Boden verstreut herumliegen würde und die nette Schwester herbeieilen und die Teile, aus denen er bestanden hatte, zusammenfegen müsste, und –

Die Hand seines Vaters schloss sich fest, aber behutsam um seinen Arm. Greg empfand große Dankbarkeit. Er würde nicht stürzen.

Sie gingen zusammen hinaus. Ein kleiner Schritt, dann noch einer.

Sein Vater hatte einen wunderschönen Sportwagen ohne Verdeck gemietet, einen, wie Greg sie liebte. Das Auto sah sogar noch besser aus als das Meer. Er nahm Gregs Schultern zwischen die Hände und half ihm sanft auf den Beifahrersitz.

Greg hatte das schön gefunden. Es erinnerte ihn an seine frühe Kindheit.

Papa setzte sich neben ihn und ließ den Motor an. Ließ

ihn ein bisschen schnurren. Er wusste, dass Greg das Geräusch gern hörte.

Dann fuhren sie. Die Straße verschwamm unter ihnen, hob sie beide hinauf, während sie zu den Landspitzen hin anstieg und der Küste folgte.

Der Wind in Gregs Haaren fühlte sich gut an. Die Sonne lag warm auf seiner Haut, und auch das war ein gutes Gefühl. Das Gleiche galt für das Motorgebrumm. Und dann holte Papa eine halb volle Flasche Whiskey unter dem Fahrersitz hervor, zog den Korken mit den Zähnen heraus und reichte sie Greg ohne ein Wort.

Greg trank einen Schluck. Der Whiskey brannte und sang und glühte in seiner Kehle, und das war das Allerbeste. Selbst falls das Ganze schiefgehen sollte, hätte er doch zumindest zum ersten Mal wieder Whiskey geschmeckt.

Sein Vater sagte immer noch nichts. Er legte nur seine Hand auf Gregs Knie und drückte.

Greg strahlte ihn an. Dieses Lächeln war so voll von kindlicher Dankbarkeit, dass sein Vater in den folgenden Jahren immer wieder darauf zurückgreifen würde. Ein ebenso kostbares Andenken wie die Hasenpfote in seiner Tasche, die er so oft zwischen den Fingern hin und her gedreht hatte, dass die Haare abgerieben waren und die Haut glänzte.

»Jetzt ist alles gut, Papa«, sagte Greg laut, um den peitschenden Wind und den Motor des herrlichen Wagens zu übertönen. »Ich glaube, ich werde wieder. Ich glaube, sie haben mich wieder in Ordnung gebracht.«

MIAMI

1960

»Also, ich sehe dich nicht als Arzt.«

»Danke für dein Vertrauen.«

»Ich sage ja nicht, dass du keiner sein könntest. Klar könntest du einer sein. Aber du bist einfach vom Typ her kein Arzt.«

Obwohl das Café sehr voll war, schaffte es Greg, den überfordert wirkenden Kellner auf sich aufmerksam zu machen. Die Fähigkeit, dafür zu sorgen, dass man ihn bediente, zählte zu seinen am meisten unterschätzten, aber wertvollsten Fähigkeiten. »Immerhin war mein Großvater Arzt.«

»Mein Großvater hat Eisenbahnen gebaut. Trotzdem lasse ich keine Chinesen in Tunneln hochgehen.«

»Du warst doch auf einem Schnöselinternat. Dein Großvater muss ziemlich gut im Schienenlegen gewesen sein.«

»Misch du dich da nicht ein! Also gut, er hat in Eisenbahnen investiert. Praktisch dasselbe.«

»Tommy, du weißt genau, dass Peter es nicht leiden kann, wenn die Geschichte seiner proletarischen Herkunft ins Wanken gebracht wird.« Greg grinste. Ein frischer, pechschwarzer Americano wurde vor ihm auf den Tisch gestellt. Er warf einen Würfel Zucker hinein, rührte aber nicht um. Er liebte es, wenn der letzte Schluck nach vielen bitteren zuckersüß war.

»Hey, ich hätte auch gern einen! Hey! Scheiße, ist der Kerl taub?«

Tommy sah zwischen den beiden hin und her wie bei einem Fechtkampf.

Greg musterte ihn, versuchte ihn einzuschätzen. In den ersten Wochen im College nahm jeder jeden unter die Lupe. In einem Jahr würden die drei vielleicht beste Freunde sein – oder sich nicht mehr daran erinnern, dass sie einmal in der Sonne Miamis gemeinsam zu Mittag gegessen, Kaffee getrunken und über andere gelästert hatten.

Sie saßen auf der Terrasse des Lighthouse Café, eines schäbigen Schuppens am Cape, der sich mit moderaten Preisen und dem besten Meerblick von ganz Miami über Wasser hielt.

Greg war ebenfalls wegen des Blicks gekommen, aber nicht wie alle anderen wegen des Blicks aufs Meer. Er setzte sich wenn möglich immer auf denselben Stuhl, weil er sich darauf nur zurücklehnen und nach links schauen musste, um den Leuchtturm von Cape Florida sehen zu können, der ein Stück entfernt trutzig über den Bäumen aufragte. Wenn Greg Leuchttürme sah, wurde ihm immer nostalgisch zumute.

Peter schaffte es schließlich, den Kellner an den Tisch zu winken, und die nächste Runde Kaffee wurde gebracht.

»An das Collegeleben könnte ich mich gewöhnen«, sagte Tommy, während er Sahne und Zucker in seine Tasse schaufelte. »Nur schade, dass einem ständig der Unterricht in die Quere kommt.«

»Du musst es genießen, solange du kannst«, erwiderte Greg. »Kein Mensch erwartet, dass wir im ersten Trimester irgendwas leisten.«

»Und woher willst du das wissen?«

»Ich war schon letztes Jahr hier.«

»Dann hast du also …?«

»Hingeschmissen, genau. Ich habe nämlich ironischerweise eine fragile Gesundheit. Aber dieses Jahr wird *mein* Jahr. Jahrgangsbester. Beim zweiten Mal klappt es!«

»Du und eine fragile Gesundheit? Das glaubst du doch selbst nicht. Ich wette, du hast in deinem ganzen Leben noch nicht mal einen Furz zu Ende gefurzt.«

»Okay, du hast mich durchschaut. Ich habe schon öfter hingeschmissen. Ist sozusagen mein Hobby. Seit der Eröffnung von Miller's komme ich jedes Jahr wieder.«

»Ha, ha, sehr witzig. Jetzt mal im Ernst: Was ist los mit dir?«

Greg sah ihn durch den Rauch seiner Zigarette hindurch an. »Peter, so was fragt ein guter Mittelklasse-Junge nicht!«

Tommy grinste. »Dann frage eben ich dich. Hast du dir eine Geschlechtskrankheit eingefangen?«

»Einer meiner zahlreichen Charakterschwächen ist leider die Treue zu den falschen Frauen. Nein, wenn du schon so unhöflich bist – ich … ich habe sehr schwache Nerven.« Greg nahm einen tiefen Zug aus seiner Zigarette in der Hoffnung, dadurch lässig zu wirken, obwohl er kurz davor war durchzudrehen.

»Da leuchtet mir der Tripper mehr ein«, erwiderte Peter spöttisch.

»Sag einfach, dass wir dich in Ruhe lassen sollen, wenn du es nicht verraten willst.«

Sie glaubten ihm nicht. Er war sowohl enttäuscht als auch erleichtert.

Peter verdrehte die Augen. »Mir ist langweilig. Kennt einer von euch gute Bars in dieser Stadt?«

»Mittags gibt es keine guten Bars«, sagte Tommy.

»O doch. Die besten Bars existieren außerhalb der Zeit.«

»Mackay's in der Innenstadt schließt praktisch nie.«

»Klingt einigermaßen brauchbar.«

»Danke, für mich ist das nichts.« Greg stand auf, streckte sich und ging die Treppe zu dem schmalen Weg hinunter, der von der Terrasse zur Straße führte. »Könnt ihr mich hinter der Brücke absetzen? Von dort gehe ich zu Fuß weiter.«

»Und wohin?«, fragte Tommy, der Greg gefolgt war. »Was hast du vor?«

»Ich wollte mir mal ansehen, was in diesen Lehrbüchern steht, von denen ständig alle reden.«

»Du willst lernen? Also richtig studieren?« Tommy klang, als hätte Greg verkündet, er wolle sich zur Entspannung sämtliche Zähne ziehen lassen.

»Genau das tun Studenten, zumindest der Etymologie zufolge.«

»Gemach, gemach, Greg. Wir sind erst seit Kurzem hier.«

»*Du* bist erst seit Kurzem hier. Für mich ist es wie gesagt schon das zweite Jahr.« Er schnippte die Kippe weg, und beide sahen zu, wie Peter seinen Kaffee austrank und sich genau in dem Moment erhob, als der plötzlich sehr aufmerksame Kellner mit der Rechnung erschien. »Stichwort Jahrgangsbester. Weißt du was? Ich gehe schon von hier aus zu Fuß. Ich brauche Bewegung.«

»Bist du dir sicher? Die Professoren werden uns bald mehr als genug zu tun geben. Ich würde das Leben bis dahin lieber genießen.«

Greg zuckte mit den Achseln, wartete, dass ihm eine schlagfertige Erwiderung einfiel, und sagte, als nichts kam: »Ich will es nicht verkacken.«

Tommy und er musterten sich einen Moment lang; dann hob Tommy die Schultern, und sie gingen zum Auto. »Kann ich verstehen. Würde ich an deiner Stelle wahrscheinlich genauso machen.«

»Was würdest du genauso machen?«, fragte Peter, als er sie eingeholt hatte. Die beiden wirkten komisch, so nebeneinander: Tommy dick und schwerfällig und bedächtig, Peter schlank, im gut geschnittenen Anzug und strohdumm.

Tommy nickte Greg zum Abschied zu und öffnete die schwere Wagentür. »Er will keinen Vorteil aus seinem Nachnamen ziehen. Solltest du aber, du Trottel.«

Peter wollte Tommy folgen, blieb jedoch stehen und warf Greg aus dem Augenwinkel einen Blick zu. »Siehst du ihn eigentlich oft, deinen Alten?«

»Nein. Wir schreiben uns nur.«

»Ach so. Verstehe.«

Tommy hatte den Motor angelassen, und Peter musste laufen, um noch einsteigen zu können, bevor der Wagen mit quietschenden Reifen losfuhr. Dann waren sie weg, und nur lautes Hupen und eine graubraune Rauchwolke zeugten von ihrer Abfahrt.

Greg entspannte sich mit einem kleinen Seufzer. Es war schön, allein zu sein.

Das war einer der Gründe, weshalb er nicht hatte mitfahren wollen. Aber er musste auch wirklich lernen. Vor den Schocks hatte sein Hirn alles, was ihm zu nahe gekommen war, wie ein Strudel verschluckt. Mühelos, ohne sich anzustrengen. Wenn er sich jetzt etwas einprägen wollte, glich das dem Versuch, noch mehr Kleider in einen Koffer zu stopfen, der schon aus allen Nähten platzte. Er musste eine halbe Stunde auf dem blöden Ding sitzen, um auch nur eine Socke hineinzuzwängen.

Das hatte er bei seinem ersten Versuch total unterschätzt – er hatte gedacht, er würde sich genauso leichttun wie früher in der Schule. Als ihm klar wurde, dass er sich in den Seminaren Notizen machen musste – sich sogar die Namen seiner neuen Freunde in die Hand schreiben musste –, war es zu spät gewesen. Er hatte dem Druck nicht standgehalten. Der Zusammenbruch war zwar nicht annähernd so schlimm gewesen wie der nach dem Tod seiner Mutter, aber schlimm genug, um seiner akademischen Laufbahn ein Ende zu setzen.

Diesen Fehler würde er nicht noch mal machen.

Er würde es nicht noch mal verkacken.

Dass jetzt alles so schwierig war – und auf welch schwere Eingriffe in sein Gehirn er daraus schließen musste –, machte ihm nicht viel aus. Ohne die Schocks wäre er seiner Vermutung nach gar nicht ans College gekommen.

Gut, er hatte vielleicht etwas von sich verloren, aber er hatte zugleich so viel gewonnen. Er musste nur vorsichtig sein. Es langsam angehen. Einen Schritt nach dem anderen machen.

Anstatt wie geplant direkt nach Hause zu laufen, schlenderte er plötzlich wieder den schattigen Pfad entlang, der am Café vorbei zum Strand führte.

Nach dem düsteren Pfad war das Meer blendend hell, so als würde es über die Ufer treten und die Welt mit Licht fluten. Seine Augen gewöhnten sich nur langsam daran, und bei jedem seiner unsicheren Schritte verschob sich der Sand unter den Loafern.

Nach und nach kamen Gruppen von Menschen in seinen Blick: Familien, Hundebesitzer, Kinder, die durch die Strandpfützen liefen. Greg versuchte sich den Strand vorzustellen, bevor er so sehr mit Menschen und Krempel angefüllt war, als die ersten Pioniere über die felsigen Ebenen und die Berge gekommen waren und dieses grandiose Stück Himmel erblickten. Doch er schaffte es nicht. Vor ihm trieb zu viel menschliches Strandgut.

Er hatte noch nie viel Fantasie gehabt. Das hatte seine Mutter immer gesagt, wenn er als Kind seinen Vater nachahmen wollte und eigene dumme Geschichten auf ein Blatt Papier kritzelte.

Über seine Mutter hatte er in letzter Zeit viel nachgedacht, ohne zu wissen, warum. Vielleicht einfach, weil er es konnte.

Es war jahrelang viel zu gefährlich gewesen, seine Gedanken auch nur in ihre Richtung schweifen zu lassen, denn das hätte ihn auf seinem Weg der kleinen Schritte wahrscheinlich enorm zurückgeworfen. Jetzt fühlte er sich zum ersten Mal seit Jahren stabil. Er erinnerte sich, wie sie am letzten Tag ausgesehen hatte. Sie war mit Anmut gealtert, wie eine Frau, die niemanden beeindrucken musste, und in der nach Pisse stinkenden Zelle hatte sie so selbstbewusst gewirkt wie ein Admiral am Steuer seines Schlachtschiffs.

Natürlich waren diese Erinnerungen mit Schmerz verbunden, aber nicht mehr mit dem Gewicht des herabstürzenden Himmels, mit der seelenzerstörenden Scham, die ihn jahrelang niedergedrückt hatte. Er hatte seine Mutter getötet, und ihm blieb nur weiterzuleben.

Ein paar Kinder rannten vorbei, verfolgt von ihrer rotgesichtigen, stämmigen Mutter, der die Tasche mit den Badetüchern und Windjacken bei jedem Schritt an die Hüfte schlug. Greg sah ihnen nach, während sie in den Hitzedunst liefen, der über dem Sand waberte, und wie Wanderer in der Wüste verschwanden, wieder auftauchten und wieder verschwanden.

Er wandte den Blick ab, noch bevor er sie endgültig nicht mehr sah. Er war nicht wegen der Menschen hier, nicht wegen des Strands und auch nicht wegen des Meers. Auf der Landzunge rechts von ihm ragte am Horizont der vertraute Umriss des Leuchtturms von Cape Florida in die Höhe.

Der Turm war ein wenig imposantes Exemplar, doch die Distanz ließ ihn makellos aussehen, wie eine dünne Nadel, zerbrechlich im mittäglichen Flirren.

Greg machte einen kleinen Schritt nach vorn, als hätte sich ein unsichtbarer Faden zwischen seiner Brust und dem glitzernden Öhr dieser Nadel gestrafft, und er verspürte den Drang, weiter in die Richtung des Leuchtturms zu gehen.

Er schüttelte den Kopf, drehte sich um und machte sich auf den mühsamen Weg zurück zur Straße.

Er hatte zu tun.

Das Ganze hatte etwas von der Gerechtigkeit eines Karmas. Der Junge, der so oft Jahrgangsbester geworden war, ohne ein einziges Schulbuch aufgeschlagen zu haben, musste nun stundenlang am Schreibtisch sitzen und sich mühsam die Grundlagen der modernen Medizin in sein kurzgebratenes Gehirn einhämmern.

Aber das war in Ordnung. Der Tag, der durchs Fenster ins Zimmer strömte, war schön, der Kaffee, der neben Greg dampfte, war heiß und stark, und das Päckchen Zigaretten in seiner Brusttasche noch mehr als halb voll.

Er würde wieder zu den Besten seines Jahrgangs zählen, und diesmal hätte er es sich wirklich verdient.

Er war schon seit mehreren Stunden in das Buch *Der Blutkreislauf des Menschen* vertieft. Als er zur nächsten Seite blätterte, stieß er auf eine Darstellung der wichtigsten Venen und Arterien im menschlichen Körper, die an eine Sternenkarte erinnerte. Wundervoll schlicht und zugleich unglaublich komplex. Die Medizin liege ihm im Blut, hatte er einmal zu Peter gesagt, und wahrscheinlich stimmte das auch. Doch im Grunde zog ihn an diesem Beruf vor allem die Ruhe an, die er ihm verschaffte, die Ordnung, die darin lag. Die gleiche Geborgenheit hatte ihm – gefühlt in einem anderen Leben – seine Arbeit als Automechaniker gegeben.

Alles hatte einen Grund, einen Ursprung. Nichts geschah zufällig. Es gab weder Richtig noch Falsch – nur ein System, das seinem Mechanismus entsprechend präzise funktionierte. Alles, ganz gleich wie kompliziert und scheinbar beliebig, ließ sich verstehen und reparieren.

Der Anblick dieser Darstellung beruhigte ihn. Er fuhr die Windungen und Krümmungen mit den Fingern nach.

Doch dann runzelte er nachdenklich die Stirn und hob die Hände von dem leicht vergilbten Papier. Ein plötzlicher Luftzug blätterte die Seiten zu einer Tabelle mit winzigen Buchstaben und lateinischen Namen. Greg reagierte nicht. Er zündete mit noch immer gerunzelter Stirn eine Zigarette an und lehnte sich auf seinem Stuhl zurück.

Erst als ihm glühender Tabak die Fingerspitzen verbrannte, schnippte er die Kippe aus dem Fenster und blätterte zurück zu dem schönen Bild von der Ordnung des menschlichen Körpers. Er betrachtete es noch einige Zeit; dann nickte er, zog ein Blatt Papier zu sich heran und schrieb einen Brief an die Gerichtsmedizin der Stadt Los Angeles, in dem er erklärte und bewies, wer er war, und seine Bitte vortrug.

Etwas mehr als zwei Monate später – Greg war noch weit davon entfernt, Jahrgangsbester zu sein, machte sich aber recht gut – traf ein unscheinbarer brauner Umschlag ein.

An diesem Vormittag schwänzte er zum ersten Mal Seminare. Er ging mit dem Umschlag zum Schreibtisch, las das Schreiben und rauchte rasch hintereinander drei Zigaretten. Dann rief er Jinny an.

Nachdem sie miteinander gesprochen hatten, setzte er

sich aufs Bett und rauchte noch eine. Die freie Hand war so fest zur Faust geballt, dass er den eigenen Puls spüren konnte. Er hätte wahnsinnig gern einen Whiskey getrunken, beherrschte sich aber.

Als er wieder einigermaßen ruhig war, setzte er sich an den Schreibtisch und schrieb seinem Vater einen Brief, in dem er ihm Wort für Wort sagte, was er von ihm hielt. Er warf alle Gefühle hinein – die ganze Wut, den Zweifel, den Hass, die Scham –, die in all den Jahren in ihm gebrodelt hatten, klebte den Umschlag zu und brachte den Brief zur Post, bevor er sich wieder anders entscheiden würde. Scheiß drauf, jetzt sind die Würfel gefallen.

Er bekam nie eine Antwort. Ein halbes Jahr später war Papa tot.

KETCHUM, IDAHO

1961

Greg saß in seinem Mietwagen und sah zum Haus hinauf. Ein hässlicher, bunkerartiger Bau, Beton und rechte Winkel. Als hätte man ein kleines Stück Sowjetunion in die Öde des Mittleren Westens plumpsen lassen.

Vielleicht war sein Vater doch nicht verrückt gewesen. Vielleicht hatte er das einzig Vernünftige getan.

Er lachte laut bei dem Gedanken. Dann packte er das Lenkrad fester und atmete durch.

Gleich würde er aussteigen und über die quadratische Fläche verdörrtes Gras, die vorgab, ein Garten zu sein, zur Familie hinaufgehen. Zu seiner Familie. Er ließ den Kopf aufs Lenkrad sinken.

Aus den Augenwinkeln sah er den Vorhang an einem Fenster zucken. Keine Frage, Mary beobachtete ihn und fragte sich wohl, ob er wieder einen Zusammenbruch hatte. Wahrscheinlich lagen Zusammenbrüche in der Familie.

Er holte noch einmal tief Luft, um sich zu beruhigen, und zwang sich auszusteigen. Als er sich aufrichtete, sah er die Berggipfel. Mit weißen Spitzen und dicht mit Kiefern bewachsen ragten sie hinter der öden Vorstadt auf.

Vielleicht rauschte Schmelzwasser durch die dichten dunklen Wälder hinunter, kalte, saubere Bäche, klarer selbst als der Himmel darüber. Vielleicht schwammen darin gesprenkelte Forellen, blank und muskulös, und ihre sich kräuselnden Flossen zitterten in der starken Strömung.

Also gar nicht so schlecht. Nein, gar nicht so schlecht.

Trotz seiner Beklommenheit oder gerade deswegen ging er mit schnellen Schritten zum Haus, sprang die Treppe hinauf und hämmerte mit der Faust an die Tür.

Sie wurde fast sofort geöffnet, und Mary, die letzte Ehefrau auf dem Posten, stand mit leichenstarrem Lächeln vor ihm.

»Greg ... Was ist mit deinem Gesicht passiert?«

»Was? Ach so.« Er fasste sich an die Wange und zuckte zusammen. Er hatte die Prügelei in der Nacht zuvor fast vergessen. »Das ist nichts. Eine freundliche Meinungsverschiedenheit zwischen ein paar Kerlen und mir in einer Bar.«

Bei der Meinungsverschiedenheit war es um die Frage gegangen, ob Greg seine Zähne behalten dürfe, obwohl seine Nägel knallrot lackiert waren. Für diese Gegend am Arsch von Amerika war die Diskussion sogar relativ zivilisiert verlaufen – ohne Flaschen und Ähnliches. Andererseits wäre wahrscheinlich die halbe Bar auf seinem Kopf herumgetrampelt, wenn die Leute gewusst hätten, was er unter den Segelshorts trug.

Mit den drei schwachköpfigen Hinterwäldlern, die sich für gute Kämpfer hielten, weil sie als Kinder mit ihren Brüdern ein bisschen gerauft hatten, war Greg fertiggeworden, ohne auch nur einen Tropfen aus seinem Glas zu verschütten. Wahrscheinlich hätte er abhauen sollen, bevor es losging – er hatte ihre Blicke gespürt und gewusst, dass es kommen würde –, aber das hätte wie Flucht ausgesehen, und weglaufen war verboten. Jedenfalls hatte er sie im Großen und Ganzen schonend behandelt, nachdem ihn der Schlaksige mit einem unerwarteten Schlag überrumpelt hatte. Nur ein paar gut platzierte Klapse, um zu zeigen, was Sache war, keine Kieferbrüche oder Blutungen unter dem Schädel. Die Schocks hatten seinem Gehirn übel mitgespielt, aber sein Körper wusste noch alles. Erinnerte sich an jede Bewegung. An jede Berührung. Alles hatte sich für immer eingeprägt.

»Greg?«

»Entschuldige – was hast du gesagt?«

Sie verschränkte die Arme. »Du änderst dich nie, Gigi.«

»Greg. Nur schwache Menschen ändern sich, Mary. Ich bin ein Fels in der Brandung.«

»Greg, ja natürlich. Entschuldige bitte, ich hatte es vergessen. Manchmal fliegen die Jahre nur so dahin, und ich …« Sie starrte an seiner Schulter vorbei ins Leere. Dann schüttelte sie den Kopf.

»Nicht so schlimm.«

Offenbar wurde ihr plötzlich bewusst, wie lange er schon auf der Veranda seines Vaters stand, denn sie trat zur Seite und winkte ihn ins Haus. Im Mittagslicht war es hinter der Tür so schwarz, als hinge dort eine Platte aus massivem Ebenholz, aber er fasste sich und ging hinein.

Bevor sich seine Augen angepasst hatten, schwamm er losgelöst von der Welt im Nichts. Dann sprang ihm aus dem Dunkel ein Zimmer voller vertrauter Gegenstände mitsamt den dazugehörigen Erinnerungen entgegen. Der lange Tisch, an dem sie jeden Tag zu Mittag gegessen hatten, sofern sie nicht auf der Pilar gewesen waren. Die Porzellanfigürchen, die Greg gehasst hatte. Der fadenscheinige Teppich mit der abgetretenen Ecke, über die sein Vater auf dem Weg vom Barschrank zur Hintertür der Finca gegangen war, ganz ausgeblichen an dem Rand, auf den an den Nachmittagen die Strahlen der kubanischen Sonne gefallen waren. Die Bilder an den Wänden, Erinnerungen an Papas Zeit in Paris, die meisten davon Geschenke oder der Dank für ein Essen oder eine gemeinsam getrunkene Flasche Wein, und inzwischen größtenteils unbezahlbar.

Mary blieb neben ihm stehen. »Wie gehts dir, Greg?«

Eine eigentlich unverfängliche Frage, vor allem in Zeiten wie diesen, doch nicht für Greg. Er schluckte. »Danke, es … es geht mir gut.«

»Kommst du mit der Medizin voran?«

»Nein, ich habe das Studium abgebrochen.«

»Ach, Greg. Schon wieder?«

»Ich wusste einfach nicht mehr, wozu.«

»Du findest irgendwann etwas, was du zu Ende bringst, ich bin mir ganz sicher.«

»Ja. Ist sonst noch jemand da?«

»Noch nicht.« Es war ihr spürbar unangenehm, mit Greg allein zu sein, doch umgekehrt galt das genauso. »Aber Valerie ist im hinteren Zimmer. Ihr müsst euch unbedingt kennenlernen! Dein Vater hat sie sehr gemocht.«

Greg wusste, wer Valerie war. Die langjährige Privatsekretärin seines Vaters und dessen größter Fan, außerdem langjährige Vertraute von Mary. Noch so ein Wurm in einer langen Reihe von Würmern, die sich in den Apfel gefressen hatten. Allerdings durfte er nicht zu streng sein – der erste war seine Mutter gewesen.

»Später. Wo ist die Toilette?«

»Du wirst sie auch mögen, Greg. Jeder mag sie.«

Das hat man auch von mir einmal gesagt. »Später gern, aber jetzt muss ich pissen.«

Mary entließ ihn mit einer Geste. »Geh in die Gästetoilette hinten im Gang.«

Das Klo für die Gäste. Was sonst.

Er musste nicht pissen. Er musste weg. Dieses Haus war ein Mausoleum. Ein Königsgrab mit allen vertrauten geweihten Beigaben.

Er stützte sich auf das Becken und beugte sich vor. Einmal tief einatmen, einmal tief ausatmen. Er zitterte, aber das machte nichts. Die Behandlungen hatten ihn gründlich entrümpelt. Zuvor hätte er das hier niemals ertragen, aber jetzt hatte er sich im Griff, blieb stabil.

Er hob den Kopf und sah sich seinem Spiegelbild gegenüber. Es erinnerte ihn an die ovalen Schwarz-Weiß-Fotografien von Soldaten kurz nach dem Fronteinsatz. Kein schöner Anblick, doch er zwang sich, hinzusehen und Bilanz zu ziehen.

Wie war er hierher geraten? Er hatte alles auf dem Silbertablett serviert bekommen – gutes Aussehen, Intelligenz, Sportlichkeit, das Geld seiner Mutter, den Namen des Vaters –, und stand doch in diesem schäbigen kleinen Gästeklo und konnte vor Angst nicht zum Auto hinuntergehen, konnte diesen sicheren Ort nicht verlassen und in die Welt zurückkehren.

Er versuchte den Weg nachzuverfolgen, die falsche Abbiegung zu finden – irgendwo zwischen dem Gästeklo und den weißen Stränden, den mit Staub von Falterflügeln bedeckten Boxringen und dem Schwung, mit dem ihn sein Vater nach jenem letzten perfekten Schuss in die Höhe gehoben hatte.

Er fand sie nicht. Keine Abzweigung, keine andere Richtung, die er hätte einschlagen können.

Und waren die goldenen Jahre nicht eine einzige Illusion gewesen? Das da war er, und das war er schon immer gewesen – dieses lädierte, geschwollene Gesicht im Spiegel.

Unten im Auto lag ein kirschroter Lippenstift. Er musste gegen den Drang ankämpfen, ihn zu holen, sich vor den Spiegel zu stellen und ganz gemächlich eine kitschige Blume in die Verwüstung zu malen. Er hielt sich am Rand des Waschbeckens fest.

Warum wurde es in solchen Situationen so übermächtig? Offenbar war er im Grunde ständig damit beschäftigt, diese Gelüste im Zaum zu halten, und sobald er sich ablenken ließ, stießen sie vor und versuchten ihn bei lebendigem Leib aufzufressen.

Dabei war das Ganze so sinnlos. Es waren nur Kleider. Und er stand hier und glaubte in sich zu ersticken, fühlte sich in seinem Leben gefangen, hätte nichts lieber getan, als sich aufzureißen und aus sich *rauszukommen*. Es waren nur Kleider, sie änderten nichts. Doch den verkorksten Synapsen in seinem Kopf war das egal. Sie sorgten stur dafür, dass er dachte, alles würde gut werden, wenn er nur –

Es klopfte. Greg fuhr zusammen, als hätte man ihm einen Schlag versetzt.

»Greg? Jetzt hast du Valerie verpasst. Sie macht einen Spaziergang.«

»Und? Soll ich mich deswegen umbringen?«, murmelte Greg.

»Was hast du gesagt?«

»Dass ich gleich komme.«

Mary hatte vor der Tür auf ihn gewartet und blieb nun dicht bei ihm, als befürchtete sie, er könnte sich ein kostbares Familienerbstück schnappen und damit schreiend wegrennen, wenn sie ihn allein ließe. Als ob ihr in Wahrheit auch nur ein einziger Gegenstand in diesem Haus gehörte.

»Wenn es nicht anders geht, kannst du hier übernachten, Gigi«, sagte sie ohne jede Begeisterung.

»Greg. Nein danke. Ich habe schon ein Hotelzimmer. Du brauchst jetzt jedes Bett.«

»Entschuldige, ich vergesse es einfach immer. Ja, es wird voll werden. Wahrscheinlich hatte niemand auf der Welt so viele Bewunderer wie dein Vater. Es gibt Präsidenten, die waren nicht so bedeutend wie er.«

Greg trat vor die Jagdtrophäen, die glasäugig, mit aufgerissenen Mäulern und ausladenden Hörnern und Stoßzähnen an der Wand hingen. Obwohl sein Gedächtnis so stark beschädigt war, sah er sich im Esszimmer in Key West stehen und in diese düsteren länglichen Gesichter blicken, während seine Eltern oben brüllten, damals, in den letzten, apokalyptischen Tagen ihrer Ehe. Er hatte sich in der Vorstellung zu verlieren versucht, solche Monster zu töten. So mächtig zu sein. Nichts zu fürchten.

»Prachtvoll, findest du nicht? Die Ausbeute von drei Reisen.«

»Ich weiß, Mary. Ich war dabei, als sie ausgepackt wurden.« Er wusste, dass es so war, auch wenn er sich kaum daran erinnern konnte.

»Ach ja, natürlich. Entschuldige, Greg, ich bin heute ganz durcheinander. Ich …«

»Schon gut. Ich bin nun mal ein Pedant.« Er hob den Arm und berührte das gewundene Horn eines Kudus. Es war auch nach all den Jahren noch scharf. »Ja, sie sind wirklich prachtvoll.«

»Hast du von deiner Reise damals auch welche mitgenommen?«

»Nein«, sagte Greg leise. »Nein.«

»Ach so. Also, der Rest ist natürlich noch in der Finca. Wir hatten nicht genug Wandfläche für alle. So, wie sich dort alles entwickelt, werden wir sie wahrscheinlich nur mit Mühe herausholen können.«

»Der Generalísimo hält generell nicht so viel von Privateigentum.«

»Nein, aber wir schaffen das. Er hat sehr viel von deinem Vater gehalten. Wir mussten auch einen Haufen Papiere zurücklassen, als wir gegangen sind. Aber das schaffen wir, Val und ich. Sie ist nicht zu bremsen. Möchtest du etwas trinken?«

Greg zögerte. Er hatte erwartet, dass sie ihn so schnell wie möglich wieder loshaben wollte. Warum sollten sie sich plötzlich wohl miteinander fühlen, nur weil sein Vater tot war? »Äh, ja. Rum, wenn du welchen hast.«

»Gregory Hemingway, das ist noch immer das Haus deines Vaters. Natürlich haben wir Rum!«

Greg musste grinsen, trotz allem.

Das Eis klirrte im Glas, und als der Rum darüberfloss knackte es. »Weißt du«, sagte Mary, während sie in eine Limette schnitt, »in Havanna gibt es immer noch Hemingway Daiquiris. Mit Grapefruitsaft. Ist das zu glauben?«

»Den gab es schon in meiner Kindheit, nur ohne den Namen. Aber inzwischen heißt ja alles Hemingway. Seinen Lieblingscocktail kann man in jeder zweiten Bar in Miami bestellen, und in jeder schmeckt er anders.«

»Die sollten mal Papas echte Cocktails probieren.«

Greg hatte es nie gemocht, wenn Mary seinen Vater so nannte, und dass sein Vater darauf bestanden hatte, machte es noch schlimmer. Er überging es. »Ich glaube, der Blick Richtung Obstschale war das Einzige, was seine Daiquiris mit echten Daiquiris zu tun hatten. Wahrscheinlich wäre er erst dann richtig zufrieden gewesen, wenn er es geschafft hätte, Drinks einzufrieren und das Eis ganz wegzulassen.«

Mary reichte ihm ein schweres Glas aus Bleikristall mit einer ordentlichen Menge Rum und einer Limettenscheibe, die wie ein Polarschiff im Eis gefangen war. »Er hatte es verdient, sich etwas zu gönnen. Und er hat sein Leben nie verdünnt gelebt. Komm, wir gehen auf die Veranda. Die ist das Glanzstück des Hauses.«

»Na dann – auf zum Glanzstück!«

Sie öffnete die zweiflügelige Tür an der Rückseite des Hauses, und beide traten auf eine breite, mit Dielen ausgelegte Fläche. Dahinter fiel das Gelände zum Tal hin ab, das von dunklen Wäldern verdeckt war. Sie erinnerten Greg an europäische Märchen.

»Nicht schlecht. Wahrscheinlich habt ihr das Haus deshalb gekauft.«

»Ja, auch deshalb. Es ging damals alles ganz schnell. Wir mussten Kuba in aller Eile verlassen.

»Ja, klar.« Greg trank einen Schluck. Der Rum war gut, und Mary hatte ihn nicht mit Zucker versaut. Cocktails waren etwas für minderwertige Spirituosen. Er schmeckte die brennende Sonne, den Schmerz des ausgedörrten Bodens und die Limettenschärfe, die alles durchdrang. Er schmeckte das Grün.

»Gut, oder?«

»Kubanischer?«

»Selbstverständlich.«

»Er schmeckt nach Kuba.«

»Und wonach schmeckt Kuba?«

»Nach vielem.«

»Werde bloß nie Schriftsteller, Greg.«

Das saß, aber er ließ es ihr durchgehen. Er würde in den nächsten Tagen vieles durchgehen lassen müssen.

»Dafür, dass es alles so hektisch war, ist es sehr schön hier.«

»Ja. Wir waren oft hier draußen, vor dem Unfall.«

Greg schwieg. Trank. Das Wort *Unfall* hing wie Pulverdampf zwischen ihnen.

»Wir gehen jetzt besser rein, sonst höre ich die Tür nicht« sagte Mary nach einiger Zeit.

Drinnen betrachtete Greg noch einmal die Jagdtrophäen. Tote Augen, die im Halbdunkel schillernd glänzten. Er folgte ihrem Blick zur gegenüberliegenden Wand mit den beiden fest geschlossenen doppelflügeligen Türen.

Plötzlich wusste er mit absoluter Gewissheit, wo es passiert war. Wahrscheinlich hatte der alte Mann durch das nach hinten gehende Fenster in die Weite der spröden Landschaft geblickt, bevor er es tat. Hatte den murmelnden Fluss betrachtet.

Die Türen waren garantiert abgesperrt, und Greg versuchte nicht, diese Grenze zu überschreiten. Es wäre unschön geworden.

»Hoffentlich musstest du es ... musstest du das ... musstest du nichts sehen«, sagte er stammelnd zu Mary.

»Ah.« Mary schloss kurz die Augen. Es genügte als Antwort.

»Das tut mir leid.«

»Ich habe ihm immer gesagt, dass er mit den verfluchten Waffen aufpassen soll«, sagte sie und trank den letzten Schluck Rum. Das helle, brüchige Klirren der Eiswürfel hallte noch lange nach, als sie das Glas mit heftig zitternder Hand abgestellt hatte. »Er hat sich für unzerstörbar gehalten. Was er überlebt hat, hätte zehn andere Männer getötet, aber ich habe ihm immer gesagt ... So ein blöder Unfall.« Ihre Stimme brach.

Greg öffnete den Mund und schloss ihn wieder. Noch ein paar Wochen zuvor hätte er es für praktisch unmöglich gehalten, dass sein Vater, egal wie blöde oder betrunken, ein geladenes Jagdgewehr reinigen und dabei auf seine Stirn richten würde. Das und eine Menge anderes hätte er Mary gesagt. Doch jener Greg hatte sich wie ein Sommergewitter verzogen. Derselbe Himmel, völlig anderes Wetter.

Mary mochte viele Fehler haben, aber sie hatte seinen Vater geliebt und ihm nie mutwillig wehgetan. Das war mehr, als Greg von sich behaupten konnte. Er hatte in

Mary immer nur das jüngste Modell gesehen, die neueste Eroberung, die irgendwann ersetzt werden würde. Aber wie viele Jahre waren letztlich zusammengekommen? Fünfzehn? Sie war länger als alle anderen mit ihm verheiratet gewesen.

Er schwieg.

»Das waren die Schocks«, sagte sie leise. »Sie haben sein Gehirn durcheinandergebracht. Er konnte nicht mehr schreiben, nicht mehr klar denken. Sie ...« Sie verstummte und sah ihn offen an. »Wie schaffst du das, Greg? Wie?«

Greg konnte ihr nichts Tröstliches sagen. »Ich muss los.« Er trank sein Glas leer. »Ich muss mein Hotelzimmer beziehen.«

»Ja, natürlich.« Sie blinzelte und senkte den Blick wie jemand, der spürt, dass er sich auf einer Party danebenbenommen hat. »Ich bringe dich raus.«

Vor der Tür blieb sie stehen und ließ die Fingerspitzen auf dem Messingknauf liegen. »Ich bin froh, dass du hier bist. Was zwischen euch beiden war, hat ihn gekränkt. Er wäre glücklich, wenn er wüsste, dass du gekommen bist.«

Greg schloss die Augen, was sie nicht sehen konnte, weil er hinter ihr stand.

»Dann bis morgen. Pass auf dich auf, Greg.«

Draußen auf der Veranda erschien die Welt strahlend, so als würde sie sich darüber freuen, nicht dieses düstere Haus zu sein.

Er schlug die Hände vors Gesicht und rang nach Fassung. Nachdem er sie mühsam wiedergewonnen hatte, ging er zum Wagen.

Das Gewehr an der Stirn. Bombastischer als Gregs Großvater, aber im Prinzip das Gleiche. Ganz logisch. Er hatte versucht, den einen wirklichen Feind zu zerstören.

Greg hatte ein Cabriolet gemietet, sodass sich der Himmel weit und unbeweglich über ihm erstreckte, während er auf den eintönigen Straßen dahinfuhr. Er hatte das Gefühl, als würde nicht er sich bewegen, sondern die Welt unter den Reifen vorüberrasen. Bei einer Vollbremsung würde das Gummi in Brand geraten, aber die Welt kein Stück langsamer werden, sondern sich weiterdrehen wie eine Projektorspule, die außer Kontrolle geraten wäre, sodass der Film bis zur Unkenntlichkeit verschwamm.

Er ließ keine Gedanken zu, sondern achtete auf jede einzelne Kurve, jeden einzelnen Schaltvorgang. Er musste weiterfahren, sonst nichts. Nur nicht daran denken, warum er hier in Idaho war oder was ihm morgen bevorstand. Er kannte die tiefe Verzweiflung gut, um die er gerade kreiste. Am Anfang ging es nur leicht bergab, und es erschien nicht gefährlich, doch dann wurde es sehr schnell steil, und ehe man sichs versah schlitterte man kopfüber hinunter und suchte mit rudernden Armen verzweifelt Halt, während man in die Dunkelheit stürzte.

Er nahm die nächste Kurve zu schnell und bremste scharf, als er am Straßenrand eine Gestalt sah. Die Scheinwelt, in die er sich geflüchtet hatte, wich widerwillig der Realität. Er riss das Steuer herum, um eine Kollision zu verhindern, und kam quietschend zum Stehen.

Als er durch die Frontscheibe spähte, pochte in seinem Kopf das Bild eines Kinderbauchs mit Reifenabdruck.

»Was soll die Scheiße? Schon mal davon gehört, dass man immer in Gegenrichtung zum Verkehr gehen soll?«

Die Frau musterte ihn mit kühlem Blick, unbeeindruckt und alles andere als verschüchtert. »Schon mal was von Höchstgeschwindigkeit gehört? Ich bin bewusst auf die andere Seite gegangen, weil ich in einer so engen Kurve lieber außen sein wollte. Wenn ich das nicht gemacht hätte, könnten Sie mich jetzt wahrscheinlich aus Ihrem Kühlergrill rausziehen.«

Greg zögerte und verkniff sich schließlich die Beleidigung, mit der er ihren Vorwurf hatte kontern wollen. Nachdem er sie eine Zeit lang betrachtet hatte, wurde ihm klar, dass er sie kannte, obwohl er sie zum ersten Mal sah.

Sie war die Sekretärin seines Vaters, die Frau, die sich hinausgeschlichen hatte, während er in sein eigenes Spiegelbild vertieft gewesen war. Valerie. Er kannte sie aus seinen Briefen. Die Fähigkeit des Alten, Menschen zu beschreiben, hatte nie nachgelassen.

Sie neigte den Kopf frech zur Seite. »Na, was ist? Sie sind doch angeblich so schlagfertig, Greg.

»Wir sind uns noch nie begegnet.«

Sie schnaubte. »Sie sind ihm wie aus dem Gesicht geschnitten.«

Greg hatte von ihrem leicht irisch gefärbten Englisch gewusst und war doch überrascht, dass sie trotz ihres boshaften Tons in einem so angenehmen, an Vogelgezwitscher erinnernden Singsang sprach. Er plumpste auf den Fahrersitz zurück.

»Kann ich Sie mitnehmen?«

»Kommt drauf an, wohin Sie fahren, würde ich sagen.«

»Rauf in die Berge und ohne Umweg in eine Schlucht.«

»Na dann …« Sie ging zum Wagen und sprang kurz entschlossen behände auf den Beifahrerersitz. »Wenn das so ist, schnalle ich mich lieber an.«

Er rang sich ein Lächeln ab. Sie waren ganz dicht an dem Schrecklichen, das passiert war, berührten es aber nicht. »Ich dachte, Sie wären Katholikin.«

»Und ich dachte, Sie wären das wilde Kind der Familie. Eine Spritztour, bei der Sie am Tag vor einem Begräbnis die Seele einer jungen Katholikin verderben können, ist doch bestimmt genau das Richtige für Sie.«

»Das wilde Kind?«

»Genau.« Sie zog eine Zigarette aus dem Päckchen in seiner Hemdtasche. »Nicht ganz einfach bei der Familie.«

Greg fischte sein Feuerzeug aus seiner Tasche und hielt ihr die Flamme hin. »Allmählich verstehe ich, warum mein Vater Sie unbedingt als Assistentin behalten wollte. Gegen eine anständige Schlägerei hatte er nie was.«

»Es gab drei Gründe.« Sie zog an der Zigarette und brachte die Spitze zum Glühen. »Mein ausgezeichnetes Steno, meine absolute Diskretion und die Tatsache, dass ich ihn unter den Tisch trinken konnte.« Eine Rauchkaskade strömte aus ihrer Nase. »Wollten Sie mir nicht eine Mitfahrgelegenheit geben? Bis jetzt ist es nur ein Autositz.«

Greg zog den Choke, legte den Gang ein, und es ging los.

Valerie rauchte schweigend zu Ende, und der zerrissene Rauch wirbelte sanft in die Höhe, bevor er im Fahrtwind verschwand. Dann stemmte sie sich hoch, bis ihr Haar zu flattern begann. Sie hätte hinreißend ausgesehen, wenn sie die Augen nicht zusammengekniffen und die Zähne nicht wie ein Hund auf einem Familienausflug gebleckt hätte, aber offenbar war es ihr nicht sehr wichtig, hinreißend auszusehen.

»Ein Cabrio ist wirklich die Spitze der Zivilisation«, sagte sie, als sie mit wild zerzaustem Haar wieder auf ihrem Sitz saß.

»Nicht vielleicht eher die moderne Medizin?«, fragte Greg und beobachtete sie aus den Augenwinkeln. »Impfungen, Kaiserschnitt, Elektroschocks?«

»Geradezu vorsintflutlich, verglichen mit dem hier.«

»Wahrscheinlich haben Sie recht.«

»Und was ist für Sie die Spitze der Zivilisation?«

»Für mich? Eis«, antwortete er, ohne nachzudenken. »Oder können Sie sich eine Welt ohne Eis vorstellen? Ohne Whiskey on the rocks?«

»Aber Eis spürt man nicht im Haar.«

»Ohne Eis schmecken Cocktails wie Katzenpisse. Champagner, der in der Sonne lauwarm wird.«

»Okay, ich sehs ein. Eis.«

Sie war hübsch, aber nicht so schön, wie Greg den Briefen seines Vaters zufolge erwartet hätte. Der hatte bei jeder Gelegenheit von seiner neuen Assistentin geschwärmt, ohne zu verhehlen, dass er in sie verliebt war. Greg wusste nicht, ob das auf Gegenseitigkeit beruht hatte. Er hatte keine Ahnung, wie viele Geliebte über die Jahre hin nie Ehefrau seines Vaters geworden waren, und es war ihm auch ziemlich egal. Damit hatte er nichts mehr zu tun gehabt, seit seine Mutter ausrangiert worden war.

»Interessiert es Sie gar nicht, wohin ich will?«, fragte Valerie.

»Warum sollte es mich interessieren?«

»Weil Sie mich irgendwo absetzen müssen.« Sie klang leicht unsicher, wie ertappt, was sie eindeutig nicht gewohnt war. Ihn freute es.

Die Straße zog sich lang und leer vor ihnen hin. »Ich dachte, wir hätten uns schon auf ein Ziel geeinigt …« Er wandte den Blick von der Fahrbahn ab, sah Valerie direkt ins Gesicht und stieg aufs Gas.

Nur eine Sekunde lang, doch lang genug, um den Wagen einen Satz machen zu lassen. Valerie riss erschrocken die Augen auf. Dann sagte sie lachend »Blödmann!«, und er musste auch lachen, während er vom Gas herunterging und sie gemütlich weiterfuhren.

Es war schön, trotz der wachsenden schwarzen Kugel in seinem Innern lachen zu können. Und mit ihr zu lachen war noch schöner, weil er spürte, dass sie das Gleiche empfand, auch wenn sie herumwitzelte und sich desinteressiert gab.

Er hätte nicht sagen können, warum er es wusste, aber er hätte sein Leben darauf gesetzt, dass sie und er zwei Soldaten im selben Schützenloch waren.

»Gut, dass Papa jemanden hatte, der mit ihm mithalten konnte«, sagte er nach einer Weile. Er war jetzt viel entspannter; das Lachen hatte den letzten Rest von Verlegenheit zwischen ihnen vertrieben. »Was sich von Mary eher nicht behaupten lässt …«

»Mary ist eine gute Frau«, entgegnete sie loyal und ohne zu zögern, und Greg konnte sich nicht entscheiden, ob er sie deshalb mehr oder weniger mochte. »Außerdem habe ich es mit Ihrem Vater nie aufnehmen können. Er hat mir viel beigebracht. Sehr viel.« Sie wandte den Blick ab.

»Das glaube ich nicht. Wenn Sie es nicht mit ihm hätten aufnehmen können, hätte er Sie nicht so gemocht.«

»In der Bar vielleicht. Aber die Arbeit als Sekretärin war nicht sehr anspruchsvoll. Briefe tippen. Flugtickets kaufen. Ihn nachts nach Hause bringen.«

»Kann ich mir vorstellen …« Wieder fragte er sich, ob sie eine Beziehung geführt hatten, und hoffte diesmal, dass es nicht so war. »Allein das Nachhausebringen war bestimmt genug Arbeit für das ganze Gehalt.«

Sie lächelte. »Er konnte so ein widerliches Arschloch sein, wenn er zu viel intus hatte, also die Hälfte der Zeit. Aber was rede ich da – Sie haben ihn besser gekannt als ich.«

»Das wüsste ich aber.«

»Vor Ihnen hat er wahrscheinlich mehr versteckt als vor jedem anderen. Vielleicht, weil Sie ihm so ähnlich sind.«

Sie schwiegen. Die Bäume wischten vorbei, und zwischen ihren Ästen sprudelte die Sonne. Als ein Streifenhörnchen auf die Fahrbahn schoss und in Panik geriet, drosselte Greg das Tempo und gab dem Tier Zeit, ins Unterholz zurückzulaufen.

»Sie halten mich wahrscheinlich für eine von den vielen hirnlosen Heldenverehrerinnen«, sagte sie, »und vielleicht stimmt das ja, keine Ahnung. Aber ich wusste, dass er nicht perfekt war. Ich habe seine Schwächen erkannt. Die haben ihn allerdings nicht im Mindesten weniger fantastisch gemacht.«

Einen Augenblick lang hätte Greg am liebsten wirklich

das Lenkrad herumgerissen und das Auto mit quietschenden Reifen in eine Schlucht gesteuert. Er seufzte und ließ den Wunsch vorbeiziehen. Das beherrschte er inzwischen gut.

»In seinen Briefen beispielsweise konnte er unfass-bar gemeine, widerliche Sachen schreiben. Und auf dem nächsten Blatt stand das Freundlichste und Rücksichts-vollste und Schönste, was man sich vorstellen kann. Da war dieses kranke Kind, und ... Ach, ist ja jetzt alles egal.«

»Finde ich nicht ... Haben Sie für ihn jemals Briefe an mich geschrieben?«

»Nein«, antwortete sie wie aus der Pistole geschossen.

»Haben Sie ihm Briefe von mir vorgelesen?«

»Schon möglich.« Vielleicht hatte sie die Anspannung in seiner Stimme gehört. Oder sie wusste einfach genug.

»Ein paar.«

»Welche?«

»Alle, die ich ihm vorlesen sollte. Haben Sie nicht ge-hört? Diskretion – eine meiner wichtigsten Eigenschaften. Ihr Vater und Sie haben sich ab und zu einen Schlagab-tausch geliefert, aber das ging mich nichts an. Geht mich noch immer nichts an.«

Vielleicht wusste sie wirklich nicht mehr. Er hoffte es. Die Vorstellung, diese Frau wüsste Bescheid ... Unerträg-lich.

Die Bäume wurden nach und nach weniger, und plötz-lich tauchte vor ihnen die Stadt Bozeman auf.

»Also, wohin wollen Sie?«

»Eigentlich nirgendwohin. Ich musste einfach raus aus dem Haus.«

»Ich auch.«

»Setzen Sie mich wenn möglich am Postamt ab. Ich muss einen Brief nach Hause schicken. Das alles ging doch sehr schnell.«

»Gut. Und wo ist das?«

»Keine Ahnung. Wir fragen am besten.«

»Nein, ich meine Ihr Zuhause.«

»Ach so. Irland. Den da könnten wir fragen.«

»Sie lassen sich allen Ernstes von einem anderen den Weg erklären? Den finden wir selbst.«

Sie verdrehte die Augen, aber sie lächelte.

»Warum so eilig? Müssen Sie wirklich nirgendwohin?

Sie sah ihn offen an. Dann sagte sie, und es war wie ein Schlag in die Brust: »Nirgendwohin.«

Er hätte sich gern zu ihr gebeugt und sie berührt. Er hätte sich gern zurückgelehnt, von ihr weg.

Sie fanden die Post, nachdem sie knapp zwanzig Minuten durch die Stadt gekurvt waren. Hin und wieder hatten sie einander auf irgendeine Beobachtung hingewiesen, ansonsten jedoch seltsamerweise das beiderseitige Schweigen genossen.

Nachdem Greg am Straßenrand stehen geblieben war, öffnete sie nicht etwa die Tür, sondern stand von ihrem Sitz auf und sprang aus dem Wagen.

»Wir sehen uns ja wahrscheinlich morgen«, sagte sie.

Das Begräbnis. Er hatte Angst davor. »Ja, ich werde da sein. Aber ich bin dann wohl allerdings eher nicht so … gesprächig.«

Sie zuckte zusammen, setzte zu einer Erwiderung an, schüttelte nur den Kopf und wandte sich ab.

Im Weggehen sagte sie über die Schulter hinweg: »Gut, dass ich dich doch noch kennengelernt habe, Greg.«

Er sah ihr nach. »Finde ich umgekehrt auch, Valerie.«

Dann fuhr er ins Hotel, um da von seinem Vater zu träumen.

BIMINI

1938

»Bleib nah beim Boot«, brummte sein Vater.

Er war schon den ganzen Tag mürrisch gewesen. Ein Brief von irgendeinem Kritiker hatte ihm die Stimmung verhagelt. Früher hätte er darüber gelacht, jetzt wurmte ihn so etwas tagelang.

Gregs Mutter saß im cremeweißen Badeanzug auf dem Oberdeck. Sie hatte ihren breitkrempigen Hut bis zur Sonnenbrille hinuntergezogen und war in ihre Lektüre vertieft, um sich vom Fischgestank abzulenken.

Patrick hatte sich schon ins Wasser geflüchtet. Greg hörte den Schnorchel schmatzen und gluckern, während sein Bruder um die Pilar herumschwamm. Patrick bekam nie zu hören, dass er nicht weit wegschwimmen sollte.

»Hast du verstanden, Gig?«

Greg hielt den Blick auf das Deck gerichtet. »Ja, Papa.«

»Gut. Dann zieh los und hol uns ein Mittagessen.«

Endlich. Greg nahm Schnorchel, Maske und Harpune und ließ sich unter Umgehung der Leiter plump von Bord fallen. Rings um ihn schloss sich das Wasser kühl und schäumend. Er strampelte an die Oberfläche und spuckte in die Maske, damit sie nicht noch mehr beschlug, bevor er sie umschnallen konnte.

Er musste nicht lange nach Fischen suchen. Papa war auf einem Riff vor Anker gegangen, das eineinhalb Kilometer von der Küste entfernt lag – ein zerbrechliches Gebilde aus Korallen und klarem Wasser im endlosen dunklen Lauf des Golfstroms –, und überall waren Fische und schillerten furchtlos mit ihren wie frisch aufgetragenen Farben, ihren Bilderbuchumrissen. Greg stellte sich vor, dass er der erste Jäger in diesen Gewässern wäre, und vielleicht war es tatsächlich so.

Er tauchte ab, nichts wie weg von dem Boot, dessen Rumpf wie eine Trommel hinter ihm dröhnte, sobald das Wasser dagegenschwappte. Weiter unten hingen Barrakudas wie Dolche vollkommen reglos in der Strömung. Ein Schwarm hellblauer Fische, die er noch nie gesehen hatte, wogte an ihm vorbei, seidige Elektrizität, ein Tanz von der Mitte aus zu den Rändern. Links lockte ein großer, prächtiger Riesenzackenbarsch, doch Greg war mittlerweile klug genug, seine Harpune nicht an Fische zu verschwenden, die er nicht erlegen konnte.

Er kreiste um die eigene Achse und ließ den Blick schweifen. Als am Rand seines Sichtfelds silberne Streifen aufblitzten, drehte er sich abrupt um und warf die Harpune – rein aus Instinkt. Am Ende der Leine zuckte ein dicker Grunzer, wand und krümmte sich im Todeskampf. Ein dünner Faden purpurrotes Blut trat aus dem Körper aus und stieg wie Zigarettenrauch in einer Spirale zur Oberfläche.

Er holte die Leine ein. Ein richtiges Prachtexemplar,

sogar sein Vater würde beeindruckt sein – Greg war mit sich zufrieden. Er sah sich nach weiteren großen Fischen um, doch es zogen nur kleine Bonitos und andere schnelle Schwimmer, die sich nicht aufspießen ließen, in Wolken an ihm vorbei. Er hängte sich den Grunzer an den Gürtel, und während er nach oben schwamm, versuchte er sich zu entspannen und in den Zustand zu bringen, in den er geriet, wenn er beim Baseball gut schlug und alle Sinne so offen und anspruchslos wie ein leeres Schulheft waren.

Doch er fand sie nicht, diese Leere. Etwas zog seine Aufmerksamkeit auf sich. Er drehte sich um. In der Ferne sah er das Ende des Riffs; das ganze verworrene Chaos riss so abrupt und gerade ab wie ein Tisch an der Kante. Dahinter gähnte tintenschwarzes Dunkel. Offenes Blau.

Obwohl das heiße Sonnenlicht zu ihm durchdrang, fröstelte er. Die Vorstellung, dass sie die meiste Zeit auf dem Boot nur ein paar Meter von diesem Nichts entfernt waren und über Meilen leeren Dunkels hinweg nur von einer dünnen Schicht heller Oberfläche getragen wurden und dass die großen Fische, die sein Vater jagte, ihr ganzes Leben dort unten verbrachten ...

Dort gab es nichts Menschliches. Dort war nichts warm oder weich, nichts freundlich.

Und doch ließ er sich dorthin treiben. Vielleicht um einen Blick auf den fernen Meeresboden zu werfen, auf pechschwarze Sandflächen mit Wracks und Schatztruhen und den umherirrenden Geistern von Seeleuten, die ertrunken waren, als noch nach den Sternen gesegelt wurde.

Der Fisch an der Leine trieb um ihn herum wie die Gedanken nach einem Whiskey.

Er strampelte kräftiger.

Eine Schildkröte schwamm ihm entgegen, auf deren hartem Panzer Pflanzen und Seepocken wuchsen – ein lebendes Stück Meeresgrund.

Der Rand kam näher, und das schwellende Dunkel dahinter kippte nach unten und zugleich nach hinten, dehnte sich aus und sog ihn wie eine riesige Lunge ein.

Greg hing auf der Stelle, noch immer ein Stück vom Rand entfernt, und kämpfte gegen den Sog an. Er zögerte noch und spürte, wie an der Oberfläche die kleinen Wellen sein Haar verwuschelten.

Er brachte es nicht über sich. Er wusste jetzt, was er sehen würde, sobald er über den Rand hinausschwamm: das Ende von allem. Dann würde der Zauber, der ihn jetzt hielt, sofort brechen, und er würde wie ein Stein in eine Schwärze stürzen, die größer als der Himmel war.

Er machte kehrt und schwamm Richtung Pilar. Ruhige, gleichmäßige Züge, nur keine Panik.

Beim Boot würde er Patrick die Shorts klauen. Er würde sich heranschleichen, sie an ihm hinunterziehen und unter einen Fels stopfen, sodass sein Bruder danach tauchen müsste – was er hasste – oder gezwungen wäre, nackt auf das Boot zu klettern und mit einem Badetuch bedeckt ans Ufer zurückzufahren.

Nein, das wohl doch nicht. Greg würde ihm die Shorts holen, wenn es sein müsste. Doch es bestand auch die winzige Möglichkeit, dass Patrick tauchen und sie selbst holen würde, und vielleicht würde sein Bruder dann seine dumme Angst überwinden, und sie beide könnten eine Unterwasserhöhle erkunden, die Ruinen eines gesunkenen Piratenschiffs entdecken und auf einen Schlag reicher sein als ihr Vater.

Das würde Papa glücklich machen, denn dann wären seine Söhne berühmt, aber nicht, weil sie Bücher schrieben oder boxten. Vielleicht wäre er dann so stolz, dass er auf die Kritiker pfeifen würde, die sowieso nur miese, eingebildete Trottel waren, wie jeder wusste.

Mitten in dem angenehmen Tagtraum bemerkte Greg, dass keine Fische mehr da waren, obwohl er nicht einmal die halbe Strecke zum Boot zurückgelegt hatte. Keine Flossen blitzten mehr auf, nichts funkelte silbrig. Kaum zu glauben, dass so viel Leben wie von Zauberhand verschwinden konnte.

Doch etwas war da – etwas bewegte sich links von ihm, glänzte zwar nicht, aber –

Der Hai glitt aus dem Nichts hervor und schwamm wie ein einziger ungeheurer Muskelstrang kraftvoll auf Greg zu. Und dann noch einer und noch einer, es waren drei. Sie schwangen ihre Schwanzflossen, drückten mit stumpfen Nasen das Wasser zur Seite, stierten aus schwarzen Augen.

Greg tauchte hektisch auf. Die Harpune rutschte ihm aus der Hand und trudelte hinunter. Er schrie und rief panisch nach seinem Vater.

»Papa, Papa, da sind Haie! Sie sind hinter mir her!«

Sein Vater, der mit nacktem Oberkörper an Deck saß, zögerte keine Sekunde – versuchte nicht, das Boot zu manövrieren, stellte keine Fragen und holte keine Harpunenkanone herbei. Bevor Greg zu Ende gerufen hatte, war Papa, das halb volle Glas Rum noch in der Hand, mit dem Kopf voraus vom Boot gesprungen.

Greg schwamm zu ihm, aber nicht wie sonst im eleganten Kraul, sondern in der Erwartung, jeden Augenblick von fingerlangen Zähnen gepackt zu werden, wild um sich schlagend und tretend.

Als sich Papas Arme endlich um ihn schlossen, war Greg so erleichtert, als wären sie schon wieder an Bord, stünden mit Handtüchern um die Schultern da, lachten über das Ganze und zupften das herrliche weiße Grunzerfleisch von den herrlichen weißen Gräten.

Mit einer Ruhe, die Greg nie vergessen würde, riss ihm sein Vater den noch immer blutenden Grunzer vom Gürtel – das Blut, jetzt begriff er, *das Blut* –, holte weit aus und warf den Fisch mit aller Kraft in Richtung der Haie. Dann nahm er Greg auf den Rücken, ließ ihn die Arme um seinen Hals schlingen und sagte: »Wenn irgendwas ist, schwimmst du los.«

Seine Züge waren wie immer energisch und stetig. Greg erwartete, dass jede Sekunde zwei Tonnen Knorpel und Zähne auf sie niederkrachen und sie in Stücke reißen und nur grellrote Wirbel aus Blut im Wasser zurückbleiben würden.

Dann stand er fröstelnd an Deck. Sein Vater beugte sich über ihn, und seine Mutter hüllte ihn mit bleichem Gesicht in ein Badetuch ein. Er hatte gerade noch Zeit, um den fein gekräuselten Schaum draußen über dem Riff zu erkennen, wo sich die Haie um die Reste des Grunzers stritten, dann hob ihn sein Vater mitsamt dem Tuch hoch.

Immer wenn Greg in den folgenden Jahren an die schlechtesten Seiten seines Vaters dachte, kam ihm gleichzeitig wie ein Gegengewicht in Erinnerung, dass Papa ihn sich auf den Rücken gepackt und mit seinem Körper von der Gefahr abgeschirmt hatte, dass er sich zwischen Gregs schmalen Leib und das Ding aus Muskeln und Zähnen dort unten geschoben hatte. Dann spürte er wieder, wie ihn sein Vater festhielt und nicht mehr loslassen wollte, während das Boot sie beide wiegte.

So kaputt am Ende auch alles war, so viele Erinnerungen verbrannt worden waren, diese eine blieb ihm.

KETCHUM, IDAHO

1961

Greg holte Valerie und Mary vor dem Begräbnis ab. Er blieb zwar draußen und hupte nur kurz, was nicht sehr höflich war, doch in der Geborgenheit des Wagens fühlte er sich sicherer. Er war schon einmal tapfer gewesen und hatte das Haus seines Vaters betreten, das musste genügen.

Mary kam als Erste heraus, mit geröteten, verquollenen Augen. Greg empfand plötzlich Zuneigung für sie, was selten vorkam. Dicht hinter ihr folgte Valerie mit einem kleinen braunen Paket, das wahrscheinlich die Bibel seines Vaters enthielt – der war zwar alles andere als fromm gewesen, doch wenn ein Buch gut war, hatte er das erkannt. Sie war blass, aber sie weinte nicht und ging sehr aufrecht. Auch für sie empfand Greg Zuneigung, wenn auch aus ganz anderen Gründen.

»Danke, dass du uns mitnimmst, Gregory«, sagte Mary mit belegter Stimme und tätschelte seinen Arm, nachdem sie auf dem Beifahrersitz Platz genommen hatte. »Das ist sehr lieb von dir.«

Sie gab sich Mühe, und er hätte etwas Liebenswürdiges erwidern sollen, doch er nickte nur. Er traute es sich noch nicht zu, etwas zu sagen. Er war wie betäubt, und das war gut. Wie lange seine Benommenheit anhalten würde, wusste er nicht, aber er rechnete mit einer Art Dammbruch, sobald sie verschwände.

Valerie setzte sich auf die Rückbank. Einen Moment lang trafen sich ihre Blicke im Spiegel, dann sah sie weg.

Greg schaltete das Radio ein und gleich wieder aus. Die muntere, fröhliche Popmusik würde ihn dazu bringen, den Kopf ans Lenkrad zu schlagen.

Auf dem Weg zum Friedhof war nur Marys gedämpftes Schluchzen zu hören. Greg lenkte wie auf Autopilot, und die Fahrt verlief in einem Nebel, der die ganze Feier hindurch nicht wich. Später erinnerte er sich an die Lippenbewegungen des Pfarrers, erinnerte sich, dass Patrick ihn gedrückt und ihr älterer Halbbruder John seinen Arm ergriffen hatte.

Dann standen sie am Grab, und der Sarg wurde aus der schönen Julisonne in die Dunkelheit gesenkt. Das alles war ganz falsch. Papa hatte das Meer und den Himmel und die Berge geliebt, und jetzt brachten sie ihn weg von all dem und sperrten ihn unter dem tristen Friedhof am Stadtrand ein, auf diesem unscheinbaren, von den Toten aufgedunsenen Stück Land.

Aber das machte nichts. In Wahrheit wurde hier niemand eingesperrt.

Papa war tot.

In diesem Augenblick kam die Erkenntnis, und er blieb am Grab stehen, obwohl er innerlich zusammenbrach.

Ihm war bereits klar, dass nun die nächste Runde Selbstzerstörung bevorstand, Depression oder Manie. Er hatte sich wacker geschlagen – seit dem totalen Kollaps waren fast zwei Jahre vergangen –, doch die Symptome kannte er mittlerweile. Die Übelkeit, der Schmerz hinter den Augen, die niederdrückende, vernichtende Schwere. Er spürte schon fast, wie man ihm wieder die Elektroden an die Schläfen klebte.

Alles auf Null. Ja, er musste unbedingt alles auf Null stellen lassen.

Aber er konnte nichts tun. Er konnte diesen Weg ebenso wenig verlassen, wie er ins Grab springen und seinen Vater der Erde entreißen konnte. Er war eine defekte Maschine, die sich am Ende selbst zerstören würde. Daran ließ sich nichts ändern.

Er riss sich zusammen, bis er Valerie und Mary vor dem Haus abgesetzt hatte; dann fuhr er zur nächstgelegenen Tankstelle und kaufte eine Flasche Whiskey, den billigsten, den es gab.

Als er vor dem Motel aus dem Wagen stieg, sah er das Päckchen auf der Rückbank. Er nahm an, dass Valerie es vergessen hatte, und wollte es dort liegen lassen, doch dann dachte er, dass sie es bestimmt bemerkt hätte, wenn etwas so Wertvolles fehlte. Erst als er es in die Hand nahm, fiel ihm der Zettel auf, der an einer Ecke befestigt war.

Greg,
wir sind Papas Papiere durchgegangen,
und diese hier sollst du haben.
Sie gehören schließlich dir, trotz allem.
Val x

Er legte die Flasche ins Auto, riss mit dem Mietwagen-schlüssel das Klebeband auf und öffnete das Päckchen. Zum Vorschein kamen säuberlich gestapelte und mit einer Schnur zusammengebundene Blätter in unterschiedlichen Farben und Formaten.

Briefe. Sämtliche Briefe. Jeder Brief, den er seinem Vater jemals geschickt hatte. Papa hatte sie alle aufgehoben.

Mit zitternder Hand griff er danach. Ganz oben lag sein letzter Brief, vom vielen Lesen zerknittert. Er erinnerte sich genau.

Er hatte darin ziemlich krakelig, aber respektvoll darauf hingewiesen, dass an Scham noch nie jemand gestorben war.

Andernfalls läge Greg schon seit Jahren unter der Erde.

Niemand stirbt, weil ihn seine Kinder enttäuschen.

Andernfalls hätte sein Vater Gregs zehnten Geburtstag nicht mehr erlebt.

Menschen sterben aus konkreten, erklärbaren Grün-den. Sie sterben, weil ihre Zellen versagen. Weil die Zeit bestimmte nicht ersetzbare Teile ihres Körpers abgenutzt hat. Weil sie nicht überprüft haben, ob ihre Waffe gesichert ist.

In dem öffentlich einsehbaren Obduktionsbericht (Kopie anbei) stehe klar und eindeutig, hatte Greg höflich erklärt, dass seine Mutter, die Ehefrau seines Vaters, an einem Tumor der Nebenniere gestorben sei. Die dadurch hervorgerufene enorme Adrenalinausschüttung habe den Blutdruck so stark ansteigen lassen, dass die Arterien ge-platzt seien. Zudem habe sie aller Wahrscheinlichkeit nach schon seit vielen Jahren unter dem unentdeckten Tumor gelitten. Das alles stehe in keinem Zusammenhang mit Gregs Festnahme; die zeitliche Differenz sei viel zu groß, und Enttäuschung führe nicht zu einem plötzlichen Anstieg von Adrenalin.

Wenn überhaupt etwas die Katastrophe herbeigeführt haben könne, dann ein bestimmtes Telefonat zwischen ihr und ihrem Mann, bevor sie sich ins Bett gelegt habe. Ein Telefonat, in dem, wie eine ihrer Schwestern bezeugt habe, die schroffe Männerstimme so laut gewesen sei, dass man im ganzen Zimmer Wörter wie *Gift*, *Verseuchung*, *Zerstörung* habe hören können. Wörter wie *ihn verdorben*. Wörter, die sie zum Weinen gebracht hätten. Wörter, die kein Mann jemals zu einer Frau sagen sollte, am allerwenigsten zu seiner Ehefrau und noch weniger zu der Mutter seiner Kinder, die er aus dem Haus gejagt habe, um sie durch eine andere zu ersetzen, von der schließlich er verlassen worden sei, nachdem sie sich fünf Jahre lang mit seinem egoistischen, herrischen psychotischen Dreck herumgeschlagen habe.

Solle Papa über Greg sagen und denken, was er wolle – seine Meinung zähle nichts, nicht das Geringste. Papa sei nur noch eine verbrauchte leere Hülle, die das immer gleiche Geschwafel absondere, über das sich die Kritiker mit dem Martini in der Hand lustig machten, ein Mann, der drei Ehefrauen und alle seine Kinder aus seinem Leben geekelt habe.

War es das alles wert? Die zehn Jahre, in denen die Kritiker viel von dir hielten? Die Handvoll ernst zu nehmender Short Storys und die zwei annehmbaren Romane und die paar Literaturpreise, säuberlich aneinandergereiht auf dem Kaminsims? War es das wert, alle lebenden Menschen, die dich geliebt haben, zu zerstören? Ich kann es nur hoffen, denn mehr bleibt dir nicht.

Du Scheißkerl hast mir eingeredet, ich wäre schuld – nur um dein eigenes Schuldgefühl zu lindern oder um mich noch kaputter zu machen. Deinem eigenen Sohn hast du das angetan. Hast du gar nichts gefühlt, während ich vor die Hunde ging? Als du mich in der Klinik abgeholt hast? Nicht den kleinsten Funken Scham? Nein, wieso auch. Schließlich müssen die Nebendarsteller immer dran glauben, damit der Held groß rauskommen kann. Aber ich scheiß auf dich, Papa. Du bist kein Held. Du bist ein alter Mann mit einer Familie, die du zerrüttet hast, und einem Werk, das in Vergessenheit gerät.

Du hast sie umgebracht, nicht ich.

Du!

Greg holte schluchzend Luft und überflog die Zeilen immer wieder. Seine letzten Worte an seinen Vater. Dann nahm er die Flasche Whiskey und trank sie in einem Zug leer.

TEIL 3

NEW YORK

1967

Das Laub fiel schon. Die Blätter sammelten sich in den Rinnsteinen wie brennender Müll und wehten mit jeder plötzlichen Bö in Fetzen gerissen über den Gehweg. Am dichtesten lagen sie im Park, wo sie die Rasenflächen fast vollständig bedeckten.

Greg saß auf der Bank und sah den Kindern zu, die das Laub zu Haufen zusammengetragen hatten, in die sie abwechselnd hineinsprangen. Eines nach dem anderen warf sich wagemutig in die Flammen und verschwand.

Ein so simples Spiel, aber sie bekamen nicht genug davon, und er konnte sich nicht daran sattsehen. Nur ein Kind, Brendan, war seines – die anderen waren neu gewonnene beste Freunde, die Brendan vergessen würde, sobald sie weg wären. Aber das war egal. Sie waren alle perfekt.

Wahrscheinlich war es nicht recht, dass er Brendan als sein Kind empfand, doch er konnte nicht anders. In Wirklichkeit war der Junge das Kind eines irischen Schriftstellers, in den sich Valerie verliebt hatte, als Greg jahrelang damit beschäftigt gewesen war, sich totzusaufen. Valerie zufolge hatte die Beziehung nicht lange bestanden, und ziemlich kurz nach Brendans Geburt war dem Dichter geglückt, was Greg nicht geschafft hatte. Und ein Junge brauchte nun mal einen Vater.

Er dachte an seine eigenen Kinder, Maria, Patrick und John, das einzig Gute, was seine katastrophale zweite Ehe hervorgebracht hatte. Und schon war das vertraute Schuldgefühl wieder da. Er wusste nicht, wo sie waren und was sie machten, nur dass sie einige Zeit bei seinem Onkel Les gelebt hatten, als ihre Mutter mit eigenen Problemen beschäftigt gewesen war. Jene Jahre hatte er größtenteils an den Alkohol und an die Elektroschocks verloren. Er war auf die kurzen Phasen der Ruhe nach den Behandlungen so versessen gewesen, dass er sich die Schocks immer wieder verpassen ließ, und wenn ein Arzt bleich wurde, weil schon so viele Stromstöße durch Gregs Schädel gejagt worden waren, hatte er unter falschem Namen einen anderen konsultiert.

Er hatte sich schon hundertmal auf Null gestellt und glaubte noch immer, es hätte ihm das Leben gerettet und ihn davon abgehalten, komplett durchzudrehen. Doch zu einem hohen Preis – für alle.

Was natürlich nicht als Rechtfertigung taugte. Er war damals mehr mit seiner Wiederherstellung beschäftigt gewesen als damit, ein Vater zu sein, und was hatte das seinen Kindern genutzt?

Er versuchte sich auf das Wenige zu konzentrieren, das ihm im Gedächtnis geblieben war. Patrick, die reine Freude, unschuldig und zu keinem bösen Gedanken fähig. Maria, in seiner bruchstückhaften Erinnerung nur noch ein halb hinter Fransen verstecktes Lächeln. John, ein sensibler Rabauke, dem man alles zutrauen musste. Nur wenn er an die Jungs dachte, zuckte er innerlich zusammen und wäre am liebsten zu einem anderen Thema gesprungen, als wäre schon der Gedanke an sie eine Form von Kontakt, eine Handauflegung, um den Fluch weiterzugeben. Vom Vater zum Sohn, vom Vater zum Sohn.

Vielleicht war es für alle drei das Beste, wenn sie unbefleckt von ihrem Vater, als lose, von der Familienkette befreite Glieder aufwuchsen. Das war das Wunderbare an Brendan, dass er Gregs Sohn sein konnte und zugleich frei von ihm war. Oder belog sich Greg damit selbst, um sein schlechtes Gewissen zu beruhigen?

Letztlich spielte es kaum eine Rolle. Taten sind Text, Absichten immer nur Subtext.

Brendan hatte etwas gefunden – wie Greg ihn kannte, war es ein widerliches Insekt –, und hielt es den anderen zur Ansicht hin. Greg sah zwar nicht, wie das Ding aufflog, doch er sah die Gesichter der Kinder, die sich in offenem, arglosem Staunen alle gleichzeitig hoben.

So war vieles auf der Welt. Man sah nicht die Sache selbst, nur die Auswirkungen. Ein paar Tage zuvor hatte er von einer neuen Sternenart gelesen – Sterne, die das Licht nicht aussandten, sondern anzogen. Man erkannte sie nur am verräterischen Flimmern normaler Sterne, wenn einer zufällig zwischen ihnen und der Erde hindurchzog. Wie viel da draußen hinterließ nicht die kleinste Spur?

»Dad!« Brendan lief zu ihm. Seine pummeligen Arme schwangen wie die eines Sprinters, und sein Gesicht war ganz verzerrt vor grimmiger Entschlossenheit.

Greg war bereit, und als der Junge sprang, packte er ihn geschickt um die Mitte und hob ihn hoch, während Brendan beide Arme um seinen Hals schlang.

»Dad.« Brendan legte den Mund an Gregs Ohr und flüsterte ihm verschwörerisch zu: »Charlie macht die ganze Zeit Unsinn und kriegt Ameisen in die Haare.«

»Aha.« Greg hob den Blick und sah den Jungen, der Charlie sein musste. Er trottete gerade zu seiner Mutter zurück, die bei den Eiben stand, und kickte schmollend im Weg liegende Zweige zur Seite. »Und mit dir hat das überhaupt nichts zu tun, richtig?«

Brendan schüttelte den Kopf so heftig, dass ihn das seidige Haar wie ein Kranz umgab, und Greg roch kurz sein Shampoo. Die Zerbrechlichkeit dieses kleinen Körpers erschreckte ihn.

»Hm. Okay.« Er verlagerte seine Last auf einen Arm und sah auf die Uhr. »Du kommst zu spät in die Schule.«

Nachdem er Brendan in der Schule abgeliefert hatte, fuhr er mit der Subway Richtung Uptown. Er hatte ein Zimmer in einem kleinen, aber gut geführten Hotel reserviert, in dem er hin und wieder abstieg. Es gab mehrere Hotels, zwischen denen er wechselte, doch dieses mochte er besonders, weil er sein Zimmer früh beziehen konnte und man ihn dort in Ruhe ließ.

Er warf einen Blick auf die Uhr. Halb zehn. Pefekt, noch eine halbe Stunde. Er betrat ein großes, gesichtsloses Kaufhaus und erstand ein Kleid, Schminke und Unterwäsche. Das Ganze lief hundertprozentig seriös ab: Ein Mann besorgte Geschenke für seine Frau, was er mit seinem Ehering sogar beweisen konnte. Ein guter Ehemann. Er musste sich nicht dazu zwingen, entspannt zu wirken – er hatte das schon sehr oft gemacht.

Valerie wusste natürlich nichts davon. Es gab so manches, was sie besser nicht wusste, vor allem dass Greg sie jahrelang verflucht hatte, weil sie ihm die Briefe seines Vaters in der Zeit seiner größten Verwundbarkeit gegeben hatte. Für ihn war das wie ein Mord gewesen, der zwar nicht ausgeführt worden war, der aber Jahre seines Lebens und seine zweite Ehe zerstört hatte. Und schließlich hatte er sie zur Rede gestellt.

Die manipulative, grausame Valerie seiner Fantasie hatte in ihrer Anwesenheit keine fünf Minuten Bestand gehabt. Sie hatte nichts Böses an sich, weder damals noch jetzt. Auf der Fahrt zur Post hatte er sie völlig fertig erlebt, doch bei der nächsten Begegnung war sie in bester Stimmung gewesen, und Greg hatte nicht den Hauch einer Chance gehabt. Geistreich, ohne sarkastisch zu sein, klug, aber nie von oben herab, schön und doch frei von jedem Anflug von Eitelkeit. Sie hatte ihn umgehauen, und wider alle Vernunft hatte sie in ihm etwas gesehen, das sie dazu brachte, ihn bei sich haben zu wollen.

An der Rezeption saß eine neue Angestellte – ein weiterer Vorteil dieses Hotels: Das Personal wechselte so oft, wie die Betten frisch bezogen wurden. Die junge Frau legte ein dickes Lehrbuch zur Seite, um Greg ins Meldebuch einzutragen.

Während sie *Nick Adams* schrieb, betrachtete er die aufgeschlagenen Seiten des Lehrbuchs und sah eine Menge Gleichungen. »Schwere Kost an einem Montagvormittag.«

Sie folgte seinem Blick und wurde rot. »Das lese ich nicht zum Vergnügen, glauben Sie mir. Ich habe morgen eine Prüfung, und wenn ich nicht bestehe, zieht mir mein Dad bei lebendigem Leib die Haut ab.«

»Physik?«

»Reine Mathematik.«

Er stieß einen anerkennenden Pfiff aus. Ihr Gesicht wurde noch röter, aber sie lächelte. Ihr war bewusst, dass sie schlau war, und es gefiel ihr. Greg erwiderte ihr Lächeln. *Schön für sie.*

»Na, dann halte ich Sie nicht länger auf. Ich habe zu meiner Zeit mehrere Prüfungen in den Sand gesetzt. Das ist nicht lustig.«

»Physik?«

»Medizin. Ich versuche es aber gerade noch mal. Wie heißt es so schön? Nie die Flinte ins Korn ...«

»Mein Dad sagt, nur wer aufgibt, verliert.«

»Hoffentlich. Und wenn Sie bestanden haben, gönnen Sie sich ein bisschen Spaß.«

Aus ihrem Lächeln wurde ein überraschend verruchtes Grinsen. »Wird gemacht.«

Greg beneidete sie. Sie würde sich in Schale werfen und mit ihren Freundinnen ausgehen, jung, hübsch und ...

Er nickte ihr zu und drehte sich um. Genug davon. Schließlich war er genau deshalb hier – um solche Gedanken wieder für ein paar Wochen loszuwerden.

Er schloss hinter sich ab, legte die gekauften Sachen auf dem Bett aus und genoss diesen Augenblick ganz bewusst, zog die Vorfreude in die Länge. Hier war er sicher, hier hatte er Zeit. Dieses Zimmer, ein Eckzimmer mit Balkon, nahm er immer. Ein bisschen abgenutzt, aber sauber und gut in Schuss.

Nachdem er geduscht hatte, setzte er sich nackt an den Frisiertisch und lackierte sich zuerst die Fingernägel, dann die Zehennägel zitronengelb. Das war zwar eigentlich nicht seine Farbe, aber manchmal musste man sich etwas trauen. Dann schminkte er sich die Augen und trug Lippenstift und etwas Rouge auf.

Als er fertig war, hängte er sein Jackett über den Spiegel. Das Türschloss hatte er schon zweimal kontrolliert, aber er sah zur Sicherheit noch einmal nach. Er hatte noch immer gelegentlich Albträume, in denen sein Vater in sein Zimmer kam, so wie damals. An diesem Scharnier hatte sich die ganze Beziehung zwischen ihnen in ihr Gegenteil verkehrt. Danach war nichts mehr wie davor gewesen, ganz gleich wie sehr er sich bemühte, der perfekte Sohn zu sein.

Doch darüber musste er hier nicht nachdenken. Dieses Zimmer war von der Welt abgeschottet.

Als Letztes zog er das Kleid an. Obwohl er die größte Größe genommen hatte, musste er es dehnen, um es über die Schultern zwängen zu können. Und dabei aufpassen, dass kein Make-up an den Ausschnitt kam. Es wäre besser gewesen, sich erst am Schluss zu schminken, aber er konnte einfach nicht widerstehen. Er liebte diesen Moment der Verwandlung. Der verhängte Spiegel erlaubte es ihm sich vorzustellen, dass das Kleid über die Hüften glitt und an langen, seidigen Beinen bis zur Mitte der Waden fiel.

Diese Vorstellung war normalerweise verboten, doch

hier galt das nicht. Was hier drinnen geschah, hatte nichts mit dem Greg da draußen zu tun. Und die Welt da draußen nichts mit dem Menschen hier drinnen. Hier gab es keine Vergangenheit. Keine Eltern. Keine gescheiterten Ehen und fernen Kinder. Nur diesen Moment.

Das war sein Sicherheitsventil: Er betrachtete es nicht mehr als eine Krankheit, sondern als eine Sucht, eine Abhängigkeit. Und weil in diesem Fall ein kalter Entzug nicht in Frage kam, lautete die zurzeit beste Empfehlung, mit der Abhängigkeit zu leben. Anstatt einen aussichtslosen Kampf zu führen, bis sich das Verlangen explosionsartig entlud, ließ er den Druck unter festgesetzten Bedingungen regelmäßig ab. Ein Sicherheitsventil.

Und es funktionierte. In der Zeit zwischen dem hier und Valerie führte er ein ziemlich normales Leben. Und wenn er doch einmal wegrutschte, was nur selten geschah, blieben immer noch die Schocks.

Er ging im Zimmer herum, rauchte eine Zigarette, obwohl er Valerie gegenüber immer versicherte, er hätte aufgehört, und genoss den rosa Abdruck, den seine Lippen auf dem strahlend weißen Papier hinterließen. Dann rief er den Zimmerservice an und bestellte ein großes Frühstück.

Der Ablauf klappte inzwischen perfekt. Er schloss die Zimmertür auf, lief ins Bad, sperrte dort ab und wartete, bis angeklopft wurde.

Dann rief er: »Ich kann gerade nicht rauskommen. Stellen Sie bitte alles aufs Bett!«

Er wartete, bis er hörte, dass die Zimmertür geöffnet und wieder geschlossen wurde, entriegelte langsam die Tür zum Bad und spähte hinaus. Sobald er sicher sein konnte, dass niemand im Zimmer war, flitzte er los und schloss die Tür ab. Dann war er wieder in Sicherheit.

Von nun an konnte er entspannen. Er setzte sich aufs Bett, aß in aller Ruhe und stellte sich vor, er wäre mit Valerie in ein nettes, einfaches Lokal in Miami gegangen, und durch die geöffneten Fenster wehte vom Meer her eine leichte Brise herein. Eine hübsche junge Kellnerin führte sie an den besten Tisch, den in der Ecke, und fragte: »Was kann ich euch bringen, Mädels?« Und sie beide warfen einander einen verschmitzten Blick zu und erwiderten: »Fangen wir mit einem Cocktail an!«

Sie lachten über die Scherze der jeweils anderen und tauschten Geheimnisse aus, und sie lieh Valerie ihren Lippenstift, der Val natürlich wahnsinnig gut stand. Dann sagte Val »Also, dieses Kleid bringt deine Augen so toll zur Geltung«, und sie wurde rot und legte ihre Hand auf Vals Hand, und sie –

»Mister Adams?«

Er sprang so hektisch auf, dass das Tablett fast vom Bett fiel. Jemand stand vor der Tür. War sie auch wirklich abgeschlossen? Er wusste es genau – sie war definitiv abgeschlossen. Und wenn doch nicht?

»Mister Adams? Nick?«

»Ja?« O Gott, warum sprach er mit tieferer Stimme als sonst?

»Entschuldigen Sie, aber ich habe Ihnen den falschen Schlüssel gegeben. Für Sie war das andere Eckzimmer reserviert.«

Er zögerte. »Ist das nicht egal?«

»Normalerweise schon, aber wir erwarten heute noch einen Gast, der unbedingt ein Zimmer mit Morgensonne wollte. Es tut mir wirklich leid – würden Sie bitte tauschen?«

»Kein Problem«, rief er in aufgekratztem, hysterischem Tonfall. Und es stimmte sogar, denn er hatte bekommen, was nötig gewesen war. Das Sicherheitsventil hatte seine Funktion erfüllt. »Ich packe nur rasch zusammen. In einer halben Stunde – genügt das?«

»Ja, natürlich. Vielen Dank.«

»Schon gut, geht ganz schnell.«

Beim Ausziehen musste er nicht mehr vorsichtig sein. Es war schön, das Kleid so stark zu dehnen, dass es aus der Fasson geriet, und Lippenstift an den Stoff zu schmieren. Das hatte etwas Kathartisches. Als würde er das, womit er hier sündigen musste, beschädigen.

Er stopfte die Kleider und Schminksachen in die Plastiktüte aus dem Kaufhaus, entfernte mit größter Sorgfalt den Lack von den Finger- und Zehennägeln und warf das Fläschchen mit dem Nagellackentferner obenauf in die Tüte. Erst dann duschte er mit brühheißem Wasser, schrubbte sich das Make-up vom Gesicht, zog sich an, nahm das Jackett vom Spiegel und trat wieder hinaus in die Welt.

»Entschuldigen Sie, Mister Adams«, sagte das Mädchen, als er an der Rezeption vorbeikam. »Ich gebe Ihnen einen Rabatt, falls Sie –«

»Überhaupt kein Problem.« Er ging weiter und grinste das Mädchen an, bevor sich die Schwingtür hinter ihm schloss. Auf der Straße quetschte er die Tüte ellbogentief in den erstbesten Abfallbehälter und sorgte dafür, dass sie nicht mehr sichtbar war. Er hätte sie am liebsten verbrannt, doch das wäre viel zu auffällig gewesen.

Weil ihm noch etwas Zeit blieb, bis er Brendan abholen musste, kaufte er schnell etwas ein – Valerie arbeitete seit einiger Zeit bis spät in den Abend, und er machte sich gern ein bisschen nützlich.

Neben den Orangen stapelte sich die *New York Post*. Er blieb stehen. Die Zeitung prahlte mit einem alles enthüllenden Interview mit Christine Jorgensen, deren Autobiografie gerade erschienen war. Greg kannte den Namen natürlich – er hatte sich wahnsinnig aufgeregt, als er zum ersten Mal von ihr hörte. Ein GI, der behauptete, eine Frau geworden zu sein. Es hatte ihn schockiert, dass so etwas überhaupt möglich war – in seinen medizinischen Lehrbüchern hatte darüber nichts gestanden –, und dass jemand so tief sinken und so etwas wirklich tun konnte, machte ihm Angst. Außerdem hatte sie alles so … an die Öffentlichkeit gezerrt. Die ganze Sache hatte Greg kalte Schauer über den Rücken gejagt.

Doch jetzt empfand er keine Wut, sondern ein bisschen Mitleid. Ein leidenschaftlicher Trinker, der für einen Alkoholiker nur ein Kopfschütteln übrig hatte. Hätte Christine ein Sicherheitsventil für sich gefunden, hätte sie vielleicht wie Greg ein normales Leben führen können.

Er warf die Zeitung auf den Stapel zurück und griff nach einem Schießsport-Journal.

Valerie war schon zu Hause und saß mit einem Buch auf der Couch, als Greg und Brendan die Wohnung betraten.

Ihre Schuhe hatte sie ordentlich auf den Boden gestellt und die Füße wie eine Katze an die Schenkel gezogen. Als Brendan schnurstracks in die Küche stürmte, hob sie nicht mal den Blick, sondern neigte nur, vielleicht unbewusst, den Kopf und hielt Greg die Wange für einen Kuss hin.

»Hallo, Liebes, schon zurück?«

»Mhm.« Sie legte ihre schmale Hand auf seinen Unterarm – ein leichter Griff, der ihn fester hielt, als es Handschellen gekonnt hätten –, las den Absatz zu Ende, blätterte um und schlug das Buch zu. »Entschuldige, was hast du gesagt?«

»Harter Tag?«

»Nein, gar nicht. Ich bin früh gegangen und habe ein Bad genommen. Nach dem Wochenende hat sich heute keiner von uns überanstrengt.« Ihre Fingerspitzen strichen über seine Haut. Dann schob sie ihre Hand in seine.

»Ich glaube nicht, dass ich entspannt wäre, wenn ich am Wochenende arbeiten müsste.«

»Ja, es war nicht sehr schlau, das wichtigste Buch des Jahres mit nur sechs Monaten Vorlauf herauszubringen, aber es ist ein verdammt gutes Buch, und ich will ihm unbedingt gerecht werden …«

»Das wirst du bestimmt.«

Sie drückte seine Hand. Ihre Finger waren schlank, aber stark.

»Ach, bevor ich es vergesse – auf dem Tischchen neben der Tür liegt ein unterschriebener Elternbrief. Kannst du den morgen mitnehmen, wenn du Brendan zur Schule bringst?«

»Klar. Worum geht es?«

»Um Sport. Boxunterricht am Nachmittag. Ich habe unterschrieben, dass sie nicht haften müssen, wenn er sich verletzt. In dieser Stadt geht es immer nur um mögliche Klagen, sogar in den Schulen.«

»Hältst du das für eine gute Idee?«, fragte Greg, nachdem er kurz nachgedacht hatte.

Sie deutete ein Schulterzucken an. »Was kann schon passieren? Sie sind Kinder und werden bestimmt so dick gepolstert, dass sie vom Boden zurückspringen, wenn sie sich gegenseitig umhauen.«

Greg dachte an seine Boxkämpfe im Staub. Der Schweiß, der in den Augen brannte. Die geschwollenen, blutenden Lippen. Die verzweifelte Abwehr gegen die Schläge eines Jungen, der fast eineinhalbmal so groß war wie er, der Versuch, sich zu konzentrieren, obwohl er die ganze Zeit den Blick seines Vaters aus der Ecke auf sich spürte und nicht wusste, ob Papa wütender sein würde, wenn sein Sohn verlor oder wenn er gewann.

Er dachte an Brendans um seinen Hals geschlungene Ärmchen.

»Nein, Valerie.« Er sagte es leise und ruhig.

Sie erstarrte, und er dachte, sie würde zu streiten beginnen, ihn daran erinnern, dass er nur Brendans Stiefvater sei und er gefälligst *sie* entscheiden lassen solle, was ihr Sohn dürfe und was nicht. Doch sie sah ihn verständnisvoll an und sagte »Okay«. Und damit war das Thema beendet.

Greg hüstelte. Die Sache war ihm plötzlich peinlich. Sah sie, dass er zu schwitzen begonnen hatte? »Wie wäre es mit Tennis?«

»Es gibt kaum Plätze in New York.«

»Wofür kriegen die eigentlich so viel Geld von uns? Hast du —«

In der Küche ertönte ein Schrei, und etwas fiel zu Boden. Greg wandte sich seufzend zum Gehen, doch Valerie stand auf und hielt ihn zurück.

»Das übernehme ich. Ich habe ihn den ganzen Tag nicht gesehen. Mach dir einen Drink und nimm dir deine Bücher vor. Wenn du nächsten Monat *Doktor* Hemingway sein willst, musst du jetzt büffeln.« Sie blieb in der Tür stehen. »Außerdem braucht er eine feste Hand.«

»Die brauchen wir alle.«

Als sie weg war, ging er zum Barschrank und schenkte sich einen Fingerbreit Bourbon ein. Er blickte sich im Zimmer um: die eine vollständig mit zerlesenen Büchern und Nippes bedeckte Wand, das geschmackvolle moderne Sofa, das so stilvoll mit dem Perserteppich kontrastierte, sein Schreibtisch in der Ecke, umgeben von einem Topfpflanzendschungel. Typisch Valerie: freundliches Durcheinander, sanfte Ordnung. Nichts von seinem alles sprengenden Chaos. Das gefiel ihm am besten an dieser Wohnung, diesem heruntergekommenen Schlupfwinkel in New York: Es war Valeries Wohnung. Und gerade deshalb empfand er sie als sein Zuhause.

Valerie, das Sicherheitsventil und gelegentlich einen Elektroschock, mehr brauchte er nicht. Leider war Valerie eine Gegnerin der Elektroschocktherapie, fand sie barbarisch – wahrscheinlich, weil sie seinem Vater am Ende so sehr geschadet hatte. Doch er war nicht bereit, sie jemals aufzugeben. Val wusste ja nicht, wie es war, in einem Auto ohne Lenkrad durch die Gegend zu rasen.

Er setzte sich auf die Couch, streckte die Beine von sich, betrachtete die Sonnenstäubchen im Abendlicht und verschnaufte ein paar wundervolle Minuten lang. Nur ein einziges Mal bewegte er sich, nämlich um Vals Buch unter dem Hintern hervorzuziehen.

Inseln im Strom, Ernest Hemingway.

Er warf es auf den Boden, nippte an seinem Whiskey und versuchte wieder, die Welt rings um sich zu betrachten. Doch das Licht war jetzt anders, vielleicht auch er selbst, und den friedlichen Zustand, in den er sich zuvor so mühevoll gebracht hatte, erreichte er nicht mehr.

Er beugte sich vor und hob das Buch auf. Auch ohne zu der Seite mit der Widmung zu blättern, wusste er, was dort stand: *Für Valerie, in Liebe, Papa*

Das Buch öffnete sich auf einer Seite, die schon oft aufgeschlagen worden war.

Der Jüngste war blond und robust wie ein kleines Schlachtschiff. Er sah aus wie eine Kopie von Thomas Hudson, etwas kleiner im Format, breiter und kürzer. Wenn er braun wurde, bekam er Sommersprossen. Er hatte ein lustiges Gesicht und war erwachsen auf die Welt gekommen. Auch er konnte ein Teufel sein und seine Brüder piesacken. Er hatte seine dunklen Seiten, die niemand verstand, nur Thomas Hudson. Sie machten sich keine Gedanken darüber, nur dass sie es untereinander einkalkulierten und wussten, dass es ungut war, und der Mann respektierte es und nahm es in Kauf. Sie standen sich sehr nahe, obgleich Thomas Hudson mit ihm viel weniger zusammengewesen war als mit den anderen Jungen. Andrew, das war der Name des Jüngsten, war ein fix und fertiger Sportsmann und ritt fabelhaft, seit er zum ersten Mal auf einem Pferd gesessen hatte. Seine Brüder waren sehr stolz auf ihn, auf der anderen Seite ließen sie ihm nicht jeden Unsinn durch. Er war ein bisschen unglaubwürdig, und es konnte leicht passieren, dass jemand seine Heldentaten bezweifelte, nur dass viele Leute ihm beim Reiten und Springen zugesehen und seine nüchterne Bescheidenheit erlebt hatten, die etwas Professionelles an sich hatte. Er war ziemlich boshaft veranlagt, aber da er etwas taugte, war seine Boshaftigkeit in eine Art Übermut umgeschlagen. Trotzdem war er hinterhältig, und die anderen wussten es, und er wusste, dass sie es wussten. Er war gerade noch gut, aber das Böse, das in ihm steckte, wuchs.

Greg stand auf und stellte das Buch mit dem Rücken nach hinten ganz oben in ein Regal. Dann schenkte er sich noch einen Drink ein, denn seine Hände zitterten.

Das Kinderlachen aus der Küche übertönte das Gluckern, mit dem der Whiskey ins Glas floss. Greg hielt inne und lauschte. Valerie sagte in leisem Singsang etwas Unverständliches, und Brendan grölte grausig wie ein Monster. Da musste auch Valerie lachen.

Greg ließ den Whiskey stehen und setzte sich an seinen Schreibtisch. Mit matter Entschiedenheit zog er die Bücher zu sich heran. Dann las er noch einmal, was er schon am Morgen und am Tag davor durchgearbeitet hatte, und hoffte, dass er es sich diesmal merken würde.

NEW YORK

1968

»Es ist eher so ein Kribbeln, so eine ... eine Empfindung. Ist das der medizinische Fachbegriff?«

In Gregs Zimmer gab es 163 Deckenfliesen. Die meisten erinnerten farblich an einen bedeckten Himmel, doch die direkt über ihm waren widerlich bräunlich-gelb verfärbt. Sein Vorgänger musste ein passionierter Raucher gewesen sein.

Die New Yorker Büros von General Motors waren auf fast aggressive Art trostlos. Greg hatte den Job mit großer Begeisterung angenommen. Der dritte Versuch mit dem Medizinstudium hatte geklappt – sicherlich auch mit Valeries Unterstützung –, und nun würde er Nutzen aus den vielen durchgebüffelten Jahren ziehen. Doch dann hatte man ihn am ersten Tag in sein schmuddeliges Zimmer im fünften Stock geführt, und nach und nach waren die endlosen Trupps des überarbeiteten mittleren Managements, müde Büromenschen und tablettenhungrige Führungskräfte eingetrudelt.

Vermutlich hätte er sich die Tätigkeitsbeschreibung durchlesen sollen.

»Aber es ist nicht immer da. Es fängt meistens am Abend an. Am nächsten Morgen ist alles in Ordnung, und dann fängt alles von vorn an.«

Vier Uhr. Noch eine Stunde. Nie hatte er den Fortlauf des Sekundenzeigers so bewusst mitverfolgt. Ganze Ewigkeiten klafften in der Zeit zwischen der einen und der nächsten exakten mechanischen Bewegung.

»Also, es ist wie gesagt so ein Kribbeln. Fast ein Schmerz eigentlich.«

Greg verlagerte sein Gewicht, und der billige Lederstuhl, den er schon längst hatte austauschen wollen, gab ein peinlich lautes Rülpsgeräusch von sich. Immerhin überraschte es den »Patienten« so sehr, dass er verstummte.

»Was soll ich sagen, Lenny? Seit letzter Woche hat sich nichts verändert.«

»Stimmt, aber —«

»Ich kann Ihnen nicht einfach etwas verschreiben, obwohl wir beide genau wissen, dass Ihr Kiefer nicht so schmerzen würde, wenn Sie nicht bis zur Mittagspause schon drei Päckchen Bubblegum gekaut hätten.«

»Aber ich kann nicht aufhören. Ich bin süchtig. Ohne Bubblegum fühle ich mich komisch und knirsche mit den Zähnen.«

»Wie wäre es, wenn Sie immer nur *ein* Stück kauen würden?«

Lenny sah ihn an, als hätte ihm Greg vorgeschlagen, dass er seine Nase abschneiden und die kauen solle, und trotz des Schrecks mahlten seine Zähne schmatzend weiter. Greg hätte genauso gut in die weite Öffnung eines beladenen Betonmischers schauen können.

»Ich brauche einen großen Klumpen, Doc, und Kaugummi ohne Geschmack kann ich nicht kauen. Das ist ja gerade der Spaß, dass der Klumpen immer größer wird.«

»Ja, ja, der Klumpen.« Greg schielte zur Uhr. Er hätte schwören können, dass sie rückwärts gegangen war. »Hören Sie, Lenny, von mir kriegen Sie erst dann Schmerztabletten, wenn Ihre Hand in die Presse geraten ist. Ich sehe Ihr Gehirn schon rattern, aber das lassen Sie bleiben. Sie würden es bereuen, und vielleicht würde ich Ihnen dann aus Trotz immer noch nichts verschreiben. Haben wir uns verstanden?«

Lenny hob schmollend den Blick. »Wie kann man nur so uneinsichtig sein.«

Greg hätte sich gern die Schläfen gerieben. »Ich bin nun mal ein uneinsichtiger Mensch. Ein grässlicher Mensch. Deshalb brauchen Sie auch nächste Woche gar nicht wieder bei mir aufzutauchen.«

»Tja dann …« Lenny seufzte. »Vielleicht wird es ja besser, Doctor H, aber es lenkt mich so wahnsinnig von der Arbeit ab.«

Greg seufzte. Doctor H war immerhin weniger schlimm als Gigi. »Man sieht sich, Lenny.«

»Ja, man sieht sich, Doc.«

Als sich Lenny davongemacht hatte und seine ewigen Kaugeräusche nicht mehr zu hören waren, lehnte sich Greg auf seinem beschissenen Stuhl zurück und starrte an die fleckige Zimmerdecke. Dann warf er wieder einen Blick auf die Uhr. Fünf nach vier.

Er seufzte.

Als es um halb fünf keine weiteren Termine gab, ging Greg hinaus und schlich durch die Gänge. Noch eine halbe Stunde in dem Zimmer, und er hätte das Fenster geöffnet und sich mitten in Manhattan mit ausgebreiteten Armen auf den Gehweg gestürzt. New Yorker hatten für so etwas keine Zeit. Allein der Gedanke, wie viele frisch polierte Budapester dabei beschmutzt werden würden …

In der elften Etage trank er an einem Wasserspender, schenkte sich einen zweiten Becher ein und betrachtete die dicken, schillernden Bläschen, die wie Quallen nach oben glucksten. Dann schüttete er das Wasser in den Topf einer welken Büropflanze und füllte den nächsten Becher.

»Hey, alles in Ordnung?«

Das kühle, klare Wasser lief über seine Fingerspitzen und prasselte auf den beigen Teppichboden.

»Scheiße.« Er kippte etwas davon in den Überlauf – der bereits voll war, sodass nur noch mehr auf den Boden schwappte – und trank den Rest in zwei Schlucken.

Der Mann neben ihm kam ihm bekannt vor. Vielleicht ein Patient, doch das hieß nicht viel. Greg hatte inzwischen der halben Belegschaft im Haus etwas für die »Nerven« verschrieben.

»Erinnern Sie sich nicht an mich, Doc?«

Als Greg die weiche Hand des Mannes schüttelte, rührte sich plötzlich etwas in seinem heruntergewirtschafteten Hirn. »Sampson? Richard Sampson? Sie hatten diesen Hautausschlag.«

Sampson hüstelte. »Richtig. Die Salbe hat übrigens sehr gut geholfen. Was führt Sie in unsere luftigen Höhen, Greg?«

»Nichts Besonderes. Ich mache nur einen … nur einen Bürobesuch.«

»Einen Bürobesuch? Ich wusste gar nicht, dass es das gibt.«

Greg hätte sich ohrfeigen können. »Nur im Notfall.«

Sampson zog die Brauen hoch. Schmale, frisch gezupfte Brauen. Greg fand, dass sie den Mann leicht weibisch aussehen ließen, doch welches Recht hatte er, das zu sagen. »Geht es jemandem schlecht?«

»Es ist nicht lebensbedrohlich, aber mehr kann ich nicht verraten. Die ärztliche Schweigepflicht, Sie verstehen.«

»Ja, natürlich.« Sampson wirkte enttäuscht, trug es jedoch mit Fassung. »Darf ich?«

Greg wurde bewusst, dass er den Wasserspender noch immer blockierte. Er machte einen Schritt nach hinten und tat so, als würde er das Schmatzgeräusch seiner Schuhe nicht hören. »Bitte sehr!« O Mann, er klang wie ein Idiot. Wahrscheinlich eine Auswirkung des Büroalltags. »Ich muss zurück und meine Sachen holen. Wenn ich nicht Punkt halb sechs zu Hause bin, muss ich dem Kindermädchen Überstunden bezahlen.«

»Ja, ja, die familiären Verpflichtungen. Sehr lästig, aber so kommt man wenigstens nicht auf dumme Gedanken, stimmts, Greggy?«

Sampson zwinkerte ihm komplizenhaft zu, wofür ihm Greg am liebsten einen Faustschlag verpasst hätte. Er überlegte schon, ob das den Bruch seines hippokratischen Eids bedeuten würde. »Ich heiße Greg.«

Sampson hatte das offenbar nicht gehört, denn er lachte in sich hinein und lehnte sich an den Wasserspender, als hätte er vor, noch lange dort zu bleiben. Das Ding neigte sich bedenklich, und Greg wünschte sich insgeheim, es würde umkippen. »Also, ich habe mir vor der Geburt meiner Kinder weiß Gott die Hörner abgestoßen. Aber die Kleinen zeigen einem, was im Leben wirklich zählt, wenn Sie verstehen, was ich meine.«

»Stimmt.« Greg zerknüllte seinen Becher. Neben dem Wasserspender stand ein Abfallbehälter, doch um hinzugelangen, hätte er näher an Sampson herangehen müssen. Er warf den Becher in einen weiter entfernten Papierkorb.

»Guter Wurf. Tja, da trifft man sich mit wahnsinnig vielen Mädchen, bleibt jede Nacht bis in die Puppen auf, säuft und schert sich um gar nichts, und dann, PENG« – Sampson zerknüllte seinen Becher –, »zählen plötzlich nur noch ein fester Job und die Brötchen, die man nach Hause bringt, und man sucht ununterbrochen nach guten Schulen und nach Wohngegenden ohne Farbige. Andererseits ist das ab einer bestimmten Gehaltsgruppe kein Problem mehr, was, Greggy?«

Plötzlich spürte Greg deutlich die Sonne auf seinem Rücken, unten am Hafen beim Angeln mit Rodolfo, Ramos und den anderen. Er hatte sich beim Ausnehmen ihres ersten Fangs in die Hand geschnitten, und Rodolfo hatte einen langen Streifen von seinem Hemd abgerissen und die blutende Innenfläche verbunden, obwohl er gewusst haben musste, dass ihn seine Mutter deswegen halb totschlagen würde. Rodolfo hatte nur zwei Hemden besessen.

Greg setzte zu einer Entgegnung an und schloss den Mund wieder. Es war sinnlos.

Sampson nickte und warf seinen Becher in Richtung

Papierkorb. Drei Viertel des Wegs legte das Ding rollend zurück, was Sampson wohlweislich übersah. Er fummelte an seinen schweren Manschettenknöpfen und lehnte sich wieder an den Wasserspender. »Und? Wie viele?«

»Was?«

»Wie viele Kinder haben Sie?«

»Ach so.« Greg zögerte kurz. »Vier.«

Sampson war erstaunt. »Nicht schlecht für einen so jungen Kerl, Greg.«

Greg fand sich seufzend damit ab, dass er nicht so schnell loskommen würde. »Das war nicht schwer.«

»Nein, ist doch toll! Eine Familie gründen, solange man jung ist – fantastisch. Das sollten viel mehr Männer tun. Wie alt ist Ihr ältestes Kind?«

Greg musste nachdenken. Ja, wie alt war Lorian?

Sein Schweigen zog sich quälend in die Länge. »Äh, fünfzehn.«

»Na, das ist doch ein schönes Alter. Meiner ist zehn. Da kann man mit einem Kind noch nicht viel unternehmen. Ich warte, bis er zwölf ist, dann löse ich meine Frau ab.«

»Woher wollen Sie das wissen?«, fragte Greg träge.

»Was denn?«

»Wenn Ihr Sohn erst zehn ist, woher wollen Sie dann wissen, dass fünfzehn ein schönes Alter ist? Es könnte auch ein schreckliches Alter sein.«

Sampson starrte ihn an. In den Tiefen des Labyrinths aus Gängen hinter ihm begann müde eine Glocke zu schrillen. »Also, ich …« Er richtete sich abrupt auf, sodass der Wasserspender scheppernd ins Schwanken geriet. »Ich muss los. Feierabend. Bis bald mal wieder, Greggy.«

»Na dann«, erwiderte Greg und sah dem Wasser zu, wie es hin- und herschwappend langsam ins Gleichgewicht kam. »Bis bald.«

Während Greg in seinem Büro zusammenpackte, sah er immer wieder lange aus dem Fenster. Unten strömten die New Yorker aus der Arbeit, eine menschliche Flut Hoffnungsvoller und Unzufriedener, die wenigsten von ihnen in der Stadt geboren, so gut wie keiner mit der Absicht, jemals nach Hause zurückzukehren. Männer in scharf gebügelten Anzügen gerieten dicht an Schuhputzer mit Schiebermütze. Junge Frauen im schwarzen Bürorock verschwanden in den Toiletten der Diners und kehrten im Petticoat-Kleid zurück, um den Abend in Keller-Jazzclubs oder irgendwelchen Kneipen zu verbringen. Privatschüler im letzten Jahr, die sich aus einem Treuhandfonds finanzierten, steuerten ihre Bentleys durch den stockenden Verkehr, der vorwiegend aus verbeulten Taxis auf der Suche nach Kundschaft bestand. Diese Stadt fraß einen auf, und man vergaß, dass es noch eine restliche Welt gab. Doch die gab es.

Irgendwo da draußen wuchs das ernste kleine Mädchen, das er zuletzt in Tansania gesehen hatte, zu einer jungen Frau heran. Wie mochte sie jetzt aussehen? Lorian. Hatte sie irgendetwas von ihm geerbt? Hoffentlich nicht, das wäre besser für sie. Aber wenn doch? Was, wenn auch sie im Teenageralter herausfand, dass ihr Geist einem Leuchtturm glich?

Greg war die meiste Zeit seines Lebens ein menschliches Katastrophengebiet gewesen. Aus genau diesem

Grund hatte Shirley in Afrika ihre Tochter genommen und ihn verlassen, und er hatte es ihr nie nachgetragen, zumindest nicht in seinen lichten Momenten. Die beiden waren ohne ihn besser dran.

In den Jahren danach hatte er viel falsch gemacht und sich und andere verletzt. Er hatte sich als ein mieser Ehemann und noch mieserer Vater erwiesen. Für Lorian war es besser gewesen, dass er nur als Name auf Geburtstagskarten existierte. Als Name auf einem Scheck.

Alles richtig, aber inzwischen ging es ihm besser. Er hatte zwar noch seine Höhen und Tiefen, aber …

Vielleicht war es noch nicht zu spät.

Er erinnerte sich vage daran, irgendwann erfahren zu haben, dass Lorian gern angelte, obwohl sowohl ihre Mutter als auch ihr Stiefvater nur Verachtung für diesen Sport übrighatten. Vielleicht lag manches doch im Blut, wurde weitergegeben und übersprang gelegentlich sogar eine Generation.

Greg selbst hatte das Angeln gehasst – wahrscheinlich weil ihm jedes Talent für Tätigkeiten fehlte, die Geduld erforderten. Doch selbst er hatte schöne Erinnerungen an Stunden auf dem Boot mit Papa, und es wurden immer mehr, je länger sich die ruhigen Jahre hinzogen.

Er sah auf die Uhr. Es war halb sechs.

Er griff zum Hörer.

KEY WEST

1939

»Fantastisch.«

»Was ist fantastisch?«

»Na, das hier.«

Onkel Les ließ den Blick über das Boot seines Bruders wandern, als sähe er es zum ersten Mal. Dann richtete er ihn auf das wogende Meer ringsum, und auf seinem breiten Gesicht erschien der Ausdruck plötzlichen Schreckens. »Mein Gott … Sie haben recht, Captain! Wieder einmal zeigt mir Ihre Beschreibungskunst die Welt ganz neu.«

Greg schwieg. Sich über seinen Vater lustig zu machen, war gefährlich. Doch Papa warf den Kopf zurück und lachte sein polterndes Lachen. Da fühlte sich Greg wieder sicher und lächelte abwechselnd Patrick und John an, und sie grinsten von ihren Sitzen her zurück. Jeder der beiden hielt eine Angel in der Hand und hatte einen Fleck Zinkcreme auf der Nase.

»Du kannst mich mal, Baron. Ich bin außer Dienst.«

»Eindeutig.«

»Du konntest nicht mal einen Zettel für den Postboten schreiben und machst dich über mich lustig?« Papa schüttelte den Kopf und holte seine Schnur ein Stückchen ein. Die neue Angelrolle der Firma Penn surrte wunderschön, und die auftauchende Schnur glänzte und triefte wie eine Zitrone, die ausgedrückt wird. »Bring mir ein Bier, Gig. Oder besser einen Rum, falls deine Mutter die Limetten eingepackt hat.«

Greg sprang von seinem Platz zwischen den beiden Männern auf. Er freute sich, dass er helfen durfte. Beim Auslaufen mit Motorkraft war ihm schlecht geworden, was er vor seinem Vater verborgen hatte, doch kaum hatten sie den Motor abgestellt und das Boot dem sanften Schaukeln der Wellen überlassen, war seine Energie zurückgekehrt, und jetzt hatte er sogar mehr als zuvor.

In der Kabine der Pilar war es kühl und feucht. Es roch nach Salz und sehr stark nach der Flasche Brandy, die bei der Ausfahrt aus dem Hafen aus Papas Tasche gefallen war. Er wühlte hektisch in dem Korb mit dem Mittagsproviant, einem wilden Durcheinander aus dicken, in doppelte Lagen weiches Wachspapier eingeschlagenen Sandwiches, hart gekochten Eiern, Avocados und Orangen. Limetten waren nicht dabei.

»Gig-man? Mixt du dir da drin selbst einen?«

Greg grub seine Faust in das zerstoßene Eis in der Kühlbox, zerrte das erste Bier hervor, das er in die Finger bekam, lief zur Tür, dachte kurz nach, lief zurück und nahm noch eins, für Onkel Les.

Die beiden Männer grinsten dankbar, als er mit einem Bier in jeder Hand oben ankam. Les trank seine Dose schlürfend leer und warf sie in den grenzenlosen Golf.

»Du hast deinen Sohn gut erzogen, Ernest.«

»Ich weiß.« Papa breitete lächelnd den Arm aus und hob sich seinen Sohn auf den Schoß. Er beugte sich vor und flüsterte: »Du musst ein Gefühl dafür kriegen, Gigman. Vergiss Pferderennen – das hier ist der Sport der Könige. Du gegen das Meer.«

Greg legte seine Hand auf die Rolle und ließ den Blick die lange, schmale, im Mittagslicht glühende Angelrute hinunterwandern und weiter auf das große, purpurn wallende Meer.

Kaum hatte er es sich bequem gemacht, hob Papa ihn schon wieder runter. »Aber erst in ein paar Jahren, wenn du ein bisschen mehr Muskeln am Leib hast. Jetzt taugst du höchstens als Köder.«

Zu jung zum Angeln, zu jung zum Schießen. Greg sah voller Neid zu seinen Brüdern. Der eine breit, der andere schlank, beide größer als er, beide ganz auf das Wasser konzentriert und auf ihre mickrigen Ruten.

John musste Gregs Gedanken erahnt haben, denn er lehnte sich zurück und warf einen Blick über seine schon ziemlich stark gerötete Schulter. Greg sah schnell weg und ging weiter. John erschien ihm unfassbar erwachsen, erfahren und viel gereist. Er hatte seine Kindheit nicht im öden Miami verbracht. Seine Spielwiesen waren Paris, Madrid und alle möglichen italienischen Orte gewesen.

Greg stieg aufs Oberdeck und blickte Richtung Bimini, eine dunkle Wölbung am Horizont. Wahrscheinlich lag seine Mutter dort gerade am Pool und sonnte sich. Abgesehen von ein paar einzelnen Möwen, die über ihnen kreisten, war der Himmel vollkommen leer. Der Golfstrom unter dem Boot, ein Fluss ohne Grund auf einer unablässigen Suche, zog und schob, wühlte und tastete, drehte das Boot hierhin und dorthin, als würde er diesmal, *diesmal* das Gesuchte finden. Hier oben schaukelte die Pilar viel stärker, und Greg beschloss, so schnell wie möglich wieder hinunterzusteigen.

John fing zwei Fische, und Papa klopfte ihm auf den Rücken und sagte, dass er im Begriff sei, ein richtiger Mann zu werden. Sogar Patrick fing etwas, doch als sie bemerkten, dass es ein Makohai war, musste Papa die Schnur kappen. Er ließ es aber als Fang gelten, und Les und er und die beiden Jungs tranken zusammen ein Bier.

Greg beobachtete alles von seinem sanft schwankenden Sitz aus und versuchte, nicht eifersüchtig zu sein.

Sobald ihn Papa angeln lassen würde, hätten Patrick und John keine Chance mehr. Dann würde er der Beste sein.

Auf dem Boot war es still geworden. Die Sonne, die den ganzen Tag wie eine weiß glühende Kugel heruntergebrannt hatte, wurde auf ihrem Weg zum Horizont blutrot und immer feister.

Les stand am Heck und erzählte Patrick die immer gleiche Geschichte von seiner Jagd in Afrika, die Greg schon beim ersten Mal gelangweilt hatte, Patrick jedoch stets aufs Neue begeisterte. John hatte zur Feier des Tages ein Bier zu viel getrunken und schlief unter Deck seinen Rausch aus.

Greg wandte sich von seinem Onkel und seinem Bruder ab und sah von der Bootsseite aus zu, wie der Golfstrom an den glänzenden schwarzen Rumpf der Pilar spritzte.

Es machte ihn schwindelig, und als das Heck durch die ersten Wellen schnitt, die auf dem Weg zur Küste aufkamen, wurde ihm plötzlich schlecht.

Er trat vom Bootsrand zurück und schüttelte so lange den Kopf, bis die Übelkeit verflog.

»Alles in Ordnung, Gig-man?«

Er beschattete seine Augen. Papa stand am Steuerrad.

Greg stieg zu ihm hinauf, und als er nah genug war, legte sein Vater ihm zärtlich die Hand an den Hinterkopf.

»Bist du müde?«

»Nein, ich hab nur nachgedacht.«

»Aha.«

»Ich hab darüber nachgedacht, wie groß das Meer ist.«

»Es gibt nichts Größeres. Jedenfalls nicht auf der Erde. Und es lebt.«

»Es lebt?«

»Ja. Das Meer ist Leben, Gig. Und hier ganz besonders. Hier wimmelt es nur so davon. In jedem Tropfen ist Plankton, und auf jeder Quadratmeile tummeln sich Thunfische, Haie, Schildkröten, Speerfische. Wenn du von der Kante dieses Boots einen Stein ins Wasser fallen lässt, wird er auf dem Weg nach unten unweigerlich irgendwas treffen.«

Greg sah es vor sich. Einen Stein fallen lassen und einen verdutzten Hai am Kopf treffen. Er grinste. Jetzt machte es nicht mehr so viel Angst.

»Das ist das Schöne daran«, fuhr Papa fort. »Man nennt das Fruchtbarkeit. Selbst wenn morgen sämtliche Amerikaner mit dem Angeln beginnen und ihre ganze Zeit damit verbringen würden, wären die Vorräte hier im Meer noch nicht mal angekratzt. Das Meer kann nicht aufgebraucht werden. Es ist eine unbezähmbare Wildnis.«

»Wie der wilde Westen?«

»Ha – ja, so ungefähr. Aber im Meer sind die Delfine die Sheriffs und die Haie die Banditen.«

»Und was sind wir?«

»Wir?« Papa sah ihn an, als hätte ihn die Frage aus dem Mund seines Sohns überrascht. »Wir sind natürlich die Cowboys.«

Gigi lehnte sich an seinen Vater, und sein Vater ließ ihn.

»Patrick war gut heute, oder?«

»Ja. Schade, dass es ein Hai war, aber er hat wie ein Mann gekämpft. Und mehr kannst du nicht tun, als die Kämpfe, die dir das Leben beschert, mit aller Kraft auszufechten.«

»Wie die Cowboys.«

»Richtig, Gig. Wie die Cowboys.«

BIMINI

1968

»Und auf was angelst du bei euch zu Hause?«

Lorian hob den Blick. Ihr platinblondes Haar fiel über eine Schulter, und ihre Augen, die ihn musterten, waren so dunkel und unergründlich wie die des kleinen Mädchens in seiner Erinnerung.

»Was hast du gesagt, Greg?«, fragte sie.

Genau so hatte sie ihn schon während des ganzen Flugs hierher angesehen – wie etwas, das sie aus einem Fluss herausgezogen hatte. Wie irgendeinen am Grund lebenden Fisch, den sie nicht kannte.

»Deine Mutter« – er gab sich mit jedem Wort große Mühe, denn im Augenblick war alles mühsam – »hat mir erzählt, dass du angelst, und ich wollte wissen, auf was.«

Sie schwieg und sah ihn exakt so lange an, dass es unverschämt wurde. Dann sagte sie mit breitestem Südstaatenakzent »Katzenwels«. Eine Selbstparodie. In Wahrheit hatte sie nur einen leichten Akzent. Das wusste er von dem steifen Small Talk im Flugzeug.

In einer besseren Phase wäre es ihm vielleicht gelungen, ihre Verachtung und Gleichgültigkeit zu durchbrechen. Sie zu unterhalten. Zu bezaubern. In Bestform wäre ihm das leichtgefallen, aber er war nicht in Bestform, sondern sehr weit entfernt davon.

Er fiel gerade in ein Tief und war schon weiter unten als seit Jahren. Dass die Dunkelheit eines Tages zurückkehren würde, war ihm klar gewesen – nicht einmal Valerie konnte sie für immer fernhalten. Doch die Depression hätte sich keinen schlechteren Zeitpunkt aussuchen können.

Wahrscheinlich hätte er sich längst einweisen und gründlich durchpusten lassen sollen. Doch er hatte Lorians Reise schon vor Monaten geplant, und dann war es zu spät gewesen. Was hätte sie von ihm gedacht, wenn er nur wenige Tage vor ihrem Flug abgesagt hätte?

Ihm waren nur zwei Möglichkeiten geblieben: entweder die Schocks trotzdem durchführen lassen und seiner Tochter beim ersten Wiedersehen seit vielen Jahren mit Watte im Kopf begegnen oder wie ein Mann damit umgehen. Wie ein Vater.

Vielleicht hatte er die falsche Entscheidung getroffen. Er spürte, dass sie seinen seelischen Schutz, sein Geprahle und Draufgängertum, mit jedem Blick durchschaute und in ihm den beschissenen kleinen Blender sah, der er war. Oder bildete er sich das ein? Beeindruckt war sie jedenfalls nicht von ihm.

Sie wandte sich ab und ging mit gekonnt wiegenden Schritten in Richtung Bug, eine Hand mit den hübschen, glänzend lila lackierten Fingernägeln auf der silberfarbenen, in der Sonne blendenden Reling.

Auch wenn sie ihren Vater nicht als berauschend

empfand, das Boot gefiel ihr. Als ihnen Captain Bob im Hafen vom Deck des langen, schnittigen Rennboots aus zuwinkte, hatte sie zum ersten Mal seit ihrer Ankunft in der zugegebenermaßen schäbigen New Yorker Wohnung die Augen aufgerissen. Ihr Zimmer war kleiner gewesen, als von ihr erwartet, das Auto älter als das Cabrio, das sie zum sechzehnten Geburtstag bekommen hatte, New York schmutzig und überfüllt. Das Flugzeug, mit dem sie nach Bimini gereist waren, hatte sie als »klapprig« bezeichnet. Aber das Boot? Über das Boot hatte sie gar nichts gesagt, was, wie Greg allmählich lernte, höchstes Lob bedeutete.

Bob stand am Steuerrad. An jedem Finger blitzte ein Ring, und die riesigen Gläser der Sonnenbrille verwandelten seine Augen in schwarze Spiegel, die seinem Gegenüber zwei Meere entgegenwarfen.

Greg hätte ihr nachgehen müssen, doch es erschien ihm sinnlos. Er kämpfte einen aussichtslosen Kampf. Gegen sie. Gegen sich. Sie waren beide nicht mit dem Herzen dabei.

Das war wohl das Einzige, was er mit seiner Tochter teilte: Keiner von ihnen mochte ihn sonderlich.

Bei der Einfahrt in den Golfstrom verdunkelte sich das matte Blau der Küste von Bimini genau wie in Gregs Erinnerung zu tieferem Blau und Violett, und die hüpfenden Wellen dehnten sich zu mächtigen Wogen.

Dieser Moment war Greg immer heilig gewesen. Nur wenig auf dieser Welt war so kraftvoll. Der Strom bewegte eine Milliarde Tonnen Wasser pro Sekunde, bestimmte das Wetter auf dem gesamten Planeten und hielt die Ökosysteme ganzer Ozeane am Laufen, indem er Plankton und Krill verteilte.

Als würde man auf einem Gott segeln.

Dem Gott seines Vaters.

Hier war sein Vater ganz er selbst gewesen, im Guten wie im Schlechten.

Lorian war auf das Kapitänsdeck gestiegen und stand wie ein dünnes Straßenkind neben dem muskelbepackten Bob. Sie sagte etwas zu ihm, und als er lachte, blitzte in der feuchten Dunkelheit seines Munds ein Goldzahn auf.

In Greg verkrampfte sich etwas.

Bob bemerkte, dass Greg ihn ansah, und grinste auf seine unergründliche Art, die nichts besagte und doch immer spöttisch wirkte.

Greg fragte sich, warum er Bob für die Fahrt angeheuert hatte. Bei den Familienurlauben in Bimini hatte sein Vater zwar immer Bob zum Steuermann erkoren, doch Greg verband damit nur wenige glückliche Erinnerungen. Er war noch zu klein gewesen und hatte kein einziges Mal selbst angeln dürfen.

»Das reicht«, rief Bob plötzlich mit dröhnender Stimme, die den Motorenlärm mühelos übertönte. »Kommen Sie, Mister Hemingway, ich schnalle Sie an.«

Er stellte den Motor ab, und dann wurde Greg auf dem Stuhl hinten im Boot festgegurtet, der seinerseits fest mit dem Deck vernietet war. Ihm fiel ein, dass er besser etwas mit langen Ärmeln angezogen hätte. Der Tag würde heiß werden, und schon die Morgensonne brannte vom Himmel.

Bob spießte bereits dicke Scheiben Meeräschenfleisch auf Haken, die so dick wie Karotten waren. Am Stuhl befanden sich rechts und links je zwei Outrigger, jeder mit einer Schnur, die zur Wasseroberfläche führte, nicht tiefer, sodass sich der Köder ganz natürlich in der Heckwelle bewegen konnte. Wenn es so weit war und am Ende einer der Schnüre ein fünfhundert Pfund schweres wütendes Meeresungeheuer hing, würde Greg die Halterung rasch lösen, damit die Schnur nicht riss, und der Kampf würde beginnen.

Bei der Vorstellung ballten sich seine Hände zu Fäusten. Aber wenigstens war jetzt Lorians Interesse geweckt. Sie umkreiste den Stuhl, sah sich alles ganz genau an – die riesigen Ruten, die schmalen Outrigger, die straffen Schnüre. Als sie die Hand auf eine der massiven Rollen legte und das Messing zwischen ihren gespreizten Fingern glänzte, erinnerte sie mit ihrer Neugier zum ersten Mal an ein Kind. »Wie groß sind diese Fische eigentlich, Greg?«

»Das siehst du dann schon.« Er zwang sich zu der Antwort und versuchte sie spielerisch rätselhaft klingen zu lassen, doch sie wirkte nur arrogant. Das passierte immer, wenn er am Tiefpunkt war – noch die simpelste Unterhaltung erschien ihm dann fremd. Verdammt, er war müde, und ihm wurde schon schlecht. Warum gerade jetzt? Warum konnte er Lorian nicht im Normalzustand kennenlernen oder seinetwegen während eines Hochs? Egal wie, nur nicht so!

Lorian ging weg, und Greg verfluchte sich insgeheim.

Eine halbe Minute später kicherten sie, und Bob machte Kotzgeräusche. Greg durchfuhr ein Schauder. Verrat. Scham. Er wusste ganz sicher, dass sie über ihn lachten. Dass Bob ihr von den Fahrten erzählte, bei denen Greg als kleiner Junge ununterbrochen über der Reling gehangen hatte. Er blickte starr geradeaus und tat so, als hätte er nichts gehört.

Wieder wurde getuschelt, wieder wurde gelacht. Dann stand Lorian plötzlich neben ihm, die Hände voller Münzen.

»Die soll ich ins Wasser werfen, hat Bob gesagt, das bringt Glück. Glaub ich zwar nicht, aber bitte.«

Ihm wurde so schwer ums Herz, als hinge ein Felsblock daran. Das Opfern von Münzen war so alt wie der Fischfang selbst, aber *er* hätte daran denken und sie ihr geben müssen, nicht Bob. Das war die Pflicht des Vaters.

Zu spät. Trotz ihrer Zweifel hielt sie die Münzen so andächtig in den Händen wie andere Mädchen den Rosenkranz beim Gebet. Sie beugte sich vor und warf sie so schwungvoll über die Reling, dass sie blitzend auseinanderflogen. Alle drehten sich in der Luft, so unterschiedlich sie in Form, Größe und Wert auch waren, und prasselten in flüssigem Staccato auf den Rücken einer Welle. Greg sah sie noch eine Sekunde wie Fische schimmern, während sie in das zerschrammte Dunkel zum meilentiefen Meeresboden hinuntertrudelten, wo keine Hände sie mehr behelligen würden.

Am liebsten wäre er hinterhergestürzt.

Doch jetzt sprang der Motor wieder an. Cremeweißer Schaum erhob sich in einem langen Streifen, zog sich hinter dem Boot dahin und verschwand in der blauen Unendlichkeit.

Greg saß still da und versuchte zu ignorieren, dass das Dröhnen des Motors und das Klatschen der Wellen doppelt so schrecklich klangen, wenn man festgeschnallt war. Er hoffte ein bisschen – nein, er hoffte sehr –, dass keine Fische da wären. Das war manchmal so, tagelang und aus keinem erkennbaren Grund. Gar nichts war immer noch besser als zu versagen.

Doch da stand Lorian und sah ihn zum ersten Mal weder verächtlich noch reserviert an. Noch konnte er alles retten. Es gab Hoffnung.

Wenn er nur einen Fisch fangen würde! Das würde über die Stimmung des ganzen Tages entscheiden. Über die Stimmung des ganzen Urlaubs. Alles andere wäre dann nicht mehr wichtig. Ihr gesamtes gemeinsames Leben als Vater und Tochter hing von einer dieser dünnen Schnüre ab, die im wogenden Golf verschwanden.

Den Fisch fangen. Lorian in einen Flieger setzen. In die Klinik fahren und sich innerlich aufräumen.

Er hatte einen Plan.

Er starrte aufs Wasser.

Er dachte an die grenzenlose Wut seines Vaters, nachdem er seinen ersten Fisch verloren hatte, weil er noch unerfahren gewesen und in Panik geraten war. Vielleicht war Papa so sauer geworden, weil ein Freund von ihm dabei war und er mit seinem jüngsten Sohn hatte angeben wollen, dem Sohn, der sich in allem hervortat. Dass Greg nicht nur Können, sondern auch Nerven und Mut hatte vermissen lassen, hatte sein Vater als einen persönlichen Angriff empfunden. Greg war die ganze Fahrt todtraurig, seekrank und beschämt in einen solchen Stuhl geschnallt gewesen, während sein Vater Seeschwalben mit seinem Gewehr vom Himmel knallte.

Und weil Seeschwalbenpaare ihr ganzes Leben zusammen verbrachten, war die eine immer geblieben und hatte das Boot umflogen und dabei ununterbrochen gerufen, nachdem sein Vater die andere getötet, ihr Leben in einem einzigen Augenblick ausgelöscht hatte und sie schlaff in die Gischt getrudelt war. Sein Vater hatte sie eine Zeit lang in Ruhe gelassen, war auf dem Deck herumgetrampelt und hatte vor sich hin geschimpft, doch der nächste Schuss hatte immer geklungen, als hätte er ihn dicht hinter Gregs Stuhl abgefeuert.

Den halben Tag hatte er angeschnallt dagesessen und zugesehen, wie die zerfledderten kleinen Seeschwalben-leichen im Kielwasser wirbelten und nach und nach in der Ferne verschwanden.

Jetzt stieß eine Seeschwalbe über ihm einen Ruf aus, und die Gefährtin flog in weitem Bogen zu ihm. Greg hob den Blick, betrachtete ihre schmalen, spitz zulaufenden Flügel, das klar voneinander abgesetzte Schwarz-Weiß des Gefieders, die zarte Tölpelhaftigkeit der nutzlos unter ihnen eingezogenen Beine. Zum ersten Mal seit Tagen lächelte er. Dann konzentrierte er sich wieder aufs Wasser.

Sie sahen den Fisch lange bevor er den Köder schluckte. Ein plötzlicher Sprühnebel, der sich der Heckwelle nä-herte, ein Stück breiter Rücken, funkelnd wie in einem Kettenhemd. Silber. Saphir. Chrom. Die Rückenflosse er-hob sich zu voller Pracht aus dem Wasser.

»Der ist riesig …«, musste Lorian zugeben.

Sie hatte recht. Ein Koloss.

Das Tier schnappte sich den Köder mit der Schubkraft eines startenden Fluchtwagens, und die abrollende Schnur schnarrte durch den Wind.

»Die Rute, Mann! Die Rute!«, brüllte Bob.

Greg stieß den Sicherungsstift mit dem Ballen der linken Hand nach unten und packte mit der rechten die Rute. Während die Schnur noch weiterlief, steckte er das Rutenende in die Vertiefung zwischen seinen Beinen und streckte die Arme.

Der Fisch sprang rasend schnell vor und zurück, um die Grenzen seiner Falle auszumessen, und glich dabei mehr einer in der Luft tanzenden Fliege als einem fünfhundert Pfund schweren Speerfisch, der ein tosendes Meer durchpflügte. Plötzlich drehte er scharf nach rechts, kein Antäuschen diesmal, nur blindwütige Aktion.

»Lass ihn laufen, Mann, lass ihn laufen!«

Greg ließ ihn laufen, und Bob ließ beide Motoren aufheulen, um den Fisch über das wogende Antlitz des Meeres zu jagen. Das musste sein. Hätte der Marlin seine ganze monströse Kraft gegen die Schnur gerichtet, wäre sie wie ein Baumwollfaden gerissen.

Lorian drückte sich an die Reling. Ihre Fingerknöchel waren weiß, ihre Augen groß und begierig.

Greg nahm allen Mut zusammen, und als hätte er den Entschluss gespürt, wurde der Fisch der Sache müde und kam zurück. Bob stoppte die Motoren und rief »Angriff, Chef, Angriff!«, und Greg riss die Rute nach oben. Es war, als müsste er einen Stier bändigen, und es gelang ihm nur, weil der Fisch zögerlich war. In einem reinen Spiel der Kräfte hätte er Greg die Arme ausgerenkt.

»Er geht los! Er geht los!«, rief Bob, und er warf die Motoren wieder an.

Warum brüllt er alles zweimal?, dachte Greg gereizt, während er erleichtert Schnur freigab.

Er schwitzte bereits, und seine Schultermuskeln brannten wie Feuer. Wie hatte sein Vater das ganze Sommer hindurch geschafft? Und dabei auch noch *Spaß* haben können?

Wieder erstarben die Motoren, und ehe Bob den nächsten Doppelsatz herausschrie, nutzte Greg die Spannung der Schnur und begann einzuholen. Die Sonne brannte jetzt doppelt so heiß auf seinen Nacken. Seine Handflächen waren wund.

Er wollte Lorian gerade bitten, einen Eimer zu holen und Wasser auf seine Hände zu schütten, da atmete sie scharf ein. Wie sie es hatte kommen sehen, blieb ihm ein Rätsel, doch eine halbe Sekunde später sprang der Fisch in die Höhe.

Er war prachtvoll.

Eine halbe Tonne wie gemeißelter glänzender Muskel erhob sich tänzelnd aus dem Meer. Der Schwanz drosch so kraftvoll ins Wasser, dass es sich in Gewitterwolken verwandelte, die in der Luft zu hängen schienen. Übernatürlich, König des Meeres. Seine Flanken waren Himmel und Sturm, sein Bauch reines Quecksilber, sein Maul ein tiefer blutig roter Schnitt. Und sein riesiges graues Auge starrte sie alle an, betrachtete sie, sah sie.

Lorian flüsterte »Das nenn ich einen Fisch«, dann ließ sich das Ungeheuer mit einem Knall hintenüber in die Gischt zurückfallen. Und wieder lief die Schnur ab, diesmal schneller, so als hätte der Fisch Greg gemustert und für mangelhaft befunden. So als wüsste er, dass er Greg schlagen könnte.

Gregs Finger griffen nach der Rolle, und als wäre er

ein Hellseher, rief Bob »Lass ihn laufen, Mann, du musst ihn laufen lassen.«

Greg zog seine Hand zurück. Das Maul, diese Wunde, blitzte in seinem Kopf auf. Das Lorian-Auge.

Er wollte den Fisch nicht fangen. Er wollte nichts als runter von diesem Boot, weg von hier. Nach Hause.

Offenbar spiegelten sich seine Gefühle in seiner Miene wider, denn plötzlich hörte er jemanden lachen. Er blickte zu Lorian, und tatsächlich: Sie lachte ihn aus, lachte über seine nackte Angst.

Er wurde wütend. Nicht auf sie oder auf den Fisch, sondern auf sich.

»Lass ihn laufen! Lass ihn lau—«

Greg bremste die Rolle, schwenkte die Rute nach oben und zog und zog in der Hoffnung, dem Fisch den Rachen aus dem Maul zu zerren. Er hätte nichts lieber gehabt als ein Gewehr, um ihm das Herz aus dem Leib zu pusten, damit die Sache ein Ende hätte.

Die Schnur riss mit deutlich hörbarem Schnalzen. Der Fisch war weg. Kein Endkampf, keine gegenseitige Zerstörung. Nur ein schöner Sommertag, in sich zusammenfallender Schaum hinter dem Boot und eine leere See.

»O Mann. Warum hast du − verflucht noch mal. Verflucht noch mal, Mann.« Bob klang traurig, vielleicht sogar wütend, doch Lorians Stimme schmerzte am meisten.

»Du hast ihn entwischen lassen.« Sie blickte auf das Blau hinaus und dann unendlich enttäuscht zu ihm. »Du hast ihn entwischen lassen.«

Greg kannte diesen Blick. Er machte sich an den Gurten zu schaffen, mit denen er festgeschnallt war. Die Mischung aus Adrenalin und Gischt und Niederlage drückte wie ein harter Ball in seinem Magen, und er schaffte es kaum, sich über die Reling zu beugen, bevor es aus ihm hervorbrach. Cornflakes, Magensäure und der großzügige Schluck Whiskey, den er am Morgen getrunken hatte, um seine Nerven zu beruhigen.

Danach war er zittrig und schwach und erwartete, jeden Moment einen Schuss zu hören. Er wischte sich mit dem Ärmel über den Mund und lehnte den Kopf an die glühende Reling.

»Tut mir leid, Greg.« Lorian stand noch immer da, und er wusste nicht, was ihr leid tat: das mit dem Fisch oder dass ihm schlecht war oder alles andere.

Er drehte den Kopf zu ihr, ohne die Schläfe vom Metall zu lösen, und sah zu ihr hinauf. Sie starrte die Hand an, mit der er sich festhielt, und er bemerkte, dass sich noch ein mohnroter Streifen Nagellack am Daumennagel entlangzog. Warum hatte er das übersehen? Er passte doch immer gut auf.

Der Feigling in ihm wollte die Hand schnell wegziehen und verstecken, doch dafür war es zu spät.

»Nenn mich bitte *Vater*«, stieß er keuchend hervor. Wenigstens das. Wenigstens dieses Fitzelchen wollte er haben.

Sie hob den Blick, und ihre Augen sagten alles, aber das einzig Wichtige, was sie sagten, war Nein.

Am nächsten Tag saß Lorian in einem Flugzeug nach Mississippi.

HAVANNA

1970

Die Finca war weniger ein Museum als ein Mausoleum. Sie hatte Greg an Marys Haus in Ketchum nach dem Tod seines Vaters erinnert, all die sorgsam aufbewahrten Erinnerungsstücke, Opfergaben im Heiligtum des verschwundenen Gottes. Marys Haus hatte ihm nie gefallen, und das Hemingway-Museum gefiel ihm viel weniger.

An solchen Orten hatte er das Gefühl, durch Formaldehyd zu gehen, oder zur Tür zu laufen und festzustellen, dass sie verschlossen oder nur aufgemalt und er selbst auch nur ein Teil der Ausstellung war.

Betrachten Sie den Sohn, der gleiche Guss, nur weniger eindrucksvoll. Beachten Sie die Materialfehler, die Risse.

Alles hatte ihn an seinen Vater erinnert, an die gnadenlosen Worte, die am Ende zwischen ihnen gefallen waren.

Valerie dagegen hatte das Museum gefallen. Vielleicht war sie einfach zufrieden, weil sich die Mühe gelohnt hatte, mit der Mary und sie diese Bruchstücke von Papas Leben erhalten hatten. Oder die Nostalgie hatte sie gepackt angesichts einer Vergangenheit, die nicht ihre war, als sie die Anmerkungen auf den Rückseiten der Fotos las und den Turm zum alten Zimmer von Greg und Patrick hinaufstieg, wo die Decken und Kissen noch mit der Bettwäsche aus der Kindheit der beiden bezogen waren, so als könnte man, wenn man nur lang genug wartete, die fliegenden Schritte auf der Treppe hören, bevor die Jungs braungebrannt, mit schmutzigen Gesichtern und strahlend vor Lebendigkeit ins Zimmer stürmten.

Greg hatte mit einer Hand über sein altes Kissen gestrichen, und der dünne Stoff war an den schwieligen Hautstellen hängengeblieben. Dann war er gegangen und hatte draußen auf Val gewartet.

Sie waren nach Kuba geflogen, um das Hanggrundstück zu besichtigen, ein Geschenk von Mary. Hin und wieder rückte sie etwas von Papas Besitz heraus. Papa hatte nie ein richtiges Testament geschrieben, weshalb es Mary als letzter Ehefrau überlassen war, kleine Teile seiner Habe, etwas von seinem Geld, etwas von seinem Land zu verteilen. Dabei stammte das meiste aus einer Zeit, als sie noch längst nicht das Bett mit ihm geteilt hatte.

Greg hatte mit seiner bewährten Methode auf ihr Angebot reagiert: Er hatte es ignoriert. Doch nach einem harten Winter in New York, wo der ewige Matsch grauer als die Gehwege gewesen war und der bitter kalte Wind wie ein Eisenbahnzug durch die Straßenschluchten fegte, hatte die Vorstellung von einem Haus in der Sonne etwas Unwiderstehliches angenommen, und er war mit Valerie hingeflogen, um sich das Grundstück anzusehen.

In Kuba wollte Valerie den Vormittag unbedingt in den staubigen Räumen der früheren Finca verbringen, aus denen nach Marys großzügiger, vielleicht nicht ganz und gar freiwilliger Schenkung das Hemingway-Museum des kubanischen Volkes geworden war. Oder so ähnlich. Die Namen solcher Institutionen enthielten immer an irgendeiner Stelle das Wort »Volk«.

»Hast du noch viele Erinnerungen daran?«, fragte sie ihn. Sie verließen die überfüllten Straßen, auf denen er als Kind gespielt hatte, die Straßen, auf denen Rodolfo gestorben war, und begannen den langen Aufstieg zu ihrem Grundstück.

»An Kuba oder an meine Kindheit?«

»An beides.«

»An das eine oder andere erinnere ich mich.«

»An das eine oder andere?«

»Weib, was willst du von mir?«

»Gehorsam, aber das ist ein anderes Thema. Ich bin in Irland aufgewachsen, falls du das noch weißt, und kann mir überhaupt nicht vorstellen, wie es war, hier Kind zu sein. Im Grunde hast du das alles als einen einzigen riesigen Erlebnispark empfunden, oder nicht?«

»Ich – warte!« Er bot ihr seine Hand und half ihr über einen Felsbrocken, der auf dem Weg lag. Einen verstauchten Knöchel konnten sie jetzt wirklich nicht gebrauchen. Das Gelände war ziemlich unwegsam und außer ihnen keine Menschenseele zu sehen. Abgesehen vom Dröhnen einer Milliarde Insekten und dem stillen Blick des Dschungels waren sie ganz allein. »Kinder können da nicht unterscheiden. Man kennt nur das, was man kennt.«

»Danke, wie poetisch!« Sie ließ ihre Hand in seiner liegen. Ein bisschen feucht von der Anstrengung des Aufstiegs, klein und perfekt geformt.

»Du hättest es gern poetisch? Fürwahr, was weiß ein Kind schon von der grenzenlosen Welt, wenn doch sein Blick nicht weiter reicht als bis zum Rand der Schale einer Nuss? Wie soll es träumen von den Unvergänglichkeiten hinter jedem Augenblick, wenn es nur eine karge Zahl von Augenblicken kennt?«

»Das ist nicht poetisch, das ist imitierter Shakespeare. Schlecht imitierter Shakespeare.«

»Was bist, mein Lieb, so grausam du zu mir?«

»Mein Lieb, das ist nun mal mein Hobby, wie du weißt.«

Er seufzte. Hand in Hand stiegen sie noch ein Stück höher hinauf. Valerie tat so, als würde sie auf das marmorweiß schimmernde Meer blicken, das immer wieder zwischen den Bäumen sichtbar wurde, doch Greg kannte sie gut genug, um sich von diesem bewusst hervorgerufenen Anschein nicht täuschen zu lassen, und wählte seine Worte mit Bedacht.

»Also, ich erinnere mich an mehr, als du denkst. An ziemlich viel sogar. Manche Dinge sind ein bisschen verschwommen, aber andere stehen mir noch so deutlich vor Augen, als wäre es gestern gewesen. Nur passt das alles irgendwie nicht zusammen. Wie ein großer Haufen Edelsteine, die ich einzeln durchgehe.«

»Oder als hätte jemand alle deine Buntglasfenster zerschmettert.«

»Val …«

»Entschuldige, aber mir macht wirklich Sorgen, was die Elektroschocks in dir angerichtet haben.«

»Die Schocks sind das Einzige, was hilft. Das Einzige, was mich auf Null stellt.«

»Wirklich?«

»Ja.«

Sie seufzte.

Sie gingen weiter. Als es plötzlich im Unterholz knackte, drängte sich Valerie dichter an ihn, während Greg nur eine tollpatschige junge Baumratte vermutete. In diesem Urwald musste man nichts fürchten.

»Außerdem tauchen in meinem Kopf immer mehr Bilder auf, je länger ich hier bin«, fügte er hinzu. »Vielleicht ist alles immer noch in mir, nur verschüttet und total durcheinander. Wenn wir eine Weile hier wären, würden sie vielleicht … Du weißt ja, wie gut ich Puzzles legen kann.«

»Du hasst Puzzles.«

»Sie sind wahnsinnig langweilig, aber gut legen kann ich sie trotzdem.«

»Das können auch Fünfjährige.«

»Pah, ich trete gegen jeden fünfjährigen Amerikaner im Puzzle-Wettkampf an. Bei den siebenjährigen wäre ich mir schon nicht mehr so sicher.«

»Du bist ein Trottel.«

»Und du hast einen geheiratet.«

»Irgendwer muss sich ja um dich kümmern.«

Sie waren vom Dschungel umgeben. Das durch tausend Blätter gefilterte Licht wirkte nun dichter, so als würden sie sich unter Wasser vorankämpfen.

Es tat so gut, wieder hier zu sein. Das Haus hatte er als schrecklich empfunden, doch die Hügel, Regenwälder und fruchtbaren Äcker waren etwas ganz anderes. Sie entsprachen genau seiner Erinnerung, aber nicht weil sie erhalten oder in ihre Zeit eingesperrt worden waren, sondern weil sie sich selbst erneuerten, sich ständig veränderten und dadurch gleich blieben.

Valerie hatte recht, das vergangene Jahr war hart gewesen. Angefangen hatte es kurz vor dem Urlaub mit Lorian, und seitdem war er in einige ziemlich tiefe Löcher gefallen. Aber jetzt, in diesem Moment, fühlte er sich, als wäre er wieder ein kleiner Junge auf einer Wanderung, die er nur unternahm, um zu wandern, ein Kind, dessen ganzes Leben noch vor ihm lag.

Etwas huschte über den Weg, ein Wiesel. Den Namen hatte Greg vergessen. Es betrachtete Val und ihn kurz mit seinen brombeerschwarzen Augen und verschwand sofort wieder im Unterholz.

Sie schwiegen lange. Sie mussten nicht reden. Es genügte, dem leicht keuchenden Atem des anderen zu lauschen und dem Getöse des Lebens ringsum.

Dass Valerie ihr Schweigen brechen würde, spürte Greg eine Sekunde, bevor sie es tat, an ihrem Atem.

»Schenk mir einen.«

»Was?«

»Einen von all den Edelsteinen aus deinem großen Haufen.«

»Etwas aus meinem kostbaren Schatz?«

»Ja.«

»Was kriege ich dafür?«

»Nichts, aber schenk mir trotzdem einen.« Ihr Ton hatte nichts Spielerisches mehr.

Hundert Bilder gingen Greg durch den Kopf, im Seewind wirbelnder Pulverdampf.

Fische in der Bucht, alte Hafenarbeiter mit wettergegerbten Gesichtern, die im Schatten Zigarillos rauchten.

Sein Bruder mit blutunterlaufenen Augen.

Zerfetzte Vögel im Sturz von einem Himmel aus geschliffenem Glas.

Sein Vater an einem Caféhaustisch auf der Promenade von Havanna, satt und mit einem Whiskey in der Hand – seine Geste, als ein Mann in engen Hosen vorbeistolziert. »Was meinst du, Greg, würde der nach einem ordentlichen Tritt zwischen die Beine anständig gehen?«

Die abgezirkelten Bewegungen der Eidechsen in der brennenden Sonne.

Katzen mit krummen Schwänzen und Pfoten rosa wie Blütenblätter.

»Als ich klein war«, sagte er schließlich, »habe ich auf dem Strauch vor unserer Haustür eine Schmetterlingspuppe gefunden. Es gibt hier immer noch viele Schmetterlinge, aber damals waren es garantiert doppelt so viele. Die Dinger leben zwar kaum einen Tag, aber sie sind wunderbare raubeinige kleine Himmelspiraten, die wissen, wie man Katzen, Hurrikans und Hornissen ausweicht. Alle leicht ramponiert ...« Der Dschungel wurde allmählich lichter, je höher sie stiegen. Rechts blitzte das Meer jetzt heller auf.

»Jedenfalls habe ich mir die Puppe genommen. Ich habe sie in einen Schuhkarton gelegt, den Karton unter meinem Bett verstaut und gewartet, dass der Schmetterling schlüpfte. Mindestens zweimal pro Tag habe ich nachgesehen. Aber irgendwann nicht mehr. Es hat mir wahrscheinlich zu lange gedauert, und ich habe es einfach vergessen. Erst als ich im Sommer darauf zurückkam, entdeckte ich die Schachtel wieder. Ich wusste gar nicht mehr, was darin war, bis ich sie öffnete. Da lag ein Schmetterling, so groß wie deine Hand. Perfekt erhalten. Und die Flügel … die waren eisvogelblau und goldgesprenkelt. Und ohne den kleinsten Kratzer.

Ich kann mich noch gut an den Moment erinnern, als ich die Schachtel aufgemacht und den Schmetterling gesehen habe. Vieles ist weg, aber das … das vergesse ich nie. Diese Flügel …«

»So etwas kommt vor«, sagte Valerie leise. »Du warst ein Kind. Kinder vergessen oft etwas. Kein Grund sich zu schämen.«

Greg brauchte ein paar Sekunden, bis er verstand, was sie meinte. »Ich habe mich nicht geschämt. Na ja, ein bisschen schon, aber ich war viel eher neidisch. Er war so vollkommen. Nur dieser eine, ganz unberührt.«

Er ging ein Stück weiter, und irgendwann fiel ihm auf, dass Valeries Schritte nicht mehr zu hören waren. Sie hatte die Hände in die Hüften gestemmt und sah ihn an. »Ich werde dich nie verstehen, Gregory Hemingway, nicht in zehntausend Jahren.«

»Dann sind wir ja schon zu zweit.« Er grinste. »Ist das nicht spannend?«

Sie grinste nicht zurück, runzelte aber auch nicht die Stirn, sondern sagte nur: »Ich mache mir Sorgen um dich, Greg.«

»Ich weiß, aber … Ich versuche es ja, Val, wirklich.«

»Ich weiß.«

»Mit dir geht es mir besser als jemals zuvor in meinem Leben.«

»Auch das weiß ich. Aber ich glaube, dass es gekippt ist. Sie schaden dir mehr, als sie dir helfen.«

Das Schlimme war, dass sie recht hatte. Früher hatten ihn die Elektroschocks aus der Manie oder der Depression gerissen, in die er gerade stürzte, ihn wie eine Handbremse im Kopf abrupt gestoppt. Inzwischen hielt das Taubheitsgefühl höchstens einen Tag an.

»Na gut.«

»Na gut? Einfach so?«

»Am Ende gewinnst ja doch immer du. ›Na gut‹ spart uns Zeit.«

Sie lächelten, beide. Valerie ging zu ihm hinauf und gab ihm wieder ihre Hand. Er nahm sie und fühlte sich wie ein Dieb, der die Stadt auf dem Pferd des Königs verlässt.

Ein Zaun tauchte vor ihnen auf, Greg blieb stehen. Der Zaun war doppelt so hoch wie er. Die grauen Maschenglieder schraffierten das Grün dahinter. »Was ist *das*?«

Valerie ging hin und legte ihre Hände an das Drahtgeflecht. »Ist das auch wirklich das richtige Grundstück?«

»So kaputt ist mein Gedächtnis auch wieder nicht. Einen Tag nachdem meine Eltern den Grund gekauft hatten, sind wir alle zusammen hierhergegangen.«

»Was ist passiert?«

Greg stellte sich neben sie, steckte die Finger durch das kalte Geflecht und rüttelte daran, was nichts bewirkte, außer dass ihm danach die Schulter wehtat. Der Zaun war gut gemacht und bewegte sich keinen Millimeter. »So eine Scheiße.« Er lehnte sich mit dem Rücken dagegen und blickte aus der Vogelperspektive auf Kuba. Die Aussicht ihres geplanten Ferienhauses.

»Hier, Greg.« Valerie war ein Stück weitergegangen. Sie deutete auf ein Schild aus Metall, das am Zaun angeschraubt war. »Eigentum des Museums für Naturgeschichte. Schenkung des Ernest Hemingway Estate.«

Sie schwiegen. Irgendein Dschungelbewohner, den nicht einmal Greg erkannte, nutzte die Chance und begann wichtigtuerisch zu kichern.

»Wir hätten eben doch einen Dankesbrief schreiben sollen«, sagte Valerie leise.

»Einen Dankesbrief, weil sie uns großzügig etwas geschenkt hat, das mit dem Geld *meiner* Mutter gekauft worden ist?« Greg drehte sich abrupt um und kickte mit aller Kraft in den Zaun. »Widerliche. Boshafte. Intrigante. *Kuh*!« Jedes Wort mit einem Tritt unterstrichen.

Als er aufgehört hatte, legte Valerie ihre Hand auf seinen zuckenden Rücken. »Willst du zurück in deine Schachtel, kleiner Schmetterling?«

Er sah zu ihr hinunter, und sie sah zu ihm auf, ohne zu wissen, wie er reagieren würde, doch ohne Angst. Und dann prusteten beide los, lachten über sich selbst, über Mary, über den vor Leben strotzenden Dschungel. Greg lehnte sich wieder an den Zaun, legte den Kopf daran und spürte, wie sich das raue Metall in seine Kopfhaut grub. »Ich scheiß auf dich, Mary. Und immer dieser Stolz, sich eine Hemingway schimpfen zu dürfen! Dass du Kommunistin bist, hätte ich nie gedacht.«

»Die Proletarier aller Länder vereinigt in Bosheit.« Valerie klang nicht wütend, sondern ehrlich amüsiert. Sie hatte Mary immer gemocht. »Der Urlaub bleibt uns. Und immerhin haben wir eine schöne Wanderung gemacht. Und die kubanischen Mücken können ein Festmahl feiern.« Sie beugte sich zu ihm und neigte den Kopf nach hinten, sodass ihr Kinn sein Kinn berührte. »Ist doch egal. Am Ende hätten wir ein halbes Vermögen für ein Haus ausgegeben, in dem wir nur ein Mal im Jahr gewesen wären.«

Er setzte zu einer scharfen Entgegnung an. Doch dann spürte er Valeries an ihn geschmiegten Körper und schlang seine Arme um sie. Die ganze Wut, die eben noch in ihm geglüht hatte, war verflogen. Valerie hatte recht, natürlich hatte sie recht. Es war wirklich egal. Es war alles egal, nur nicht das hier.

NEW YORK

1974

Greg hatte den Kopf in die Hände gestützt und starrte auf die Schreibmaschinentastatur, die ihm wie ein Gebiss mit vielen Lücken erschien.

Die Zeit verging quälend langsam. Ihm fiel nichts ein.

Wie hatte Papa das nur gemacht? Und nicht nur manchmal, sondern Tag für Tag ... Kein Wunder, dass er sich das Hirn aus dem Schädel geblasen hatte. Und ein Wunder, dass er es so lang ausgehalten hatte.

Auch wenn er sich noch so sehr bemühte, wenn er es noch so oft versuchte – er war nicht sein Vater. Das hier sollte seine Geschichte werden, seine Autobiografie, doch jeder Satz, den er schrieb, kam ihm wie der eines anderen vor – falsch, gekünstelt. Häufte er Beschreibungen aufeinander, kam er sich wie ein Pfau vor. Schrieb er in dem knappen, schlanken Stil, der auf ihn am natürlichsten wirkte, empfand er sich als anmaßend, als billige Imitation. Er wusste schon jetzt, was die Kritiker sagen würden.

Warum tat er sich das an?

Kein Mensch erwartete das von ihm. Er hatte nichts zu gewinnen, nur viel zu verlieren.

»Greg?« Valerie klopfte an die Tür. Sie wusste, dass sie abgeschlossen war.

»Alles in Ordnung«, erwiderte er matt. »Ich überlege nur gerade, ob ich die Schreibmaschine mit einem Hammer kurz und klein schlagen soll oder nicht.«

Nach kurzem Schweigen sagte Valerie: »Sie hätte es wahrscheinlich verdient.«

Er musste grinsen. »Genau. Geschieht ihr recht.«

»Hast du Lust, ins Kino zu gehen? Wir könnten einen Babysitter organisieren.«

Ach, er liebte sie einfach. Sie wusste, was los war. Na komm, *lenk dich ab.*

»Nein. Danke, mein Liebes, aber ich darf jetzt nicht aufgeben.«

»Okay.« Obwohl beide wussten, was seine Antwort bedeutete, schwang kein Vorwurf in Valeries Stimme mit.

Es war ironischerweise ihre Idee gewesen, alles aufzuschreiben. Nachdem sie auf die stichwortartigen Notizen gestoßen war, die Greg in den langen, ruhigen ersten gemeinsamen Jahren in New York gemacht hatte – in den stabilsten seines Lebens –, hatte sie ihn immer wieder dazu ermuntert.

Auf jeder Seite hatte eine neue Erinnerung gestanden, zarte Triebe, die nach einem Waldbrand aus der Asche schossen. Valerie hatte geglaubt, er hätte das alles aufgeschrieben, weil er kreativ sein wollte, aufgrund eines ererbten Talents, und er hatte ihr nicht die Wahrheit gestehen können – dass er Erinnerungen notierte, solange er dazu noch in der Lage war, weil er ahnte, dass sie ihm nicht bleiben würden.

Er hatte nie Schriftsteller werden wollen – was einen echten Schriftsteller ausmachte, hatte wohl kaum jemand so hautnah miterlebt wie er –, doch die Bemerkungen seiner Frau waren ihm unter die Haut gegangen. Er hatte seine Erinnerungen durchforstet und den kleinen Schrotthaufen, den sie ergaben, halbherzig sortiert, hatte versucht, sie um des Effekts willen gegeneinander auszuspielen, und sie durch Bilder oder Worte miteinander verbunden.

Jedesmal wenn er sich an den Schreibtisch setzte, machte er die Arbeit der vorangegangenen Sitzung rückgängig, fand neue Muster oder eine neue Ordnung im Chaos. Denn dieses Problem hatte ihn als Erstes beschäftigt: Wie spannt man einen Erzählbogen für etwas so Unordentliches wie ein Leben?

Es hatte ihn zur Weißglut getrieben und gleichzeitig fasziniert. Es hatte ihm Spaß gemacht.

Nur hatte er leider das Ganze ein paar Monate nach dem Angelausflug mit Lorian verbrannt. Das Mädchen traf keine Schuld. Wäre sie nicht der Auslöser gewesen, hätte ihn etwas anderes dazu gebracht. Ein Streit auf der Arbeit. Ein enttäuschend schmeckender Burger. Nein, sie traf keinerlei Schuld.

Nun war sein Arbeitsmaterial weg. Er hatte sogar seinen Onkel Les angerufen und ihn angefleht, ihm seine Erinnerungen an Papa zu leihen. Er hatte ihm zehn Prozent vom Gewinn und allen anderen Einnahmen angeboten, sollte das Ganze jemals erscheinen, was – mit dem Namen Hemingway dahinter – eher hieß: sobald es zu Ende geschrieben wäre.

Les hatte sein Bestes gegeben und ihm das Ergebnis

geschickt. Doch dann hatte Greg erkannt, was jedem klar gewesen wäre, der nicht gerade mitten in einem Zusammenbruch steckte: Man kann die eigene Geschichte nicht mit Hilfe fremder Erinnerungen schreiben.

Er besaß nur Fragmente. Die vollständigen Erinnerungen waren ganz nah, sie steckten unter dem Narbengewebe und quälten ihn, doch er kam nicht an sie heran.

Er hörte Valerie von der Tür weggehen und hielt die Hände einsatzbereit über die Tasten. Nichts. Er schlug mit den Fäusten darauf. Einen Moment lang drohte ihn die Verzweiflung vollends zu überwältigen, doch er zwang sich auf die Beine, holte das Fläschchen mit den verschreibungspflichtigen Tabletten hinter der Uhr auf dem Kaminsims hervor und klopfte sich eine in die Hand. Ein munteres kleines Stück Chemie.

Er drehte die Hand um und zermalmte die Tablette unter seinem Schuh. Sie half nicht. Kein Medikament half. Er hatte schon so viele Studien und Zeitschriften durchgesehen auf der Suche nach Wirkstoffen, die er sich selbst verschreiben könnte, um seinen Geist zu kontrollieren, die befremdlichen Gelüste abzustellen, seine Stimmungsschwankungen in den Griff zu kriegen.

Doch ein Allheilmittel gab es nicht. Nur die Schocks wirkten, und schon bevor er Valerie versprochen hatte, mit den Behandlungen aufzuhören, hatte der verbesserte Zustand immer weniger lange angehalten. Die Angst, die in ihm aufstieg, übertraf die Verzweiflung.

Er ging zum Schreibtisch zurück und starrte auf die Schreibmaschine. Eine Taste war abgegangen. Das H.

Er versuchte sie anzubringen, doch sobald er losließ,

klackerte sie die Tastatur hinunter. Am Ende zertrat er auch sie, spürte, wie sie sich verbog, wie sie brach und unter seinem Gewicht zersplitterte.

Wenn etwas nicht funktionierte, musste man es vernichten.

Er setzte sich hin. Er konnte auch ohne H schreiben. Er konnte die Hs später mit Bleistift hinzufügen. Sein Vater hatte nahezu alles mit Bleistiften geschrieben, die er ständig mit dem Taschenmesser spitzte. Bleistifte, wie sie Zimmerleute benutzten, um die Stellen zu markieren, an denen gesägt werden musste.

Er sah die stämmigen Bleistiftstummel vor sich und dann seinen Vater, den über einen Schreibtisch gebeugten Berg.

Er zog die oberste Schublade auf und holte die Notizen von Les hervor. Sie waren zerknittert und speckig, weil er sie so oft in der Hand gehabt hatte. Er glättete sie und ging sie noch einmal durch, um irgendein Detail zu finden, und sei es noch so klein, das alles zurückbringen würde. Suchte ein Schlüsselloch, durch das er in das Vergangene spähen und sehen könnte, wie es wirklich gewesen war.

Keine einzige Biografie war auch nur in die Nähe der Wahrheit gekommen — er hatte sie alle gelesen. Monster. Held. Genie. Schreiberling. Alles nur Märchengeschichten, die dem Gespenst nachjagten, das sein Vater in den Boulevardblättern erschaffen hatte, dem Phantasma, das er mit seinen wenigen, betörenden Worten hatte entstehen lassen. Doch Papa … dieser Mensch, war woanders, lebte in den Momenten zwischen Veröffentlichung und Preisverleihung — zu Unfällen neigend, aber geschickt, stolz, aber großzügig, grausam, aber zu schlichter Freundlichkeit fähig. Sein Vater war ein echter Mensch gewesen. Ein echter Vater. Er hatte gelebt.

Die Schreibmaschine klapperte, während Greg ihm nachsetzte. Verwegen, Hals über Kopf, ohne über die Worte nachzudenken, die aus ihm strömten, auf der Jagd nach Echos und Bruchstücken, die er beim Sichten seiner Gedächtnisruinen zutage gefördert hatte.

Avocados hatte er Krokodilsbirnen genannt. Beim leisesten Anzeichen einer Kamera in der Nähe hatte er seine Brille abgenommen. Er hatte Greg im Pool neben dem Haus das Schwimmen beigebracht und den dünnen Körper des Jungen dabei so behutsam gehalten wie ein tiefgläubiger Mensch eine Reliquie. Er hatte gelogen, wie andere Männer atmen, und jede Lüge für wahr gehalten, sobald sie ausgesprochen war. Er hatte jeder Frau, die ihn zu lieben versuchte, ganz langsam das Herz gebrochen. Er hatte ganz langsam dafür gesorgt, dass alle Menschen ihn liebten, und dann auch ihre Herzen gebrochen.

Plötzlich umfassten Gregs Hände die Schreibmaschine rechts und links, hoben das schwere schwarze Gerippe über seinen Kopf und schleuderten es an die Wand.

Er stützte sich auf den Schreibtisch. Die Adern in seinen Armen traten hervor, er atmete hektisch. Als er den kleinen Stapel von ihm beschriebener Blätter sah, war er fast überrascht. Jede Seite war mit Leerstellen gespickt, immer da, wo ein H hingehörte.

HAVANNA

1946

Papa legte sich die Story auf den Schoß und drückte die gespreizte Hand darauf, sodass die klare Schreibmaschinenschrift zwischen seinen Fingern hervorsah. Gregs Finger zuckten, als hätte er noch Gelegenheit, sich die Blätter zurückzuholen.

Sein Vater blickte blinzelnd aus dem Fenster. Keine Wolke am Himmel. Nur einige einsame Vögel kreisten in der Ferne, als hätte Gott erst jetzt an sie gedacht.

Endlich sagte er etwas. »Weißt du, in letzter Zeit fällt mir die Arbeit schwer. Das Handwerk, meine ich.« Er hüstelte und deutete auf den Stapel Briefe, der geduldig neben seinem Stuhl wartete. »Ich kriege jeden Tag Briefe von jungen Männern, die gern vom Schreiben leben würden. Sie schicken mir ihre Sachen und bitten mich um Rat. So viele würden es liebend gern tun, und nur so wenige sind dazu in der Lage. Die wenigen, die zumindest ein bisschen Talent besitzen, ermutige ich und empfehle dem Rest, einen praktischen Beruf zu erlernen. Von geheucheltem Quatsch hätten sie gar nichts.«

»Nein, Papa.«

»Also …« Er hob die Story in die Höhe und betrachtete sie noch einmal, als wäre sie ein Gemälde, das man in seiner Gesamtheit beurteilen muss. »Keiner von denen, die mir geschrieben haben, ob alt oder jung, hat auch nur halb so viel Talent wie du. Ich habe kaum ein Wort verändert. Kaum ein Wort.«

Das ging zu weit. Jetzt musste die Wahrheit ans Licht. Jetzt musste er es ihm sagen.

Greg zögerte. »Danke.«

»Das Schreiben fällt mir in letzter Zeit wirklich schwer, Gig. Ehrlich gesagt macht es mich fertig. Das schwarze Tier lässt sich immer öfter blicken … Vielleicht kann ich dir helfen, dir zeigen, was ich gelernt habe. Vielleicht bist jetzt du an der Reihe.«

Greg verstand die enorme Tragweite dieser Bemerkung. Für seinen Vater war Schreiben das, was für einen japanischen Sumo-Ringer der Ring war, in dem er nicht nur bleiben, sondern aus dem er auch andere vertreiben musste. Das machte Greg Angst, doch er sagte nur: »Danke, Papa, aber ich weiß nicht, ob ich zurzeit überhaupt was zu schreiben habe.«

Papa reagierte mit dem gewohnten knappen, sicher wirkenden Nicken. »Ja, natürlich, du darfst nichts erzwingen. Das würde nur das Talent zerstören, das in dir heranwächst. Schreib, was du willst, und wenn du Lust hast, bringst du es mir. Dann gebe ich dir ein paar Tipps, zeige dir, wo es hingeht – für solchen Rat hätte ich alles gegeben, als ich zu schreiben begonnen habe.«

»Gut, Papa.«

Sein Vater gab sich erst nach kurzem Schweigen endlich geschlagen, indem er widerwillig grinste. »Verdammt, Gig, das da ist wirklich gut. Ich hätte nie gedacht, dass du … Komm, das feiern wir mit einem Drink.«

Eine der vielen Katzen im Haus kam zur offenen Tür herein, schlich über den Dielenboden und strich um Papas Beine, während er teuren Scotch in die Gläser goss. Ein Stück weiter rechts, auf dem untersten Brett des Eckregals, stand das unscheinbare, in blaues Leder gebundene Buch mit den russischen Erzählungen, aus denen Greg abgeschrieben hatte.

Das Brett selbst war natürlich sauber gewesen – dafür sorgte das Personal –, doch auf den dicht aneinanderliegenden Seiten des Buchs hatte sich eine Staubschicht gebildet. Spröde Seiten, die er fast gewaltsam voneinander hatte lösen müssen, um in dem Buch blättern zu können.

Anfangs hatte er gar nicht abschreiben – stehlen – wollen. Er hatte nur Inspiration gesucht, etwas, damit die Worte zu fließen begannen, nachdem er stundenlang nägelkauend vor einer Schreibmaschine gesessen hatte.

Doch mit diesem Vorwand war er nicht weit gekommen. Irgendwann hatte er sich bewusst gemacht, dass das Buch, so unberührt, wie es war, offenbar noch nie jemand gelesen hatte. Und als er die sorgsam gewählten Worte eins nach dem anderen abschrieb, hatte er nur ganz leicht auf die Tasten gedrückt, so als könnte Papa den Betrug sonst hören. Dann war er mit der Geschichte zu seinem Vater gegangen und hatte sie ihm überreicht. Gleich unter dem Titel stand sein Name.

Er konnte keine Verbindung herstellen zwischen dem ersten Moment – als er in Papas Arbeitszimmer gegangen war, um das Regal durchzusehen – und dem jetzigen Augenblick, in dem er im Ohrensessel saß und Papa ihm ein zur Hälfte mit Whiskey gefülltes Glas reichte. Der Whiskey war älter als Greg.

Sie tranken, und Greg sagte immer noch nichts. Wie hätte er etwas sagen können? Jedes Wort hätte Papa das Herz gebrochen, das noch schwache Vertrauen zerstört, das nach und nach wieder zwischen ihnen entstand.

Nein, das war gelogen. Er hielt den Mund nicht aus Güte, sondern aus Angst.

Papa schlug ihm auf die Schulter. Eine kleine Geste, aber nach allem, was in den letzten Jahren zwischen ihnen gewesen war, brachte sie Greg fast zum Weinen.

Beim Hinausgehen spürte er, dass er eine Art Prüfung vermasselt hatte – eine, die ihm ausnahmsweise nicht von seinem Vater auferlegt worden war.

NEW YORK

1976

Greg saß allein in der Küche. Das Licht der Straßenlampen schien durch die Rollläden und warf zitternde Balken in den Raum, die aufflackerten und sich blähten, sobald ein Taxi vorbeifuhr. Vor ihm stand ein Glas Whiskey, doch er ließ es unangetastet. Er war über den Zustand hinaus, in dem so etwas noch geholfen hätte.

Er trug ein weißes Polohemd, eine Khakihose und ein Seidenhöschen, das bei jeder Bewegung über die Haut glitt. Das Gefühl beruhigte ihn und verunsicherte ihn zugleich. Das Ding gehörte nicht hierher in sein Zuhause. Sein so sorgsam konstruiertes Sicherheitsventil ragte inzwischen in sein reales Leben hinein. Ein Hauch Parfüm hier, eine unerklärte Abwesenheit da.

Der letzte Rest der Manie, die ihn in den vergangenen Tagen im Griff gehabt hatte, brannte ihm noch im Blut, während er übergangslos in die Depression stürzte. Er hatte alles getan, um Valerie und den Kindern das Schlimmste zu ersparen. Mit anderen Worten: Er war kaum zu Hause gewesen.

Greg, der brabbelnde Tyrann oder auch die wandelnde

Leiche oder Greg, das Gespenst. Das war die Auswahl, die seine Familie hatte. Und ganz gleich, wofür sie sich entschied, es war immer verletzend.

Die Pistole in seiner Hand war schwer, gut geölt. Er hatte sie erst gestern bei einem Pfandleiher in der Lower East Side gekauft. Sechs glänzende Kugeln – *Patronen,* korrigierte die Stimme seines Vaters – steckten im Magazin.

Morgen würde er das Buch vorstellen, das er in den letzten gequälten Jahren Nacht für Nacht aus Fragmenten zusammengestückelt hatte. Acht Schreibmaschinen hatte er in dieser Zeit zuschanden getippt.

Natürlich war eine große Party geplant. Alles, was in New York Rang und Namen besaß, hatte zugesagt. Sein Verleger zeigte sich überglücklich – normalerweise lockte man kaum die Mutter eines Debütanten in eine Buchpräsentation, geschweige denn die Prominenz der amerikanischen Literaturszene.

Sogar ein paar alte Freunde seines Vaters würden kommen. Götter, die vom Olymp herabzusteigen geruhten. Im Augenblick wurde ihm schlecht bei der Vorstellung, sie alle wiederzusehen, doch bis morgen hätte er sich wohl wieder beruhigt und in einer Woche ganz sicher. Aber anhalten würde es nicht.

Er verlor allmählich die Kontrolle. Auf seinem Weg in die Mitte des Strudels jagten sich die Zyklen von Depression und Manie immer schneller. Sein Drang, wie eine Frau auszusehen, lief aus dem Ruder. Valerie hatte im Auto ein Parfüm gefunden, das ihr nicht gehörte, und natürlich angenommen, er würde sie betrügen, was aber immer noch besser war, als wenn sie die Wahrheit erfahren hätte.

Undenkbar, dass sie bleiben würde, wenn sie es wüsste. Ihre Selbstachtung würde es ihr verbieten.

Er nahm die Pistole, wog sie in der Hand. Vielleicht würde ja doch alles besser werden. Vielleicht würde es ihm gelingen, die einzelnen Teile dorthin zurückzulegen, wohin sie gehörten … Aber wenn nicht – was dann?

Oben schliefen seine Kinder. Er spürte sie, auch ohne sie zu sehen. Spürte sie sogar stärker, wenn er sie nicht sah. Sollte er ihnen den Schmerz, den er in ihr Leben bringen würde, nicht besser ersparen?

Draußen brüllte ein Betrunkener rücksichtslos und verzweifelt.

Der Lauf war kalt an der weichen Haut seiner Schläfe, dem Schlüsselloch zu seinem Schädel – als hätte Gott sie eigens dafür vorgesehen, als er Adam aus Erde schuf.

Hatte sein Vater diese seltsame Ruhe verspürt, bevor er den Abzug drückte? Papa hatte Gregs Großvater immer verachtet, weil der sich umgebracht hatte – ihm war die Schwäche zuwider gewesen, die darin zum Ausdruck kam. Doch letztlich hatte er seinen Vater verstanden, so wie Greg nun seinen verstand. Manchmal musste man die Kontrolle übernehmen.

Er atmete langsam.

Einatmen durch die Nase. Ausatmen durch den Mund.

Sein Finger krümmte sich um den Abzug, doch plötzlich stoppte ihn ein Gedanke: Wer war der Nächste?

Seine Kinder schliefen, ohne zu ahnen, dass ihr Vater gleich ein neues Glied an eine Kette schmieden würde, die sich durch Generationen hindurchzog, ein Glied, das nun sie direkt mit der Kette verband.

Der Betrunkene zog singend weiter. Zu Tode betrübt und himmelhochjauchzend, wie ein Kind.

Nach einiger Zeit stand Greg auf, entlud die Pistole und ließ die Patronen nacheinander in den Mülleimer fallen. Die Waffe selbst hob er hoch und blickte ihr noch einmal ins schwarze Maul. Dann wickelte er sie in Zeitungspapier und verstaute sie auf dem Küchenschrank.

Er sollte sich schlafen legen. Ihm stand ein großer Tag bevor.

Doch er nahm seinen Mantel vom Haken und ging hinaus in die Nacht.

Er stellte den Kragen auf, um sich vor dem Wind zu schützen, und ging schnell. Manche, die ein Tief durchmachten, kamen nicht aus dem Bett, doch für Greg galt das Gegenteil. Ruhe, Dunkelheit, Reglosigkeit, Stille waren lauter kleine Tode. Trinken, Jagen, Angeln, Gehen – alles besser als Grübeln.

Wohin er ging, war egal, solange er in Bewegung blieb. Er würde ein paar Stunden laufen und wieder im Bett sein, bevor Val erwachte. Er machte ihr schon genug Sorgen.

Er liebte New York bei Nacht. In seinem Zustand nahm er die Stadt zwar kaum wahr, doch manchmal erhaschte er noch etwas von ihrer schmuddeligen Schönheit. Der Mond zwischen den Schluchten aus Beton. Verspiegelte Hochhausfenster durchsetzt mit Löchern, hinter denen in hell erleuchteten Büros arbeitswütige Menschen saßen. Ein Gespinst schmutziger Glasröhren, die sich flackernd in Wörter, tanzende Frauen, endlose Martiniströme und tausend andere Neongebilde verwandelten. Erst die

Hässlichkeit brachte die Schönheit zum Glänzen. Die rot-gesichtigen Säufer. Die Pisseflecken in den Durchfahrten zwischen den Häusern. Auf einem Bordstein verschmierte Hundekacke. Es brauchte beides.

Er lief weiter, nahm Abkürzungen durch dunkle Gassen und überquerte Straßen lieber regelwidrig, als auch nur eine Sekunde an einem Fußgängerübergang stehen zu bleiben. Schon bald hatte er keine Ahnung mehr, wo er sich befand, war nur noch ein weiterer Mensch unter denen, die aus den Nachtclubs und Bars herauskamen und wie Vampire vor Sonnenaufgang nach Hause wankten.

Noch nie hatte er sich so sehr wie ein Mann mittleren Alters gefühlt. Die schlanken jungen Leute in ihren engen Klamotten, die knalligen Farben und paillettenbesetzten Krägen – war denen nicht klar, dass sie sich lächerlich machten? Jeder zweite Mann hatte ein Mädchen im Arm; normale, hübsche Mädchen gingen neben ihren Beglei-tern her, die kniehohe Stiefel trugen, als wäre das ganz normal.

Ach was, mittleren Alters! Wie ein Dinosaurier fühlte er sich. In seiner Kindheit war man bestenfalls festgenom-men worden, wenn man in solchen Sachen rumlief. Ihm hatte sogar mal ein Polizist angedroht, ihn in die Klinik zu bringen, als er in einer manischen Phase auf der Straße versehentlich noch seinen Lidschatten trug.

Er hörte Gelächter, und sein Blick fiel auf die Seitentür einer alles andere als vornehmen Disko. Er blieb stehen. Die Menge teilte sich und ging um ihn herum, einige Jungs beschwerten sich leise, doch das bemerkte er gar nicht.

Mehrere Frauen standen in einem lockeren Kreis und lachten über irgendeinen Scherz.

Die Allerwenigsten bemerkten, was für Mädchen das waren, doch Greg erkannte es so, wie Antiquitätenhändler noch an den kleinsten Zeichen erkannten, dass etwas gefälscht war. Lange Ärmel verbargen die Größe der Hand, die Zigaretten anbot. Ein locker geschlungener Schal versteckte den Adamsapfel. Die kleinen Hautreizungen am Kinn stammten von dem wiederholten Versuch, noch den leisesten Anflug von Bartschatten zu entfernen. Gregs Blick war nach einem Leben gründlicher Selbstbetrachtung im Spiegel so sehr geschärft, dass er sofort Bescheid wusste.

Er konnte es nicht fassen. Sie standen einfach so da, auf offener Straße. Plötzlich wurde er wütend. Kannten die keine Scham?

Eine der Frauen blickte über die anderen hinweg und sah ihn gaffen. Zuerst reagierte sie sehr verhalten, sogar ängstlich, doch dann sah sie offenbar etwas in seinem Blick. Sie lächelte zaghaft und winkte ihn zu sich.

Greg wandte sich so abrupt ab, dass er mit den Schultern rechts und links Leute wegstieß, und bahnte sich blindlings den Weg durch die Menge. Jemand zog ihn am Ärmel und rief »Hey, pass doch auf, wohin du gehst, du —«

Er drehte sich um und legte sein ganzes Körpergewicht in den Schlag. Obwohl seine Faust den Kiefer des verdutzten Mannes kaum streifte, landete der auf dem Arsch. Greg stellte sich über ihn und schnaufte wie ein Stier durch die Nase. Alle Blicke richteten sich auf die beiden Männer. Greg wartete ab, ob noch irgendwer etwas zu sagen hätte, doch niemand sah ihn auch nur an. Auf seinem weiteren Weg durch die Menge brauchte er niemanden mehr zur Seite zu drängen. Die Leute machten ihm freiwillig Platz.

Er musste raus aus New York, das war jetzt klar. Wie sollte man sich in dieser Umgebung zurückhalten? Hier waren alle verrückt geworden.

Danach ließ er keine Gedanken mehr zu. Er schaffte es inzwischen gut, sie zu kontrollieren, und ging nur noch als Körper weiter durch die Stadt. Wenige Stunden vor Tagesanbruch kam er nach Hause, wo Valerie leise schnarchend und ahnungslos schlief. Obwohl er hellwach war, legte er sich neben sie und starrte an die schwarze Decke.

Morgen – besser gesagt heute Abend – fand die Präsentation seines Buchs statt. Dann wäre er ein gedruckter Autor, genau wie sein Vater. Ziemlich viele aus der Familie würden erscheinen, die Presse und sogar einige alte Freunde und Jagdkumpel von Papa, und wenn sie Greg sähen, würden sie sagen, dass das Buch toll sei und sein Papa stolz auf ihn wäre.

»Das Buch ist toll, Greg.«

»Danke, Pat.«

»Und so viele Leute.«

Greg zuckte mit den Achseln. »Kostenlose Drinks.«

»Ich glaube, ich habe vorhin Johns Tochter gesehen. Sie ist wirklich so umwerfend, wie alle sagen.«

»Margot? Welch eine Ehre! Wir sind uns noch nie begegnet.«

»Besucht John dich nicht oft?«

»Niemand besucht mich oft, Patrick. Das ist so, wenn man das schwarze Schaf ist.«

Patrick nippte an seinem Drink. Die Eiswürfel glitten zum Rand des Glases und schlugen an seine Zähne.

»Musst dich nicht grämen. Du besuchst mich am häufigsten.«

»Du erkennst sie sofort, wenn du sie siehst.«

»Hat sie ein Hemingway-Gesicht?«

»Ein bisschen. Jedenfalls ist sie so schön – sie könnte gar nichts anderes sein als ein Supermodel.«

»Sie schreibt sich jetzt anders, oder?«

»Ja, M-a-r-g-a-u-x. Französisch. Ich habe gesagt, dass sie schön ist – von Klugheit war nicht die Rede.«

»Man macht die verrücktesten Sachen, wenn man berühmt ist.«

Patrick grinste. Ohne dass sie ein Wort darüber verlieren mussten, stand ihnen ihre gemeinsame Kindheit vor Augen.

»Auch das gefällt mir so gut an Montana: Du begegnest dort keinen berühmten Menschen. Jeder, den mehr als zehn Leute kennen, verlässt den Staat.«

»Der pure Gegensatz zu New York.«

»Stimmt.«

Greg nickte und winkte einem Cousin zu, der gerade vorbeiging. »Klingt ziemlich gut, muss ich sagen.«

»Ich dachte, du bist gern hier.«

»Bin ich auch … oder besser: war ich. Ach, ich weiß auch nicht. Diese Stadt ist nun mal kein Film. Sie hat zwar ihre guten Seiten, aber es gibt hier weit weniger Romantik und verruchte Kneipen und Martinis im Ritz als winzige Wohnungen und Autoabgase, und die Sonne spürt man nur die zehn Minuten lang auf der Haut, die sie direkt über einem steht.«

»Mich haben Großstädte nie gereizt.«

»Ja klar, eigentlich bist du ein echtes Landei.«

»Bin ich wirklich. In Montana gefallen mir die gleichen Dinge, die ich schon an Afrika mochte. Jeder neue Tag wischt alles wieder sauber.«

»Das könnte ich auch gebrauchen.«

»Und ich noch einen Whiskey. Misch dich unter die Leute, Gigi, das ist deine Party!«

»Lass niemanden hören, dass du mich so nennst, sonst haben sie mich in der Hand.«

Patrick drückte den Arm seines Bruders und ging zur Bar.

Auf dem Weg durch die Menge wurde Greg ständig aufgehalten, und selbst wenn er mehrere Schritte hintereinander schaffte, musste er dabei Hände schütteln und Leute mit einem Nicken begrüßen. Menschen, die ihn vor wenigen Monaten überhaupt nicht beachtet hätten, suchten plötzlich den Körperkontakt und wollten ihn Wange an Wange begrüßen.

Ihm fiel ein, dass sein Vater bei den ersten erfolgreichen Publikationen einundzwanzig gewesen war. Er hatte im Grunde zeit seines Lebens nichts anderes gekannt.

Greg ließ sich von einer Frau umarmen, die er wahrscheinlich hätte kennen sollen, und stahl sich an ihr vorbei zu einem Kellner, der ein Tablett mit Champagner hielt. Die tief hängenden, hell strahlenden Kronleuchter ließen jedes Glas funkeln. Als ihm eine junge Frau zuvorkam, wusste er augenblicklich: Das war Margot. Margaux.

Sie war so schön, wie Patrick gesagt hatte. Die breite Stirn und der kräftige Unterkiefer, typisch für die Familie, aber abgemildert durch die blütenweichen Lippen ihrer Mutter, die leuchtenden Katzenaugen unter Brauen so breit und dunkel, als hätte man sie mit Kohle aufgemalt. Maßlos und aggressiv weiblich wie eine weit geöffnete Lilie.

Wie es wohl ist, so auszusehen?

Dieser Gedanke, der Schmerz, den er mit sich brachte, und der reflexartige gegenteilige Wunsch, ihn zu zersprengen, gingen ununterscheidbar ineinander über.

Sie trank gierig, und über das Glas hinweg trafen sich ihre Blicke.

Sofort geschah etwas zwischen ihnen, gegenseitig und sonderbar. Greg spürte es wie einen Schlag in den Magen.

Was Margaux gesehen hatte, konnte Greg auch im Nachhinein nicht sagen, und er wollte es gar nicht wissen.

Er dachte an die Passage aus Papas Roman *Inseln im Strom*, an den Absatz, den er immer geliebt und gehasst hatte, die Zeilen, in denen es um dunkle Seiten und ein Wiedererkennen ging.

Sie starrten einander an, sahen einander, wussten, dass sie gesehen wurden. Dann machten sie gleichzeitig kehrt und kämpften sich weiter durch die Menge.

Viel Glück, dachte Greg unvermittelt. *Viel Glück.*

»Ein ganz wundervolles Buch, Greg!«

Er stieß den Mann fast um, der in seinen Weg getreten war, und es dauerte ein paar Sekunden, bis er seine Gedanken von dem seltsamen Gefühl gelöst hatte, das ihn noch immer durchströmte. »Danke.«

»Sie haben ja sicherlich meine Besprechung gelesen ...«

Ein Kritiker. Lieber Gott, nein. »Ja, natürlich. Vielen Dank für die freundliche Rezension.«

Der Kritiker nickte bedächtig. Ein Gott nahm Lob für seine Güte entgegen. Greg war sich sicher, dass er ihn kennen müsste. Hatte er dieses Gesicht nicht schon mal gesehen?

»Die meisten Ärzte, die ich kenne, haben kaum Zeit, um ihre Frauen zu betrügen, und noch viel weniger für einen Roman. Wie zum Teufel haben Sie das gemacht, Hemingway?«

»So wie alle anderen auch. Ein Wort nach dem anderen. Ich gebe allerdings zu, dass meine monogame Lebensweise ein Vorteil war.«

Der Kritiker lachte. »Ja, natürlich. Aber fair konnte der Vergleich sowieso nie sein. Bei Ihrem Blut!«

»Blut benutze ich nur für Todesdrohungen. Tinte ist wesentlich billiger.« Greg wusste nicht mehr, ob der Typ von der *Times* oder von der *Tribune* war. Es erschien aber in jedem Fall geraten, ihm nicht zu sagen, dass er sich verpissen solle, auch wenn die Kritik bereits erschienen war. Traue nie einem Kritiker – eine der vielen Ratschläge von Papa.

Der Mann lachte, doch es fühlte sich an wie Honig auf saurer Milch. »Und hier kommt die Muse.«

Valerie zwängte sich zwischen den Gästen durch. Sie sah hinreißend aus in ihrem langen, cremeweißen Kleid und mit der Sektschale, die sie zwischen den Fingerspitzen vor sich hielt.

Sie lächelte ihn etwas gekünstelt an. Der erbitterte Streit, zu dem es in der Nacht gekommen war, als er sich endlich ins Bett gelegt hatte, wirkte zumindest für ihn noch nach. Dem Kritiker – Tim, Tony, Tom? – nickte sie zu.

Tim/Tony/Tom beugte sich vor, um sie auf die Wange zu küssen, doch sie wich geschickt aus, indem sie Greg die andere Wange bot, und tat so, als hätte sie nichts bemerkt.

Auch in Greg steckte noch etwas Wut von der Nacht zuvor und vielleicht auch ein bisschen Verzweiflung. Trotzdem bewunderte er ihre Sicherheit, ihre Beherrschtheit.

Er führte seine Lippen dicht neben ihren Mund und flüsterte: »Es tut mir leid.«

Sie erwiderte nichts, doch er sah, dass sie sich entspannte.

Tim/Tony/Tom räusperte sich. »Wie schön, dass wir uns hier treffen, Valerie. Sie sehen fantastisch aus. Wissen Sie, wenn Sie beide so beieinanderstehen, fällt mir wieder ein, dass Sie schon mit dem zweiten Hemingway zusammen sind.«

Greg runzelte die Stirn. Die unterschwellige Betonung der Wörter *zusammen sind* gefiel ihm nicht.

»Geben Sie einem großen Fan einen kleinen Einblick in den Schaffensprozess innerhalb der Familie?«

Auch Valerie verzog das Gesicht, doch bei ihr sah es spielerisch aus. »Ich weiß nicht. Das ist eine wirklich schwierige Frage, Andrew.«

Andrew. Ja klar, verdammt.

Valerie warf Greg einen ihrer knappen Blicke zu, die ihn spüren ließen, dass sie schneller denken konnte als alle anderen Leute im Raum. »Ich glaube nicht, dass ich sie sinnvoll beantworten kann. Wie soll man zwei ganz unterschiedliche Arten von Genialität miteinander vergleichen? Und wie soll man das einem Menschen erklären, der so etwas nie selbst erfahren hat?«

Jetzt runzelte Andrew die Stirn. Valerie lächelte.

»Sie wissen bestimmt, was ich meine, Andrew. Nicht wir zwei sind die Sprachkünstler hier im Raum.«

»Also, ich denke —«

»Aber natürlich, Andrew, so geht es uns allen. Wir sitzen im selben Boot, mein Lieber.« Sie tätschelte ihm herzlich die Schulter. Dann hakte sie sich bei Greg unter. »Kann ich kurz mit dir sprechen, Liebling?«

»Ja natürlich, mein Schatz«, lautete Gregs ehrlich empfundene Antwort.

Sie schnappte sich ein frisches Glas Sekt vom Tablett eines vorbeigehenden Kellners, und beide stürzten sich ins Getümmel. Andrew blickte drein, als hätte er eine schlechte Auster gegessen.

»Ich bin wohl etwas zu weit gegangen«, sagte Valerie leise. »Unterhalte dich später noch mal mit ihm und tu so, als würdest du seine Besprechungen immer lesen. Dann ist er dir ewig dankbar. Gefährlich sind nur die guten Kritiker, Leute, die nicht mal dann bereit sind, auch nur ein Wort in ihrem Text zu ändern, wenn man ihre Großmutter mit vorgehaltener Waffe bedroht. Andrew ist im Grunde nur ein Labrador im Smoking. Er will Aufmerksamkeit, er will Lob.«

»Gut, das mache ich. Habe ich dir jemals gesagt, wie froh ich bin, dich an meiner Seite zu haben?«

»Nicht oft genug.«

»Worüber wolltest du mit mir sprechen?«

Sie landeten auf einer kleinen freien Fläche vor der Jazzband. Die hatte der Verleger engagiert, um eine Atmosphäre wie in der Glanzzeit von Gregs Vater heraufzubeschwören. »Über gar nichts. Aber wenn wir nicht sofort gegangen wären, hätte ihm einer von uns eine geknallt.«

»Gut, genug geredet.«

Er drehte sie zu sich und küsste sie und spürte ihren lächelnden Mund, während sie von Trompeten- und Saxofonklängen berieselt wurden.

Als sie sich voneinander lösten, bemerkte Greg, dass sich die Leute in ihrer Nähe umgedreht hatten, um ihnen zuzusehen, und sich gegenseitig anerkennend in die Rippen stießen.

Valerie verdrehte die Augen, lächelte aber weiter. »Du hast es schon immer geliebt, unter Menschen zu sein.«

»Nein, ich *mag* es, unter Menschen zu sein. Was ich liebe, weiß ich genau.« Er drehte mit dem Daumen den Ehering an ihrem Finger hin und her und spürte die glatte Wölbung an seinen Schwielen. Er suchte nach Worten, um ihr zu sagen, was sie ihm bedeutete, dass all das – das Buch, die Leute, der Mann, der schon so lange durchhielt – ihr Werk war, dass er das alles ihr zu verdanken hatte.

Es wurde still. Jemand klopfte mit einem Löffel ans Glas. Ganz hinten, am Fuß der Treppe, stand Gregs neuer Verleger.

Linus, ein kleiner, beleibter Mann, der die Verlagswelt wie ein literarischer Herkules dominierte, schob seine Brille höher auf die Nase.

»Sehr verehrte Damen und Herren, vielen Dank für Ihr

Erscheinen. Ich muss zugeben, als mir meine Assistentin mitteilte, dass eine Hemingway-Autobiografie in Aussicht stehe, war mein erster Gedanke: *O Gott, nicht noch eine!*« Alle im Raum – außer den diversen Hemingways – lachten.

Greg beugte sich zu Valerie. »Ist das hier meine Buchpräsentation oder will er mich durch den Kakao ziehen?«

»Pst. Er ist eben ein Witzbold und weiß, wie man das Publikum ködert.«

»Doch wie wir alle wissen, weist kein Verleger der Welt das Angebot eines Hemingway zurück. Und so setzte ich mich an einem Sonntagvormittag hin, um mir das erfreulich schmale Manuskript anzusehen.« Er legte eine Kunstpause ein, um an seinem Sekt zu nippen, stellte jedoch fest, dass sein Glas leer war. »Und schon vor zehn Uhr rief ich Greg an und sagte ihm, dass wir das Buch kaufen wollten, dass wir es kaufen *müssten*. Dieses Buch« – er hielt auf wundersame Weise plötzlich ein Exemplar von *Papa* in der Hand – »ist anders als alle bisherigen Bücher über den großen Mann. Dieses Buch verliert sich nicht im Ernest-Hemingway-Mythos. Der Leser fragt sich nie, was real und was hinzugefügt ist, um unsere vorgefasste Meinung zu bestätigen. Dieses Buch ist authentisch, weil es wahr ist. Dieser Mann, denkt der Leser, war nicht nur ein Gigant, der in die Geschichte eingegangen ist, sondern auch ein Mensch wie du und ich. Ein Mensch aus Fleisch und Blut! Eine solche Leistung kann man nicht hoch genug schätzen. Gegen welche inneren Widerstände muss Greg angekämpft haben, um an die reine, ungefilterte Wahrheit heranzukommen! Ich kann nicht stark genug hervorheben, wie viele andere Bücher in dieser Hinsicht versagt haben.« Hier und da wurde verlegen gehüstelt. Greg warf einen Blick auf seinen Onkel Les, der neben einem riesigen Chrysanthemen-Arrangement stand und finster vor sich hin starrte. Seine Bücher hatten bei den Kritikern keinen Anklang gefunden. »Deshalb bitte ich um kräftigen Applaus für Doctor Gregory Hemingway.«

Er winkte Greg unter Beifall nach vorn, und plötzlich stand Greg auf der Treppe und blickte auf ein kleines Menschenmeer: die strahlende Valerie, die er weiter hinten entdeckte, Freunde, Kollegen, Leute, von deren Kommen man sich etwas versprochen hatte, Prominente, Freunde seines Vaters und dazwischen die seltsame Schar der Halbgötter, Angehörige seiner Familie, dieser attraktiven, derangierten, leistungsstarken Sippe, die sich wie eine wirbelnde Heckwelle hinter einem schnellen, zuverlässigen Schiff gebildet hatte, ziellos umhersprudelte und dabei immer mehr schrumpfte.

Er hatte zu viel getrunken, und die Fragen, die ihn seit Monaten umtrieben, kehrten zurück:

Ist es das?

Ist das alles?

Bin ich das?

Er musste raus aus dieser Stadt, bevor sie ihn fertigmachte.

Er räusperte sich und hielt seine kurze Rede, in der er allen einmal und Valerie zweimal dankte. Als er die Stufen wieder hinunterging, wusste er eines genau.

Wenn er überleben wollte, musste sich etwas ändern.

TEIL 4

HAVANNA

1943

Papa hatte in letzter Zeit viele Besucher empfangen, größtenteils junge Künstler, die ihn interessierten. Der Mann, der jetzt aus dem Zwielicht ins Haus trat, war allerdings sehr alt, mindestens vierzig.

Papa ergriff sofort seine Hand und zog ihn an sich, obwohl er nur selten Leute umarmte. »Verdammt lang her, Teddy, alter Hund!«

»Hallo, Ernie.« Der Mann klopfte Papa auf den Rücken. Er war groß, sprach aber so leise, als würde im Nebenraum jemand dösen.

»Darf ich vorstellen«, sagte Papa und drehte ihn um, sodass er den anderen gegenüberstand, die sich aufgereiht hatten. »Meine schöne, mir treu ergebene Ehefrau Martha.« Martha machte sich nur selten richtig fein, doch an diesem Abend war ihr Haar frisiert wie auf einem Foto in einer Zeitschrift, und ihr Kleid war faltenlos und so weiß, dass es im weichen Dielenlicht zu leuchten schien.

»Sehr erfreut.« Der Mann nickte. »Ernest hat in seinen Briefen viel von Ihnen geschrieben. Und ich hielt es tatsächlich für übertrieben ...«

Greg glaubte zu sehen, dass ihre Nase rot anlief, als sie dem Mann höflich die Wangen küsste. »Wie schön, Sie kennenzulernen, Theodore. Ernest hat immer in den höchsten Tönen von Ihnen gesprochen.«

»Und hier meine Söhne Greg und Patrick. Entschuldige ihren Zustand – sie sind kleine Wilde.«

»Ich habe nichts anderes erwartet.« Teddy deutete mit dem Kinn auf Greg. »Die Ähnlichkeit mit dir ist unglaublich.«

»Stimmt, er ist mir wie aus dem Gesicht geschnitten. Aber jetzt komm, sonst ist Maria beleidigt, weil sie das Essen so lange warmhalten muss.«

Greg fand den Stolz, den er empfand, ein bisschen albern. Es sollte ihm nicht so wichtig sein, aber einige Jahre lang hätte Papa einer solchen Bemerkung niemals zugestimmt. Seit dem Schießwettbewerb hatte Greg akzeptiert, dass es nie wieder wie früher sein würde. Aber es war zumindest besser geworden.

Seine Freude hielt sich bis zum Hauptgang. Teddy und Papa hatten endlos über Leute geredet, die Greg völlig unbekannt waren, und sein Vater hatte einen langatmigen, schon hundertmal gehörten Vortrag über die Bedeutung des Stierkampfs und die moralische Schwäche von dessen Gegnern gehalten. Nun begann sogar Greg seine Gedanken wandern zu lassen.

Falls Patrick guter Laune war, könnten sie morgen angeln gehen. Nicht auf dem Meer, wo man einen Sonnenbrand bekam und kotzen musste, sondern unten am Fluss, wo man im Schatten sitzen, Marmeladebrote essen und rauchen konnte –

»Stimmts, Gig?«, fragte sein Vater plötzlich.

Greg nickte automatisch. »Ja, Sir.«

»Gut so. Siehst du, Teddy, ich habe meine Kinder ordentlich erzogen.« Papa lachte. »Verdammt, ist dieser Whiskey gut! Komm schon, wir schenken nach. Du auch, Marty?«

»Ich glaube dir, dass er hervorragend ist«, erwiderte Martha mit einem angedeuteten Lächeln – sie hatte seit fast einer Stunde kein Wort gesagt –, »aber ich bleibe bei meinen Martinis. Klarer Schnaps, klarer Kopf am nächsten Morgen. Ich arbeite nämlich gerade an einer Story für –«

»Schon gut, mach, was du willst.« Papa schnitt ihr mit einer Handbewegung das Wort ab. Dann brüllte er explosionsartig: »Schenk uns von dem Macallan nach, Maria!« Patrick fuhr so heftig zusammen, dass er mit dem Hinterkopf an seinen Stuhl stieß.

Greg grinste ihn an. Patrick streckte ihm die Zunge raus und ließ den Kopf abrupt sinken, um seinem Bruder zu zeigen, wie gelangweilt er war.

Der ignorierte ihn. Greg fand es nicht langweilig. Teddy war ein Jugendfreund von Papa und bei dessen größten Abenteuern dabei gewesen.

Als hätte er Gregs Gedanken gelesen, lehnte sich Papa zurück und rief: »Verflucht, waren das herrliche Zeiten in Paris! Eigentlich wurde die Stadt, in die wir uns verliebt haben, damals geboren.«

»Der Krieg hat wohl alles verändert.«

»War das Ihr erster Aufenthalt in Paris, Mr Brumback?«, fragte Martha. Sie trank ihren Martini aus, ließ sich jedoch keinen neuen kommen.

»Bitte nennen Sie mich Teddy.« Er lächelte sie kurz an. »Nein, zu der Zeit kannte ich Paris schon sehr gut. Es hat mir das Herz zerrissen, als die Deutschen die Stadt mit Granaten beschossen.«

Papa fiel ihm ins Wort. »Du weichherziger Idiot!« In seinem Glas war nur noch ein kleiner Rest Whiskey, und als er den nächsten Schluck trank, stieß das Eis klirrend an seine Zähne. Er klang fröhlich, sprach aber sehr laut. Greg machte das instinktiv nervös, weil er nicht wusste, was als Nächstes kommen würde. »Zerstörung bedeutet Erneuerung. Paris hat überlebt, und wir hatten den Spaß unseres Lebens.«

»Ja, Paris hat überlebt, aber –«

»Marty, habe ich dir jemals erzählt, wie ich auf Bombenjagd gegangen bin?«

Sie ließ die Zähne sehen, doch ihr Lächeln reichte nicht bis zu den Augen. »Erzähls mir, Ernest.« Womit sie, wie sogar Greg bemerkte, der Frage auswich. Papa hatte die Geschichte mindestens zehnmal erzählt, aber das machte nichts, denn sie war großartig.

»Also, nachdem wir aus Chicago kommend von Bord gegangen und mit dem Zug weitergefahren waren, wollte unser lieber Teddy sofort ins Hotel, sich duschen und in einem richtigen Bett schlafen, aber für mich kam das überhaupt nicht in Frage. Dafür war ich nicht nach Paris gefahren.« Papa lehnte sich zurück; er redete sich langsam warm. »Ich sprang also ins erstbeste Taxi und sagte: ›Ich will dahin, wo die Granaten einschlagen.‹ Der Fahrer hat sich fast in die Hose gemacht – so ein dünner Franzose mit Bleistiftbärtchen. Ich konnte ihm so viele Francs aufdrängen, wie ich wollte, der Mann hatte einfach keine Eier.«

Martha lächelte weiter. Teddy sah zu, wie Papa erzählte, und nippte an seinem Whiskey.

»Wie auch immer. Als mir klar war, um was für eine Niete es sich bei diesem Burschen handelte, teilte ich ihm mit, was ich von ihm als Mann hielt, und stieg aus. Zum Glück schaffte ich es mit viel Überredungskunst auf einen Armee-Jeep und erklärte, ich sei ein amerikanischer Reporter, der zur Unterstützung in Paris sei. Offenbar gefiel ihnen meine Art – sie haben gleich den Militärkollegen in mir erkannt. Und so rumpelten wir übers Kopfsteinpflaster und mitten hinein in die niedergehenden Geschosse.« Er spielte es so hingebungsvoll nach, dass sein Stuhl laut knarzte. »Wir erreichten die Place de la Madeleine gerade rechtzeitig, um mitzuerleben, wie die Kirche von einer Monstergranate getroffen wurde. Alle gerieten in Panik, aber Reporter müssen die Ruhe bewahren, genau wie Soldaten, deshalb lief das Ganze für mich wie in Zeitlupe ab. Ein Geräusch, wie wenn man die Tür eines alten Autos zuschlägt, ein Zittern, und dann fiel das ganze Dach in sich zusammen.« Er riss die Arme auseinander, um die Explosion darzustellen. »Bevor es knallte, war es ungefähr eine halbe Sekunde lang still, und dann regnete es Erde und Glas und Steinbrocken so groß wie Menschenköpfe. Ein wahres Gemetzel. Aber ich dachte als Erstes nicht etwa *Los, geh in Deckung*, sondern *Das ist es, genau deshalb bin ich hierhergekommen*.« Er nahm den letzten Schluck Whiskey und grinste. »Den restlichen Tag bin ich quer durch die Stadt den Bomben nachgejagt, obwohl mir jederzeit eine auf den Kopf hätte fallen können. Aber das war mir völlig egal, denn es hieß Leben. Ich war dabei, als Geschichte geschrieben wurde.«

Teddy sagte noch immer nichts. Er aß sehr langsam sein Dessert und hörte sich Papas nächste Geschichte an, in der es darum ging, wie er in Afrika einen attackierenden Löwen direkt ins Herz geschossen hatte.

Erst als Papa sich ebenfalls dem Dessert zuwandte, ergriff Teddy wieder das Wort. »Ihr zwei seid bestimmt sehr stolz auf euren Vater.«

Greg nickte sofort. »Ja, Sir.«

»Und du, Patrick?«

»Ich auch, Sir. Seine Bücher werden sogar in der Schule durchgenommen.«

»Alle Achtung.«

»Die beiden sind hervorragende Schüler«, warf Papa ein. »Bestnoten in allen Fächern. Für mich ein Wunder – ich habe Gigi noch nie ein Lehrbuch aufschlagen sehen.«

Teddy beobachtete, wie Patrick sorgsam noch die letzten Spuren des Schokoladekuchens mit dem Löffel vom Teller kratzte.

»Er ist immer draußen, schießt oder spielt Baseball, aber ich kann ihn schlecht zum Büffeln zwingen, wenn er schon Jahrgangsbester ist. Habe ich dir erzählt, dass er letztes Jahr den internationalen Schießwettbewerb gewonnen hat? Und ich hatte ihm gerade erst beigebracht, wie man ein Gewehr hält. Aber wenn es einem im Blut liegt … Eingebautes Radar. Du hättest die alten Herren sehen müssen, als sie von einem Kind in Shorts in Grund und Boden geschossen wurden!«

Greg wartete darauf, dass Teddy danach fragen und Papa die Geschichte stolz zum Besten geben würde, doch Teddy sah Greg kaum an, sondern richtete den Blick wieder auf Patrick.

»Sehr beeindruckend. Und du, Patrick, lernst du viel?«

»Ja, Sir, ich muss.« Patrick hielt den Blick gesenkt, schielte jedoch zu Greg hinüber. »Ist aber nicht schlimm. Es macht mir Spaß.«

»Das verstehe ich. Es wird dir nützen, falls du aufs College willst. Auf dem College zählt harte Arbeit weit mehr als Talent.«

Patrick erfreute die Vorstellung sichtlich, doch er wirkte zugleich verlegen. Er war es nicht gewohnt, im Mittelpunkt zu stehen.

»Weißt du schon, was du werden willst?«, fragte Teddy lächelnd.

Patrick öffnete den Mund, warf aber erst noch einen Blick auf Papa, der seine stämmigen Arme über der Brust verschränkt hielt, während er seinen Sohn betrachtete, und schüttelte schließlich den Kopf.

Hilfsbibliothekar, hätte Greg am liebsten gesagt. *Verkäufer in einem Antiquariat.* Doch er verkniff sich die gehässige Bemerkung und schob seinen Stuhl vom Tisch zurück. »Darf ich aufstehen?«

Martha sah zu Papa; der zuckte mit den Achseln. Die überraschenderweise auf Patrick gerichtete Aufmerksamkeit des Gastes brüskierte ihn offenbar ebenso sehr wie Greg. »Ja, sicher. Aber bleib im Haus.«

Greg glitt von seinem Stuhl hinunter. Patrick und Teddy hatten bereits das Thema gewechselt – sogar Papa beteiligte sich an dem Gespräch –, doch das war Greg egal. Er fühlte sich schlecht, vor allem, weil er wusste, dass er zu Unrecht wütend war, was ihn noch wütender machte.

Er ging auf die Veranda und setzte sich auf die Hängebank. Die Ketten quietschten, als er sanft zu schaukeln begann.

Während sie drinnen gesessen hatten, war es Abend geworden. Der Himmel, grell rosa, sah aus, als würde er jeden Moment explodieren. Ein paar Jungs aus dem Barrio liefen draußen am Tor vorbei. Ein Junge gab ihm mit einer Geste zu verstehen, dass er mitkommen solle, doch Greg schüttelte den Kopf und hielt die Arme in einer unbewussten, aber perfekten Imitation seines Vaters über der Brust gekreuzt.

Er ließ seiner Fantasie freien Lauf und versuchte sich vorzustellen, wie er furchtlos in einen Hagel detonierender Granaten hineinfuhr, doch das Bild verschwand immer wieder.

Die Tür ging auf. Teddy trat mit einer Zigarette zwischen den Lippen auf die Holzdielen hinaus und klopfte auf der Suche nach einem Feuerzeug seine Taschen ab.

Greg wollte ihn ignorieren und drehte den Kopf weg, doch Teddy sprach ihn trotzdem an. »Wie ist das mit dir, Gregory? Gefallen dir die Geschichten von deinem Papa?« Bei jedem Wort schwang die unangezündete Zigarette wie ein Dirigentenstab auf und ab.

»Ja«, gab Greg widerwillig zu.

»Du weißt aber schon, dass das alles kompletter Unsinn ist?«

Greg zögerte. »Was soll Unsinn sein?«

»Alles. Außer das, was er schreibt.« Er hatte endlich ein

Streichholzbriefchen aus einer Bar oder einem Hotel gefunden, und während er das Streichholz anriss, mehrmals langsam und genüsslich an der Zigarette zog und nicht auf die Kinder oder die Straße blickte, sondern auf den dunkler werdenden Horizont, war sein Profil wie in Bronze geprägt. »Er hatte schon immer einen Hang dazu, aber jetzt gibt es nichts anderes mehr. Sehr ernüchternd.«

»Wie meinen Sie das?« Greg wusste nicht, was er erwidern sollte. Er hatte noch nie einen Erwachsenen so etwas sagen hören.

»Niemand konnte ahnen, wo die nächste Granate einschlagen würde, nicht mal die Deutschen«, fuhr Teddy lässig fort. »Sie haben aus über hundert Meilen Entfernung gefeuert. Sie haben grob auf Paris gezielt und konnten von Glück sagen, wenn sie überhaupt etwas trafen. Dein Papa ist damals mit mir ins Hotel gegangen, hat geduscht, eine Kleinigkeit zu Mittag gegessen und eine Flasche Wein getrunken. Dann hat er sich in ein Taxi gesetzt, während ich mir die Krankenhäuser angesehen habe.«

»Das stimmt nicht!« Der Mann schien sich absolut sicher zu sein, doch das war Greg egal. »Außerdem hätte ich das bemerkt. Papa ist ein ganz schlechter Lügner.«

»Ah, jetzt kommen wir der Sache näher. Er ist ein ganz schlechter Lügner, wenn er weiß, dass er lügt ...« Teddy dachte kurz nach. Dann sagte er lachend: »Vielleicht hat er in seinem Leben schon zu viel erfunden und erkennt den Unterschied nicht mehr. Dein Vater ist kein Feigling – er hätte mit jeder Menge anderer Geschichten angeben können. Aber er hat sich für diese entschieden, obwohl er wusste, dass ich dabei war.« Er sah Greg zum ersten Mal an. Sein Blick war schneidend und durchdringend wie ein Skalpell, mit dem ein Tumor aufgespürt werden soll.

Greg war nicht klar, was der Mann wollte. Er war neidisch auf Papa, so viel stand fest. Wahrscheinlich, weil er keine Geschichten vom Krieg erzählen konnte, weil er nie in einen Jeep gesprungen und dem Tod entgegengefahren war, weil –

War beim letzten Mal von dem Jeep die Rede gewesen? Die Frage kam aus dem Nichts, unerwartet, unerbeten, aber unanfechtbar. Greg versuchte sich zu erinnern, wie Papa die Geschichte beim letzten Mal erzählt hatte. War es nicht einfach so gewesen, dass Papa dem Taxifahrer viele Franc-Scheine zahlen musste, damit der losfuhr? Und hatte der Mann nicht die ganze Zeit große Angst gehabt, während Papa nicht die geringste Furcht empfand?

Teddy ließ ihn nicht aus den Augen. Ob er sah, was er sich erhoffte, fand Greg nicht heraus. Er zuckte nur mit den Schultern, legte die halb gerauchte Zigarette auf den Boden – ließ sie nicht fallen, sondern legte sie hin – und zerrieb sie säuberlich mit dem Absatz. Als seine Hand schon auf dem Türknauf lag, blieb er noch einmal stehen. »Hast du den Schießwettbewerb wirklich gewonnen?«

Greg ließ ein paar Sekunden vergehen. Dann murmelte er: »Vierter Platz.«

»Eine immer noch sehr eindrucksvolle Leistung. Gut gemacht.«

»Noch einmal würde ich das nicht schaffen.«

»Na und?«

»Haben Sie das alles auch zu Patrick gesagt?«, fragte Greg, ohne zu wissen warum.

»Nein.«

»Wieso nicht?«

»Deinem Bruder muss man das nicht sagen … Pass auf dich auf, Kleiner.«

Er ging ins Haus. Papa rief etwas, und Teddy lachte.

Greg blieb noch eine Weile draußen und sah zu, wie die Dunkelheit herankroch und die ersten Sterne über ihm zu funkeln begannen.

JORDAN, MONTANA

1977

Greg kurbelte das Fenster runter und ließ die saubere Luft in den Wagen strömen. Der Motorlärm wurde noch lauter. Der beschissene kleine Subaru stieß ein permanentes Kriegsgeheul aus, dröhnte wie eine Unterwasserbombe, die ihr Ziel nie erreichte. Greg legte den Arm auf die Kante, sah auf die endlosen grünen Felder hinaus und war zufrieden.

Viel weiter konnte man von New York nicht entfernt sein. Hier gab es nichts – nur einen Himmel, der den Horizont zu sprengen schien, ein paar Leute, die immer Klartext redeten und dünner über den Bundesstaat verteilt waren als die Butter auf dem Brot eines Knausers, und die Stille, die überall herrschte. Montana.

Es war richtig gewesen hierherzukommen, um wieder einen Sinn im Leben zu finden. Hier würde er etwas *Konkretes* tun. Menschen reparieren. Sie wieder ganz machen. Mit bloßen Händen würde er den Tod zurückstoßen. Gut, er war auf dem Weg zum Arztberuf ein paarmal gestolpert, aber was machte das schon. Jetzt war er hier, und nur das Jetzt zählte. Zum Glück.

Fast eine halbe Stunde dauerte die Fahrt zur McKinley Farm, besser gesagt zum Hof der Farm. Unmöglich zu sagen, wann er den Grund der Familie erreicht hatte. Es gab so gut wie keine Umzäunung, und das Land selbst war vollkommen nichtssagend.

McKinley begrüßte ihn mit der Kappe in der Hand an der Tür, und Greg war tatsächlich ein bisschen stolz. Hier draußen hatte man noch Respekt vor dem Arzt, hier wusste man, dass dieser Job keiner wie jeder andere war, wie Postbote oder Metzger, sondern eine Berufung.

»Doctor Hemingway?«

Greg nickte. Im wettergegerbten Gesicht des alten Mannes war keine Neugier zu sehen, kein Interesse zu erkennen. McKinley hatte wahrscheinlich nie etwas anderes als die Bibel gelesen.

Das hier war perfekt.

»Ja. Ist sie oben?«

»Jawohl. Danke fürs Kommen.«

McKinley führte ihn eine Treppe hoch zu seiner kranken Frau. Das Schlafzimmer war dunkel und mit seinen schweren Holzmöbeln und rosa Rüschenstoffen selbst für Jordan altmodisch eingerichtet. Greg schaffte es nicht sich vorzustellen, wie sich der Mann neben ihm, der so aussah, als wäre er in dem verblichenen Hemd und der alten Levi's zur Welt gekommen, in diesem dem Chintz und der Baumwolle geweihten Schrein abends zur Ruhe legte.

Das kleine Gesicht, das zwischen den mit Spitze besetzten Kissen hervorspähte, war genauso faltig wie das des Mannes, doch wirkten die Augen der Frau riesig, und sie schimmerten wie Schmelzwasser im Zwielicht.

Greg trat ans Fenster und zog resolut den Vorhang zurück. Dann wandte er sich seiner Patientin zu.

McKinley war in der Tür stehen geblieben und beobachtete ihn mit undurchdringlicher Miene.

»Ich brauche Licht, sonst kann ich sie nicht untersuchen«, sagte Greg. Plötzlich war ihm bewusst geworden, dass er im Schlafzimmer dieser Leute stand, in ihrem intimsten Raum, dort, wo Mrs McKinley aller Wahrscheinlichkeit nach ihre Kinder geboren hatte.

McKinley nickte nur. »Tun Sie, was Sie tun müssen, Doctor.«

Greg nahm auf der Bettkante Platz, ganz behutsam, um nichts in Unordnung zu bringen. Doch das Bett gab wie Pudding nach, und er dachte einen Moment lang, dass ihn das Ding verschlingen würde. Schließlich kam er schwankend zu sitzen.

Er hüstelte. »Hallo, Mrs McKinley. Ich bin Doctor Hemingway. Sie können Greg zu mir sagen.«

»Ah, ja, Roger hats mir erzählt. Du meine Güte, direkt aus New York!«

»Nicht ganz direkt – ich war zuerst eine Weile in Fort Benton –, aber im Grunde haben Sie recht. So grandios ist das allerdings auch wieder nicht. Eigentlich war ich nur ein nicht besonders stark beanspruchter Betriebsarzt bei General Motors.«

»Hast du das gehört, Roger? Bei General Motors!« Sie klang, als hätte Greg ihr erzählt, er habe Jesus eigenhändig die Mandeln entfernt.

»Ja, ja«, erwiderte Roger, der das Ganze noch immer von der Tür aus überwachte.

Greg überlegte, ob er ihr die Illusionen nehmen sollte, ließ es jedoch bleiben. Was half es ihr schon, wenn sie von der Langeweile erfuhr, von den vielen öden Stunden, in denen er nur hin und wieder einen Patienten mit Schnupfen oder Hexenschuss behandelt hatte. Sollte sie Zutrauen in ihn haben. Das war schon die halbe Miete.

»Sie haben also Beschwerden in der Brust, ja?«

»Und wie. Schon seit ein paar Wochen. Ich will nicht jammern, aber heute …«

»Können Sie mir beschreiben, wie sich das anfühlt?«

»Als würde jemand auf meinem Brustkorb hocken. Aber ein Junge, kein Mann. Wenn Sie auf meinem Brustkorb hocken würden, wär ich garantiert tot.«

Greg lächelte. »Stimmt. Was tut Ihnen sonst noch weh?«

»Der Kopf ein bisschen.«

»Trinken Sie genug Wasser?«

»Ja. Zwei Gläser am Tag und vor dem Schlafengehen Milch.«

»Mit einem ordentlichen Schuss Whiskey drin«, warf Roger ein.

»Sei still, Roger!«

»Wenns doch stimmt. Ärzte belügt man nicht, Frau! Oder willst du tot aufwachen?«

»Kümmere dich um deine eignen Angelegenheiten, Roger McKinley!«

»Viele Leute belügen ihre Ärzte«, sagte Greg und hob den schrecklich schmalen Arm der Frau am Handgelenk in die Höhe. »Wir berechnen das immer mit ein.«

Roger lachte leise vor sich hin. Seine Frau warf ihm einen wütenden Blick zu.

Du hattest es früher bestimmt faustdick hinter den Ohren, dachte Greg.

Er drehte ihre Hand um und fühlte den Puls. Mrs Mc-Kinley war so dünn, dass sich ihre Knochen wie kleine vertrocknete Äste unter der Haut abzeichneten. Greg konnte nur hoffen, dass sie in diesem Raum wirklich Kinder zur Welt gebracht hatte, und zwar einen ganzen Haufen. Er zählte mit, spürte die Kombination aus schwachem Kick und schwachem Punch, die alles auf der Welt am Laufen hielt. »Ihr Puls ist nicht zu schnell. Eins. Zwei. Drei. Vier. Fünf. Spüren Sie das?«

Sie nickte. »Ja, ein bisschen.«

»Wo spüren Sie es?«

Sie deutete mit den freien Fingern kraftlos auf ihren Unterkiefer, gleich unter dem Ohr. Damit war alles klar.

Greg ging in Gedanken das Kurvenblatt durch, das er sich bei seinem Aufbruch eine Stunde zuvor kurz angesehen hatte. Er hatte sich schon seit langer Zeit nicht mehr schocken lassen – durch eine schlimme manische Phase in Fort Benton war er allein durchgekommen, allerdings hatte sie ihn seinen letzten Job gekostet. Sein Gedächtnis funktionierte. »Darf ich Margery zu Ihnen sagen?«

»Natürlich, Doctor. Am besten sagen Sie Marge, so nennen mich alle.«

»Und ich bin Greg. Also, Marge, Ihnen fehlt nichts, außer dass Ihr Blutdruck zu hoch ist. Das ist unangenehm, aber sehr gut zu behandeln. Ich verschreibe Ihnen ein Medikament, das Ihnen helfen wird. Aber auf fettes Essen müssen Sie eine Weile verzichten.«

»Und auf den Whiskey?«, fragte Roger.

»Ach, halt doch den Mund, Roger! Entschuldigen Sie, Doctor.«

Greg lachte. »Das hängt ganz davon ab, was Sie unter einem Schuss verstehen. In Maßen genossen ist gegen Alkohol nichts einzuwenden. Für Sie ist er sogar gut.«

»Hast du gehört? Für mich ist er gut.«

»Das hätten Sie ihr nicht sagen sollen, Doctor.«

»In Maßen!«, betonte Greg und fingerte den Rezeptblock aus seiner Hemdtasche.

Als er aus dem Farmhaus der McKinleys in die kühle Luft von Montana hinaustrat, fühlte er sich so gut wie seit Jahren nicht mehr. Fast als wäre er wieder ein kleiner Junge — das arglose, ganz von sich selbst überzeugte Bürschchen, das er gewesen war, bevor es mit ihm so bergab ging.

Er schob den Gedanken beiseite. Er war der Vergangenheit schon viel zu lange hinterhergehetzt. Jetzt zählte die Gegenwart. Die Gegenwart und die Zukunft.

Bald würde Valerie mit den Kindern nachkommen. Bisher hatte sie keine Lust gehabt, die Herrlichkeiten New Yorks gegen dieses leere Nichts von einem Bundesstaat einzutauschen, aber sie würde erkennen, wie schön es hier war. Greg würde ein großes Haus mit einer Veranda kaufen. Im Winter würde er mit seiner Familie skifahren gehen, im Sommer zelten. Sie würden glücklich sein.

BOZEMAN, MONTANA

1978

Es würde kalt werden. Als Greg das hübsche Vorstadthaus seines Bruders erreichte, schwebten schon die ersten Gänsedaunenflocken durch die Luft. Beim ersten Blick auf die Karte von Montana hatte er noch gedacht, Patrick und er würden praktisch nebeneinander wohnen. Er hatte vergessen, wie riesig der Bundesstaat war. Die Fahrt von Jordan hierher hatte sechs Stunden gedauert.

Patrick wartete schon vor dem Haus. Die Garagentür war geöffnet, und das Schneemobil stand auf Hohlblocksteinen bereit. So war Patrick.

Greg fuhr rückwärts auf die Zufahrt. Patrick wies ihn mit Handbewegungen ein, als hätte Greg keine Spiegel. Bei jedem anderen hätte es Greg genervt, doch dass da sein Bruder stand, in gestärktem Hemd und schöner Hose, und auf ihn aufpasste, gab ihm ein gutes Gefühl.

Er stieg aus, und sie umarmten sich. Das hatten sie nach dem College eine Zeit lang nicht mehr getan, nach dem Tod ihres Vaters aufgrund einer instinktiven, unausgesprochenen Übereinkunft jedoch wieder damit begonnen.

»Schön, dich zu sehen«, sagte Greg, und es war ehrlich gemeint. Obwohl er seinen Bruder inzwischen alle paar Monate sah – einer der größten Vorteile von Montana –, hätte er sich gern noch öfter mit ihm getroffen.

»Schön, dich zu sehen, Gig.«

»Immer noch dieses blöde ›Gig‹.«

»Wenn dich einer Gigi nennen darf, dann ich.«

»Wenn mich einer nicht Gigi nennen sollte, dann du. Ich dachte, du stehst in meiner Ecke des Rings.«

»Tu ich doch auch. Hinter dir ist es in jedem Fall sicherer als vor dir.«

»Kommt darauf an, wie viel ich getrunken habe. Ich habe harte Ellbogen.«

Patrick klopfte ihm auf die Schulter und hob den Blick zu den tief hängenden prallen Wolken. »Willst du wirklich? Es soll einen Blizzard geben. Ob du dem mit der alten Mühle zuvorkommst?«

»Das ist ein guter Wagen. Von großem sentimentalem Wert.«

»Das ist aber auch schon der einzige Wert, den er hat. Und der zählt für dich mehr als funktionierende Bremsen?«

»Sentimentalität geht bei mir immer vor Sicherheit. Hoffe ich jedenfalls. Nur deshalb haut die Familie nicht mitten in der Nacht ab.«

Patrick hob den Blick wieder zum Himmel und runzelte die Stirn. »Wir müssen uns beeilen.«

»Ich hätte zwar gern erst Pause gemacht und ein Bier getrunken, aber du hast recht.« Greg ging zum Kofferraum seines Wagens und öffnete ihn.

Sie klappten die Rückbank nach hinten, und obwohl

das kleine Auto schon ziemlich alt war, funktionierte es, ohne dass etwas knarrte oder quietschte. Greg machte das seltsam stolz.

Dann musterten sie das Schneemobil, um die Aufgabe einzuschätzen. »Du siehst müde aus«, sagte Patrick, ohne zu Greg hinüberzusehen.

»Alles in Ordnung. Nur sehr viel Arbeit. Außerdem fahre ich fast jedes Wochenende zu Valerie und den Kindern. Hoffentlich bringt sie das Ding dazu, wenigstens ein Mal zu mir zu kommen. Aber bis dahin … sechs Stunden hin, sechs zurück.«

»Du machst das ganz richtig. Man kann nicht direkt von New York nach Jordan ziehen. Sollen sie erst mal in Bozeman wohnen. Valerie wird schon sehen, wie schön es bei dir draußen ist. An den langen Arbeitszeiten wirst du allerdings nichts ändern können.«

»Die sind nicht so schlimm.« Greg rieb sich seufzend das Gesicht, sodass die dichten Stoppeln an der Handinnenfläche kratzten. »Hoffentlich hast du recht. Ich weiß nicht, wie lange ich das noch schaffe … Den Kindern würde es in Jordan gefallen. Dafür, dass sie New Yorker Kinder sind, spielen sie sehr gern draußen, und im nächstgelegenen Stall steht ein Pony für sie. Ein Pony!«

»Das ist emotionale Erpressung.«

»Mir ist nichts zu billig, das weißt du.«

»Dir war nie irgendetwas zu billig, und daran wird sich nichts ändern.«

»Es wird Valerie guttun. Hoffe ich jedenfalls.«

Patrick zuckte mit den Schultern und ging zu einem kleinen Kühlschrank in einer Ecke der Garage. »Die Pause kriegst du nicht, aber das Bier.« Er reichte Greg ein Bud und öffnete die Flaschen erstaunlich routiniert mit seinem Schlüssel.

Greg sah seinem Bruder beim Trinken zu. Seine eigene Flasche lag kalt in seiner Hand und fühlte sich trotz des eisigen Wetters gut an. Er nahm zwei kräftige Schlucke und rülpste lautstark.

Patrick lachte. »Du änderst dich nie.«

»Niemand ändert sich. Jedenfalls nicht von Grund auf.«

»Na ja …«

Patrick schniefte, trat wie ein Boxer, der einen schweren Gegner abschätzt, vor das Schneemobil und sagte wie nebenbei: »Wird ein hartes Stück Arbeit.«

Greg legte beide Hände unter das Fahrgestell und versuchte es anzuheben. »Ach du Scheiße …«

Patrick trank noch einen Schluck. »Drei Nachbarn mussten mir helfen, das Ding auf die Steine zu hieven, und vor der zweiten Runde sind sie alle auf mysteriöse Weise verschwunden. Hoffentlich hast du noch so viel Kraft wie früher, Greg.«

»Wehe, wenn sich das nicht lohnt.«

»Es wird sich lohnen, glaub mir.« Patrick tippte mit seiner halb leeren Flasche an die abgerundete Nase des Snowmobils. »In einem Bundesstaat ohne Meer kommt dieses Ding einem Rennboot am nächsten.«

»Fehlt es dir, das Meer?«

Patrick dachte nach. Gegenüber standen mehrere gepflegte Vorstadthäuser, die exakt so aussahen wie sein eigenes, doch er blickte über sie hinweg, hinaus auf die riesige Fläche des weiten, unerschütterlichen Montana. »Nein«, sagte er schließlich. »Ich hatte zwar damit gerechnet, aber ich vermisse es nicht. Du?«

»Nein, eigentlich auch nicht. Ein bisschen vielleicht. Aber ich behalte mein Mittagessen gern bei mir.«

»Das war nicht nur die Kotzerei und Möwenscheiße. Wir hatten auch schöne Erlebnisse.«

»Na ja.«

»Erinnerst du dich noch an alles?«

»Nein, aber für meinen Geschmack an genug.«

Patrick verzog das Gesicht, verbarg die Grimasse jedoch, indem er sich umdrehte und sein Bier abstellte. »Komm, wir laden das Ding jetzt ein, und dann musst du los. Es sei denn, du willst hier übernachten.«

»Ausgeschlossen.« Greg trank seine Flasche in drei langen Zügen leer. »Ich beginne um sechs mit der Arbeit.«

»Aber immer schön langsam. Wir konnten das Ding wie gesagt nur zu viert aus der Garage tragen.«

»Ich schaffe das allein.«

»Meinst du? Du hast ein bisschen zugelegt …«

»Sehr charmant. Aber ich habe angefangen zu laufen. Vielleicht starte ich nächstes Jahr bei einem Marathon.«

»Ich dachte, du bist müde.«

»Bin ich auch, aber es entspannt. Schwer zu erklären.«

»Also los. Drei. Zwei. Eins.«

Patrick hatte nicht übertrieben. Als das Schneemobil verladen war, lag das Auto drei Zentimeter tiefer, und in Gregs Handteller hatten sich tiefe violette Kerben gegraben. Und weil es nicht ganz hineinpasste, mussten sie die Heckklappe mit einem alten Seil festbinden. Besser ging es nicht.

Draußen fielen die Flocken zunächst gemächlich, dann zunehmend schnell, und nach und nach verschwamm die Welt hinter einem dichter werdenden weißen Vorhang.

Für Greg wurde es Zeit, doch beide zögerten, und als Greg einen Blick in die Kühlschrankecke warf, holte Patrick grinsend noch zwei Bier. Schulter an Schulter lehnten sie am Auto und sahen zu, wie die Stille über die Vorstadt kam und die schlichten Umrisse schön und sonderbar machte.

Sie sprachen darüber, ob es Greg gefiel, Arzt in einem winzigen Ort zu sein − der Kontakt zu den Leuten, ihr Vertrauen in ihn −, wie stark angebunden er war und dass er genau das vielleicht schon immer gebraucht hatte. Patrick erzählte, dass er Afrika hundertmal mehr vermisse als das Meer, aber auch in Montana jagen und angeln gehe. Er habe es sich angewöhnt, nachts zu angeln − aus dem Spiegel angeln nannte er es −, und mache dabei fast religiöse Erfahrungen: Die Fische ließen sich im schnell strömenden Wasser nur erahnen, bis sich die Schnur plötzlich spanne und sie einem triefend und zappelnd und vom Mondlicht vergoldet in der Hand lägen. Sie sprachen über die Katze in Kuba, deren gebrochener Schwanz wie ein Fragezeichen verheilt war, und darüber, dass nie wieder etwas so grün gewesen war wie die Felder dort im Frühling.

Patrick trank die letzten Tropfen aus seiner Flasche und wischte sich über den Mund. »Wir müssen das Ding besser festbinden, bevor du fährst. In der Kiste da drüben liegen noch mehr Seile.«

»In der, auf der *Seile* steht?«

»Ganz genau.«

»Dieser Ordnungssinn, einfach unglaublich …«

»Mhm.« Patrick stöberte in der Kiste und sah nicht auf. »Apropos – hältst du durch?«

Greg verstand. »Ja, ich habe es ziemlich gut unter Kontrolle.«

»Super, Greg.« Sein Bruder blickte weiter auf die Seile, die er entwirrte. »Manchmal glaube ich nämlich, dass Papa und ich … dass wir nicht …«

»Schon gut.« Was immer Patrick sagen wollte, Greg wollte es gar nicht hören. Mit der Vergangenheit war er fertig.

»Ich … ich hätte …«

»Ist gut, Pat.«

Patrick warf ihm einen Blick zu und ging zum Wagen. »Finde ich nicht.« Er stieß mit der Schulter gegen die Heckklappe, die jedoch nicht weiter zuging, gab stöhnend auf und begann das Monstrum festzubinden.

»Ich gehe gerade die alten Papiere von Papa durch«, sagte er. »Das gibt mir im Winter etwas zu tun.«

»Und?« Greg war froh, dass das Thema geändert wurde.

»Einige von den Sachen, die nie veröffentlicht wurden … Die sind … Die sind, als ob er …«

»Ja?«

Patrick schüttelte den Kopf. »Er war so wütend auf dich wegen dem ganzen Mist, so wahnsinnig wütend. Ist dir schon mal der Gedanke gekommen, dass … Also, dass er gerade deshalb so wütend sein und dich gleichzeitig am meisten lieben konnte?«

»Er hat mich nicht am meisten geliebt«, widersprach Greg, sich an das Einzige klammernd, was er verstand. »Jedenfalls nicht lang. Du redest Schwachsinn.«

»Schon gut. Mein Dad hat mich geliebt, das weiß ich genau, aber Liebe ist nicht gleich Liebe.« Patrick grinste. »Es hat mich zwar fast verrückt gemacht, aber ich bin damit fertiggeworden. Wahrscheinlich, weil Mom für mich da war.«

»Kein schlechter Tausch«, sagte Greg krampfhaft fröhlich, während er den letzten Knoten festzuziehen half. Ihm war nicht fröhlich zumute, doch was er eigentlich fühlte, hätte er nicht genau sagen können.

»Weiß ich nicht. Bei mir hat sie ihre Sache jedenfalls ziemlich gut gemacht.«

»Tja«, sagte Greg mit betont lässigem Achselzucken, »sie konnte uns gegenüber zwar ziemlich kühl sein, aber das hing wenigstens nie davon ab, was wir machten. Ob wir Trophäen nach Hause brachten oder kläglich versagten, änderte nicht das Geringste. Papa dagegen ...« Er schluckte. »Wenn man auf so einem Drahtseil geht und nur einen einzigen Fehler macht ... Das ist ein enormer Druck für ein Kind. Ein Wahnsinnsdruck.«

»Greg, das ... Das tut mir leid.«

»Ich kann es verkraften. Mir tut es leid, dass ich dich nie habe gewinnen lassen, Pat. Ich war ein beschissener Bruder.«

Patrick hob die Arme und zog Greg linkisch an sich. »Vergiss den ganzen Scheiß. So hab ich's gemacht. Außerdem war ich nie wütend auf dich, okay?«

Greg erwiderte nichts. Patrick roch nach Pfefferminze, nach Tabak und nach Patrick.

»Greg, er wollte etwas aus dir machen, was es nicht gibt, das weißt du. Du hättest nie genügt, und selbst wenn ... Es war nicht deine Schuld, Gig.«

Greg löste sich sanft aus Patricks Umarmung und wischte sich mit dem Ärmel über die Augen. »Danke, Pat. Aber es tut uns beiden nicht gut, von den Toten zu reden. Ich muss noch aufs Klo. Hab einen weiten Weg vor mir.«

»Zweite Tür rechts. Also, ich –«

»Mach dir keine Sorgen. Ich habe seit achtundvierzig Stunden nicht geschlafen und bin komisch drauf, das ist alles. Binde das Ding ordentlich fest, okay? Ich habe keine Lust, es auf dem Freeway zu verlieren.«

Im Klo schloss er die Tür ab und besprizte sein Gesicht mit kaltem Wasser. Dann setzte er sich auf den Boden, umfing die Beine mit den Armen und legte die Stirn auf die Knie.

Er war so müde. So wahnsinnig müde.

Nur noch ein kleines bisschen. Valerie und die Kinder würden kommen. Der Winter würde enden und der Job leichter werden. Er würde Zeit mit ihnen verbringen und mit ihnen zelten gehen. Nur noch ein kleines bisschen.

Er stand auf, wusch sich das Gesicht noch einmal gründlich, betätigte die Toilettenspülung und ging hinaus. Dann drückte er seinen Bruder so fest, dass es wehtat, und fuhr dem heranziehenden Sturm entgegen.

JORDAN, MONTANA

1983

Greg erwachte in praller Dunkelheit. Gleich würde sein Kopf zerspringen, so stark war der hämmernde Schmerz. Das Telefon kreischte. Jeder Ton trieb eine Glasscherbe in sein Hirn.

Die Batterien im Digitalwecker auf dem Nachttisch waren schon lange leer, aber die Wanduhr, auf die ein Strahl von der Straßenbeleuchtung fiel, zeigte vier Uhr einunddreißig an.

Das Telefon hörte nicht auf zu kreischen. Das konnte nur eines bedeuten.

»So eine Scheiße.« Er spie den Satz fast aus.

Die Nachttischlampe knipste er gar nicht erst an – die Birne war schon seit Langem durchgebrannt, und er hatte es nie geschafft, sie zu ersetzen –, sondern stellte die Füße im Dunkeln auf den vermüllten Boden. Ein Fuß stieß an eine leere Flasche, die ratternd wegschlitterte und in einen Stapel Pizzakartons krachte, der andere landete an der Stelle, die Greg als Aschenbecher benutzte, weshalb der Teppichboden dort zu einer Kruste geschmolzen war. Zwischen seinen Zehen schob sich eine Kippe nach oben.

»Scheiße.«

Er wankte zum Telefon, Abfall stob in alle Richtungen. Essenskartons vom Chinesen, Tablettenfläschchen, leere Bierdosen, zur Hälfte gelesene Bücher und unberührte Zeitschriften.

Beim Apparat angelangt kam ihm der Gedanke, die Schnur aus der Wand rauszureißen. Ein kräftiger Ruck, dann wäre Ruhe. Dann könnte er in sein Bett zurückkriechen, vielleicht alle halb geleerten Tablettenfläschchen im Zimmer einsammeln, sich einen kleinen Chemiecocktail mixen und endlich für immer schlafen.

Doch das war nur ein kurzer Impuls, flüchtig. Er wurde gebraucht.

»Hallo.«

»Guten Morgen, Doctor Hemingway. Entschuldigen Sie, dass ich Sie wecke, aber wir haben gerade eine alte Frau aufgenommen, Verdacht auf Herzinfarkt.«

»Ich bin in fünf Minuten da, Miriam. Versucht sie stabil zu halten.«

»Machen wir. Danke.«

Greg ließ den Hörer auf die Gabel fallen und lehnte sich an die Wand. So verharrte er ein paar Sekunden, um sich zu sammeln und zu spüren, wie es um seinen Kopf stand.

Nicht gut, aber auch nicht schrecklich. Der Drang, sich im Dunkeln einzurollen, war zwar nach wie vor sehr stark, doch so etwas war immer relativ, und dass ihn dieser Drang nicht vollkommen beherrschte, bedeutete nach dem Jahr, das hinter Greg lag, dass es eigentlich gar nicht schlecht lief.

Er atmete ein. Er atmete aus. Dann machte er Licht,

zog ein frisches weißes Hemd an, das die Reinigung am Tag zuvor geliefert hatte, und schlüpfte in eine dunkelgraue gebügelte Hose und in geputzte Budapester.

Plötzlich, ganz ohne Vorwarnung, erbrach er sich heftig und musste das Hemd wechseln. Das war nicht schlimm, er hatte genug Ersatz. Die Schuhe wischte er ab, dann waren sie wieder in Ordnung.

An der Tür blieb er stehen und ließ den Blick über die Ruine seines schmutzigen Wohnwagens schweifen, der nur als Notlösung für die kurze Zeit gedacht gewesen war, bis Val und die Kinder nach Jordan kämen. Anfangs hatte er ihn in Ordnung gehalten, doch irgendwann waren die Selbstlügen sinnlos geworden.

Die Rückfahrt vom Haus in Bozeman am Abend zuvor war wieder unglaublich anstrengend gewesen. Selbst ohne die Entspannungspause in einem Motel wäre er erst nach Mitternacht heimgekommen. Er hatte inzwischen eingesehen, dass diese Fahrten noch länger nötig sein würden, aber gehofft, sie würden ihm mit der Zeit zumindest leichter fallen und zu einem Teil seines Lebens werden. Genau das Gegenteil war eingetreten. Sie entwickelten sich zu einer Plackerei, vor der ihm nur noch graute, nach einer Woche mit Zwölf-Stunden-Arbeitstagen und Autofahrten durch Schneestürme oder verdorrtes Land, um am Ende der Welt Rezepte auszustellen.

Wenigstens war der Weg zum eigentlichen Arbeitsplatz nicht weit. Sein Wohnwagen stand in der Nordost-Ecke des Krankenhausareals, sodass er kaum eine Minute zu Fuß zur Arbeit brauchte, wenn er nicht gerade Hausbesuche machte. Der Wagen war dort als Unterkunft für einen

Hausmeister oder Parkwächter abgestellt worden, hatte aber bei Gregs Eintreffen leergestanden, und die Miete war so günstig, dass er im Monat für Alkohol sicherlich mehr ausgab.

Er ging, ohne hinter sich abzuschließen.

Der Rettungswagen parkte noch schräg vor dem Haupteingang. Die Fahrertür stand offen, und das Blaulicht zuckte mit idiotischer Beharrlichkeit.

Gleich hinter der Tür schlugen Greg die Wärme und die antiseptische Sauberkeit entgegen. Er hätte sie gern bewusst ausgekostet und seine schmerzende Stirn an einen heißen Heizkörper gelegt, doch Miriam lief schon auf ihn zu. Ihre roten Locken wippten heftig rings um ihr besorgtes Gesicht, und ihre Arbeitsschuhe machten patschende Geräusche auf dem Linoleum.

»Wir konnten sie nicht stabilisieren, Greg. Ihr Zustand hat sich verschlechtert. Komm!«

Sie musste ihn nirgendwohin führen – es gab nur vier Betten in dem gesamten Krankenhaus. Trotzdem folgte er ihr gehorsam, und sein restlicher Kater verbrannte in dem plötzlichen Adrenalinschub, zu dem es in diesen Situationen unweigerlich kam.

Vier Krankenzimmer nebeneinander. Aus dem einzigen, dessen Tür offen war, drang das unregelmäßige Piepsen eines EKG-Geräts. Greg eilte an Miriam vorbei.

Lillian, die einzige andere diensthabende Schwester, stand über das Bett gebeugt und kontrollierte Vitalfunktionen, die, das sah Greg auf einen Blick, die reine Katastrophe waren.

Er fragte trotzdem nach den Werten, aber vor allem, um Lillian seine Anwesenheit mitzuteilen.

Sie drehte sich sichtlich erleichtert um und rasselte alles herunter, was er wissen musste.

Als sie zur Seite trat, sah Greg die kleine Gestalt im Bett und fluchte. Mrs McKinley war kaum noch als die Frau erkennbar, die er nur wenige Monate zuvor das letzte Mal untersucht hatte. Sie wirkte wie in einem inneren Wirbelsturm gefangen, hatte offenbar starke Schmerzen.

Er trat ans Bett, zog die Lampe aus der Tasche und richtete sie auf die Augen. Kaum eine Reaktion. Nicht gut.

»Marge?« Er klopfte an ihre fiebrige Wange.

Nein, noch nicht.

»Marge, hören Sie mich?«

Nichts. Doch nach einer Weile richtete sie den Blick auf ihn wie ein Mensch, der aus dem tiefen Wasser an die Oberfläche schwimmt. Sie versuchte zu lächeln. »Dogdah Hemngwah.« Schon sank sie wieder in eine riesige innere Ferne hinunter.

Ihr Herzschlag wurde unregelmäßig, das EKG-Gerät begann leise zu zirpen. Greg zögerte keine Sekunde. »Wir verlieren sie. Defibrillator!«

Miriam stand schon bereit und hielt ihm die Elektroden hin. Die Wundermaschine hatte sie sich eingeschaltet unter den Arm geklemmt.

»Zurück!« Greg legte die Elektroden an, stellte sicher, dass er keinen Kontakt mit dem Bett hatte, und nickte. »Schock abgeben!«

Durch Mrs McKinley ging ein Ruck. Ihr ganzer Leib krümmte sich in einem gewaltigen Krampf.

»Schock abgeben!«

Wieder fuhr es wie unsichtbare Fäuste in ihren Körper.

»Schock abgeben!«

Das EKG stieß weiterhin nur abgehackte, arrhythmische Töne aus. Dann erklang plötzlich das gefürchtete endlose Piepsgeräusch.

»Schock abgeben!«, flüsterte Greg und sah auf das schmerzverzerrte Gesicht hinunter. Mrs McKinleys Zähne knirschten.

»Schock abgeben!«

Der Jaulton hielt an.

Sie hatte ihm zum Geburtstag eine Flasche Jim Beam geschenkt. Woher sie das Datum kannte, wusste er nicht.

Er ließ die Elektroden fallen und begann mit der Herzdruckmassage.

»Komm schon, Marge«, murmelte er, »komm schon!«

Er sah sie auf dem kalten Tisch im Leichenschauhaus liegen, Opfer eines Körpers, der sie im Schlaf hintergangen hatte.

Nein.

»Miriam, übernimm du!« Er trat zur Seite. Miriam legte ihre Hände auf Mrs McKinleys zartes Brustbein, während er den Kopf der alten Frau überstreckte und in ihren schlaffen Mund blies.

Miriam drückte, Greg beatmete, und Mrs McKinleys Brustkorb blähte sich wie ein Ballon mit der Luft, die Greg verzweifelt in das nach Sauerstoff gierende Hirn zu befördern versuchte.

»Greg.«

»Du sollst drücken, verdammt noch mal!«

»Greg.« Lillian legte ihre Hand auf seinen Arm.

»Sie darf nicht sterben!« Er drehte sich abrupt zu ihr, um sie am Arm zu packen und zum Zuhören zu zwingen, und stieß ihr dabei das Instrumententablett aus der anderen Hand. »Sie darf nicht sterben, hast du gehört?« Skalpelle schlitterten klirrend über den gefliesten Boden.

Die Zeit dehnte sich. Greg hörte sich atmen, sah Lillian wie vor einem wilden Tier zusammenzucken. Das EKG-Gerät jaulte weiter.

Greg ließ sie los. Plötzlich schmeckte er wieder Galle. Lillian wich instinktiv mit einem kleinen Sprung nach hinten vor ihm zurück.

»Entschuldige«, sagte er. »Ich —«

Lillian schluckte. »Schon gut, Greg.«

Doch es war nicht gut. Es war überhaupt nicht gut. Nur ließ es sich nicht rückgängig machen.

Er wandte sich wieder Margery zu. Ihr Gesicht sah im Tod nicht friedlich aus, sondern verkniffen, fast angstvoll, als hätte sie gewusst, dass etwas Schreckliches sie holen kommen würde. Miriam trat ans Bett und schloss die trüben Augen.

Greg atmete, blinzelte, rang nach Fassung. »Todeseintritt«, er sah auf seine Uhr, »vier Uhr fünfundvierzig.«

Miriam notierte es schweigend auf der Patientenakte am Fußende des Betts.

Greg betrachtete noch eine Zeit lang die Ruine der Margery McKinley. Noch vor wenigen Minuten war das eine Frau gewesen; jetzt war es nur noch Fleisch.

»Den Rest erledigen wir, Greg«, sagte Miriam mit professioneller Knappheit.

Greg nickte, ohne seine Krankenschwester anzusehen, so groß war die Angst, dass die Hitze in seinen Augen zu ihr überspringen könnte. Er verließ das Zimmer und trat auf den Gang.

Roger kauerte in seinem Wintermantel neben dem Empfang. Greg hatte ihn offenbar übersehen, als er reinkam. Kein Wunder. Margerys Witwer schien kleiner geworden zu sein und ähnelte kaum noch dem Mann, den Greg im Frühling kennengelernt hatte.

Als Roger Gregs Schritte hörte, hob er den Kopf.

»Mr McKinley ...« Greg suchte nach Worten. Beim Blick in die Augen des alten Mannes bekam er das Gefühl, in ein leeres Haus zurückzukehren.

Roger schwieg, doch an seinem zerfurchten Gesicht liefen zwei Tränen hinunter.

»Es tut mir sehr leid.«

Roger schüttelte nur den Kopf.

Mehr hatte Greg nicht zu sagen; Trost konnte er dem Mann nicht geben. Er setzte sich zu ihm. Draußen wurde der Wind stärker, fegte ächzend über das Krankenhausdach.

Greg fiel ein, wie er unter dem Blick seines Vaters im Gang vor Patricks Zimmer gesessen hatte. Merkwürdig, was die Elektroschocks überlebt hatte und was nicht.

Sein erster Kuss? Weg.

Jener stille vorwurfsvolle Blick: als wäre es gestern gewesen. Als wäre es jetzt.

Manche Momente waren mehr als ein Netz aus Neuronen. Manche steckten tief in den Knochen, im Blut. In der Seele.

»Mein Vater hat immer gesagt, dass man nie wütend ins Bett gehen soll. Erste Eheregel«, sagte Roger plötzlich.

Greg schwieg.

»Aber der hat auch nie mit einer so sturen Frau zusammengelebt. Meine Mutter war ein Lämmchen. Außerdem waren sie nur zehn Jahre verheiratet. Dann hat ein Pferd ausgeschlagen und ihm den Schädel zerschmettert. Margery –« Er stockte. »Wir waren dreiundvierzig Jahre verheiratet und haben die Regel unendlich oft gebrochen.«

»Es war deutlich zu sehen, wie sehr Sie einander geliebt haben«, sagte Greg, bereute es aber sofort. Brachte er nur Platitüden zustande?

»Schon möglich. Trotzdem – mein alter Papa hat sich kaum je geirrt, außer vielleicht bei Pferden. Das war der schlimmste Streit seit Langem, nur wegen dem verfluchten Whiskey … Mein Gott, so ein Ende nach vierzig Jahren.« Er schlug die Hände vors Gesicht.

Greg konnte die Worte nur erahnen, die sie einander zum Schluss an die Köpfe geworfen hatten, die belanglosen Kleinigkeiten, die wieder ausgegraben worden waren.

Es gab nichts zu sagen. Er konnte den Mann mit keinen Worten der Welt daran hindern, in jeder freien Minute des restlichen Daseins die letzte Nacht noch einmal zu durchleben.

»War das …« Rogers Stimme wurde von seinen rauen Händen gedämpft. »War das der Grund, Doctor Hemingway?«

Greg musste nicht fragen, was er meinte. »Nein, ganz bestimmt nicht. Ein Herzinfarkt tritt nicht sechs Stunden später ein, glauben Sie mir. Margerys Herz war erschöpft, das ließ sich nicht ändern. Sie hat auch nichts mehr gespürt.« Wahrheiten und Lügen bunt gemischt.

Roger nahm die zitternden Hände von seinem Gesicht. »Sie hat nach Luft geschnappt.«

»Das war ein Reflex. Das war nur noch der Körper, die Nadel in der Rille. Ihre Frau war schon nicht mehr da.«

»Aber ich … Ich kann nicht …«

»Glauben Sie, dass Ihre Frau Sie nicht mehr geliebt hat, als sie einschlief? Und nicht gewusst hat, dass Sie sie lieben?«

»Nein.«

»Sehen Sie.« Greg streckte die Beine. Sein rechtes Knie tat weh. »Eine einzige schlechte Nacht? Ein in Liebe gelebtes Leben ist keine Kleinigkeit, Roger. Dafür würde so mancher viel geben.«

Roger reagierte erst nach einiger Zeit. Er nickte. »Sie war eine gute Frau. Aber verflucht stur.« Er schniefte, wischte sich über die Augen, straffte die Schultern.

Wie ein Wasserhahn, der zugedreht wurde. Plötzlich war er wieder derselbe Mann, der in der Schlafzimmertür gestanden und seiner Frau gesagt hatte, sie solle den Arzt nicht belügen. »Danke für alles, Doctor Hemingway. Ohne Sie wäre ihr weniger Zeit geblieben. Ich bin Ihnen sehr dankbar.«

Greg sah ihn langsam nickend an. Die Verwandlung war erstaunlich. »Möchten Sie Ihre Frau sehen?«

»Nein danke«, antwortete Mr McKinley, ohne zu zögern. »Das wäre nicht gut für mich.«

»In Ordnung. Dann rufe ich Ihnen ein Taxi.«

»Nicht nötig, ich kann sehr wohl selbst fahren. Außerdem zieht ein Sturm auf, da will ich den Truck nicht hier stehen lassen. Ich brauche ihn, es gibt viel zu erledigen.«

»Okay.« Greg zögerte. »Möchten Sie telefonieren?«

»Nein, ich rufe die Jungs besser von daheim aus an. Das wird nicht leicht. Der Junior will schon seit einiger Zeit, dass wir zu ihm nach Florida ziehen. Ich habe immer gesagt, dass Marge nicht reisen kann. Jetzt muss ich mir eine neue Ausrede überlegen.«

Sie standen auf. Greg streckte die Hand aus, und der alte Mann ergriff sie mit überraschend kräftigem Druck. »Alles Gute, Roger. Und noch mal: Es tut mir sehr leid.«

»Aber nicht doch, Doc, es nützt ja nichts. An Weihnachten dürfen Sie einen schönen Geschenkkorb erwarten.« Er tippte sich an die Kappe, und ein Lächeln furchte seine noch immer glänzenden Wangen. Dann trat er hinaus in den neuen Morgen, in sein restliches Leben.

In den Wochen nach Margery McKinleys Tod ging es mit Greg bergab.

Es kam nicht unerwartet. Seit dem Versprechen, das er Valerie in Havanna gegeben hatte, hatte er sich trotz einiger Schwankungen keinen Schocks mehr unterzogen – er war jeden Morgen aus dem Bett gekommen und hatte nicht brüllend durch die Straßen laufen müssen. Und sogar sein Problem hatte er immer im Griff gehabt, wenn man von den Fahrtunterbrechungen auf dem Rückweg von Bozeman absah. Für mehr war keine Zeit gewesen.

Doch jetzt begannen sich die altbekannten Rädchen wieder zu drehen, die Mechanismen in seinem Kopf, die keine Bremsen hatten. Ihm war bewusst, dass eine große Episode bevorstand.

Eine manische Phase – in gewisser Hinsicht eine Erleichterung. Die Höhen und Tiefen waren jeweils auf ihre Art gefährlich, und auch wenn die Höhen letztlich mehr Schaden anrichteten, zögerten sie doch zumindest den Schmerz hinaus. In der manischen Phase fühlte sich jede noch so idiotische Handlung richtig an.

Er trainierte noch mehr für den Marathon. Nachdem er zwölf Stunden lang im Krankenhaus Patienten behandelt hatte oder über die endlose Weite aus leeren Feldern und verschneiten Bäumen von einem Farmhaus zum nächsten gefahren war, zog er jeden Tag seine verschlissenen alten Laufschuhe an und lief durch die schneeweiße Dunkelheit, bis ihm der Rücken wehtat, aus seinen Beinen Wackelpudding geworden war und sich sein Magen wie ein Knoten anfühlte.

Er hatte sich schon mehrmals am Straßenrand übergeben – meistens nach ungefähr fünfzehn Kilometern –, war aber immer nur so lange stehen geblieben, bis die letzte Galle ausgespuckt war, und hatte seinen gequälten Körper dann wieder in Bewegung gesetzt. Seine Füße waren voller Blasen, und seine Brustwarzen bluteten, egal wie sorgfältig er sie abgeklebt hatte.

Aber es half. Er war sich ganz sicher. Nur keine Zeit zum Nachdenken haben, darauf kam es an.

Doch schon bald dachte er immer, wenn er gerade nicht lief, ans Laufen. Die Strecke des bevorstehenden Boston Marathon kannte er auswendig. Jede Kurve, jede Besonderheit, jede Veränderung des Geländes, jede Bodenerhebung waren in seinem Kopf wie auf Karteikarten säuberlich verzeichnet. Er ging sie pausenlos durch, murmelte sie auf den endlosen Autofahrten vor sich hin, während die vorbeiziehende Landschaft so unverändert blieb wie der Hintergrund eines billigen Comics.

Er ahnte, dass diese wachsende Obsession ein Symptom war, doch sie fühlte sich wie die Therapie an.

Valerie und die Kinder besuchte er weiterhin an so vielen Wochenenden wie möglich. Dann hörte er gegen neun mit der Arbeit auf, ging vom Krankenhaus direkt zu seinem Auto und trat den Weg in das fünfhundert Kilometer entfernte Bozeman an.

Er bat sie längst nicht mehr, zu ihm nach Jordan zu ziehen. Sie hielt schon Bozeman für provinziell – welche Chance hätte da Jordan gehabt? Im ganzen County lebten gerade mal 1500 Menschen, das einzige Kino hatte nur einen Saal und die Bibliothek vier Regale. Valerie hatte Arbeit in Bozeman. Sie hatte sich irgendwie eingelebt. Und die Kinder hatten in der Schule Freunde.

Nein, es war vorbei. So würde es bleiben.

Was natürlich nicht hieß, dass es ihnen guttat. Wann immer er am frühen Samstagmorgen seinen Kadaver aus dem Auto stemmte, sah er die Frage im Blick seiner Frau. War das alles? Hatte er sie *dafür* aus New York herausgezerrt und in diese langweilige, spießige Gegend geholt?

Er konnte ihr keine Antwort geben.

Er lag in Valeries Bett. Das weiche Licht der Vorstadtstraßenlampen hatte sich wie Marmelade über die Zimmerdecke gebreitet, und Valerie schmiegte sich an ihn. Beiden hatte die Energie gefehlt, um miteinander zu schlafen – das kam in letzter Zeit sowieso kaum noch vor –, aber es war trotzdem schön, hier zu sein und ruhig dazuliegen, ausnahmsweise keinen Bewegungsdrang zu verspüren, den Atemzügen seiner Frau zu lauschen und nicht zu wissen, ob sie wach war oder schlief.

Fast wie früher. Er war in New York glücklich gewesen, doch dort zu bleiben hätte seinen Tod bedeutet. Das wusste er instinktiv, obwohl er es nicht hätte sagen können.

In New York war ihm der Lebenssinn verloren gegangen. Er hatte dort Dinge zu hinterfragen begonnen, die er nicht hätte anzweifeln dürfen.

Und jetzt, hier, am Ende der Welt, kamen diese Fragen wieder auf. Wer war er wirklich? Würde Valerie ihn hassen, wenn sie es wüsste?

Sie regte sich neben ihm. »Schläfst du, Greg?«

Er roch sie, wenn sie sich bewegte. Diesen besonderen Geruch, nicht Schweiß, nicht Parfüm, einfach saubere Haut. »Nein. Ich denke nach.«

Paradoxerweise schlief er umso weniger, je müder er wurde, und wenn er doch einmal ein paar Stunden unruhigen Schlafs hinter sich brachte, lief er dabei immer wieder dasselbe Stück Gehweg ab oder drückte wieder und wieder auf die Rippen von Margery McKinley, spürte die alten Knochen zart wie Korbgeflecht unter den Händen oder war wieder im Schlafzimmer seines Vaters, in Frauensachen, und wusste, dass im nächsten Augenblick die Tür aufgehen und sein Vater ihn ansehen würde, und diese grausame Vorahnung dehnte sich bis in die Ewigkeit.

Valerie rutschte ein Stückchen näher und legte den

Mund an seinen Hals. Sie küsste Greg nicht, sondern ließ ihren Mund einfach dort. Er spürte, wie sich ihre Lippen bewegten, als sie ihn fragte: »Bist du nicht müde nach der langen Fahrt?«

»Doch.« Ja, er war unendlich müde. Schmerzen im Rücken und in den Beinen. Und im Kopf. Kein Hämmern wie bei einem Kater, sondern ein dumpfes Pochen, das vom Flüssigkeitsmangel kam. »Ich muss mich ein bisschen ausruhen.«

Sie schwieg so lange, dass er dachte, sie wäre wieder eingeschlafen. Doch dann bewegten sich ihre Lippen wieder, und ihr warmer Atem kitzelte ihn. »Wir haben zwar schon mal darüber gesprochen, aber neulich war ich mit Tory auf einen Drink in –«

»Wer ist Tory?«

»Victoria. Du weißt schon, aus meiner Lesegruppe. Ich glaube, ihr seid euch noch nie begegnet.« Beide schwiegen, Haut an Haut, und dennoch dehnte sich der Raum zwischen ihnen. »Also, ihr Bruder hat im Osten der Stadt eine Praxis und sucht einen Arzt, der ihn hin und wieder vertritt. Du würdest zwar nicht viel verdienen, aber du wärst hier. Und vielleicht ergäbe sich irgendwann etwas Festes.«

Ein Auto fuhr vorbei. Der orange Schein, von dem die Zimmerdecke überzogen war, legte sich einen Moment lang auf alles und wich wieder zurück.

Greg dachte an das Krankenhaus mit den vier Betten, in dem Miriam und Lillian am Montag in frisch gestärkter Kluft und hochprofessionell bereitstehen würden. Er dachte an die vielen Farmhäuser, in denen Menschen, die zurückgeblieben waren, als sich das Land nach Westen ausbreitete, auf dem kostenlosen Kalender für Abonnenten des *Jordan Chronicle* die Hausbesuchstermine ihres Arztes durchstreichen würden – die Tage, an denen sie ihn nicht mehr empfangen würden, mit einer Tasse Kaffee, einem Nicken und einem Blick voller hart erkämpftem Respekt. Er dachte an Roger McKinley, der von Woche zu Woche dünner wurde und dessen Husten nicht mehr verschwand.

»Nein.«

»Greg.« Sie seufzte. »Es kann nicht ewig so weitergehen.«

Stimmt, dachte er. *Aber eine Weile geht es noch.*

Er liebte sie. Er würde sie immer lieben. Und er wusste, wie wenig das zu bedeuten hatte.

Einige Zeit lagen sie schweigend da. Schließlich fragte Greg: »Redest du mit deinen Freundinnen oft über mich?«

»Was soll das? So ist das nicht.«

»Ich meine es gar nicht so. Ich wüsste einfach gern, worüber ihr sprecht. Worüber reden Frauen, wenn kein Mann dabei ist?«

»Über die gleichen Dinge, wie wenn du dabei bist.«

»Das glaube ich nicht.«

»Meistens darüber, wie viele Engel auf eine Nadelspitze passen.«

Greg stellte sich vor, wie sie mit übereinandergeschlagenen Beinen in einem Café saßen, die Tassen mit ihren schmalen Händen umfingen und sich Geheimnisse erzählten, die nur Frauen miteinander teilten.

»Valerie, wenn ich eine Frau wäre – glaubst du, wir könnten dann Freundinnen sein?«

»Was?«

»Wären wir miteinander befreundet, wenn ich eine Frau wäre?«

»Ein Leben ohne meinen Mann will ich mir gar nicht vorstellen.«

»Aber ich wäre immer noch ich, und du wärst du.«

»Das ist nicht witzig, Greg.« Sie drehte sich von ihm weg. »Das würde doch alles ändern. Du bist mein Mann, nicht meine Freundin. Schlaf jetzt, die Kinder werden früh wach.«

Greg starrte an die Decke. Er lauschte dem Atem seiner Frau und spürte den Schmerz in seinem Körper. Darauf versuchte er sich zu konzentrieren: auf das Hier, das Jetzt. Doch dann lief er unweigerlich wieder den Marathon in seinem Kopf.

Eine Woche vor dem Lauf brach er seine einzige eiserne Regel. Er hatte so stark gesoffen, dass am nächsten Morgen nur noch zusammenhanglose Momentaufnahmen in seiner Erinnerung waren. Als hätte sich jemand nachts zu ihm geschlichen und ihm Schocks verpasst.

Er wusste nicht mehr, dass er sich zurechtgemacht hatte, doch er erinnerte sich an die kalte Luft an seinen Schultern auf dem Weg durch die Dunkelheit. Er wusste nicht mehr, dass er die Bar betreten hatte – alle Blicke mussten sich auf ihn gerichtet haben –, doch er erinnerte sich daran, dass er einen Zehner nach dem anderen aus der Geldbörse gezogen hatte, um damit einen Whiskey nach dem anderen zu bezahlen, und dass er zum Schluss das Kleid hatte hochschieben müssen, um das zweite Bündel mit Zehnern aus dem Spitzenhöschen zu ziehen. Er wusste nicht viel, nur dass es ein wunderbares Gefühl gewesen war.

Das war ja vielleicht das Schlimmste. Er hatte sich wohlgefühlt. Er war seit Monaten zum ersten Mal glücklich gewesen.

Er hatte am nächsten Tag im Krankenhaus keine komischen Blicke geerntet, und keiner hatte auf seiner Runde zu den Farmen die Augen abgewandt. Er konnte nur hoffen, dass man niemandem Glauben schenken würde, der in der Nacht von Dienstag auf Mittwoch in einer billigen Bar gesessen hatte und nun verrückte Geschichten über Jordans beliebten Arzt verbreitete. Oder dass zumindest keiner, von dem er gesehen worden war, in dem torkelnden Mann mit dem roten Kleid und den behaarten Beinen den geachteten Doctor Hemingway erkannt hatte, mit dessen Hilfe die Großmutter gut durch die Grippe gekommen war.

Vielleicht war es ein Segen, dass er am Wochenende wegen des Marathons weg sein würde. Erleichtert und mit schlechtem Gewissen, verließ er Jordan und fuhr nach Bozeman. Auf dem Beifahrersitz lag sein ganzes Gepäck: seine Laufsachen und das Ticket nach Boston.

»Es funktioniert nicht, Greg.«

Er war noch kaum im Haus, da redete Valerie schon auf ihn ein und versuchte den draußen tobenden Sturm zu übertönen.

»Ich habe kein Eheleben, sondern eine Wochenendbeziehung. Die Kinder kriegen dich kaum zu sehen, und wenn, dann bist du ...«

Sie schloss die Tür, und die plötzliche Stille verschlang sie beide.

Greg stand in der Küche und hielt die Laufsachen zusammengeknüllt in den Händen. Er bemühte sich, Valerie zuzuhören, versuchte sich lang genug zu konzentrieren. Er rang um Worte.

»Ich habe es dir doch gesagt … Die Leute dort sind auf mich angewiesen.«

»Ich will nicht mehr, dass du nach Bozeman ziehst.« Ihre Stimme war jetzt kräftiger und hatte etwas von ihrer typischen Härte. »Es funktioniert nicht. Es funktioniert schon lange nicht mehr.«

Er brauchte ein paar Sekunden, um zu verstehen, dann traf ihn die Erkenntnis. Sie schmiss ihn fast um, aber sie ließ ihn nicht innehalten. Er war zu sehr im Schwung, hatte zu viel Energie. Nicht einmal wenn er gewollt hätte, wäre er zu stoppen gewesen, und wie um das zu beweisen, ging er im Kreis, während er zuhörte.

»Du bist nicht mehr du. Die Hälfte der Zeit bist du ein Zombie, und in der anderen gibst du mir das Gefühl, du würdest mir jeden Moment den Kopf abbeißen. Und die Stimmungsschwankungen, Greg. Wenn du manisch bist, habe ich eine Höllenangst, dass du umgebracht werden könntest oder selbst jemanden umbringst. Und wenn du depressiv bist … Ich verkrafte das nicht mehr. Deine Verzweiflung geht auf mich über. Es tut mir leid, ich weiß, für dich ist es viel schwieriger als für mich, tausendmal schlimmer, ich weiß, aber ich kann nicht mehr. Ich schaffe das einfach nicht mehr …« Ihre Stimme brach, und sie schlug die Hand vor den Mund. »Schau dich doch einfach mal an, Greg.«

Er zwang sich stillzustehen und wippte eine Sekunde später auf den Füßen. Der tropfende Wasserhahn raubte ihm fast den Verstand, doch er riss sich zusammen und konzentrierte sich auf das Gespräch.

»Willst du die Scheidung?«

Sie warf ihm einen unergründlichen Blick zu und sagte: »Ja.«

»Und die Kinder?«

»Du kannst nicht mal mehr dich selbst versorgen.«

»Sie brauchen einen Vater.«

»Sie haben Angst vor dir, Greg. Du tauchst zu unmöglichen Zeiten auf. Rufst mitten in der Nacht an und brüllst dummes Zeug. Sie lieben dich, aber sie haben Angst. Du darfst sie natürlich sehen, aber erst wenn du zur Ruhe gekommen bist und eine Therapie machst. *Irgendwas* machst.«

Anrufe mitten in der Nacht? Wirklich? Sein Erstaunen half ihm fast zu erkennen, wie tief er schon in der Manie war, wie kurz davor zu verbrennen, doch er wurde weitergetrieben.

»Angst vor mir? Sie sind meine Kinder. Was hast du Miststück ihnen gesagt?« Wütend zu werden war eine Wohltat – sich von der Wut einnehmen zu lassen und nichts anderes mehr zu fühlen.

»Nichts habe ich ihnen gesagt.«

»Du lügst!«

»Greg, ich –«

»Du lügst!«

»Im Gegensatz zu dir habe *ich* nie –«

»Natürlich nicht.« Er schrie. »Du tust ja nie was! Ein Zombie? Arbeite du mal die ganze Woche täglich zwölf

Stunden und gondle obendrein jedes Wochenende nach Hause. Und du willst müde sein? Du hast keine Ahnung, was Müdesein ist.« Er schlug gegen den Küchenschrank, durchbrach mit der Faust das Holz und zertrümmerte die ordentlich gestapelten Gläser mit Tomatensauce.

Valerie ließ sich nicht einschüchtern und trat einen Schritt auf ihn zu. In allen manischen und verzweifelten Zeiten, in all seiner Wut hatte Greg sie niemals geschlagen, nie die Hand gegen sie erhoben. Sie blieb unbeeindruckt.

»*Du* hast uns hierhergebracht! Entschuldige bitte, dass *ich* nicht jedes Wochenende mit den Kindern fünfhundert Kilometer hin- und fünfhundert zurückgefahren bin, weil du in einem Kaff den Arzt spielen wolltest. Entschuldige, dass ich nicht auch noch den letzten Rest von Karriereaussichten, den du mir gelassen hattest, aufgeben wollte, um in einem Wohnwagen in Jordan, *Montana*, zu leben!«

Sie war wütend, und das war gut. Besser, als diesen ermatteten Schmerz in ihren Augen sehen zu müssen. Auf ihre Wut konnte er sich konzentrieren und musste nicht darüber grübeln, was da eigentlich gerade passierte, darüber nachdenken, dass etwas zu Ende ging und zerbrach und sich nie wieder kitten ließ.

»Glaubst du, es war leicht für mich, monatelang zu denken, du würdest mich betrügen?«, fauchte sie. »Und das wäre vielleicht sogar besser gewesen.« Greg zuckte zusammen, und sie nutzte die Chance und packte ihn bei seiner Scham. »Hast du gedacht, ich käme nicht darauf? Du bist hier aufgetaucht mit Nagellack, der nur halb entfernt war, und hast nach billigem Parfüm gestunken. Und getragene Nylonstrumpfhosen im Handschuhfach!«

Der Boden tat sich vor ihm auf. Er torkelte einen Schritt nach hinten, und die Wirklichkeit dessen, was gerade geschah, schlug über ihm zusammen.

Das kann nicht wahr sein.

»Ich … Ich —«

»Na los, Greg. Ich hätte so wahnsinnig gern eine Erklärung dafür, dass du …« Sie verstummte und suchte seinen Blick, doch er schaffte es nicht, sie anzusehen.

Sie weiß es. Die alte, vertraute Scham fraß sich glühend heiß durch ihn hindurch.

»Ich *brauche* das, Valerie«, stieß er flehentlich zwischen den Zähnen hervor. Er hörte die Verzweiflung in seiner Stimme und empfand nichts als Verachtung für sich. »Du … du verstehst das nicht.«

»Da hast du recht.« Sie sagte es sanft und hob eine Hand zu ihm hin, ließ sie dann jedoch so abrupt sinken, dass sie an ihren Schenkel knallte. »Aber ich brauche einen Ehemann und nicht das, was du da … Ich liebe dich Greg, aber das funktioniert nicht.«

Er befand sich im freien Fall, und er würde am Boden aufschlagen, so viel war sicher.

Er zwang sich zum Atmen. Er würde das hinbiegen. Alles ließ sich reparieren, wenn man sich nur bemühte. »Valerie … Ich höre auf mit dem Scheiß und —«

»Greg!« Ein Schrei. Sie taumelte, lehnte sich an die Wand. Greg lief instinktiv hin, um sie aufzufangen, doch sie schüttelte so heftig den Kopf, dass ihr Haar in alle Richtungen flog.

Aus einem Auto drang Radiomusik. *Uptown Girl*. Der Song passte weder zum äußeren noch zum inneren Sturm.

»Bitte geh!« Eine Haarsträhne klebte an ihrem Lippenstift. Sie hatte so schöne Lippen.

»Ich mache es wieder gut, Val. Ich werde gesund.« Er bemerkte, dass er mit den Füßen wippte, doch er konnte nicht aufhören.

»Nein, Greg.« Sie klang nicht mehr wütend, nur noch müde. »Ich würde es mir ja wünschen, aber du bist kaputt, und – so habe ich es nicht gemeint.«

Doch, sie hatte es so gemeint.

»Ich bin nicht verrückt.« Er musste weg, jetzt, auf der Stelle. Er ging zum Tisch und raffte seine Laufsachen zusammen.

»Ich bin nicht verrückt.« Jetzt flüsterte er. Er drückte die alten Schuhe und das fleckige T-Shirt an seine Brust und wusste, dass es eine Lüge war. Draußen vor dem Küchenfenster krümmten sich alle Äste der alten Eiche hinten im Garten, ohne dass Wind zu hören war oder sich auch nur ein Grashalm bog. Als würde sich der Baum von allein bewegen, nach etwas greifen, das unerreichbar und unsichtbar war.

»Ich bin nicht verrückt.«

Es begann zu regnen. Greg drehte sich um und rannte fast durch die Küche. Valerie lehnte noch an der Wand, und er ging in einem so großen Bogen an ihr vorbei, als würde die kleinste Berührung beide verbrennen.

»Ich hätte es wissen müssen«, murmelte sie. »Du bist genau wie dein Vater ...«

Er blieb auf der Fußmatte stehen. Ihm fiel das Bündel

mit seinen Sachen aus den Händen. Als er sich umdrehte, sah er in ihrem Gesicht, dass sie wusste, was sie gesagt hatte und wie tief es ihn traf.

Im nächsten Moment hatte er die Diele der Länge nach durchquert und seine Hand um Valeries Hals gelegt.

Etwas in seinem Inneren zerbarst. Er hielt seine Frau am Hals gepackt, und von dort, wo tief zwischen den Fingerknöcheln die Glasscherbe steckte, tropften Blut und Tomatensauce.

Er löste langsam den Griff seiner Hand, stieg über sein Laufzeug und ging.

MISSOULA, MONTANA

1983

Einen Ort, an dem er dem Sturm trotzen könnte, den brauchte er jetzt. An dem er das alles durchstehen würde, bis er sich schocken lassen könnte. Sobald er sich wieder unter Kontrolle hätte, könnte er nach Jordan zurückfahren und allen in die Augen schauen.

Er musste sich einreden, dass er zurückfahren und alles zu retten versuchen würde.

Im Moment konnte er nicht einmal in den Spiegel schauen, ohne dass die Scham in ihm hochschoss wie Abwasser aus einem geborstenen Rohr. Gleich am ersten Tag hatte er den Spiegel von der Wand des Motelzimmers abhängen müssen. Der im Bad blieb wohl oder übel, aber er ließ das Schränkchen weit offen. Dadurch entstand allerdings das Problem, dass er sich sah, wenn er aus der Dusche kam. Ein übler Magenschwinger der Realität.

Nach der vielen Lauferei hatte er sich in guter Form geglaubt, doch er war nicht schlank, sondern ausgemergelt, und sein Haar wurde allmählich grau und ziemlich schütter.

Schließlich bat er um ein zusätzliches Handtuch und

hängte es über den Spiegelschrank. Das Zimmermädchen zog es zweimal weg, gab den Kampf dann auf und akzeptierte das Ding als neuen Bestandteil der Einrichtung in Zimmer 102.

Das gefiel Greg schon jetzt an dem Motel: Das Personal war an Durchgeknallte gewöhnt. An getrieben wirkende Einzelreisende, die von der Hauptstraße in die Zimmer abbogen.

Er hatte das Motel entdeckt, nachdem er in Bozeman planlos und ziellos aufgebrochen und mit durchgetretenem Gaspedal und das Kinn so dicht am Lenkrad, dass er das Leder riechen konnte, in westliche Richtung gepresscht war.

Wenn er das Schild übersehen hätte, wäre er wohl bis zum Meer durchgefahren. Doch als es dunkel zu werden begann, sah er die Neonbeleuchtung und vollführte sofort ein halsbrecherisches Wendemanöver. Um ein Haar wäre er mit einem Sattelschlepper aus der Gegenrichtung zusammengestoßen.

Das Gehupe des Schwerlasters mischte sich mit dem Knirschen von Gregs Reifen auf dem Kies, als er schlitternd vor dem Thunderbird Motel zum Stehen kam, dessen Name fünf, sechs Meter über ihm in riesigen pinken Buchstaben strahlte. Das Gebäude erstreckte sich über das ganze Grundstück; den langen Laufgang mit den Gästezimmern beleuchtete eine Reihe Kunststofflampen in Diamantform. Dahinter zwängte sich der Clark Fork River durch eine enge Biegung und glänzte im Licht der untergehenden Sonne.

Die Unstimmigkeit dieses Bildes hatte ihn angesprochen. Das sirrende knallrosa Neonlicht ganz selbstverständlich vor dem träge strömenden uralten Fluss. Die über allem ekstatisch thronenden Buchstaben. So etwas gab es nur in Amerika.

Er hatte nicht länger als diese eine Nacht bleiben wollen, um seine Wunden zu lecken, und bar für das Zimmer gezahlt. Inzwischen war eine Woche vergangen, er war immer noch hier und auf dem Weg zur Rezeption, um für die nächste Woche zu zahlen.

Weil sich der Eingangsbereich gleich neben seinem Zimmer befand, hatte ihn Thelma, die Besitzerin des Motels, die Tür öffnen hören und hob schon den Kopf, als er auf sie zuging.

»Morgen, Doctor Hemingway«, sagte sie lächelnd. Freundlich, aber noch immer vorsichtig. In den ersten fünf Tagen war Greg in seinem Zimmer geblieben, hatte Wasser aus dem Hahn im Badezimmer getrunken und außer Valiumtabletten, die er im Handschuhfach seines Wagens gefunden hatte, nichts gegessen.

Als er das Zimmermädchen dann doch hereingelassen hatte, stank es zwar nach Schweiß, Zigarettenrauch und Verzweiflung, aber die Unordnung hielt sich in Grenzen, denn er hatte ja nichts dabei. Nur das Bettzeug war völlig zerknautscht und sah aus wie ein schmutziges Nest. Die halbe Stunde, in der das Zimmer wieder bewohnbar gemacht worden war, hatte Greg unter der Dusche verbracht und sich brühend heißes Wasser auf den Kopf prasseln lassen.

Thelma hatte alles recht locker genommen. Obwohl sie aus Erfahrung vorsichtig war, hatte in ihren klaren blauen Augen weder Geringschätzung noch Mitleid gestanden.

Sie hatte so etwas bereits erlebt, würde es wieder erleben und beanspruchte nicht das Recht, über andere richten zu dürfen.

Greg fand das ebenso sympathisch wie das unaufgeregte Selbstbewusstsein, das sie hinter der tadellos aufgeräumten Theke verströmte. Ein Flottenkommandant am Steuer eines Schlachtschiffs.

»Morgen, Doctor Hemingway«, sagte sie noch einmal. »Geht es Ihnen heute besser?«

Greg wurde bewusst, dass er die ganze Zeit mit offenem Mund dagestanden hatte.

»Ja.« Er trat an die Empfangstheke. »Entschuldigen Sie, aber ich schlafe noch halb.«

»Das macht nichts. Was kann ich für Sie tun? Reisen Sie ab?«

»Nein, im Gegenteil.« Plötzlich war er nervös, er kam sich aufdringlich vor. »Ich würde gern noch eine Woche bleiben, falls das geht. Ich würde im Voraus zahlen.«

»Ich denke schon. Warten Sie, ich sehe nach.«

Sie nahm ein dickes Buch von einem Bord und ging die Reservierungen durch.

Greg konnte sich zwar nicht vorstellen, dass ein solches Motel über Tage hinweg im Vorhinein ausgebucht war, doch Thelma folgte auch hier ihren Prinzipien. Sie holte ein Lineal aus einer Schublade und zog mit dem Rotstift, der an dem Buch hing, eine ordentliche lange Linie. Vervollständigt wurde das Ganze durch den Namen HEMINGWAY, den sie in akkurater Blockschrift darüberschrieb.

An der Pappwand hinter ihrem gesenkten Kopf hing,

als wäre es ihr Heiligenschein, ein billiges Schild, auf dem in hellroten Buchstaben stand: Gut leben. Oft lachen. Viel lieben.

Mindestens zwei dieser Vorgaben hatte er schon erfüllt. Gar nicht so schlecht.

»Sie sollten ein Krankenhaus leiten.« Er sprach langsam. Konzentrierte sich auf jedes Wort. »Wenn es nur auf der Hälfte der Stationen, auf denen ich gearbeitet habe, einen Verantwortlichen mit Ihrer Liebe zum Detail gegeben hätte …«

Sie lächelte – diesmal nicht nur aus Höflichkeit – und stellte das Buch zurück »Lustig, dass Sie das sagen. Ich war OP-Schwester, bevor ich das Motel gekauft habe. Im Krankenhaus haben sie mir die Liebe zum Detail eingebläut. Bei mir muss alles seine Ordnung haben, sonst schießt mein Blutdruck in die Höhe.«

»Mit Bluthochdruck ist nicht zu spaßen. Tun Sie, was Sie tun müssen. Ärztliche Anordnung.«

Sie lachte, und Greg entspannte sich etwas. Er war es gewohnt, dafür sorgen zu müssen, dass ihn die Leute mochten, bevor sie ihn näher kennenlernten, bevor sie bemerkten, dass etwas mit ihm nicht stimmte. Dass es diesmal andersherum war, fand er merkwürdig, aber schön.

Doch er hatte nicht mehr viel Kraft zum Reden. Er war schon wieder erschöpft und wollte nur schnell zurück ins Bett, die restlichen Valium schlucken und ein paar Tage durchschlafen.

Er kämpfte dagegen an, zwang sich, Thelma zuzuhören. »Na ja, Ärzte müssen nicht gut organisiert sein. Sie haben schwergeprüfte Leute, die das für sie erledigen.«

»Stimmt. Ohne diese Leute hätte ich keine Woche durchgestanden. Ich habe mich während des Studiums oft gefragt, ob ich das Zeug dazu habe ...« Er dachte an die vielen Abbrüche, die vielen Enttäuschungen. Und dann an Valerie.

»Aber letztlich haben Sie es durchgezogen?«

»Ja, mit Müh und Not.«

»Das ist das Wichtigste. Dass man irgendwann sein Ziel erreicht.«

Er dankte ihr. Und dann ging er hinaus, obwohl es ihn in sein Bett, in die Dunkelheit und Verzweiflung zog, und joggte hinauf zu dem rund um die Uhr geöffneten Mini-Markt, in dem sich die Collegestudenten ihr Junkfood und ihr Bier besorgten. Er trabte mehr, als er lief. Trotz des harten Trainings und obwohl er in der besten Form seit zwanzig Jahren war, reagierte sein Körper noch so empfindlich, als müsste Greg die Reste eines Giftstoffs aus dem Blut herausbekommen.

Er kaufte sich ein Sandwich und eine Cola, stand eine Weile vor dem Regal mit den fies schimmernden Whiskeyflaschen und griff dann doch zu einem Mars.

Mit kleinen, vorsichtigen Schritten ging er zum Thunderbird Motel zurück und aß unterwegs mit kleinen, vorsichtigen Bissen seinen Schokoriegel. Er brauchte Zeit, dann würde es ihm wieder besser gehen. Es war ihm noch jedes Mal wieder besser gegangen.

Aber es war ihm auch jedes Mal wieder schlechter gegangen.

KEY WEST

1938

»Vorsichtig, Gig.« Les paddelte mit den Händen, um den Kopf über Wasser zu halten, während er zu seinem Neffen hinaufblickte.

Greg war zum höchsten Punkt der Felsen geklettert, auf den Gipfel seiner eigenen Berginsel. Sie war nur ungefähr fünfmal so hoch wie er, aber sie wirkte riesig. Von hier oben aus konnte er über Onkel Les hinweg bis zum Strand hinübersehen. John suchte auf dem dunklen Sand am Meeressaum Krabben und zerstampfte sie unter der Ferse zu Brei. Patrick und Mom dösten unter einem Sonnenschirm; unter dem Schirm daneben las Papa ein Buch. Er ließ es alle paar Sekunden sinken und blickte den Strand entlang, dann hob er es wieder vor die Augen.

Als Greg auf dem Felsgipfel stand, winkte ihm Papa zu. Greg winkte mit beiden Händen zurück. Er konnte Papas Gesicht nicht deutlich sehen, aber bestimmt lächelte er.

»Schau mal, Papa!«, rief er.

»Bloß nicht, Greg!«, brüllte Les unten im Wasser.

Greg sprang. Er schürfte sich an einem rauen Stein die

Zehen auf, und die Luft begann zu rasen, und der Strand verschwamm. Das Meer sprang ihm entgegen, verpasste ihm einen Schlag und machte der Sonnenhitze in einem einzigen kühlen Moment ein Ende.

Etwas zerrte kurz hinten an seinen Shorts, so als hätte sie sich in Dornengestrüpp verfangen. Erst als er ein paar Sekunden gesunken war und silberne Blasen aus seinem Mund geströmt waren und ihn an den Wangen gekitzelt hatten, wurde ihm klar, dass es der Fels gewesen sein musste.

Eine Hand schloss sich um seinen Nacken und riss ihn nach oben.

»Du Idiot!«, rief Les, als Greg die Oberfläche durchbrach. »Du hättest sterben können!« Er schleifte ihn zum Fuß des Felsens und zog ihn ganz aus dem Wasser.

»Idiot«, murmelte er noch einmal. Dann sah er sich Greg von oben bis unten an, so als würde er eine Sonnenbrille, die heruntergefallen war, nach Kratzern absuchen.

Greg versuchte ihn wegzuschieben und reckte den Hals zu den Sonnenschirmen am Strand hin. Von hier unten war es schwer zu erkennen, aber er glaubte zu sehen, dass Papa schon wieder las.

Onkel Les folgte Gregs Blick mit den Augen und sah mit einem wissenden Lächeln, das Greg schrecklich peinlich war, wieder zu seinem Neffen.

»Ich sags dir zum letzten Mal, Gigi: Du bist ein Idiot. Da war nicht mehr als ein Zentimeter zwischen dir und dem Grab.«

Greg zuckte mit den Schultern. Er fühlte sich sehr klein und sehr dumm und hatte keine Ahnung, warum er überhaupt gesprungen war. Als ob er Papa mit so was beeindrucken könnte …

Les stemmte sich aus dem Meer heraus und setzte sich auf den Felsblock neben Greg. Das Wasser lief ihm den Rücken hinunter.

»Erst denken, dann handeln. Das musst du lernen.«

»Ich denke ja!«, brach es aus Greg heraus. »Aber ich brauche immer so lang. Ich muss irgendwas tun, und wenn ich endlich weiß, was ich tue, habe ich es längst getan …« Er konnte es nicht erklären, doch Onkel Les nickte.

»So ist das also.« Er legte den Kopf schief und säuberte sein Ohr mit der Spitze des kleinen Fingers. »Als würdest du explodieren, wenn du nicht alles sofort machst, ja? Du bist ein echter Hemingway.«

Greg hob den Blick zu ihm. Wolken zogen vorbei, schoben sich aber nie über die Sonne. Wellen plätscherten an seine Füße.

Onkel Les hob die Achseln. Es sah genau so aus wie bei Papa: ein kurzes Zucken bärenartiger Schultern. Greg überlegte, ob er es auch so machte.

»Ich habe keine einfache Lösung«, fuhr Onkel Les fort, und Greg konzentrierte sich wieder auf ihn. »Mir hilft immer nur, mich nicht zu fragen, was mir passieren könnte – das war mir schon immer egal –, sondern an alle anderen Menschen zu denken. An die, die ich kränken oder zurücklassen könnte, verstehst du …«

Greg tat so, als hätte er das verstanden, was ihm offenbar nicht sonderlich gut gelang, denn Onkel Les lachte. »Nicht so wichtig. Beim nächsten Mal denkst du einfach an die, die dich lieben. An deine Mom, an Papa und mich.«

Er beugte sich zu Greg hinunter und drückte ihm einen nassen Kuss auf die Stirn, der nach dem kalten Wasser ganz heiß war.

»Pass uns zuliebe auf dich auf.«

MONTANA

1985

Greg wurde wach, weil jemand klopfte. In der Wohnung war es dunkel; die Vorhänge waren ganz zugezogen. Nur ein kränklicher Strahl Frühmorgenlicht fiel auf den Boden.

Sein Schädel fühlte sich schwer an. Seine Zunge lag dick und trocken und unförmig in seinem Mund.

Das Klopfen hörte nicht auf. Er zog sich stöhnend das Kissen über den Kopf, aber das half nicht. Der Schlaf trieb fort und wich einem dumpfen Dröhnen hinter den Augen. Scheiße.

Er rollte sich aus dem Bett und schaffte es durchs halbe Zimmer, stieß dann jedoch an eine leere Whiskeyflasche, die über den Boden schlitterte.

Er ignorierte den stechenden Schmerz im großen Zeh und zerrte am Riegel. Es war, als hätte er Fäustlinge an. In seinem Kopf hämmerte es so stark, dass er sich nicht konzentrieren konnte. Als er ihn an die kalte Tür legte, ratterte das Geklopfe durch seinen Schädel und riss sein geschwollenes Hirn in Fetzen. »Ich komme ja schon.«

Endlich glitt der Riegel zurück. Greg riss die Tür auf. »Was?«

»Dad?« Er kannte die Stimme. John. Sein Sohn John. »Was machst du … O Gott.«

Greg blinzelte. Das wässrige, bleiche Licht war das Hellste, was er seit Tagen gesehen hatte. Erst nach mehreren Augenblicken konnte er das Gesicht seines Sohns deutlich sehen.

John war so *alt*. Wie lange war das jetzt her, fünf Jahre? Wurde ein Junge in so kurzer Zeit zum Mann?

»Was machst du hier?«, fragte Greg. »Du bist doch in Italien.«

John wirkte verwirrt. »Ich habe dir gesagt, dass ich komme, Dad. Du hast mir sogar Geld für den Flug überwiesen, weißt du nicht mehr?«

Er erinnerte sich nur vage, und diesmal konnte er nicht die Schocks dafür verantwortlich machen. Wahrscheinlich hatte er sich einige Drinks genehmigt.

»Ist alles in Ordnung, Dad?«

»Alles bestens.«

»Ich habe die ganze Nacht angerufen. Ich bin vor sieben Stunden aus dem Bus gestiegen und musste zu Fuß aus der Stadt hierher. Es ist dir doch immer noch recht, dass ich hier bin, oder?«

Er klang nervös. Obwohl in ihren Adern das gleiche Blut floss, waren sie praktisch Fremde. John war in den Jahren vor Valerie aufgewachsen, die zu Gregs dunkelster Zeit gehörten, und praktisch bei Gregs Onkel Les groß geworden. Vielleicht war er deshalb so voll entwickelt, so stabil. Greg wusste es nicht. Seit er mit den Schocks aufgehört hatte, waren die Erinnerungen – größtenteils Kindheitserinnerungen – nach und nach zurückgekehrt, doch in den mittleren Jahren, als er sich fast monatlich hatte schocken lassen, hatte er sein Gehirn offenbar irreparabel geschädigt. Die Erinnerungen aus dieser Zeit waren geradezu abgesengt.

»Ich …« Wieder eine Welle der Übelkeit. Er unterdrückte sie und versuchte sich zu konzentrieren. »Wir hatten ausgemacht, dass ich dich abhole.«

Eine einzige Aufgabe in fünf Jahren, noch dazu eine ganze einfache, und sogar die hatte er verkackt. Doch John war nicht sauer. Er wirkte traurig.

Greg wandte sich ab, wieder zur Dunkelheit hin. »Komm rein. Fühl dich ganz wie zu Hause. Ich muss nur schnell —« Er stieß mit dem Fuß an etwas, das er im Finsteren nicht gesehen hatte, und stolperte. John fing ihn geschickt auf und stellte ihn wieder gerade hin, als wäre sein Vater aus Pappe. Wann war der pausbäckige kleine Junge, der sich aus Holzstöcken Waffen gebastelt hatte, so stark geworden? Andererseits hatte Greg in letzter Zeit eine Menge Gewicht verloren.

Seine Gedanken schweiften ab, und plötzlich bemerkte er, dass er ins Bett gelegt wurde. Das Bettzeug war feucht — ob vom Schweiß oder vom Alkohol, wusste er nicht. War aber auch egal. Er sehnte sich nur nach dem weichen Dunkel.

»Mein Gott, Dad«, flüsterte John, »wie viel hast du getrunken?«

Greg erwiderte nichts. Das war alles falsch; niemals sollte ein Sohn seinen Vater so sehen.

»Ach, Dad …« John sprach so leise, so gedämpft, als wäre ihm etwas im Hals stecken geblieben. Greg spürte, wie er von seinem Sohn zugedeckt wurde. Die Zärtlichkeit, mit der es geschah, war mehr, als er ertrug und verdiente. Er drückte sein Gesicht in das schmutzige Kissen, bis die Welt verschwand.

Ein paar Tage nachdem er John das Geld für den Besuch überwiesen hatte, war er nach Jordan gefahren. Er war seit seiner Flucht nicht mehr dort gewesen.

Seine Stöckel hatten munter auf dem Gehweg geklackert. Ging er schneller, klang es wie eine klappernde Schneiderschere. Ging er langsamer, klang es wie Fingerknöchel, die an Eichenholz klopften.

Es war fast Hochsommer. Das Licht überzog die Schaufenster der Geschäfte mit Bronze, und die Autos glühten wie frisch aus dem Feuer geholte Kohlen. Die Ferien waren zur Hälfte vorüber, überall liefen Kinder herum – vor der Spielhalle, den Süßwarenläden, dem Kino – und zogen ihre erschöpften Eltern wie Drachen hinter sich her.

Manche sahen ihn an, ein paar zeigten auf ihn, doch Greg hatte schon Schlimmeres durchgemacht. Es war ihm ziemlich egal.

An der Ecke zum Park hatte ein kleiner Junge die Hand seiner Mutter gepackt, auf Greg gedeutet und gerufen: »Schau mal, wie groß die ist, Mommy!«

Das Wort hatte Greg so unerwartet getroffen wie ein Stein aus einer Schleuder, der sich in ihn bohrte, bevor er ihn abwehren konnte.

Die.

Die Mutter des Jungen, das musste man ihr zugutehalten, hatte das Kind an sich gezogen, verlegen gelächelt und »Entschuldigen Sie« gesagt.

»Ach was, ich bin ja wirklich sehr groß«, hatte Greg mit ungekünsteltem Lächeln erwidert und war weitergegangen.

Und dann war *sie* – sie, nur ganz kurz, aber nein, er schaffte es nicht – durch den Park gegangen, nirgendwohin, immer geradeaus, und hatte den Enten zugesehen, die schwarze Wellen über den sonnenhellen Teich sandten.

Während er die mit Menschen gefüllten Straßen durchstreifte, kreisten seine Gedanken weiter um dieses Wort, um das Gefühl, das es in ihm ausgelöst hatte.

Es war ein gutes Gefühl gewesen, er konnte nichts anderes sagen. Vielleicht hatte er keine Scham mehr im Leib, aber das war es nicht. Es war so: Er trug in aller Öffentlichkeit sein karmesinrotes Jackenkleid in Übergröße, seine nach Auftrag gefertigten High Heels, seine schlichte, aber geschmackvolle Perlenkette und war – glücklich. Schon wieder dieses verdammte Wort.

Und doch war es nervenaufreibend, in dieser Aufmachung unter Menschen zu sein. Stocknüchtern, bei klarem Verstand, an einem strahlenden Sommertag. Das war neu.

Er wusste nicht, was ihn nach Jordan zurückgebracht hatte. Er hatte jahrelang dort gewohnt, aber den Ort sang- und klanglos verlassen. Vielleicht wollte er ihn ein letztes Mal sehen und auch ein paar alte Gesichter. Doch wenn nicht mehr dahintersteckte, warum war er dann *so* zurückgekommen?

Auch wenn er selbst es nicht wusste, seine Füße wussten

es ganz genau. Seine Stöckel klackerten, und er geriet nicht ins Stocken.

Die Sonne brannte vom Himmel. Vielleicht war das Jackenkleid ein Fehler gewesen, der schwere rote Samt, besser gesagt. Im Geschäft hatte der Stoff so gewagt ausgesehen, hatte sich so gut angefühlt zwischen den Fingern. Nur schade, dass keine Zeit mehr gewesen war, einen passenden Seidenschal als Tüpfelchen auf dem i zu kaufen.

Nachdem er um eine Ecke gebogen war, blieb er stehen. Plötzlich verstand er, wohin ihn seine Füße hatten führen wollen, warum er nach Jordan zurückgekehrt war.

Den Imbiss an der Hauptstraße kannte jeder. Alle im Umkreis von fünfzehn Kilometern – auch Greg, wenn nicht gerade ein Hausbesuch anstand – aßen dort viel zu süßes Gebäck oder klumpige Pfannkuchen und tranken die beste eiskalte Limonade, die weit und breit zu bekommen war.

Wie immer ertönte das Türglöckchen, als er eintrat. Da standen dieselben wackeligen Tische wie früher, aus demselben billigen Radio dröhnten die neuesten Hits. Und an der Theke saßen dieselben Gesichter. Eigentlich nicht überraschend – so lange war er auch wieder nicht weggewesen. Doch seinem Gefühl nach ein halbes Leben.

Er setzte sich auf einen freien Platz an der Theke und kreuzte die Knöchel.

Lanny, der Wirt, schlenderte in seine Richtung. Unterwegs sprach er lachend mit einem Stammgast und nahm dessen Teller mit. Greg wartete, dass er etwas sagte, nachdem er sich zu ihm umgedreht hatte, ihm ein Zeichen des Wiedererkennens gab, doch Lanny riss nur ganz kurz die

Augen auf, senkte den Blick sofort und begann wie wild über die makellos saubere Theke zu wischen, die ihn von Greg trennte.

»Was darfs sein?«, fragte er mit tonloser Stimme.

»Ich …« Greg stockte. Er brachte den Namen des Freundes nicht über die Lippen. »Eine Cola, bitte.«

Lanny nickte steif, drehte sich zum Zapfgerät um und machte sich mit den ruckartigen Bewegungen einer Marionette daran zu schaffen.

Greg blickte die Theke hinunter, wartete, dass jemand aufsah, dass ihn jemand bemerkte, wartete auf ein Lächeln, ein Nicken, irgendein Zeichen, dass man ihn wahrnahm. Wenigstens Fitz – wie viele Witze hatten sie sich an dieser Theke erzählt? Er würde doch bestimmt lachen oder wütend werden oder auch nichts dabei finden, aber auf jeden Fall etwas sagen, und dann würde sich Greg wie ein echter Mensch fühlen.

Die Minuten verstrichen. Sein Glas leerte sich, bis nur noch schmelzendes Eis darin lag. Die Männer an der Theke blieben wie erstarrt und blickten stur geradeaus.

Lanny bewegte sich nicht vom anderen Ende der Bar weg und polierte die immer gleiche Stelle auf der längst glänzenden Theke. Er fragte nicht, ob Greg noch etwas wolle.

Greg spielte mit dem Gedanken, den Mund aufzumachen. Er spielte mit dem Gedanken, etwas zu brüllen. Doch was hätte ihm das gebracht?

Er legte ein paar Münzen neben das Glas, glitt von seinem Hocker hinunter und ging.

In der Geborgenheit des Autos hielt er das Lenkrad

umklammert und starrte ins Leere. Was hatte er denn erwartet? Einen herzlichen Empfang durch seine alten Freunde? *Schön, dass du wieder da bist, Greg. Also, das Kleid ist toll!* Idiotisch.

Er dachte an den kleinen Jungen, der ihn mit großen Augen angestarrt hatte. *Die.* Das Wort durchströmte seinen Körper. Er konnte es nicht länger leugnen. Er wusste, was er wollte.

Kurz darauf war er wieder in seiner Wohnung gewesen, hatte eine halbe Flasche Whiskey intus und trug sein altes fleckiges Polohemd und eine Hose.

Am Mittag quälte er sich aus dem Bett, aber auch nur weil der Scotch, der auf dem Nachttisch gestanden hatte, verschwunden war.

Während er aus dem Zimmer schlurfte, hielt er mit einer Hand die zu weite Shorts und rieb sich mit der anderen den schmerzenden Kopf.

John stand an der Spüle, trug Gummihandschuhe, von denen Greg nicht gewusst hatte, dass er sie überhaupt besaß, und arbeitete einen Stapel schmutziger Teller ab, der ihm bis zur Schulter reichte.

Greg versuchte etwas zu sagen, doch es kam nur ein trockenes Krächzen heraus. Dieser Wahnsinnsdurst. Wo war der Scotch?

John bemerkte ihn und drehte sich mit einem schaum-überzogenen Teller in der Hand um. »Dad, wie gehts dir?«

»Gut.« Er krächzte noch immer, aber zumindest kamen jetzt ganze Wörter heraus. »Ich hatte da eine Flasche neben dem Bett …«

John verzog das Gesicht, und Greg wurde klar, dass er den Sohn, den er seit Jahren nicht gesehen hatte, nicht als Erstes nach dem Whiskey hätte fragen sollen.

»Ich habe das Zeug weggeschüttet.«

»Oh.« Kurz glimmte Ärger in ihm auf und erlosch wieder. Er hatte schlicht nicht genug Kraft.

»Da.« John füllte ein Glas mit Wasser und hielt es Greg hin. »Trink das. Gehts dir wirklich gut?«

»Ja.« Greg plumpste auf die Couch und nippte an dem Wasser. Es beruhigte seinen rauen Hals, und er leerte das Glas mit wenigen lauten Schlucken. Die Kälte traf seinen Magen wie eine Bombe. Gleich würde er kotzen.

John hielt ihm besorgt ein frisches Glas Wasser hin.

»Wirklich?«

»Ja.« Greg versuchte die Übelkeit niederzuringen. »Nur die letzten Tage waren schlimm. Du weißt ja, dass ich hin und wieder in ein tiefes Loch falle. Du hast einen schlechten Zeitpunkt erwischt.«

»Dad …« John deutete auf die Wohnung. »Das sind nicht ein paar schlimme Tage.«

Greg überwand sich und sah hin. Sah genau hin. Die schmutzigen Teller, die John neben dem Spülbecken aufeinandergestapelt hatte – die ganz unten mit Schimmel bedeckt. Die schneewehenartige Halde aus Essensschachteln und Pizzakartons, die an der Tür emporwuchs. Der mit Flaschen übersäte Couchtisch. Der riesige Kleiderhaufen, der hinter der Couch vor sich hin gammelte. Treibgut eines menschlichen Schiffbruchs.

»Ich habe den ganzen Vormittag aufgeräumt und geputzt, aber man sieht es fast nicht.«

»Ich habe dich nicht darum gebeten.«

»Nein, aber mir hat es bei diesem Anblick gegraust.«

Greg versuchte zu verbergen, wie sehr ihn das traf.

»Ich glaube, du brauchst jemanden, Dad.«

»Ich treffe mich schon lange nicht mehr mit Frauen.«

»Das meine ich nicht. Schau dich an, Dad. Du siehst aus wie ein Gespenst.«

»Nein danke, John. Ich habe mein ganzes Leben lang versucht mich zu heilen, und es ist immer schlimmer geworden. Das ist vorbei.«

»Es geht nicht darum, geheilt zu werden. Du solltest einfach mit jemandem reden …«

»Nein.«

Verlegenes Schweigen. Greg führte das Glas zum Mund, doch sofort hob sich wieder sein Magen. Er seufzte.

»Gut, dass du da bist. Gut, dass du mich besuchst.«

Auch John seufzte. Sein Seufzer war das perfekte Echo auf Greg, das perfekte Echo auf Papa und vielleicht immer so weiter. Er setzte sich auf die Couch. »Ja, ich bin froh, dass ich nach dir gesehen habe. Ich wusste zwar nicht genau, ob … Aber ich war sowieso im Land, und der Geburtstag von Les rückt näher …«

»Les hat Geburtstag? Wie geht es ihm?«

»Er ist tot, Dad. Schon seit … O mein Gott …« Er fuhr sich mit zitternder Hand durchs Haar. »Er hat sich erschossen, genau wie Großvater.«

»Ach ja, ja.« Greg holte tief Luft. Jetzt fiel es ihm wieder ein. »Entschuldige, aber ich bin immer noch nicht ganz wach. Ihr zwei seid euch nahegestanden.«

»Und wie. Er war wie ein …« Greg hörte, was John

nicht aussprach. Es tat weh, doch er konnte es ihm nicht verübeln. Les hatte John praktisch großgezogen. »Er war ein guter Mensch, aber am Schluss musste er leiden. Diabetes, Amputationen … Damit hätte er sich niemals abgefunden. Les war nicht der Typ dafür.«

»Stimmt. Er konnte keine fünf Minuten still sitzen. Habe ich dir schon mal erzählt, wie er mitten im stärksten Hurrikan von Florida nach Kuba gesegelt ist?«

Greg war sich ziemlich sicher, dass John die Geschichte schon kannte, doch der schüttelte lächelnd den Kopf.

»Als das Boot einlief, lag es so tief im Wasser – es war kurz davor abzusaufen. Er hat mit einem Eiseimer, in den kaum seine Faust hineingepasst hat, wie wild das Wasser aus dem Boot geschöpft und dabei komplett irre gegrinst.« Greg roch wieder das Salz, hörte die Wellen, sah das glänzende sonnengebräunte Gesicht seines Onkels vor sich. Dann kehrte er zurück und war wieder ein alter Mann auf einer durchgesessenen Couch.

»Typisch Les.« John lächelte wehmütig.

»Mein Vater dachte, er wäre verrückt geworden, und hat ihn wochenlang zusammengestaucht. Das Dumme war nur, dass Les es getan hatte, um ihm zu imponieren.«

»Er hätte sich nicht sorgen müssen. Les konnte hervorragend segeln. Er hat es mir beigebracht.«

»Pah, in der kleinen Bucht.« Greg machte eine wegwerfende Handbewegung. »Und wo segelst du jetzt? Im Mittelmeer? Das ist ein Tümpel. Du solltest es im Golfstrom probieren, vor Bimini, das erfordert einiges mehr.«

»Was Lehrer betrifft, war ich nicht sehr verwöhnt.«

Greg schluckte den Köder. »Du hattest jedenfalls den

besten. Ich kann nicht weit rausfahren, ohne mir die Seele aus dem Leib zu kotzen.«

»Wirklich? Das wusste ich nicht …«

»Ja.« Gregs Magen hatte sich etwas beruhigt. Er trank einen kleinen Schluck Wasser. »Papa – dein Großvater – hat sich deswegen natürlich geschämt, aber nicht halb so sehr wie ich. Es hat mich in den Wahnsinn getrieben. Ich habe es als eine unentschuldbare Schwäche empfunden. Kinder sind dumm.«

Greg sah aus den Augenwinkeln, dass John nickte. »Ich habe meine halbe Kindheit auf der Sunfish verbracht, die du mir geschenkt hast.«

»Sun- was?«

»Sunfish. Das Boot! Du hast mir das Geld dafür geschickt. Es war winzig, aber ich habe das Ding geliebt. Das Boot, das mir mein Dad geschenkt hat.«

»Ach so, ja. Schade, dass ich es nie gesehen habe.«

John wandte sich ihm ganz zu und sah ihn an. »Aber du hast es gesehen. Du bist einmal im Sommer gekommen. Es ging dir nicht gut, ich glaube das war nach mehreren …«

»Stimmt.«

Sie schwiegen. In einer Ecke raschelte es. Vielleicht eine Maus, die es sich gemütlich machte, um den Tag zu verschlafen.

John stand auf, kramte in seinen Taschen und zog ein Päckchen Zigaretten aus der knallengen Jeans. Kinder.

Er bot Greg eine an, doch der schüttelte den Kopf. »Ich versuche gerade, das Rauchen zu reduzieren.«

»Ist es okay, wenn ich …?«

»Klar.« Nett, dass er fragte.

John öffnete das Fenster über der Spüle, lehnte sich an die Arbeitsfläche und zündete die Zigarette an. Dann inhalierte er tief und sah dabei sehr europäisch aus. Als ihm ein plötzlich aufkommender Luftzug Asche ins Auge blies, fluchte er.

Greg lachte. »Siehst du? Die Ärzte haben doch recht – Rauchen ist schädlich.«

John sah ihn verärgert an, gab aber gleich wieder auf und lachte mit. Dann tat er den nächsten trägen, trotzigen Zug. Sie hatten zum ersten Mal miteinander gelacht.

Die Stille, die danach eintrat, hatte nichts Peinliches. John rauchte, Greg nippte am Wasser.

»So schlecht hast du auch wieder nicht ausgesehen.«

Es dauerte ein paar Sekunden, bis Greg den Satz mit dem zuvor geführten Gespräch in Verbindung brachte.

»Aha.«

»Les hatte mir gesagt, dass du nicht in bester Verfassung wärst und ich behutsam mit dir umgehen sollte. Aber ich habe offenbar nicht auf ihn gehört, weil ich nicht geglaubt habe, dass es dir jemals schlecht gehen könnte. Kinder sehen so was sowieso nicht, oder?«

»Richtig.«

»Vielleicht war ich auch einfach nur glücklich, weil du da warst.«

Greg wusste nichts zu erwidern.

»Jedenfalls bist du gekommen und hast das Boot besichtigt. Ich wollte dir zeigen, wie gut ich darauf aufgepasst hatte, und du hast gesagt, es würde großartig aussehen. Les hat ein Foto von uns gemacht. Er hat es dir gegeben, und du hast es angestarrt – wir zwei mit total übertriebenem

Grinsen. Und dann hast du einen Stift aus deiner Tasche genommen, hast etwas auf das Foto geschrieben, bist ins Auto gestiegen und weggefahren.«

»Ich …«

»Du hast *Scheiß auf uns* geschrieben. Nur diese drei Wörter, auf die Rückseite. Scheiß. Auf. Uns. Ich habs noch.« Er schnippte die Kippe ins Spülwasser und sah aus dem Fenster. »Warum hast du das geschrieben, Dad?«

Greg betrachtete das Profil seines Sohns. Groß war er und hielt sich kerzengerade, aber er war noch immer ein Junge. »Es tut mir leid, John.«

»Muss dir nicht leidtun. Ich bin darüber hinweg. Aber vielleicht hatte Les recht. Dad, du brauchst Hilfe. Das hier … das alles hier ist nicht in Ordnung.«

»Ich …«

»Bitte, Dad, du musst auf dich aufpassen. Tus für uns.«

Was hätte Greg dazu anderes sagen sollen als »Ich werds versuchen.«

PORTSMOUTH, NEW HAMPSHIRE

1985

Nach kurzem Flug stand Greg in der Ankunftshalle von Pease Airport. Sein Blick war auf den Ausgang gerichtet, durch den die Leute strömten. Den Koffer, der fast nichts wog, hielt er in einer Hand. Draußen wartete ein Auto auf ihn, alles war organisiert. Er musste nur hingehen, in den Wagen mit den weichen Ledersitzen steigen und sich an einen ruhigen Ort mit einem frisch bezogenen Bett fahren lassen, an dem er eine Zeit lang schlafen und mit freundlichen Menschen sprechen könnte. Und vielleicht würde es ihm dann wirklich besser gehen.

Er blieb noch eine Weile leicht schwankend stehen und träumte von der Zukunft, die er sich aufbauen würde, sobald es ihm besser ginge. Er würde John zu sich einladen und Patrick und Maria. Ein richtiges Wiedersehen würde das werden. Er würde ausbügeln, was er Valerie angetan hatte, und wieder lernen, sie glücklich zu machen, anstatt sie zu verletzen. Er würde mit seinen Eltern zusammenkommen, und sie würden am großen Esstisch mit den albernen Porzellanfigürchen sitzen und über alles reden.

Er drehte sich um, während er in den Abflugbereich

zurückging, und sagte sich, dass er keine Hilfe brauche. Er würde sich selbst wieder auf ruhigen Kurs bringen. Er würde den Antrag bei der Ärztekammer von Florida einreichen, sich anstrengen, Tag und Nacht büffeln, wieder Arzt werden, sich eine unspektakuläre, solide Existenz schaffen …

Nein. Er musste endlich ehrlich mit sich sein. Es gab keine Hoffnung auf eine normale Zukunft mehr, und ihr noch länger nachzujagen, würde ihn umbringen.

Eine letzte Chance. Er gab sich eine allerletzte Chance, ohne die Hilfe anderer ein für ihn lebbares Leben zu finden.

TEIL 5

KEY WEST

1938

Greg sprang in den Pool, und das Wasser umschloss ihn wie ein Traum.

Beim Eintauchen hatte er das Buch seiner Mutter bespritzt, und sie rief etwas, doch er achtete nicht darauf. Er blieb unter Wasser und ließ sich vom Schwung des Sprungs vorwärtstreiben.

Nach der Morgensonne und noch vor der Mittagshitze war das Wasser weder warm noch kühl. Es fühlte sich an wie nichts, als würde er fliegen, als hätten sich die Grenzen seines Körpers aufgelöst.

Vielleicht hätte es ihm Angst machen sollen, hätte sich wie Ertrinken anfühlen sollen, aber so war es nicht. Es war das Gegenteil von Ertrinken.

Es war schön, keine Begrenzung zu haben. Keine Beschränkungen.

Unmittelbar vor dem Ende des Pools drehte er sich im Wasser um, und dort oben war reines Licht.

MIAMI

1988

Greg blieb auf seinem täglichen Streifzug vor einem riesigen Schaufenster stehen. Es gehörte zu einer der großen Buchhandlungen mit glänzenden Böden, die er aus Gewohnheit mied. Er trieb sich in seiner Freizeit, über die er reichlich verfügte, lieber in Antiquariaten herum. Doch der eigene Name in Riesenlettern war schwer zu übersehen. Hinter der blitzblank geputzten Scheibe stand ein Schild, das die Hälfte der Auslage einnahm:

HEMINGWAY
NEUERSCHEINUNG

Ganz unten und kaum ein Drittel so groß stand:

Der Garten Eden

Greg drückte die Hand an die Scheibe, ohne darauf zu achten, dass seine schmutzigen Finger darauf Flecken hinterließen. Inmitten all der typografischen Geschmacklosigkeit erhob sich ein kleiner Haufen Bücher, manche kokett mit dem Cover nach vorn ausgerichtet, um den Blick eines jeden scharfsichtigen Lesers darauf zu ziehen, dem der Name, größer gedruckt als der eigene Kopf, ins Auge stach.

Und natürlich war der Name seines Vaters in mannhaften Blockbuchstaben geschrieben, der Titel darunter nur irgendwie hingekritzelt. Und wiederum darunter prangte eine grobe, wohl kubistisch inspirierte Zeichnung, wie sie Papa gefallen hätte: eine Frau mit einem Korb.

Obwohl ihn die Verkäuferin an der Kasse ein bisschen ängstlich beobachtete, ging Greg zum Rand des Schaufensters, drückte seine Wange so fest wie möglich an die Scheibe und erkannte auf dem Buchrücken das Signet von Scribner.

War ja klar, dass es sich Scribner nicht nehmen ließ, auch noch aus einem toten Autor Kapital zu schlagen. Irgendwer aus der Familie musste zugestimmt haben, doch diesem innersten Kreis gehörte Greg längst nicht mehr an.

Dieses Buch würde bestimmt nicht das letzte sein. Als Nächstes war eine kommentierte Ausgabe von Hemingways Einkaufszetteln zu erwarten sowie eine in Leder gebundene Sammlung sämtlicher Blätter Papier, auf die er jemals irgendetwas geschmiert hatte, ebenfalls mit ehrfürchtig formulierten gelehrten Anmerkungen versehen. Sollte sich noch ein Stück von seinem Vater benutztes Klopapier finden, würden sie es veröffentlichen.

Das Schild war so unglaublich geschmacklos … Buttergelbe Buchstaben, meerblau umrandet – so feierte man überglücklich das neue Werk eines alten Meisters, ohne auch nur anzudeuten, dass das Werk, wäre es nach dem Willen des Meisters gegangen, nie das Tageslicht erblickt hätte.

Greg dachte an Archäologen, die eine liebevoll bestattete Leiche in der Erde finden, ausgraben und zur Schau stellen, damit Touristen und Schulkinder sie begaffen können. Sobald genug Zeit vergangen war, verlor man als Grabbewohner das Recht, in Frieden zu ruhen. Man durfte nie darauf vertrauen, dass die Lebenden die Toten ehrten.

Er schob die Hände tief in die Taschen und ging. Seine abgelaufenen Schuhsohlen klatschten bei jedem Schritt auf den Gehweg.

Das Werk selbst bedeutete nichts mehr. Das war die Wahrheit. Nur der Name zählte noch, die Legende, und dabei *kannte* ihn gar niemand. Keiner wusste, wie wundervoll er gewesen war. Was für ein unglaubliches stures Arschloch. Die Leser kannten nur eine Figur, die Ernest Hemingway selbst geschaffen hatte. Eine Figur, die sich in ihn geschlichen und irgendwann begonnen hatte, durch seinen Mund zu sprechen, die seine Brust vor den Kameras breit machte, bis der reale Mensch vergessen hatte, dass er einmal ein anderer gewesen war als die Geschichte, die er da erzählte. Vielleicht war ein Schriftsteller erst dann wirklich groß, wenn er eine Geschichte so überzeugend erzählen konnte, dass er sie schließlich selbst glaubte.

Hatte er das nicht schon mal gehört?

Aus Gründen der Selbstreinigung unternahm Greg eine kurze Pilgerreise in seine Lieblingsbuchhandlung, eine von außen unscheinbare Piratenhöhle unter einem beliebten Café in der 1st Street.

Eigentlich war diese Buchhandlung gar kein richtiger Laden, denn sie bestand nur aus einem kellerartigen Raum mit ein paar nackten Glühbirnen und Unmengen von Büchern – Büchertürmen, Bücherwanderdünen, einer Bücherlandschaft, in der Erdrutsche und tektonische Verschiebungen täglich das neu Gelieferte ins Dunkel hinunterzogen und uralte verstaubte Wälzer nach oben pressten.

Man musste nichts kaufen. Greg konnte sich durch die Stapel wühlen, solange er wollte. Die alte Dame in der Ecke, deren Brillengläser im Zwielicht undurchsichtig wirkten, schlief die Hälfte der Zeit und war ansonsten tief in eine obskure Schwarte versunken. Lebte in einer anderen Welt. In gewisser Hinsicht hatte Greg wahrscheinlich mehr Zeit in der modrigen Höhle verbracht als sie.

Weil er nichts anderes zu tun hatte und nirgendwo anders hinmusste, suchte er in aller Ruhe Bücher aus.

Ein Taschenbuch mit Shakespeares Sonetten. Auf dem Vorsatzblatt standen in zarter Schrift Glückwünsche zum Geburtstag.

Gibbons *Verfall und Untergang des römischen Imperiums*, und zwar der zweite Band, in dem es, wenn er sich recht erinnerte, am meisten abging. Die ersten zweihundert Seiten waren von zahlreichen vergeblichen Leseanläufen zerfleddert, die restlichen unberührt.

Ein unglaublich dickes Exemplar von *Bartletts Zitatensammlung*.

Eine erstaunlich gut erhaltene Erstausgabe von *Der große Gatsby*, die in Greg schlagartig eine klare Erinnerung an Frank auslöste, einen Mann, dessen Selbstzerlegung bei seiner kurzen Begegnung mit dem kleinen Greg bereits weit fortgeschritten gewesen war.

Ein Naturführer durch die Vogelwelt von Key West mit

aufwendigen Illustrationen von Federn, Krallen und grell orangen Schnäbeln.

Er hatte schon einen ordentlichen Stapel beisammen, als er unter einem Haufen angeschimmelter Straßenkarten von L.A. aus den Jahren 1962 bis 1971 auf die Autobiografie von Christine Jorgensen stieß. Er nahm sie in die Hand und betrachtete das Gesicht auf dem Cover, die sinnlichen Augen, das blonde Haar.

Ungefähr zwanzig Jahre zuvor hatten alle Zeitungen über sie berichtet, und sie tauchte auch jetzt noch hin und wieder auf. Die Presse war eine Zeit lang besessen gewesen von ihr, dem GI, der sich in eine blonde Sexbombe verwandelt hatte. Dass der zunächst höfliche, wenn auch sehr herablassende Ton der Berichterstattung im Lauf der Jahre gehässig werden würde, hatte Greg von Anfang an gewusst. Eine bissige Schlagzeile über eine abgesagte Hochzeit hier, ein schneidender Kommentar über ihren »kastenförmigen« Körper da, ein Interview, in dem der Interviewer sie wie eine bärtige Frau im Käfig behandelt hatte.

Er hatte diese Entwicklung fast mit Genugtuung verfolgt.

Dafür schämte er sich inzwischen. Was hatten ihm die Heimlichtuerei und das beharrliche Leugnen gebracht? Ganz gleich, was man von Jorgensen hielt, sie lebte selbstbestimmt. Sie hatte keine Angst. Greg konnte sich an keine angstfreie Zeit in seinem Leben erinnern …

Er legte das Buch ganz oben auf seinen Stapel und ging zur Kasse.

Als er seinen aus Fünfzig-Cent-Büchern bestehenden Schatz nach Hause trug, lag wieder die sterile Buchhandlung auf seinem Weg. Er straffte die Schultern, um schnell daran vorbeizugehen, doch seine Füße wollten es anders und wurden mit jedem Schritt langsamer, bis er stehen blieb und wieder auf seinen ruhmreich hervorgehobenen Namen starrte. Sein Handabdruck auf der Scheibe war bereits beseitigt.

Er kannte den Titel natürlich. Ein aus der Kindheit zurückgekehrtes Gespenst. Sein Vater hatte jahrelang an diesem Buch geschrieben, immer wieder etwas gestrichen oder hinzugefügt, das Ganze mehr als zehn Jahre lang überarbeitet und etliche Male erklärt, dass dieses Buch alles enthalte, was in ihm sei, und niemals veröffentlicht werden würde.

Greg seufzte. Als er eintrat, ertönte die Türglocke.

Eine bestimmte Betonbank im Museum Park mochte er am liebsten: ein großes, schlichtes Ding, auf dem er sich bequem ausstrecken konnte, wenn er müde wurde. Sie stand im Schatten einiger Palmen, und dahinter zog sich ein schmaler Kanal vom Meer her durch das Gelände, der den vertrauten Geruch von Salzwasser und Fäulnis verströmte, den Greg so seltsam beruhigend fand.

Dort saß er, die Beine von sich gestreckt, und blickte über das harte, struppige Gras hinweg Richtung Museum of Science, betrachtete die Leute, die kamen und gingen, und versuchte, nicht auf seine schmerzenden Knie zu achten.

In Parks ließ sich die Zeit gut vertreiben. Parks waren

einerseits grüne Refugien abseits der verstopften, nach Auspuffgas stinkenden Straßen, andererseits kamen dort immer so viele Menschen an ihm vorbei, dass ihm nie langweilig wurde. Eigentlich verbrachte er in der letzten Zeit den größten Teil des Tages mit einem antiquarischen Taschenbuch oder der aktuellen Zeitung auf einer Bank, und die Zeit blieb an ihm haften wie die Druckerschwärze an seinen Fingerspitzen.

Er stellte sich so gut wie jeden Tag in die Schlange der Anzugmänner, die sich kerzengerade der wichtigen Aufgabe widmeten, gut informierte Bürger zu sein, und kaufte mehrere Zeitungen, Boulevardblätter, aber auch seriöse Gazetten.

Es blieb ihm ein Rätsel, warum sie die Schlagzeilen immer so ernsthaft studierten. Wie wichtig konnten Nachrichten sein, wenn kein Mensch die Zeitung vom Vortag las? Was wichtig war, behielt seine Bedeutung für immer; eine Nachricht aber war schon einen Tag später veraltet und nach einer Woche vollkommen belanglos.

Wenn er die Kraft dazu aufbrachte, las er die Zeitungen wie ein Kind, das Zuckerwatte isst und eine Handvoll Nichts nach der anderen in sich hineinstopft.

Heute hatte er ein Buch mitgenommen und an einem Kiosk am Biscayne Boulevard für zehn Cent den *Miami Herald* gekauft. Doch anstatt zu lesen, lehnte er sich lieber zurück und beobachtete alte Männer und schlaksige Teenager, Paare mit Kindern und gelegentlich einen Vogel. So ließ sich die Zeit gut vertrödeln.

Langsam stieg die Sonne und schob den Schatten weg, bis sie Greg von oben auf die Schultern brannte, und auch das war gut. Er schloss die Augen und sog die Wärme in sich auf.

Vielleicht, dachte er, könnte er seine Zeit ewig an den ruhigen Orten dieser ihm so vertrauten Stadt verbringen, andere beobachten, lesen und eine Wunde heilen lassen, deren Namen er nicht kannte und die ihm niemand zugefügt hatte. Ohne irgendwen zu verletzen.

Er hatte schon zu oft versucht, sein Leben wieder zusammenzusetzen. Damit war es vorbei. Es war für alle besser, wenn er hierblieb, es dabei beließ. Wenn er sich an den gebrochenen Stellen ein Zuhause schuf.

War ein Tag besonders gut, fand Greg die Kraft, früh aufzustehen, am Flachwasser in der Biscayne Bay ein klappriges kleines Boot zu mieten und den ganzen Tag zu angeln. Sobald die Schnur ausgeworfen und er zur Ruhe gekommen war, fühlte er sich, als wäre er tausend Meilen zu Fuß gegangen, müde bis in die Knochen. Aber das war in Ordnung.

Solange man es nicht, wie sein Vater, als Kampf gegen Giganten verstand, war Angeln keine Arbeit. Grätenfische waren friedliche Wesen und so lethargisch, dass man die Schnur nicht ständig im Blick haben musste, sondern sich zurücklehnen, die Kappe tief in die Stirn schieben und sich von der Schaukelbewegung des Boots forttragen lassen konnte, während das Wasser leise an den Rumpf klatschte und die schrillen Klagerufe der Fischadler und Möwen ertönten. Manchmal strich ein Vogelschatten über seine geschlossenen Augen, doch er öffnete sie nicht. Es genügte ihm zu wissen, dass sie da waren.

Erfrischender kurzer Schlaf, traumlos und wohltuend.

Und dann der Zug der Angelschnur, die er um seinen Finger geschlungen hatte, und der Fisch und er wurden gemeinsam aus dem sauberen Blau herausgerissen.

Das waren die besten Tage. Doch an diesem Morgen war er lange nicht aus dem Bett gekommen, hatte sich lange nicht selbst davon überzeugen können, dass es sinnvoll wäre, etwas zu tun. Als er endlich vor dem Zeitungskiosk stand, war es fast Mittag geworden, und schon als er die Zeitung kaufte, war ihm klar, dass er sie nicht lesen würde. Er brauchte die noch glatten Seiten nicht aufzuschlagen, um zu wissen, dass ihre Lektüre unendlich zäh sein würde.

Deshalb saß er einfach mit geschlossenen Augen da, träumte vor sich hin, versuchte den Kopf freizubekommen, schaffte es jedoch nicht, sein ratterndes Hirn zu stoppen.

Am Tag zuvor hatte er endlich das Jorgensen-Buch zu Ende gelesen und musste immer wieder daran denken. Sie hatte alles offenbart – ihre Kindheit, ihre Zeit als GI, die Operation, durch die sie eine Frau geworden war, und alles, was sich danach ereignet hatte –, doch am meisten beeindruckte ihn ihre Gewissheit. Ob als Teenager in der Bronx oder als Soldat im Krieg – sie hatte die ganze Zeit gewusst, dass sie im falschen Körper geboren war.

Zu Beginn der Lektüre hatte Greg befürchtet, in einen Spiegel sehen zu müssen. Doch je mehr er las, umso mehr schwand diese Angst. Er hatte diese unerschütterliche Gewissheit nie besessen, sie fehlte ihm bis heute. Schwer zu sagen, ob das eine Erleichterung oder eine Enttäuschung war.

Nach der Operation hatte sie ihren Eltern geschrieben: *Die Natur hat einen Fehler gemacht. Diesen Fehler habe ich korrigieren lassen und bin jetzt eure Tochter.* Schon allein dieser Mut war bewundernswert.

Greg gab seit Langem nicht mehr vor, dass es nur um die Kleider ging. Selbst wenn es jemals so gewesen war, galt das nun nicht mehr. Wenn ihn der Drang überkam, wollte er sich nicht mehr nur wie eine Frau kleiden, sondern eine Frau *sein* – manchmal die Frau, die er gewesen wäre, und manchmal eine Frau, die sich dann erst erfand, eine Frau ohne Geschichte.

Aber wollte er ständig, immer, ohne den kleinsten Zweifel eine Frau sein? Konnte er das wirklich behaupten?

Manchmal hasste er es, seine breiten, kantigen Schultern in ein Kleid zu zwängen. Andererseits ließ sich nicht leugnen, dass es ihm oft gefallen hatte, wenn seine langen Arme die Hemdärmel streckten.

Was hatte das zu bedeuten? Wer war er?

Er öffnete die Augen und blickte auf das Buch auf seinem Schoß, das jüngste Werk seines Vaters. Er traute sich immer noch nicht, es aufzuschlagen.

Er war ein gebranntes Kind. Die Short Storys seines Vaters enthielten mehr als nur einen Schlag in den Magen. In einer war der Sohn ein Supersportler, schriftstellerisch talentiert, ein wahres Goldkind. Doch dann stellte sich alles als Lüge heraus. Der Junge hatte eine Geschichte abgeschrieben, die sein Vater, wie das Kind wusste, nie gelesen hatte. Jahre später stieß der Vater in einem alten Erzählband auf diesen Text und musste feststellen, dass sein Sohn von Anfang an abgrundtief schlecht gewesen war und all sein

Können und sein ganzer Charme nicht das Geringste zählten, weil beides auf einem verrotteten Fundament stand.

Sag mir, was du wirklich fühlst, Papa.

Greg war ein erwachsener Mann. Sein Vater war seit
mehr als zwanzig Jahren tot. Es hätte längst nicht mehr
wehtun dürfen. Doch wenn er im Lauf der Zeit eines gelernt hatte, dann, dass der Unterschied zwischen *hätte* und
hätte nicht alles andere als scheißegal war.

Er blieb im Park und starrte ins Leere, und die Gedanken wirbelten wild durch seinen Kopf, bis es fast dunkel
geworden war und er zu frieren begann. In der Dämme-
rung ging er nach Hause, stellte etwas Fades, Weiches in
die Mikrowelle und schlief vor dem Fernseher ein, der mit
voller Lautstärke dröhnte.

Auf dem Boot und auf den Bänken träumte er wenig. Und
wenn, dann fühlte es sich kaum wie Träumen an, sondern
so, als würde die Welt in ihn schlüpfen und durch ihn
hindurchströmen.

Nachts hatten die Träume mehr Kraft, vielleicht wegen
der Dunkelheit und weil es außer seinem Herzschlag und
dem mahlenden Geräusch des Straßenverkehrs nichts zu
fühlen und zu hören gab. Vielleicht aber auch, weil er dann
tiefer schlief und längst verschwunden geglaubte Erinnerungen wie Gespenster emporsteigen konnten.

Eines Nachts träumte er von dem Patrick von früher:
Abends auf der Veranda, in Schatten gehüllt, so wie das
Herz eines Löwen in Fett gebettet ist, drehte er unab-
lässig einen Baseball in den Händen, als bräuchte es nur
eine einzige weitere Drehung, um den Ball zu öffnen wie

eine Puzzlebox, als würde alles einen Sinn ergeben, solange er die ganze Welt mit seinen Fingerspitzen nachfahren könnte.

Er träumte von den Enten an dem Urlaubsort, in den sein Vater mit ihnen gefahren war. Nicht von denen, die er geschossen hatte, sondern von denen im Teich hinter dem Speisesaal. Er hatte jeden Tag ein bisschen Brot vom Mittagessen aufgehoben und war damit hingelaufen; manchmal hingen nach der Jagd noch blutige Federn an seinen Shorts. Er warf kleine Bröckchen ins helle Wasser und sah zu, wie sie ihre munteren Schnäbel eintauchten und das Futter ihre langen Hälse hinunterruckelten. Er hatte ihnen Namen gegeben – dumme kindische Namen, doch sie waren ihm dadurch wie Freunde erschienen. Und jeden Vormittag ging er mit seinem Vater raus und machte mit seinem Gewehr aus den Wildenten Feuerwerk, geschmolzenes Grün und Grau und Spritzer von Blau, Sternbilder eines zerstörten Flugs, die noch lange mit dem Wind weiterschwebten, wenn der Kadaver schon sicher an seinem Gürtel hing. Dann zurück und zum Mittagessen, wo er Brot mitnahm, um Hector und Brave und Napoleon damit zu füttern, und alles ohne Widerspruch in seinem Herzen.

Er träumte von jenem grell beleuchteten Krankenhausgang, in dem er stand und durch die Tür hindurch hörte, wie sich der Schädel seines Bruders allmählich mit Blut füllte. Er träumte, wie er dort eingedöst war und das Haar seines Vaters rosa war, als er aufwachte. Die befremdliche Witzigkeit dieses schrecklichen Augenblicks. Er hatte das ganz vergessen …

Und er träumte von seiner Mutter, die sich mit ausgebreiteten Armen langsam vor dem Spiegel drehte und den Kopf neckisch zur Seite neigte.

Er wachte oft mitten in der Nacht auf, und dann dauerte es eine Weile, bis ihm wieder bewusst war, wo er sich befand. Key West. Miami. Bimini. Los Angeles. Havanna. Jordan. Tansania. New York.

Einen Moment lang war er gleichzeitig an allen diesen Orten. Einen Moment lang war er nirgends. Die Erde hatte sich in der Nacht unter ihm weggedreht.

Das Buch seines Vaters war immer dabei – unter den Arm geklemmt, neben sich auf der Bank, unter dem Kopf, während er auf dem klaren Wasser der Keys döste –, doch er rang sich nie dazu durch, es zu lesen.

Manchmal stand er morgens auf und zog nicht sein altes Polohemd und die Cargoshorts an, sondern ein altes Strandkleid mit Flecken. Und setzte sich ins Wohnzimmer, anstatt das Haus zu verlassen, stellte den Fernseher laut und sah ein paar Minuten lang hin; dann schweiften seine Gedanken ab. Das war alles. Es war nichts Aufregendes, Besonderes mehr, es tat nicht mal mehr weh.

Die Tage zogen wie Wolken vorbei, eine endlose langsame Prozession. Er ließ sich einen Bart wachsen.

Eines Tages fragte ein kleines Mädchen in der Bibliothek seine Mutter, warum der alte Mann keine Schuhe trage. Und Greg wusste selbst nicht, warum er barfuß war. Ob er das Haus ohne Schuhe verlassen hatte oder ob sie ihm von den Füßen gefallen waren oder ob er schon seit Wochen mit nackten Füßen herumlief.

Von der niederschmetternden Dunkelheit, die ihn sein

Leben lang nie verlassen hatte, war kaum etwas übrig. Morgens konnte er meistens aufstehen, konnte Fotos aus seiner Kindheit betrachten, ohne schlagartig wütend oder verzweifelt zu werden, konnte ein Glas Whiskey trinken, anstatt die ganze Flasche zu leeren. Anstelle der Dunkelheit herrschte Zwielicht. Die Tage vergingen in einer ständigen Taubheit, mit einem Wattegefühl im Kopf und unter der Haut, so als hätte ihn jemand zur Begutachtung auseinandergenommen und aus dem Gedächtnis wieder zusammengesetzt, dabei aber wichtige Schrauben vergessen.

Er fühlte fast nichts, aber er weinte oft.

Vielleicht waren es im Lauf der Jahre doch zu viele Schocks gewesen. Vielleicht hatten sie etwas Unersetzliches weggebrannt.

Doch dieses Halbleben war gar nicht so schlecht.

Patricks Anruf weckte ihn auf.

Er hatte den ganzen Tag im Flachwasser geangelt und wollte noch vor dem Abendessen ins Bett gehen, doch kaum hatte er die Tür geöffnet, begann das Telefon zu klingeln, als hätte es auf ihn gewartet. Er wusste erst nach ein paar Sekunden, woher das Geräusch stammte. So lange hatte ihn niemand mehr angerufen.

Er setzte sich in den Wohnzimmersessel – er musste husten, weil rings um ihn Staub aufwirbelte – und nahm vorsichtig das Mobilteil aus der Station.

»Heya, Gig.«

Patrick.

»Hallo?«

Greg versuchte etwas zu sagen, doch seine Stimme

klang heiser und rau. Wann hatte er das letzte Mal mit jemandem gesprochen?

»Ist das die richtige Nummer? Hallo?«

»Ich bins.« Gregs Stimme klang jetzt etwas weicher. Er umklammerte das Telefon noch fester. »Hier spricht Gigi.«

»Ach so. Hallo, Greg. Alles in Ordnung? Du klingst so heiser.« Patrick klang genau so wie früher. Ganz genau so.

»Nur ein bisschen erkältet.«

»Gut. Also, ich wollte eigentlich bloß fragen, wie es dir geht. Ich habe schon länger nicht angerufen, und …«

Er verstummte. Greg wusste, dass er das Schweigen füllen, etwas Witziges sagen sollte, aber er war aus der Übung.

»Außerdem war neulich Papas Geburtstag«, warf Patrick hastig ein. »Keine Ahnung, warum ich an seinem Geburtstag immer an dich denke, aber es ist so. Deshalb wollte ich mich bei dir melden.«

»Lieb von dir, Pat. Das wusste ich nicht.«

»Woher hättest du es auch wissen sollen? Das ist doch Unsinn.«

»Nein, dass sein Geburtstag war. Ich kann mir so was nicht mehr merken.« Er sah sich in dem kargen Raum um. Die Einrichtung bestand aus Fernseher, Telefon, Couch – nichts deutete darauf hin, dass er hier überhaupt wohnte. Er klopfte leicht auf die Armlehne der Couch, und wieder wirbelte Staub auf.

»Das kann schnell passieren … Ich habe ehrlich gesagt nichts zu erzählen. Ich wollte nur mal wieder meinen kleinen Bruder hören.«

Greg holte tief Luft. »Warte kurz, Pat, da ist jemand an der Tür.«

»In Ordnung.«

Greg legte das Telefon weg und schlug die Hände vor sein Gesicht. Er weinte nicht. Er blieb nur kurz so und ließ sich von seinen Gefühlen durchfließen wie von elektrischem Strom. Es war ungewohnt für ihn, so zu fühlen; seine Schutzmechanismen hatten sich in der Zeit seiner Isolation aufgelöst.

Als er sich gefasst hatte, ergriff er das Telefon und sagte: »Da bin ich wieder. War nur eine Lieferung. Falsches Haus.«

»Kein Problem. Also, was machst du so, Gig?«

Er überlegte kurz. »Nicht viel. Nachdenken.«

»Kann ich verstehen. Mich packt um diese Zeit auch immer die Nostalgie. Liegt vielleicht an der Hitze.«

»Ich hätte dich nie für nostalgisch gehalten.«

»Ich bin eben nicht mehr der Jüngste. Jedenfalls denke ich dann unweigerlich an die guten alten Zeiten. Wie wir beide am Pool geklauten Rum getrunken und geklaute Zigaretten geraucht haben.«

»So gesehen war unsere Kindheit ziemlich schön.«

»Ja. Es ist wirklich verrückt – manchmal habe ich das Gefühl, dass das alles tausend Jahre her ist oder jemand anderem passiert ist, und dann wieder könnte ich schwören, dass es erst gestern war, und dann kann ich mir nicht erklären, warum meine Hände zittern und mir der Rücken wehtut, weil ich doch *eben erst* dort war, verstehst du?«

»Ja.«

»Genau das meine ich. Ich denke viel über damals nach und über unsere Gespräche. Und manchmal habe ich Angst, dass ich schuld sein könnte.«

»Ich …« Greg versuchte seinem Bruder zu folgen. Versuchte sich zu erinnern. »Was soll das heißen?«

»Na ja, dass ich schuld bin … Dass ich nicht immer der beste Bruder war …«

Greg schüttelte verwirrt den Kopf. »Das verstehe ich nicht. Du warst ein großartiger Bruder, Pat. Ich wäre durchgedreht ohne dich.«

»Also …« Patrick schnaufte leise, und zum ersten Mal hörte Greg ihm sein Alter an. »Ich glaube, ich war nicht immer auf deiner Seite.«

»Aber −«

»Ich hatte einfach nichts anderes gegen dich in der Hand.« Die Wörter sprudelten aus ihm heraus, ein herabstürzender Kiesel, der zum Erdrutsch wurde. »Ich habe zwar immer gesagt, dass ich nie wütend auf dich war, aber … Ich habe mir immer eingeredet, es würde mir nichts ausmachen, dass du besser Baseball gespielt und besser geschossen hast und schneller gelaufen bist als ich, und meistens hat es mir auch nichts ausgemacht, aber im Rückblick … Wahrscheinlich wollte ich einfach, dass du auch ein bisschen leiden musst. Und ich dachte: Greg hält das aus, der ist unverwüstlich. Aber niemand ist unverwüstlich. Niemand. Und jetzt denke ich, er hat mich gebraucht, der magere kleine Kerl hat seinen Bruder gebraucht, und ich habe alles noch schlimmer gemacht, weil ich ein eifersüchtiges Arschloch war.«

»Ich …« Sie schwiegen lange. Greg versuchte, seine Gedanken zu ordnen. Er war es nicht mehr gewohnt, so viel und klar zu denken. Ihm war, als würde er aus einem Koma erwachen. »Mach dich nicht fertig, Pat. Es hätte bestimmt nichts geändert. Ab dem Moment, als Papa mich in Marthas Kleid erwischt hat, war die Sache gegessen.«

»Lieb von dir, Greg. Ich weiß zwar nicht, ob es verdient ist, aber …« Patrick holte zitternd Luft und sammelte sich. Dann fragte er in plötzlich ruppigem Ton: »Marthas Kleid? Das wusste ich gar nicht. Was hat sie gesagt?«

»Ich weiß es nicht mehr, ganz ehrlich. Ich kann mich an das, was ich wegen der Schocks vergessen habe, immer noch nicht gut erinnern. Aber begeistert war sie bestimmt nicht.«

»Sie hatte garantiert schon Schlimmeres gesehen.«

»Ja, bestimmt.« So offen mit seinem Bruder darüber zu sprechen, hatte er sich immer als eine Tortur vorgestellt. Doch nun war es eine Erleichterung, als könnte er eine schwere Last endlich loswerden.

»Kommt es noch immer vor, dass du …?«

»Dass ich Frauenkleider anziehe?«

»Ja.«

»Hin und wieder. Hängt davon ab, wie es mir geht.«

»War also doch nicht nur eine Phase.«

»Nein.«

»Es tut mir leid, Greg.«

Greg fielen tausend Dinge ein, die er hätte erwidern können. Schließlich sagte er: »Wegen mir ist dein Kopf an ein Armaturenbrett geknallt. Wir sind quitt.«

»Das? Das war gar nichts. Ich hatte schon Kater mit schlimmeren Schmerzen.«

»Das glaube ich dir sofort. Mit Alkohol hast du noch nie umgehen können.«

»Und der Alkohol hat nie mit dir umgehen können.«

»Was soll das heißen?«

»Keine Ahnung, aber es klingt gut.«

»Eine Spätfolge der Gehirnerschütterung.«

Patrick lachte, und Greg glaubte zu hören, dass sich sein Bruder auf den Schenkel schlug, der höchstwahrscheinlich in einer praktischen Chinohose steckte. »Erinnerst du dich an die rosa Haare von Papa? Er hatte Marys Färbemittel benutzt und es total verkackt.«

»Klar weiß ich das noch. Erst vor ein paar Tagen habe ich wieder daran gedacht.« Greg musste grinsen. »Er hat ausgesehen wie ein Cupcake bei einem Mädchengeburtstag.«

Aus dem Gelächter wurde Gewieher. »Das war das Erste, was ich gesehen habe, als ich aufgewacht bin. Das war so komisch! Ich dachte, ich wäre verrückt geworden, und … Mist, es klingelt. Das sind meine Enkelkinder. War schön, mit dir zu reden, Greg. Ich hätte dich früher anrufen sollen, aber die Zeit ist mir einfach davongelaufen.«

»Macht nichts. Schließlich habe ich auch ein Telefon.«

»Also dann … Pass auf dich auf.«

»Ich werde mir Mühe geben.«

»Ich hab dich lieb, Greg.«

»Ich dich auch, Pat.«

Greg ließ das Telefon sinken und starrte es eine Weile an.

Pass auf dich auf. Warum bekam er das ständig von allen zu hören?

Vom Meer her wälzte sich ein Gewitter Richtung Miami, das die Stadt nach den langen Monaten glühender Hitze herbeisehnte. Die rissigen Böden in den Parks, die staubigen Windschutzscheiben und Gehwege, die verkrusteten Gullys und der vor sich hin stinkende Müll – alles wartete auf den gewaltigen Regen.

Greg eilte nach Hause. Mit einem Arm hielt er die Einkaufstüte an sich gepresst, mit dem anderen verhinderte er, dass sein Rock von plötzlichen Windstößen hochgeweht wurde. Als er seine heruntergekommene Vorstadtstraße erreichte, roch die Luft plötzlich anders: Jeden Augenblick würde es regnen. Obwohl er aus der Übung war und sich schwertat, selbst in mäßig hohen Stöckelschuhen zu laufen, stakste er weiter, so schnell es ohne umzuknicken ging, und erreichte seine Veranda in dem Moment, in dem das Gewitter losbrach.

Er blieb stehen und sah zu – das Wasser stürzte wie eine Wand vom Himmel, riss den gelben Staub mit sich und schäumte in den Gullys wie Champagner. Dann stellte er die Tüte neben die Tür und ging hinaus in den Regen. Die Fluten umfingen ihn gierig und durchnässten sein Kleid innerhalb von Sekunden, sodass es ihm am Körper klebte. Und dann gab es nur noch Haut und Wasser, und der Regen zeichnete seinen Umriss jede Sekunde neu nach.

Er grinste bei der Vorstellung, dass seine Nachbarn aus dem Fenster blickten und den durchgeknallten Einsiedler, den sie so geflissentlich ignorierten, im strömenden Regen und in Frauenkleidung auf dem Rasen stehen sahen. Bestimmt tauschten sie kopfschüttelnd Blicke, zogen die Vorhänge sorgfältig zu und widmeten sich wieder der Cosby Show. Er kicherte.

An diesem Morgen war es ihm schwergefallen, rechtzeitig aufzustehen – er hatte sich wie eine Schnecke gefühlt, die sich selbst aus ihrem Haus ziehen muss. Aber er hatte es geschafft, und das freute ihn.

Einen Tag nach dem anderen.

Als ihn eine Bö erwischte und er fröstelte, gab er den Unsinn auf und ging rein. Das Wasser in seinem durchnässten Kleid tröpfelte auf den Küchenboden, während er Kaffeewasser aufsetzte und die Socken, mit denen er den BH ausgestopft hatte, über der Spüle auswrang. Die Socken waren zwar nur ein jämmerlicher Ersatz, doch es erstaunte ihn immer wieder, wie anders er sich fühlte, sobald er mit ihnen das Haus verließ.

Wenn er Glück hatte und nichts erzwang und die Sterne richtig standen, konnte er sich und alle seine Verletzungen und Narben kurz vergessen und *sie* sein. Kein Feuerwerk, keine Fanfarenstöße. Nur ein Wechsel von seiner Seele zu ihrer, wie der Wechsel von Ebbe zu Flut.

Komisch, dass es nur an den Tagen geschah, an denen sie sich als Frau kleidete, und dass die Kleider, wenn es dann so weit war, gar keine Rolle mehr spielten. Vielleicht ging es gar nicht so sehr um die Kleider, sondern um das, was sie dazu brachte, die Kleider tragen zu wollen. In diesen Momenten war ihr das egal. Da wusste sie nur, dass es richtig war.

Diese Momente dauerten immer nur kurz. Die Zeiten hatten sich geändert, und solange sie den Kopf gesenkt hielt und sich um ihre eigenen Dinge kümmerte, erntete sie schlimmstenfalls Grimassen und Blicke. Die genügten allerdings schon, um alles kaputtzumachen. Kinder, die im Vorbeigehen feixten, oder eine junge Mutter, die den Buggy auf die andere Straßenseite schob, ein einziger erstaunter Blick eines Barmanns, und *sie* wich so plötzlich in *ihn* zurück, dass er ins Taumeln geriet.

Er dachte viel über das Buch nach, das er gelesen hatte. Das Selbstempfinden von Christine Jorgensen war nie so zerbrechlich gewesen. Sie hatte sich nicht darum geschert, wie die Leute sie ansahen, was sie sagten oder über sie schrieben. Sie hatte deutlich gespürt, wer sie war.

Doch was, wenn sie nur so tat als ob? Wenn sie nur ein albernes tragisches Spiel aufführte?

Der Kessel begann zu pfeifen, und Greg schreckte auf. Er stand in einer Pfütze aus Regenwasser und hielt eine zusammengeknüllte Socke über die Spüle. Rasch nahm er das Wasser vom Herd und ging ins Schlafzimmer, um das Kleid auszuziehen und in einen Bademantel zu schlüpfen.

Der Kaffee duftete in der Tasse. Greg gab einen Würfel Zucker dazu, rührte jedoch nicht um. Dann blieb er eine Zeit lang stehen, hielt die Tasse in beiden Händen und ließ die Wärme in seine Knöchel strömen. Sie wurden allmählich arthritisch – zu viele ausgeteilte Schläge.

Vielleicht war er zu streng mit sich. Er war nun mal nicht Christine Jorgensen.

Diesen Teil von sich hatte er sein ganzes Leben hindurch verleugnet. Hatte ihn ignoriert und darauf gehofft, dass er an der Missachtung eingehen würde. Und jetzt sollte er sich nur in ein Strandkleid werfen müssen, um eine selbstbewusste Frau zu sein?

Brauchte er denn die Kleider überhaupt? Er schloss die

Augen und versuchte sich zu entspannen. Es war niemand sonst da, alles war gut. Entspannen.

Sie sah auf ihren Kaffee hinunter und räusperte sich. »Hallo, ich bin … Gloria. Schön, dich kennenzulernen.«

Idiotisch. Aber sie lächelte trotzdem.

Sie trank einen Schluck, summte vergnügt vor sich hin und ging in ihr Zimmer. Sie saß auf dem Bett, während der Regen ans Fenster peitschte, und sah sich nach einer Ablenkung um, doch da gab es nicht viel. Sie hielt ja nie an irgendwas länger fest. Alles wurde verschenkt, ging verloren oder blieb zurück, wenn sie wieder einmal nicht anders konnte, als sich zu entwurzeln.

Die Zeitung von vorgestern und, leicht verstaubt, auf dem Nachttisch das letzte Buch ihres Vaters, die ausgelatschten Tennisschuhe neben dem Bett und ein paar Magazine. Nicht viel nach siebenundfünfzig gelebten Jahren, aber immerhin alles sauber und aufgeräumt.

Gloria – sie machte sich mit dem Namen vertraut – ergriff aus einer Laune heraus das Buch und wischte mit der Hand darüber. Warum behielt sie es eigentlich, wenn sie es doch nie las?

Nur Wasser an Glasscheiben war zu hören. Hier fühlte sie sich geborgen. Verborgen.

Sie schlug das Buch an irgendeiner Stelle auf, um sich zu überraschen. Die Schrift war so klein, und die Zeilen waren so eng gedruckt, als wäre es dem Verlag darum gegangen, auf jeder Seite so viel Papa wie möglich zu konzentrieren. Denn genau das war es doch. Papa.

Wenn etwas von ihrem Vater überdauern würde, dann auf den Buchseiten, nicht auf Fotos oder im Grab. Auf den

Buchseiten vielleicht sogar mehr als in seinen Kindern. Kinder waren ein biologisches Erbe, ein Roman der Abdruck einer Seele.

Sie strich mit dem Daumen über das Papier. Ein bisschen rau. Nicht die beste Qualität. Wahrscheinlich um ein paar Pennys mehr pro Exemplar zu verdienen.

Und beinahe absichtslos blätterte sie hierhin und dorthin und las.

Der Stil war natürlich perfekt – knapp und beiläufig, aber strotzend vor Kraft. Während ihr Blick über die sorgsam formulierten Sätze glitt, stand ihr das Bild einer Woge vor Augen, die über die Oberfläche des Meers strich und unter der alles Mögliche lauern konnte. Ein Marlin, ein Delfin, ein Hai.

Ganz offensichtlich gab es zwei Hauptfiguren, einen Mann und eine Frau.

Draußen blitzte es. Sie hob den Kopf. Der Himmel war blendend weiß, während die Häuser wie mit Guache oder Kohle skizziert wirkten. Dann erneut Dunkelheit.

Der Mann war zweifellos ihr Vater. Die meisten seiner Figuren entsprachen jeweils klar einer von zwei Schablonen: ihm selbst, dem stoischen Helden, oder dem Feind, einem verweichlichten Kritiker oder hinterhältigen Juden. Ihr Vater war trotz seiner labyrinthischen Vielschichtigkeit in mancher Hinsicht doch ein schlichter Mensch gewesen.

Ein Donnerschlag ließ das Haus erzittern, und sie fuhr zusammen. Dann lächelte sie über sich selbst. Da – schon wieder ein nicht erzwungenes Lächeln. Ein schönes Gefühl. Sie knipste die Lampe an und lehnte sich an das fleckige Kopfende ihres Betts.

Und die Frau im Buch? Schwer zu sagen. Sie konnte jede sein. Davor fürchteten sich insgeheim alle, die Papa gekannt hatten: dass sie irgendwann ein viel gepriesenes Meisterwerk aufschlagen und darin ihre Schwächen, Mängel, ihre unreflektierte Selbstverliebtheit wiederfinden würden, alles genauestens registriert. Und ohne die Möglichkeit, sich zu beschweren, denn das waren nicht sie, das waren Romanfiguren.

Doch die Person, um die es ging, wusste es. Und er wusste es auch.

Vielleicht spazierte da Hadley durch die Straßen einer europäischen Stadt, Papas erste Frau, an die sich Greg kaum erinnern konnte. Ein Anflug von schüchterner Unterwürfigkeit, eine Hand auf der jungen Schulter eines Mannes, der nicht John war.

Oder Martha, die ewige Hassfigur, weil sie sich geweigert hatte, eine zweite Hadley zu sein, den Kopf zu senken und dankbar einen Platz im Hintergrund einzunehmen? Trat sie hier als Verkörperung hysterischer Weiblichkeit auf die Bühne?

Vielleicht sogar Pauline, Glorias Mutter. Genauso verachtet wie Martha, wenn auch aus dem entgegengesetzten Grund. War Martha gegangen, so hatte Pauline die Füße fest in den Boden gestemmt. Auch nachdem der Krieg verloren und sie ausgemustert worden war, hatte sie bis zuletzt gehofft, Ernest Hemingway würde sie irgendwann wieder lieben.

Erwachte sie auf dem billigen Papier zu neuem Leben? Ihr leicht geneigter Kopf, wenn sie gründlich nachdachte? Ihre Art, den ersten eiskalten Martini des Abends zu trinken? Das flotte Halstuch, das sie trug, wenn sie wie eine bodenständige Frau wirken wollte?

Der Regen stürzte so heftig vom Himmel, dass man darin hätte ertrinken können. Gloria wusste nicht, wie lange sie schon gegrübelt hatte.

Sie blätterte zur ersten Seite zurück. Wieder blitzte es, doch jetzt war sie vorbereitet. Ihr unberührter Kaffee wurde kalt, während sie las. Diesmal überflog sie den Text nicht, sondern las rasch Seite für Seite.

Es dauerte nicht lang, und der obligatorische grundgütige, zugleich künstlerisch begabte, nichtsdestotrotz offene und ehrliche, dabei sensible, aber auch ausgeprägt männliche Protagonist und seine nur dürftig skizzierte Ehefrau erregten in Gloria eine nicht unbeträchtliche Übelkeit.

Sie las trotzdem weiter.

»Er lag da, und dann spürte er etwas, ihre Hand hielt ihn, griff suchend tiefer, und er half mit seinen Händen und legte sich im Dunkeln zurück und dachte an gar nichts und spürte nur das Gewicht und etwas Merkwürdiges in seinem Innern, und sie sagte: ›Jetzt kannst du nicht mehr unterscheiden, wer wer ist, oder?‹

›Nein.‹

›Du verwandelst dich‹, sagte sie. ›Ja, das tust du. Ja. Ja, das tust du, und du bist mein Mädchen Catherine. Möchtest du dich verwandeln und mein Mädchen sein und dich von mir nehmen lassen?‹

›Du bist Catherine.‹

›Nein, ich bin Peter. Du bist meine wundervolle Catherine. Du bist meine schöne reizende Catherine. Es war so nett von dir, dich zu verwandeln. Ah, danke, Catherine, vielen Dank. Bitte, versteh mich. Bitte, versuch mich zu verstehen. Ich will ewig mit dir schlafen.‹«

Das Gewitter wurde schwächer oder durchtränkte vielleicht schon den nächsten Ort. Die Stadt schüttelte sich wie ein Hund nach dem Bad. Ein paar kostbare Stunden lang würde sie funkeln und neu erstrahlen.

Gloria saß auf dem Bett, ohne sich zu bewegen, und ging Stück für Stück ihre zerfransten Erinnerungen durch.

In dieser Hinsicht kommst du nach mir. Und nicht nur in dieser …

Ihr Vater draußen vor dem Raum, in dem ihr bewusstloser Bruder liegt, dösend, mit struppig gestutztem pastellrosa Haar.

Er war so wütend auf dich wegen dem ganzen Mist, so wahnsinnig wütend. Ist dir schon mal der Gedanke gekommen, dass … Also, dass er gerade deshalb so wütend sein und dich gleichzeitig am meisten lieben konnte?

Ihr Vater, der ihrer Mutter die Haare knabenhaft kurz schneidet und erklärt, dass er seine nun länger wachsen lassen sollte, damit sie zu ihren passen.

Vor Ihnen hat er wahrscheinlich mehr versteckt als vor jedem anderen. Vielleicht, weil Sie ihm so ähnlich sind.

Ihr Vater, der sie fest an sich drückt und lallend erzählt: *In Paris wollte ich mal ein Mädchen nur deshalb küssen, weil der Mund so verdammt dick geschminkt war. Ich wollte meinen eigenen Mund mit dem roten Lippenstift beschmieren.*

Ich hätte es wissen müssen. Du bist genau wie dein Vater …

Da hängt ein verfaulter Apfel am Ast, und wohin wird geschaut? Auf den Baum.

Sie dachte über die Passage nach, die sie im Lauf der Zeit immer wieder fast in den Wahnsinn getrieben hatte. Die mit dem Jungen, der so robust wie ein kleines Schlachtschiff war und dunkle Seiten besaß, die nur sein Vater verstand.

Sie hatte immer gedacht, es ginge dabei um die Depressionen, an denen sie beide litten, um das, was sie als Tiefs bezeichnete, während ihr Vater vom schwarzen Tier gesprochen hatte. Um ihren und seinen Jähzorn. Um das Konkurrenzdenken. Um das Talent für Gewalt. Hatte er wirklich noch etwas ganz anderes damit gemeint?

Das Buch lag offen auf ihrem Schoß und lud zur Suche nach weiteren Hinweisen ein, doch sie schlug es zu.

Vielleicht hatte Papa es verstanden, vielleicht auch nicht.

Vielleicht lachten die Leute auf der Straße über sie, vielleicht nicht.

Es war egal. Das war ihr Leben. Ihre Geschichte.

Und schon wieder lächelte Gloria.

MISSOULA, MONTANA

1995

Kaum war Greg in seinem klobigen Mietwagen vom Seitenstreifen weggefahren, kam hoch oben wie eine Galionsfigur das Neonschild des Thunderbird Motels in den Blick. Sein Gesicht verzerrte sich. Er grub die Faust in den Bauch und presste sie nach unten. Nur so wurde der pochende Schmerz etwas schwächer.

War es normal, dass der Schmerz so tief saß? Hoffentlich war keine Naht geplatzt.

Ein entgegenkommender Laster blendete ihn, und er zuckte zusammen. Er ließ das Lenkrad los, schaltete mit der freien Hand runter. Plötzlich wurde gehupt, und er packte das Lenkrad schnell wieder und brachte den Wagen zurück in die Spur.

Das Motel erstrahlte in pinkem und blauem Schein wie der Sonnenuntergang in einem Videospiel. Das Licht schwoll an, loderte und spaltete sich in den schönen Schriftzug auf, nach dem Greg schon seit den letzten hundertfünfzig Kilometern Ausschau gehalten hatte.

Er sehnte sich nach der nächsten Schmerztablette. Atmete durch die Zähne und schaltete noch weiter runter.

Jetzt kroch er auf dem Highway dahin, ohne sich um die wütenden Lichtblitze im Rückspiegel zu kümmern. Sein Blick war nur auf das riesige T vor ihm gerichtet.

Es war wohl schon später, als er gedacht hatte. Thelma sperrte gerade den Eingang ab, als er den Wagen unelegant mit der Nase voran auf den Parkplatz lenkte.

Sie drehte sich um, hob die Hand und beschattete ihre Augen vor den blendenden Scheinwerfern. Greg kramte im Handschuhfach, würgte eine Valium hinunter und zur Sicherheit eine von den neuen Herztabletten hinterher.

Endlich bemerkte er, dass Thelma geblendet wurde, und schaltete den Motor aus.

Sie ließ die Hand sinken, spähte ins Dunkel und konnte zunächst überhaupt nichts erkennen. Greg öffnete die Wagentür und stieg vorsichtig aus. Nur das Ticken des abkühlenden Motors und der knirschende Kies unter Gregs Schuhen waren zu hören. Als Thelma schwieg, während er sich ihr mit kleinen, behutsamen Schritten näherte, wurde ihm klar, dass sie nicht die leiseste Ahnung hatte, wer auf sie zukam.

Am Fuß der Treppe lehnte er sich ans Geländer und hoffte, dass sie nicht sah, wie weh es ihm tat, aufrecht zu stehen. »Hey, Thelma, was macht dein Blutdruck?«

»Greg?«

»Thelma.«

»Alles in Ordnung?«

Er dachte ernsthaft über die Frage nach. »Wird schon in Ordnung kommen.«

»Was soll das heißen?«

»Ich musste mich operieren lassen. Nichts Schlimmes,

aber ich wollte wieder hierher. Ich brauche jetzt einen sicheren Rückzugsort, an dem ich genesen kann.«

»Du hast dich operieren lassen? Bist du krank, Greg?«

»Also …« Er zögerte. »Nein, ich bin nicht krank … Es war ein Bekenntnis, könnte man sagen.«

Sie warf ihm einen skeptischen Blick zu. Sie hatte Greg im Lauf der Zeit oft in Frauenkleidern gesehen und es nie angebracht gefunden, ein Urteil darüber zu fällen. Doch vielleicht stieß diese robuste Frau aus dem Mittleren Westen jetzt an ihre Grenzen.

Sie zog ihren Mantel fester um sich. Hoch oben strömte unsichtbar der Wind und zerfetzte sich an den Sternen. »Du siehst nicht gut aus, Greg. Vielleicht fährst du besser zurück in die Klinik.«

»Nein.« Er lehnte sich stärker an das Geländer und kämpfte gegen den Drang an, die Faust ganz unten in den Bauch zu pressen. »Ich war in meinem Leben viel zu oft im Krankenhaus. Sie haben mich nur entlassen, weil ich eine ausgebildete Schwester kenne, die sich um mich kümmern wird.« Er grinste. Sie konnte es ja nicht sehen.

»Spinnst du? Ich bin doch nicht deine private Krankenschwester!«

»Schon klar. Aber man wird doch wohl noch ein bisschen flunkern dürfen, damit man sich aus dem Staub machen kann. Das Krankenhaus war wie ein Gefängnis.«

Das besänftigte sie fürs Erste. »Bist du den ganzen Weg hierher selbst gefahren? Du kannst doch nicht – Du fröstelst ja. Komm erst mal rein.«

Greg fröstelte nicht, er zitterte. Doch das wusste Thelma wahrscheinlich.

Er schleppte sich die Stufen hinauf. Im Eingangsbereich knipste Thelma das Licht an. Alles war an seinem angestammten Ort: Die Schlüssel glänzten an den Haken, das Büropapier lag ordentlich auf dem Empfangstisch, und das Schild an der Wand forderte dazu auf, zu leben, zu lachen, zu lieben.

Er lehnte seine Schulter an den Türstock und kostete den Anblick aus. Es ging ihm schon jetzt besser.

»Ich finde immer noch, dass du zurückfahren solltest, aber es ist dein Leben«, murmelte Thelma, setzte sich auf ihren Stuhl hinter der Theke und zog das rote Buch hervor, das wie immer zuverlässig bereitstand. Zweifellos handelte es sich um einen fernen Nachfahren jener Schwarte, die Thelma bei Gregs erstem Besuch aufgeschlagen hatte, doch in ihrer Funktion und durch den Geist, den sie verströmten, waren die beiden Bücher identisch. »Aber wenn du die Bettwäsche vollblutest, präsentiere ich dir die Rechnung, das kannst du mir glauben.«

»In Ordnung«, erwiderte Greg leise. Er war müde.

»Eine Woche?«

Er konnte seine Augen kaum offen halten. »Vielleicht etwas länger ...«

Sie sah ihn an und sagte vorwurfsvoll schnaubend: »Da muss ich Buchungen verschieben.« Strich dann aber den ganzen Monat und alles, was dort stand, mit einer langen roten Linie durch und schrieb in schönen Großbuchstaben HEMINGWAY.

»Warum kommst du immer wieder hierher, Greg?« Sie hielt den Kopf gesenkt, während sie ihre Arbeit erledigte, hob aber die freie Hand und machte eine merkwürdige

Drehbewegung, wie um etwas – alles – zu verdeutlichen. »Fährst den ganzen weiten Weg? Müsstest du doch nicht tun. Du könntest das restliche Jahr im besten Hotel in New York verbringen. Trotzdem tauchst du immer wieder hier bei mir auf.«

Eine gute Frage. Greg hätte seinen wahren Beweggrund mit ein paar bewusst gewählten Wahrheiten verschleiern können. Dass das Thunderbird näher an der hochspezialisierten Klinik liege, in der er gewesen sei, oder dass er sich in einem Motel in dem Kaff Missoula besser verstecken könne als in der größten Metropole des Landes.

Doch das wäre nicht die ganze Wahrheit gewesen. Der rote Stift erhielt seine Kappe zurück und landete wieder in seinem Behälter, und das rote Buch gelangte zurück an seinen angestammten Platz. »Ich wollte dorthin, wo es jemanden gibt, dem ich nicht völlig egal bin.«

Thelma schloss kurz die Augen. Dann nahm sie den Schlüssel für 102 vom Haken. »Los, Greg. Du musst schlafen.«

Diesmal gab sie ihm nicht einfach den Schlüssel, sondern stand auf und begleitete ihn die wenigen Schritte zu seinem Zimmer. Sie ließ ihn seine Hand auf ihre Schulter legen, ließ ihn sich auf sie stützen. Als sie die Tür öffnete, war es für ihn wie beim ersten Mal.

Mit behutsam gesetzten Schritten ging er an ihr vorbei in sein Zimmer. Er hielt sich den Bauch, um den stechenden Schmerz, der wie rückwärts zuckende Folterblitze von der Leiste aus nach oben fuhr, zu umfangen.

Als er endlich im Bett lag und Thelma das Licht ausgemacht hatte, kam ihm der Gedanke, dass der Schmerz nicht normal sein könnte. Vielleicht hatte es der Chirurg vermasselt.

Er würde sterben wie seine Mutter: indem er in sich selbst ertrank.

Aber für Reue war es zu spät. Die Zeit würde es zeigen.

Er drehte sich auf die Seite und schlief sofort ein.

Greg starb nicht in dieser Nacht. Langsam, aber sicher begann sein unnachgiebiger Körper zu heilen.

Als er zwei Tage später stark genug dafür war, ging er in der kühlen Morgensonne zu seinem Auto. Er fühlte sich zerbrechlich, unsicher. Er hatte erwartet, dass er nach der Operation jeden Morgen ganz behaglich und selbstverständlich als eine Sie aufwachen würde, die nicht an sich zweifelte, von allen akzeptiert und endlich mit einer stabilen Identität ausgestattet.

Aber so einfach war es natürlich nicht.

Er blieb am Wagen stehen und zog den Schlüssel aus seiner Hosentasche. Vorsichtig tastete er die Stelle ab, wo seine Genitalien gewesen waren. Jede kleinste Berührung verursachte große Schmerzen. Den Mut, es sich anzusehen, hatte er zwar noch nicht aufgebracht – komisch, wie empfindlich ein Arzt war, wenn *sein* Körper medizinische Fürsorge brauchte –, doch offenbar war alles in Ordnung. Wenn er sich schonte und die Antibiotika einnahm, würde es aufwärtsgehen.

Und was hatte er nun erreicht? Hier stand er nun, ohne Penis und Hoden – und ohne zu wissen, ob die Vaginoplastie erfolgreich verlaufen war. Er hatte sich auf die Suche nach einem Arzt gemacht, der mit dieser Operation wirklich Erfahrung hatte, doch in Amerika gab es für so etwas schlicht keine versierten Operateure. Er hätte nach Europa, zu Jorgensens Arzt gehen können, falls der noch praktizierte, doch er hatte befürchtet, den Mut zu verlieren, wenn es so lang dauerte.

Eigentlich sollte er in Panik geraten. Er hatte alles Menschenmögliche getan, hatte es nach jahrelangen Mühen geschafft, sich ganz in sein wahres Ich hineinzufinden, und war doch immer noch … er.

Aber da war keine Panik, nicht einmal Bedauern. Er war seltsam ruhig. Mit sich im Reinen. Es hatte immer Tage gegeben, an denen er sich durch und durch ganz eindeutig als Greg empfunden hatte. Warum sollte das jetzt anders sein?

Er öffnete den Kofferraum und nahm den verschlissenen alten Rucksack heraus, den er aus der Klinik mitgenommen hatte. Was er enthielt, wusste er nicht mehr genau. Kleidung zum Wechseln wahrscheinlich, Herztabletten und mit etwas Glück ein paar Valium. Der Schmerz hatte zwar nachgelassen, doch es brauchte keine Kugel im Schritt, um nächtelang nicht schlafen zu können.

Er brachte das kleine Bündel aufs Zimmer und fand zu seiner großen Freude die erhofften Medikamente. Ein Paar Shorts, eine lange Hose, ein Polohemd, zerknitterte Kleider zum Wechseln. Eine blonde Perücke.

Er dachte an seine Mutter, wie sie sich nach einem Dinner mit Papa lachend auszog und wie ihre blasse Haut vor der gewaltigen Dunkelheit leuchtete. Ihr graues Kleid mit dem tiefen Ausschnitt am Rücken. Der hauchdünne

Seidenschal, den sie sich vom Hals zog und Papa zuwarf, so leicht, dass er kurz in der Luft lag.

Er streckte sich auf dem Bett aus. Seltsam, wie dicht an der Oberfläche diese Fragmente plötzlich waren, wie mühelos sie durch eine Berührung, einen Geruch lebendig wurden. Doch das Bild verblasste schon wieder. Das Gesicht wurde undeutlich, die lachend aufgeworfenen Lippen verschwammen. Es blieb allein das Gefühl, dass es ein schönes Bild gewesen war.

Seine Mutter war nur noch ein Echo in seiner Seele, ein im Nebel zurückgelassener Eindruck. Doch das war gut so. Er jagte ihr nicht mehr nach. Vielleicht war er ihr nie nachgejagt.

Er ging ins Bad und bespritzte sein Gesicht mit kaltem Wasser.

Die Vergangenheit half ihm nicht mehr weiter. Er war hier. Noch immer hier.

Wieder schob er die Hand in die Hose. Und trotz allem freute er sich. Es gab kein Zurück mehr.

Was sein Vater gesagt hätte, wenn er noch am Leben gewesen wäre, wollte er sich nicht vorstellen. Aber sein Vater war nicht da. Niemand war da. Papa nicht, seine Mutter nicht, Patrick und Les nicht. Valerie nicht und John nicht.

»Nur ich«, sagte er.

Und wer war das?

Er setzte sich aufs Bett und schloss die Augen. So blieb er lange.

Dann endlich schlug sie sie auf.

Sie zwang sich, langsam zu atmen – atmete durch die Nase ein, atmete durch den Mund aus –, verließ die Geborgenheit ihres Zimmers und ging barfuß Richtung Rezeption.

Sie trug natürlich nicht zum ersten Mal Frauenkleider im Thunderbird, doch so wie jetzt war es nie gewesen. Sie konnte den Unterschied nicht beschreiben, aber sie fühlte ihn.

Am Empfang saß nicht mehr Thelma, sondern das Mädchen, das seit Kurzem einsprang, wenn wenig los war. Sie war sich nicht sicher, ob sie das eher als eine Erleichterung oder als eine Enttäuschung empfand.

Der lustige Pferdeschwanz der jungen Frau hüpfte, als sie den Blick hob und ihn sofort wieder auf die Lektüre senkte, die sie unter der Theke hielt. Nach ein paar Sekunden schreckte sie noch einmal hoch und saß plötzlich kerzengerade da.

»Mr, äh, Hemingway?«

Sie nickte.

»Alles in Ordnung?«

»Ja, danke, alles in Ordnung. Ich gehe nur ein bisschen raus in die Sonne. Der Herbst kommt dieses Jahr früh.«

Der Blick des Mädchens wanderte über das knielange orange Sommerkleid. Schlicht, aber ein Hingucker. »Sie haben ja keine Schuhe an …«

»Ach, ich gehe nicht weit. Nur zum Teich, die Enten füttern.«

»Mr Hemingway –«

»Bitte sagen Sie Gloria.«

Sie zögerte nur ganz kurz, das musste man ihr lassen. »Gloria.« Der Name auf ihren Lippen war göttlich.

»Thelma hat mir erzählt, dass Sie eine Operation hinter sich haben. Sind Sie wirklich schon so weit?«

»Schön, dass sich Thelma noch immer um mich sorgt, obwohl ich ihr solche Umstände bereite.«

»Ich soll ehrlich gesagt sicherstellen, dass Sie keine Dummheiten machen.«

»Wenn das keine Liebe ist …«

Sie lächelten einander an.

»Gloria, gehen Sie bitte zurück in Ihr Zimmer und ruhen Sie sich noch einige Tage aus. Sonne kriegen Sie auch auf dem Balkon. Ich bringe Ihnen gern einen Kaffee …«

Gloria überlegte. »Rum mit Eis wäre mir lieber.«

Das Mädchen verzog den Mund. »Nein, Kaffee. Sie müssen sich noch erholen.«

»Ich bin Arzt. Sie können mir glauben, dass –«

»*Kaffee.* Wenn Sie so weitermachen, bringe ich Ihnen nur Wasser mit Eis.«

Gloria grinste. Das Mädchen war ihr sympathisch. »Kaffee ist genau das Richtige, vielen Dank.«

»Gut, dann bis gleich, Ma'am.«

»Okay.«

Und so war es. Es war okay.

Sein Sohn Patrick besuchte ihn ohne telefonische oder schriftliche Ankündigung. Aber vielleicht ging es gerade darum, ihn unvorbereitet zu treffen, zu sehen, wie er sich im Alltag schlug.

Sollte das Patricks Absicht gewesen sein, so hatte er Pech. Nur eine Stunde zuvor war das Zimmermädchen da gewesen, hatte alle verräterischen Tablettenfläschchen verschwinden lassen, das Bett frisch bezogen und die Welt in Ordnung gebracht. Außerdem fühlte sich Greg seit ein paar Tagen sehr stark wie Greg.

Zugegeben, er trug gerade eine teure dunkelblonde Perücke und ein blaues Kleid mit passenden hochhackigen Pumps, doch er hatte das Ganze nur kurz anprobiert. Die Kleider definierten ihn zwar nicht mehr, aber Patrick zuliebe wechselte er sofort in Shorts und ein sauberes blaues Polohemd.

Er fand, dass er ziemlich manierlich aussah. Wie ein Dad. Keine Gespenster im Schrank, keine Leichen im Keller. Nur das leichte Stocken in der Bewegung, wenn er aufstand oder sich setzte, verriet, dass etwas anders war als früher.

Die einzige echte Überraschung war, dass Patrick seine Freundin mitbrachte, eine ständig lächelnde, stille Frau namens Danielle, die praktisch die ganze Zeit im Sessel in der Ecke saß und alles beobachtete. Greg verglich sie insgeheim mit Jane Goodall, die reglos im Urwald hockte, um die Schimpansen nicht aufzuschrecken.

Offenbar hatte Ida, Gregs letzte Ex-Frau, Patrick auf den neuesten Stand gebracht. Sie konnte ums Verrecken nichts für sich behalten. Dabei war die Sache kein Geheimnis. Wäre sie ein Geheimnis gewesen, hätte die Ehe vielleicht noch bestanden.

Auch wenn die Beziehung mit Ida nie eine leidenschaftliche Liebe gewesen war, hatte er doch ein paar gute Jahre mit ihr verbracht. Zwei Geschiedene, die es im Leben ein bisschen behaglicher haben wollten. Sie hatte sich um ihn gekümmert, so gut sie konnte, hatte dafür gesorgt, dass er aß und seine Herztabletten schluckte, und ihn fast ohne Genörgel durch seine Hochs und Tiefs begleitet. Und er hatte sich, so gut er konnte, um *sie* gekümmert, indem er sie am Sicherheitsnetz seines Erbes teilhaben ließ.

Erst als Patrick auf der Bettkante Platz nahm und sich räusperte, bemerkte Greg, dass er mit den Gedanken woanders gewesen war. »Ich komme gerade aus Italien. Ich habe John besucht.«

»Geht es ihm gut? Ist er noch mit dem Mädchen zusammen?«

»Ja. Wir haben über dich gesprochen.«

Mit der Tür ins Haus. »Kann ich mir vorstellen.«

»Nichts Schlimmes. Er hat gesagt, dass er noch immer viel an dich denkt.«

»Tja, das wird wohl reichen müssen«, erwiderte Greg, aber ohne Bitterkeit. John hatte es immerhin versucht, und Greg sah sich angesichts seiner kaum existierenden Qualitäten als Vater nicht berechtigt, über abwesende Söhne zu klagen.

»Er schickt dir Grüße.«

»Er könnte auch hin und wieder einen Brief schicken.«

»Woher sollen wir wissen, wo du gerade bist, Dad? Du bleibst nie länger als ein halbes Jahr an einem Ort.«

Greg hatte die Bemerkung scherzhaft gemeint, doch Patricks Rechtfertigung ließ einen Funken des alten Zorns wieder aufglimmen. »Wenn ich ihm mit ein paar hundert Dollar aushelfen soll, weiß er immer, wie er mich kontaktieren kann.«

»Ach, Dad, er bittet dich schon seit Jahren nicht mehr um Geld.«

»Hat er das dir gegenüber behauptet?«

Patrick wusste nichts zu erwidern, obwohl er recht hatte. Greg hatte in den letzten fünf Jahren nicht viel mehr als eine Weihnachtskarte von John erhalten. Wenn einer zum Telefon griff oder kurz schrieb, sobald das Geld knapp wurde, war das Patrick.

Greg ließ seinen Ärger verrauchen. Es war ihm egal. Er kannte das Problem von der einen wie von der anderen Seite. Sein Vater hatte ihn oft aus Schwierigkeiten rausgeboxt, selbst wenn böses Blut zwischen ihnen herrschte und hässliche Worte gefallen waren. Genau das war Familie – ein frisch unterschriebener Scheck von einem Menschen, mit dem man keine dreißig Minuten in einer Bar hätte verbringen wollen.

Das Schweigen schmerzte zwar mehr als die fordernde Hand, doch er war stolz auf John, der einen klaren Schnitt gemacht und erkannt hatte, dass kein Geld der Welt den seelischen Kummer wert war.

Greg hatte natürlich leicht reden. Sein Anteil an den Tantiemen traf immer noch alle sechs Monate ein. Schecks aus dem Jenseits. Im Grunde gab er nicht sein Geld an seine Kinder weiter, sondern das seines Vaters.

Patrick ließ Greg eine Weile grübeln. Dann sprach er es unverblümt aus. »Du heißt jetzt also Gloria?«

»Hast du mit dem Personal geredet?«

»Ja, natürlich. Nicht, dass ich dir nicht vertraue, Dad, aber eine zweite Meinung ist immer ratsam.«

»Das klingt, als hätte ich einen Tumor.«

»Also bitte, Dad …«

»Ja, ich benutze mehrere Namen, aber den mag ich am liebsten.«

»Soll ich dich jetzt Gloria nennen?«

Etwas schwang mit. Spott oder Wut oder ein vollkommen anderes Gefühl, das Greg nicht so gewohnt war.

»Nein, Pat, du nicht. Für dich bleibe ich Dad. Meinetwegen auch *der Alte*, wenn du sauer auf mich bist.«

»Aber die anderen sagen Gloria?«

»Manchmal.« Er holte tief Luft. »Ich lebe inzwischen zu ungefähr siebzig Prozent als Frau. Ich führe zwar nicht Buch darüber, aber das dürfte hinkommen.«

»Du entscheidest einfach so, wer du gerade sein willst, Greg oder Gloria?«

»Ich bin immer ganz Greg und immer ganz Gloria. Weil immer ich es bin, verstehst du? Die Namen helfen mir, das ist alles. Ich bin nicht zwei verschiedene Menschen.«

»Verstehe.« Patrick nickte bedächtig, so als hätte sein Vater eine aufschlussreiche Bemerkung über das Wetter gemacht. Er hatte sichtlich keine Ahnung, wovon Greg sprach, aber er gab sich Mühe. »Und woher wissen die anderen, wie sie dich nennen sollen?«

»Die Kleidung ist meistens ein guter Hinweis.«

Wieder nickte Patrick. »Ich …« Er warf seiner Freundin einen Blick zu, und sie nickte kurz. »Ich wollte dir sagen, dass ich nicht finde, dass … Also, dass ich …«

»Du musst nicht sagen, dass es in Ordnung ist, Junge«, erwiderte Greg sanft, aber bestimmt. Er war ganz ruhig. Sein Herz schlug gleichmäßig in seiner Brust.

Patrick blinzelte. »Du willst es nicht hören?«

»Es geht schon lange nicht mehr darum, was ich *will*. Es geht darum, wer ich sein *muss*. Ich hätte das besser früher erkannt.«

»Schon klar. Dad?«

»Ja?«

»Was ist passiert?«

Greg seufzte. »Ich glaube, ich hatte es einfach satt, mich ständig zu schämen.«

»Ja.«

Damit war das Thema erstaunlicherweise erledigt, und sie gingen in ein Lokal und aßen Steaks.

Sie unterhielten sich über nichts Wichtiges. Über Gregs Vorliebe für Miami, eine Stadt, die Patrick hasste. Über Michael Jordans Rückkehr zum Basketball. Über Patricks Vermutung, dass John und seine wunderschöne italienische Frau in einer Krise steckten. Über die glanzvolle Karriere von Margaux. Patrick erklärte überschwänglich, wie gut er Gregs Trennung von Ida finde. Diese menschliche Mücke habe sein Bankkonto leergesogen. Er könne einfach nicht nachvollziehen, was Greg jemals an ihr gefunden habe.

Greg hielt sich nicht damit auf, seinem jungen, naiven Sohn zu erklären, dass man im Lauf des Lebens immer wieder etwas anderes in einer Frau sucht. Dass Seelenverwandte schwer zu finden waren, und Leidenschaft im Bett für Menschen über sechzig weniger zählte als eine gute, harte Matratze.

Ida und er hatten eine schöne gemeinsame Zeit gehabt. Sie hatte ihm gutgetan und er ihr. Doch nichts hielt ewig. Die OP war ihre rote Linie gewesen, und das war in Ordnung.

Greg sagte nicht viel. Er aß sein Steak und sah zu, wie sein Sohn redete und die Hand des hübschen Mädchens neben sich hielt. Er trank sein erstes Bier nach drei Wochen und lehnte ein zweites ab. Er sah zu, wie sie in ihr Auto stiegen, sich auf den Weg in den Abend machten, ihn verließen, um in ihr Leben zurückzukehren. In ein Leben, das wirklicher und intensiver war als das aller anderen Menschen.

Er beneidete sie um ihre Jugend, Schönheit, Selbstgewissheit und hätte doch nicht mit ihnen tauschen wollen. Seine Siege mochten vergleichsweise klein sein, aber sie waren hart errungen, und sie gehörten ihm.

Einen Monat später – draußen brannte die Sonne auf den Kies vor der Glastür – nahm Thelma den Schlüssel aus ihrer Hand entgegen und hängte ihn gewissenhaft an den richtigen Haken. Gloria beobachtete sie ganz genau. Sie wusste nicht, ob oder wann sie zurückkehren würde, und wollte sich jede Einzelheit merken.

An Thelma war alles präzise. Ihre Handbewegungen, die Striche in ihrem Buch, die Falten ihrer gerunzelten Stirn, als sie sich umdrehte. Sie war ganz sie selbst.

»Was ist?«

»Nichts. Du wirst mir fehlen.«

»Einen zweiten Heiratsantrag machst du mir aber nicht, oder?«

»Nicht, wenn du es so sagst. Also dann … Ich lasse dich eine Weile in Ruhe, bevor ich wieder auftauche.«

»Also bitte, du bist jederzeit herzlich willkommen, Greg. Oh, entschuldige – hätte ich –«

Gloria lachte. »Du kannst mich nennen, wie du willst, dir antworte ich immer. Gut, jederzeit. Aber nicht zu oft. Das darf ich dir einfach nicht antun.«

Thelma blickte aus dem Fenster, seufzte und sah wieder Gloria an. »Neunzig Prozent der Zeit bist du wunderbar. Ganz großartig. Sei nicht so streng mit dir.«

Gloria nickte. »Ja, aber die letzten zehn Prozent, die sind vom Feinsten. Das ist mir klar.«

Thelma zog eine Grimasse, doch Gloria stoppte sie mit einer Geste. Sie sah Thelma nicht an, sondern hinaus in die Hitze des Tages, auf die in der Sonne glänzenden Autos.

»Es war nicht immer leicht, und du sollst wissen, dass ich dir dankbar bin, weil du es mit mir ausgehalten hast.« Sie hörte die Endgültigkeit in der eigenen Stimme und erkannte die Wahrheit. Das war das letzte Mal. Das Thunderbird war ein sicherer Ort gewesen, an dem sie sich vor der Welt hatte verstecken können, aber das brauchte sie jetzt nicht mehr.

Vielleicht hatte auch Thelma den Unterton mitbekommen. »Und was machst du jetzt?«

Gloria dachte nach. »Leben. Das ist ein Fulltime-Job.«

Ein letztes Lächeln, dann hob sie ihre Taschen vom Boden. »Achte auf deinen Blutdruck, Thelma«, sagte sie noch und ging entschlossen hinaus ins Licht.

MIAMI

2001

Der Strand war überlaufen, vollgestopft mit glücklichen Familien, Joggern, Hundebesitzern, händchenhaltenden alten Ehepaaren. Gloria setzte sich auf den Sand und sah ihnen zu. Es war schön, mit den eigenen Gedanken allein zu sein.

Miami hatte sich im Lauf der Zeit so sehr verändert. Es war zu einer Stadt der Malls, der Coffeeshops und überteuerten Boutiquen geworden, und in den Straßen herrschte ständig Stau. Auf dem Weg zum Strand war Gloria durch Brickell gegangen, einst ein Viertel mit schattigen Villen, in dem sie vor einer halben Ewigkeit auf dem Heimweg von der Schule gerne stehen geblieben war, nur um die Luft zu riechen, den Duft der privaten Gärten, der aufgeheizten Autopolitur und der Orangenhaine. Jetzt war es ein Labyrinth aus gläsernen Schluchten, bevölkert von anzugtragenden Männern und Frauen im Kostüm, die eilig wie Generäle kurz vor dem Kriegsausbruch von einem Gebäude zum nächsten hetzten.

Nur hier, wo Glas und Beton dem schmalen Küstenstreifen wichen, hatte sie das Gefühl, wieder zu Hause zu sein. Sie stand auf, trat ins Wasser und ließ die Wellen an ihren schwieligen Füßen lecken.

Trotz ihrer vielen Sorgen war sie absolut entspannt. Das dringlichste Problem war ihre Geldknappheit. Wenn Ida die Konten nicht bald freigab, wüsste Gloria schlicht nicht weiter. Sie hatte sich sogar schon einige Male das Geld für die Busfahrt erbettelt, als alles weg war und ihr zu spät einfiel, dass ihr die Bank nichts mehr gab.

Auf jeden Fall würde sie lieber verhungern, als Patrick oder gar ihre Kinder um einen Scheck zu bitten. Und der Rest der Familie würde nicht mal einen Vierteldollar für einen Kaugummi aus dem Automaten springen lassen. Wahrscheinlich wussten ihre Verwandten größtenteils gar nicht mehr, dass es sie gab. Das meiste über ihre Familie erfuhr sie seit einiger Zeit aus der Zeitung. Hochzeiten, Filmverträge, Margots tragischer Suizid, ein weiteres Glied in der langen Kette.

Doch trotz der dringlichen Probleme fiel es ihr schwer, sich Sorgen zu machen. Wenn Glorias Leben ihr etwas gegeben hatte, dann den Blick dafür, dass alles relativ war. Hier, am zerklüfteten Meeresufer, erschienen ihr die Probleme sogar kleiner als sonst. Sie würde irgendwie überleben. Sie hatte immer überlebt.

Sie lauschte den Wellen, den Möwen. Sie holte tief Luft.

Ida und sie würden sich wieder zusammenraufen, oder Gloria würde ihren Stolz hinunterschlucken, sich entschuldigen und Ida um ein Ticket nach Hause bitten. Nach der Operation hatten sie eine Scheidung mit allem Drum und Dran hinter sich gebracht, waren dann wieder zusammengekommen, weil Gloria bemerkt hatte, wie schwer es war, sich ganz allein um sich zu kümmern, und Ida hatte erkannt, dass sie es überhaupt nicht ausstehen konnte, kein Geld auf dem Konto zu haben. Außerdem hatte sie ihre Miss Gloria wohl ein bisschen vermisst. Streit über Glorias Anlagestrategien ließ sich künftig vermeiden.

Im Dunst der Ferne ragte der Leuchtturm von Cape Florida trotzig in die Höhe. Der Anblick machte sie wehmütig, und ihr Mund verzog sich zu einem schiefen Lächeln. Sie dachte daran, wie oft sie vor langer Zeit mit Patrick und Papa auf den Leuchtturm in Key West gestiegen war. Je älter sie wurde, umso strahlender und klarer wurden diese Erinnerungen.

Damals hatten sich ihre Eltern noch geliebt, und keiner von beiden hätte sich vorstellen können, dass mit ihrem jüngsten Kind etwas nicht stimmte. Les segelte noch wild und verwegen wie ein Pirat im Golf, Rodolfo spielte noch auf den fernen Straßen von San Francisco de Paula, Margot wartete noch am Ort der Ungeborenen auf ihr kurzes Leben. Eine andere Welt, hinweggefegt wie die Orangenbäume und die schattigen Gehwege, längst verschwunden.

Früher hätte sie alles dafür gegeben, dorthin zurückzugehen, aber jetzt? Sie hatte es auf einem langen, steinigen Weg halbwegs unbeschadet hierhergeschafft, und so gut wie alles an dieser Reise war schwierig gewesen. So viel Mühe, so viel Leid. Hatte es sich gelohnt? Sie war sich noch nicht sicher, doch ganz und gar ungeschehen hätte sie es nicht machen wollen.

Ihre Vergangenheit, das war sie, und diese Vergangenheit ließ sich so wenig abwerfen, wie ein Baum seine Jahresringe abwarf.

Dennoch – ein bisschen Nostalgie hatte noch keinem geschadet. Der Leuchtturm schimmerte einladend, aber Gloria musste noch etwas besorgen und sich für eine Party zurechtmachen. Sie drehte sich um und ging langsam zurück in den Schlund der Stadt, zurück in ihre gemietete Wohnung in Coconut Grove.

»Unfassbar, dass sie dir das angetan hat, Glory. Wie kann man so herzlos sein?«

Gloria korrigierte das Mädchen nicht. Bei der lauten Musik hatte es sich bestimmt verhört. Außerdem war Gloria zwar ihr erster, liebster und wahrster Name, doch nicht ihr einziger. Morgen war sie vielleicht schon wieder Greg oder Vanessa oder Thelma; heute Abend aber war sie Gloria. Sie empfand sich durch und durch als Gloria, von Kopf bis Fuß, mit Haut und Haaren.

»Na ja …« Sie wiegte sich im Rhythmus der Musik und suchte nach einer diplomatischen Antwort. »Meine Söhne würden die Frau als eine gigantische Zecke bezeichnen, die sich irgendwie einen Führerschein und einen Porsche organisiert hat.« Sie grinste. »Wie sie den Porsche angeschafft hat, kann ich dir sagen: mit meinem Geld. Das mit dem Führerschein muss mit dem Bundesstaat Kalifornien geklärt werden … Blöderweise ist es wirklich lustig mit ihr, wenn sie gut drauf ist, und außerdem verfügt sie über einen unglaublichen linken Haken – eine bei Frauen meiner Meinung nach stark unterbewertete Eigenschaft.«

Louise, das Mädchen – oder besser: die wenn auch noch sehr junge Frau –, musste lachen. Als Rebecca, die Gastgeberin, ihn ihr vorgestellt hatte, war Louise nur ein bisschen erschrocken, was Gloria sehr sympathisch fand. »Warum lässt du dich nicht scheiden, wenn sie dich nur aussaugt?«

»Warum sollte ich? Der Deal, den wir bei der Hochzeit geschlossen haben, ist keine Einbahnstraße: Sie übernimmt die Funktion als meine Sekretärin, Betreuerin und Krankenschwester und holt hin und wieder Konservendosen von ganz oben herunter – sie ist nämlich groß. Und ich biete ihr dafür schöne Autos, Urlaubsreisen, Besuche in Sternerestaurants und alles, was sie sonst noch will. Und wir bemühen uns, nett zueinander zu sein.«

»Du hast etwas Besseres verdient, Glory. Das klingt wie ein Geschäft, nicht wie Liebe.«

Gloria nippte an ihrem Gin und schob den Träger ihres Kleids nach oben. Es hatte einen tiefen Ausschnitt, und den Stoff am Brustbein zu spüren, war herrlich. Hinten an der Wand starrte ein Mann zu ihr hinüber, den sie vom College zu kennen glaubte – vermutlich vom zweiten Versuch –, senkte jedoch den Blick sofort wieder.

Es störte sie nicht. »Es gibt verschiedene Arten von Liebe. Du bist noch zu jung oder ein zu guter Mensch, um das zu verstehen, aber es spricht eine Menge dafür, einen Menschen zu heiraten, den man nicht liebt, sondern nur mag.«

Louise sah ihn skeptisch an. »Was denn zum Beispiel?«

»Wie soll ich das erklären …« Gloria überlegte.

Die Party war in vollem Gang. Die unterschiedlichsten Leute aus der gesamten Stadt tummelten sich im weichen Licht des Kronleuchters. Im Hintergrund trällerte Alicia Keys, doch das Stimmengewirr, das Gelächter, das Gläsergeklirr sorgten dafür, dass nur die Hälfte zu hören war.

»Was bereust du am allermeisten in deinem Leben, Louise?«

»Ich? Keine Ahnung …« Louise war ehrlich verblüfft. Offenbar war die bohrendste Frage, die ein so hübsches Mädchen zu hören bekam, die nach dem Drink, den sie gerne hätte. »Dass ich nicht nach England gegangen bin, um Medizin zu studieren, als die Gelegenheit da war? Oder dass ich mich als Jugendliche nicht öfter weggeschlichen und Spaß gehabt habe? Ich war immer so brav. Also, ich weiß nicht …«

»Mir ist aufgefallen, dass man fast immer die gleichen Dinge bereut. Sie verraten viel über eine Person. Du bereust offenbar keine Fehler, die du begangen hast, sondern verpasste Gelegenheiten. Ich wiederum bereue zwar vieles, aber wenn ich nachts nicht schlafen kann, dann wegen der Leute, die ich gekränkt habe. Verstehst du jetzt?«

Louise neigte den Kopf und rümpfte die hübsche Nase. »Ja, ich glaube schon. Ich finde es aber trotzdem ein bisschen traurig.«

»Um mich musst du dir keine Sorgen machen, ich bin ziemlich glücklich.« Es klang komisch, aber es stimmte.

»Warum sie dir den Geldhahn zugedreht hat, verstehe ich immer noch nicht. Wie geht das überhaupt, wenn es doch dein Geld ist?«

Gloria lachte. »Ach, du lieber Gott, ich habe schon seit Jahren keine Kontrolle mehr über mein Geld. Ich leide an bestimmten … sagen wir Höhen und Tiefen innerhalb meiner Persönlichkeit und habe ein sehr sprunghaftes Verhältnis zum Geld. Normalerweise macht es mir nichts aus, dass ich nicht selbst darüber bestimmen kann – das behindert mich nicht im Alltag. Problematisch wird es erst, wenn ich bei klarem Verstand bin und eine große Ausgabe tätigen möchte. Leider hat meine besorgte Frau nicht den geringsten Ehrgeiz. Ich bin hierhergezogen, um Geld zu verdienen, viel Geld. Das wäre ihr zugute gekommen – sie hätte sich dann einen Ferrari leisten können –, aber als sie es spitzgekriegt hat, ist sie in Panik geraten und hat den Hahn zugedreht, bevor ich auch nur eine einzige Aktie kaufen konnte.«

»Du bist zum Investieren hergekommen?«

»Um persönlich mit meinen Buchhaltern zu sprechen. Flugaktien stehen im Moment verständlicherweise schlecht wie nie. Kaum fällt auf dem Bildschirm ein Aktienwert, schon ziehen die Feiglinge ihr Geld raus. Aber irgendwann wird den Leuten klarwerden, dass auch in Zukunft gereist werden muss. Dass Geschäftsleute weiterhin zwischen New York und London und Produzenten zwischen London und L.A. pendeln wollen. Die Menschen wollen auch in Zukunft ihre Verwandten besuchen oder am Strand sitzen, ohne sich den Arsch zwei Tage lang in einem beschissenen Zug wundzufahren. Wir sind hier in Amerika. Hier zählt Komfort, Terroristen hin oder her.«

Louise neigte den Kopf auf die andere Seite und zwirbelte eine ihrer langen roten Locken zwischen den Fingern. O Mann, wäre Gloria zwanzig Jahre jünger gewesen oder, um ehrlich zu sein, hätte die Frau auch nur ansatzweise Interesse gezeigt …

»Du wolltest in Fluggesellschaften investieren? Jetzt kaufen, und wenn den Leuten klar wird, dass der Oregon Trail nicht so bald wieder auflebt … Klingt vernünftig, ist aber trotzdem ziemlich riskant. Ich jedenfalls setze mich nicht so schnell in ein Flugzeug.«

Gloria schwenkte ihren Drink durch die Luft. »Ich würde so viel in der Bank lassen, dass ich das Ganze eine Weile aussitzen könnte. Wir Amerikaner lieben nun mal Sieger – nein, wir lieben es, Sieger zu sein. Und wenn wir nicht mehr fliegen, geben wir uns diesen Wichsern geschlagen. Entschuldige die derbe Sprache, aber genau so werden viele denken. Und das wird kein Vollblut-Amerikaner dulden. Fliegen heißt siegen oder zumindest verhindern, dass diese Typen siegen. Es ist eine Frage der Zeit.

Und deshalb mache ich ein Vermögen, sofern meine mir treu ergebene Frau mich lässt. Sieht allerdings nicht danach aus. Na ja.«

»Du klingst gar nicht wütend.«

Gloria zuckte mit den Achseln. »Es gibt Schlimmeres, als nicht noch mehr Geld verdienen zu können. Es kommt, wie es kommt. Aber sie könnte ihren Würgegriff durchaus lockern. Nicht mal ein Bier kann ich mir kaufen …«

»Wirklich übel.«

»Nein, nur lästig. Ich habe schon Schlimmeres überstanden.« Gloria spähte über Louises Schulter hinweg zu einer kleinen Gruppe junger Männer, die das Mädchen aus der Ferne musterten. »Aber ich habe dich lang genug in Beschlag genommen. Hier wünschen sich garantiert eine Menge Leute, dass ich das Feld endlich räume. Entschuldige, aber sobald jemand Interesse an mir zeigt, fange ich an zu schwafeln.«

Sie warf einen Blick hinter sich. »Hm. Typen wie die gibt es auf jeder Party. Ich rede lieber mit dir.«

Gloria betrachtete sie, die Neugier in ihren Augen ...
Sie war fasziniert, doch die Faszination beruhte nicht auf
Gegenseitigkeit. »Das war eine schöne Begegnung, Louise.
Wir sehen uns hoffentlich irgendwann wieder.«

Nach der Party ging sie auf die andere Straßenseite, weg
von dem Gedränge der Leute, die Taxis zu ergattern versuchten. Zu ihrer Zeit setzte man sich nach einer Party
noch selbst hinters Steuer, egal wie viel man getrunken
hatte, und wenn einen die Polizei erwischte, schlief man
seinen Rausch in einer Zelle aus und bekam morgens einen
Kaffee und ein Frühstück, bevor man entlassen wurde. Es
war nicht verkehrt, dass sich das inzwischen geändert hatte,
das sah sie ein, doch jetzt waren alle immer so schrecklich
verspannt.

Ein Stück entfernt gab es einen kleinen Spielplatz für
die Kinder des Viertels. Die Schaukeln und das Kletterge-
rüst aus Metall glänzten im Dunkeln. Ein guter Ort zum
Runterkommen.

Sie zwängte sich auf eine Schaukel, ließ die High Heels
an zwei Fingern baumeln und wiegte sich sanft vor und zurück. Die Mondsichel war so schmal wie ein Angelhaken,
doch die Sterne leuchteten umso heller. Ein perfektes Bild,
wenn nicht das blau-rote Licht eines Flugzeugs am Himmel entlanggezischt wäre. Man konnte derzeit den Blick
nicht heben, ohne eine Maschine zu sehen.

Lächelnd legte sie den Kopf an die Schaukelkette. Wann
war sie so alt und miesepetrig geworden?

Sie musste Patrick bald wieder anrufen. Dann könnten
sie über früher reden und über die jungen Leute von heute

herziehen, und Gloria könnte sich abreagieren. Sie machte es Patrick leichter, wenn sie auf einen Tag wartete, an dem sie wieder Greg war, doch manchmal vergaß sie es, und Patrick, der Gute, bemühte sich trotzdem immer.

»Hey.«

Sie erstarrte. Die Stimme war von hinten gekommen, und als sie sich umdrehte, sah sie im Straßenlicht die Silhouetten zweier junger Männer mit breiten Schultern. Sie standen am Eingang zum Spielplatz und versperrten den einzigen Weg nach draußen.

»Alles in Ordnung?«

Der Mann, der bisher gesprochen hatte, trat einen Schritt zur Seite, und sie sah sein Gesicht. Ein Asiate mit stoppelkurz rasiertem Haar und einer Tätowierung am Hals. In seinen Augen war zwar nichts von dem Flackern, das sie erkennen gelernt hatte, das Gemisch aus Wut und Angst blitzte nicht auf, aber man konnte nie wissen.

Manchmal wollten sie einem nicht schaden, weil sie einen hassten, sondern nur weil sie wussten, dass sie ungestraft davonkommen würden. Glorias fehlender Backenzahn war der beste Beweis. Sie hatte nicht mal gesehen, von wem der Schlag kam.

»Danke, alles bestens.« Ihre Hände umfassten die Schaukelkette fester, ihre Muskeln waren zum Zerreißen gespannt.

»Wirklich? Sie sind ganz allein weggegangen, und wir haben uns Sorgen gemacht, dass auf der Party etwas passiert sein könnte.«

Sie entspannte sich ein wenig. »Nein, nein. Ich wollte nur den Kopf klarkriegen.«

»Gut. Na dann ...« Er blickte zu seinem Freund, der noch immer im tiefen Schatten stand. Der andere hob die Schultern. »Passen Sie auf, so allein hier draußen«, sagte der erste. »Kennen Sie die Gastgeber? Vielleicht lassen Sie sich von ihnen ein Taxi rufen.«

»Das mache ich, keine Sorge. Ich will nur ein bisschen runterkommen.«

»Sehr gut. Noch einen schönen Abend, Ma'm.«

»Ihnen auch.«

Die beiden verschwanden in Richtung Haus. Gloria verdrehte langsam die Schaukelkette und sah zu, wie ein weiteres Flugzeug an den Sternen vorüberglitt.

Sie musste sich die Augen trocken reiben. Unglaublich, welche Wirkung ein bisschen Freundlichkeit auf sie hatte.

Sie erwachte vom Sand in ihrem Mund und von dem dumpfen Schmerz in ihren Schläfen.

Die Sonne schien auf ihre Wange. Sie schloss die Augen und blieb eine Zeit lang so liegen. Sie hörte das Dröhnen des Straßenverkehrs, fernes Möwengeschrei und das Meer.

Wie war sie hier gelandet? Sie erinnerte sich vage, dass sie die Party frühmorgens und mit einem oder zwei Martinis zu viel verlassen hatte. Danach hatte sie geschaukelt und war dann wohl in ein Taxi gestiegen ... Ach nein, jetzt fiel es ihr wieder ein. Sie hatte den Mund nicht halten können und dem Fahrer erzählt, dass ihre Frau ihr das Geld gestrichen habe, woraufhin ihr der Mann freundlich erklärte, dass Leute ohne Geld in seinem Taxi nichts zu suchen hätten, und sie rauswarf. Ein echter Kavalier. Sie setzte sich auf, spuckte den Sand aus und überprüfte, ob sie verletzt war.

Es ging. Der Kater war mild, also hatte sie wohl nur ein Glas über den Durst getrunken. Aber sie fühlte sich leicht erschöpft, ein bisschen zerschrammt und kurzatmig, so als hätte sie den ganzen Weg von der Party hierher auf dem Boden rollend zurückgelegt. Ihr Kopf tat weh. Ihre Füße schmerzten. Ihre Brust auch.

Sie hatte es sich anders überlegt und wieder jung sein wollen. Zurück in die Zeit, als sie noch eine ganze Flasche Whiskey hatte trinken können. Als sie sich zwei Faustkämpfe liefern, beide gewinnen und am nächsten Morgen trotzdem frisch und munter auf der Arbeit erscheinen konnte.

Aber so war das Leben. Sie hatte letzte Nacht ihren Spaß gehabt, und jetzt musste sie dafür zahlen. Kein Vergnügen ohne die gleiche Dosis Schmerz plus ein paar Prozent Zinsen – ein ehernes Gesetz des Universums.

Außerdem erschien der Schmerz sehr weit weg. Mochte ihr Körper auch lädiert sein – *sie* fühlte sich so großartig, als wartete die Welt nur darauf, dass sie vortrat und sie eroberte.

Das waren, unschwer zu erkennen, die ersten Symptome einer manischen Episode. Früher hätte ihr diese Erkenntnis Angst gemacht. Jetzt registrierte sie sie wie andere Frauen das Wetter. Man musste es nehmen, wie es kam.

Das war das Schöne an dem Leben, das sie sich eingerichtet hatte. Viel Schaden konnte sie nicht mehr anrichten.

Alles würde gut werden. Schon allein das: Man hatte

sie mitten in der Nacht aus einem Taxi geworfen, und wo wurde sie wach? Auf der Bear-Cut-Sandbank im Norden von Key Biscayne, dem wohl schönsten Fleckchen Erde im Umkreis von hundert Kilometern.

Sie wollte nicht aufstehen, den Moment zerstören und den Sand mit ihren Fußabdrücken besudeln. Kein Mensch war zu sehen, keine Morgenjogger, keine Leute, die bei Sonnenaufgang Yoga machten. Sie war am Ende der Welt gestrandet, und wenn die Zeit jetzt stehenbliebe, wäre das völlig in Ordnung.

Doch nichts währt ewig, und als ihr die Sonne auf die Schultern brannte und die ersten Hundebesitzer und Fitnessfanatiker an ihr vorbeimarschierten, stand sie auf. Erst da bemerkte sie, dass sie nackt war. Sie hatte ihr schönes rotes Kleid, das nicht billig gewesen war, als Decke benutzt. Ob es sich der Wind oder eine besonders modebewusste Möwe geschnappt hatte, wusste sie nicht. Jedenfalls war es verschwunden. Die Perücke war auch weg, aber immerhin lag ihre Handtasche da und darin ihr zusammengeknüllter Slip.

Sie wusste nicht, warum sie sich ganz ausgezogen hatte. Die betrunkene Gloria wurde zur kleinen Exhibitionistin.

Aber so war sie nun mal, wenn sie besoffen war. Manches änderte sich nie. Ein Mensch mit seinen Schwächen.

Sie fragte sich, wann sie sich wieder als Greg fühlen würde. Das kam immer noch vor, wenn auch immer seltener. Hätte sie doch alles nur früher erkannt … Nein, es war sinnlos, darüber zu grübeln. Man musste aus dem einen Leben, das man hatte, das Beste machen.

Sie sah an sich hinunter. Die Sonne strich mit warmen,

unerschrockenen Strahlen an ihrem Körper entlang und hob die OP-Narben an der Brust und den Genitalien deutlich hervor.

Ihr war klar, dass die wenigsten Menschen sie als schön bezeichnet und manche bei ihrem Anblick nur einen grob in Form gehauenen Körper gesehen hätten. Doch hier, vor dem Piña-Colada-Sonnenaufgang am Strand von Key Biscayne, fühlte sie sich schön. Geradezu hinreißend.

Sie lachte. Es klang wie heiseres Gebell. Sie zog ihren Slip an und stellte sich in die Wellen. Das Wasser, das ihre Zehen umspülte, war wundervoll, und sie watete weiter und tauchte ein in die Bucht.

Sie blieb so lange unter Wasser, wie sie konnte, und wehrte die Brecher ab, bis ihre Lunge brannte und ihr Kopf hinten vor Kälte schmerzte. Als sie schlotternd und atemlos auftauchte, hatte sie das Gefühl, jeder Nerv wäre freigelegt, und ihr Kater krümmte sich in der Ecke.

Sie stand hüfttief im Atlantik und versuchte zu entscheiden, was sie mit dem Tag anstellen sollte. Eigentlich musste sie nach Hause, doch nach diesem Erlebnis – diesem Morgen, diesem Ort – war der Gedanke, in ihr dunkles Apartment zurückzugehen, wie eine Vollbremsung.

Deshalb seufzte sie vor Erleichterung auf, als sie ihn sah: den Leuchtturm von Cape Florida.

Sie watete sofort ins seichte Wasser zurück und machte sich auf den Weg, immer der Strandlinie folgend. Der Spitzensaum des Ozeans umspielte jeden ihrer Schritte.

Sie war noch nicht sehr weit gekommen, da tauchte die Polizei auf.

Kaum verwunderlich. Um zum Leuchtturm zu gelangen, hatte sie das größte Wohngebiet von Key Biscayne auf dem Crandon Boulevard durchqueren müssen, vorbei an bewachten Häusern mit gepflegten Rasenflächen. Am Strand mochten geblümte Dessous noch durchgehen; wenn jemand darin an den Häusern der High Society von Miami vorbeispazierte, war das alles andere als akzeptabel.

Die Polizisten fuhren eine Weile neben ihr her, stiegen nicht aus. Sie ignorierte sie, so gut sie konnte, versuchte so zu gehen, als müsste sie dringend irgendwohin, und hoffte, dass es ihnen die Mühe nicht wert sein würde. Sie trug einen Slip. War der Anblick eines alten, narbigen Körpers wirklich so abstoßend, dass er einem Verbrechen gleichkam?

Die Polizisten sahen das offenbar so. Sie schalteten kurz das Signallicht ein, und die Sirene jaulte gereizt auf. Dann fuhren sie auf den Gehweg.

Ein bisschen sehr dramatisch, aber gut.

Gloria drehte sich in dem Moment um, in dem die Beifahrertür geöffnet wurde und ein glatzköpfiger Polizist ausstieg, dessen gewölbte Stirn stärker glänzte als die verspiegelten Gläser der Pilotenbrille, die sein halbes Gesicht bedeckte.

»Sir? Alles in Ordnung?«

»Mir geht es fantastisch.« Sie ging lächelnd weiter. »Ich spaziere nur ein bisschen durch die Gegend. Gut fürs Herz.«

»Sir, ich muss Sie bitten, sofort stehenzubleiben.«

»Gern, ich erlaube es Ihnen.«

»Was soll das heißen?«

Sie seufzte. Heutzutage verstanden die jungen Leute nicht mal mehr ihre eigenen Worte.

»Sir? Bleiben Sie stehen!«

Als sie hörte, dass die andere Tür geöffnet wurde, verlangsamte sie ihre Schritte. »Warum kann ich nicht spazieren gehen, bis ich fertig bin? Schade ich irgendwem?«

Ein zweiter Polizist stieg aus, ein Mann so dünn und drahtig, als würde seine Uniform nur von Kleiderhaken aufrecht gehalten. Diesmal keine Pilotenbrille, nur kleine Äuglein, die auf Rosinengröße schrumpften, als der Mann Gloria erreichte.

»Sir, machen Sie es nicht unnötig kompliziert.« Er griff nach ihrer Tasche.

Das war zu viel. Gloria drehte sich um, bohrte ihre Schulter in die Mitte seiner Brust und verpasste ihm einen energischen, aber sanften Stoß.

Er schwankte ein bisschen. Er wirkte eher erschrocken als wütend.

Gloria grinste. Sie hatte zwar nicht mehr die Kraft von früher, aber einen Schlaks zu überrumpeln, der den ganzen Tag im klimatisierten Streifenwagen herumfuhr, das schaffte sie noch.

»Ziehen Sie sich etwas über, Sir, dann können Sie weitergehen.«

»Ich habe nichts zum Überziehen. Mein Kleid wurde von Möwen gestohlen. Kann ich das als Straftat anzeigen? Ach, und übrigens: Ma'am.

»Wie bitte?«

»Miss ginge auch, aber Ma'am klingt respektvoller.«

Das Gesicht des Polizisten wurde hart. »Hör auf mit dem Scheiß, Mann, das ist nicht witzig. Ich nehme dich fest.«

Offenbar änderte sich so gut wie nie irgendwas auf der Welt. Gloria seufzte, warf einen letzten Blick auf den fernen Leuchtturm und stellte sich vor, wie es gewesen wäre, die kühlen, dunklen Stufen hinaufzusteigen und auf das wie frisch geprägte Meer hinauszusehen.

Es wäre schön gewesen. Na ja.

»Sie können es ja mal versuchen.«

Es ging nicht besonders gut für sie aus.

Sie hatte zwar den Überraschungseffekt auf ihrer Seite und hätte zehn Jahre zuvor eine große Show daraus gemacht. Aber sie war nicht mehr der Endfünfziger-Greg, sondern die neunundsechzigjährige Gloria, und als die Beamten sie an den Armen packten und auf den glühenden Gehweg hinunterzwangen, musste sie feststellen, dass sie sie nicht daran hindern konnte.

In dem Gerangel war ihr Slip verrutscht, aber das störte sie nicht. Zumindest nicht, nachdem sie plötzlich begannen, Ma'am zu ihr zu sagen. Peinlich war nur, dass sie ohne richtigen Kampf zu Boden gegangen war.

Schon dreißig Sekunden später schnappten die Handschellen zu – ein demütigender Rekord. Trotzdem war sie außer Atem, als die Bullen sie in den Schatten des Streifenwagens setzten und ihr die Handtasche in den Schoß warfen. Der Schmerz in der Brust war stärker denn je.

Die beiden Polizisten hatten Verstärkung gerufen. Sie

hätte ihnen gesagt, dass sie sich das sparen könnten, dass die Zeit definitiv vorbei sei, als sie sich noch gegen Festnahmen wehrte, aber sie bekam nur schwer Luft.

Kurz darauf erschien der zweite Streifenwagen. Die Tür wurde geöffnet, und eine junge Latina mit langem schwarzen Haar spähte durch den dunstigen Schimmer, der vom Gehweg aufstieg, und nickte ihren Kollegen zu.

Mit langsamen, bewusst gesetzten Schritten ging sie auf Gloria zu. Sie hatte beide Daumen wie ein Revolverheld in einem alten Western zwischen Gürtel und Hose gesteckt, doch als sie sprach, tat sie es leise und in respektvollem Ton.

»Hallo, ich bin Officer Ramos. Sie können mich Sophia nennen, wenn Sie möchten.«

Gloria sah sie blinzelnd an.

»Meine Kollegen halten es für das Beste, die Festnahme durch eine Frau durchführen zu lassen.«

»Sehr rücksichtsvoll von Ihren Kollegen.«

»Sagen Sie mir, wie Sie heißen?«

»Sie wollen wahrscheinlich den gesetzlichen Namen, für den Papierkram.«

Die Polizistin nickte. »Stimmt. Aber auch einen, mit dem ich Sie anreden kann, Ma'am.«

Gloria stieß die zurückgehaltene Luft in einem Schwall aus. »Der gesetzliche Name ist Gregory Hemingway, aber Sie können mich Gloria nennen.«

»Hi, Gloria. Sie haben sich Ihrer Festnahme widersetzt, ist das richtig?«

Sie war auf seltsame Weise charmant. Entsprach dieser Ton dem typischen Krankenschwestergerede am Bett des

Patienten? »Ja, aber leider nicht sehr erfolgreich. Ich hatte schon immer Probleme mit Autorität.«

»Wollen Sie mir Ärger machen?«

»Garantiert nicht. Ich sehe auf den ersten Blick, dass Sie keinen Spaß verstehen.«

Ihre Lippen zuckten. »Versprochen?«

»Ich komme ganz brav mit. Paradoxerweise hasse ich zwar jede Autorität, habe aber eine Schwäche für starke Frauen. Und wenn die starke Frau auch noch schön ist, bin ich Wachs in ihren Händen. Ich würde Ihnen mein großes Pfadfinderehrenwort geben, wenn ich jemals bei den Pfadfindern gewesen wäre.«

Wieder dieses Zucken. Gloria hoffte, dass sich die Polizistin ein Grinsen verkniff und nicht den Ekel verbergen wollte, den es ihr bereitete, von einer nackten alten Frau angeflirtet zu werden, die wahrscheinlich nach Alkohol und Autoabgasen stank. »Ich muss Sie leider festnehmen.«

»Das ist mir klar.«

»Sie haben das Recht zu schweigen. Alles, was Sie sagen, kann und wird vor Gericht gegen Sie verwendet werden. Sie haben das Recht, einen Verteidiger hinzuzuziehen. Wenn Sie sich keinen Verteidiger leisten können, wird Ihnen einer gestellt. Haben Sie das verstanden, Gloria?«

»Ich denke schon.«

»Gut, dann gehen wir jetzt raus aus der Hitze und setzen uns in meinen hübschen klimatisierten Wagen, in Ordnung?«

»Klingt wundervoll. Ich stehe Ihnen voll und ganz zur Verfügung, Officer Ramos.«

Ramos nahm ihr die Handschellen ab. Nachdem sie die Tür des Wagens geöffnet hatte, ließ sie ihre Hand an der Dachkante, bis Gloria eingestiegen und auf die Rückbank gesunken war.

»Alles gut da hinten?«, fragte sie, während sie auf dem Fahrersitz Platz nahm.

»Alles bestens.«

»Gut. Wir fahren jetzt zum Revier und versuchen die Sache zu klären.«

»Wenn es nur so einfach wäre. Aus Ihrem Mund klingt das wie der Gang zum Rektor.«

»Zum größten Rektor der Welt.« Der Motor sprang an.

»Meinen Spaziergang kann ich wahrscheinlich nicht so bald fortsetzen.«

»Das weiß man nie. Wohin wollten Sie eigentlich?«

»Auf den Leuchtturm.«

»Aus einem bestimmten Grund?«

»Bei Leuchttürmen packt mich immer die Nostalgie.«

Glorias letzter Tag in der Zelle kam ruhig und sonnig durch das Fenster. Als sie auf ihrer dünnen Matratze erwachte, fühlte sie sich erstaunlich ausgeruht. Ihre Brust, die seit der Festnahme ständig wehgetan hatte, schien sich endlich beruhigt zu haben. Gloria konnte frei atmen.

Trotzdem stand sie nicht auf. In einem neun Quadratmeter großen Raum konnte man nicht viel unternehmen.

Sie wusste natürlich, welcher Tag heute war. Sie merkte sich so etwas nicht bewusst – versuchte eher, es bewusst zu vergessen –, doch dieses Datum spürte sie jedesmal instinktiv, wenn es näherrückte. Erster Oktober. Der Todestag ihrer Mutter.

Fünfzig Jahre war das jetzt her.

Fünfzig Jahre.

War wirklich schon so viel Zeit vergangen? Sie sah ihr Gesicht so deutlich vor sich, als stünde Pauline direkt neben ihr. Inzwischen konnte sie zugeben, dass sie keine Schönheit gewesen war, zumindest weniger schön als das Gespenst, das Gloria fast ihr ganzes Leben hindurch verfolgt hatte. Doch welcher Mensch aus Fleisch und Blut konnte sich mit einer Vorstellung messen?

Und das war ihre Mutter gewesen, ein Mensch aus Fleisch und Blut. Selbstbewusst, manchmal ein bisschen kalt. Sehr auf gute Kleidung bedacht, aber auf Poolpartys befangen wegen ihres knabenhaften Körpers. Eine liebende Ehefrau und nicht immer die beste Mutter. Doch sie hatte sich Mühe gegeben, das konnte Gloria im Rückblick erkennen. Sie hatte sich auf ihre eigene, unterkühlte Ostküsten-Art durchaus bemüht. Und sie hatte ihre Kinder geliebt.

Gloria dachte an L.A. Ihre Mutter hatte in einer stinkenden Knastzelle gestanden, in einem Gebäude voller harter Typen, die sie nicht kannte. Gloria hatte den Autopsiebericht gelesen. Pauline musste sehr müde und oft wie betäubt gewesen sein. Trotzdem war sie gekommen, um ihr Kind aus dem Gefängnis zu holen.

»Mama.« Glorias Stimme klang heiser, weil sie so wenig gesprochen hatte, und verhallte schnell in der beengten Stille der Zelle. »Ich bins, Gigi.«

Sie suchte nach Worten, um die verschwundenen Jahre zusammenzutragen, die Fehler und die bereuten Dinge und das Gefühl, das sie durchströmte – kein Verzeihen, denn es gab nichts zu verzeihen.

Doch was sollte das bringen? Sie hörte ihr ja nicht zu. Sie war verschwunden, in traumlose Atome übergegangen.

Nur Erinnerungen waren geblieben, kostbare Erinnerungen, und jeden Tag wurden es mehr. Sie schossen hervor wie grüne Triebe nach dem Regen, wuchsen, schlangen sich umeinander.

Ihr Bruder im Pool, Handstand mit Drehung. Sein schlanker Körper in der Mittagssonne wie aus einem Edelstein geschnitten.

Valerie, beim Lesen auf der Unterlippe kauend, beide Beine über die Armlehne des zu prall gepolsterten Sessels gehängt, der bei ihnen im Eck stand.

Zerbrochene Flaschen am Grund eines Hafenbeckens, die schartigen Kanten von den unaufhörlichen Meeresbewegungen glatt geschliffen.

Lorian, nicht das einsame Mädchen, das Zeit mit einem kaputten Mann verbringen musste, sondern das Baby. Auf dem Rücken im Wohnzimmer der winzigen Wohnung liegend, in der Shirley und er damals lebten. Shirley, wie sie sich im Schlafzimmer schminkte. Das winzige Kind, wie es mit großen, glänzenden Augen hierhin und dorthin sah, als wollte es sich die ganze Welt einverleiben.

Papa und Glorias Mutter im Wohnzimmer tanzend. Sein Bärengeschlurfe untypisch zart, und sie führte ihn mit ihren schlanken Armen, und er ließ es zu. Aus dem Radio der Schmelz von Sinatras Stimme. Dazwischen die Katze mit dem Versuch, sich an den Beinen der beiden zu reiben, ohne zertreten zu werden.

Die schlimmen Erinnerungen hatten sie so lange gequält – sie hatte fast vergessen, wie viele gute es gab.

Es klopfte an der Tür. Sie setzte sich auf.

»Hallo?«

Der Riegel wurde zurückgezogen, die schwere Stahltür geöffnet, und dahinter tauchte, erstaunlich klein und zierlich neben der klobigen Tür, Officer Ramos auf. Das war Gloria bei der ersten Begegnung nicht aufgefallen, und warum, erklärte sich, als die Frau einen Schritt nach vorn tat und den Kopf in die Zelle streckte: Sie bewegte sich mit dem Selbstbewusstsein eines Menschen, der ungewöhnlich groß und bereit war, die Welt an der Gurgel zu packen.

»Heya. Ich habe gerade jemanden hergebracht und wollte fragen, wie es Ihnen geht, Greg … Gloria! Tut mir leid, aber so steht es in den Papieren?«

»Officer Ramos! Welch unverhoffte Freude!« Gloria grinste, ohne zu heucheln. »Machen Sie sich nicht verrückt deswegen. Hin und wieder bin ich noch Greg.«

»Okay.« Ihr Blick war auf eine Ecke der Zelle gerichtet. »Bestimmen Sie das jeden Tag neu oder … Wie entscheiden Sie das?«

»Ich weiß selbst nicht, wie ich das mache«, antwortete Gloria und fuhr mit der Hand durch ihr immer dünner werdendes Haar. »Ist mir aber ehrlich gesagt egal. Ich bin immer ich, und im Augenblick bin ich Gloria. Das reicht.«

Ramos nickte, sah aber stur in die Zellenecke. »Haben Sie es jemals bereut?« Gloria zögerte, weil sie die Frage zunächst nicht verstand. Dann fiel ihr ein, dass die Frau ihn nackt gesehen hatte.

»Entschuldigen Sie ...« Ramos sah sie jetzt peinlich berührt an. »Ich sollte nicht so —«

»Schon gut. Ich habe es ganz ehrlich nie auch nur eine Sekunde bereut und bereue es auch nicht, wenn ich mal Greg bin.« Sie grinste, weil es die Wahrheit war. So viele Fehler, so viel Bitterkeit, aber sie hatte sich bis ans schöne Ende durchgesoffen. »Es war die beste Entscheidung in meinem Leben, abgesehen vom Kinderkriegen und dem ganzen sentimentalen Zeug.«

Ramos erwiderte Glorias Lächeln. »Sehr verständlich. Entschuldigen Sie, dass ich so unhöflich war.«

»Nichts passiert. Seien Sie ruhig unhöflich, wenn Ihnen danach ist. Sie sind mein erster Besuch — ich erteile Ihnen eine Ausnahmegenehmigung.«

»Erst Ihr erster ... Na, das freut mich! Ich bin immer gern etwas Besonderes.«

»Sie müssen sich nicht um mich sorgen. Und Mitleid ist auch nicht angebracht. Ich habe keinem gesagt, dass ich hier bin, nur meiner Frau Ida, und die ist im Moment ziemlich sauer auf mich.«

»Warum haben Sie keinem etwas gesagt?«

»Weil das die Kinder belasten würde. Sie müssen ihr eigenes Leben leben. Sie haben schon genug ertragen. Davon abgesehen bin ich so sehr damit beschäftigt, an die Decke zu starren, dass ich eigentlich keine Zeit für Besuche habe. Hier drinnen ist es sehr entspannend. Sehr beruhigend. Man müsste die Bude nur neu streichen und den Leuten als Zen-Retreat verkaufen, dann könnte man einen Haufen Geld damit machen. Ida kreuzt schon noch auf. Wahrscheinlich findet sie, dass es mir guttut, wenn ich eine Weile hier bin, und vielleicht hat sie recht.«

Ramos betrachtete sie mit einem seltsamen Blick. Gloria zog eine Braue hoch. »Überrascht es Sie, dass ich verheiratet bin?«

»Ich bin seit sieben Jahren Polizistin. Mich überrascht nichts mehr.«

Ihr zur Seite geneigter Kopf und ihr selbstbewusstes Verhalten hatten etwas Bezwingendes. War ihr bewusst, wie jung sie war, wie neu auf der Welt? »Das glaube ich Ihnen.«

»Aber Sie hätten es fast geschafft, als Sie da auf dem Gehweg saßen, das muss ich zugeben.«

»Wenn *das* Ihrer Meinung nach schlimm war, hätten Sie mich vor dreißig Jahren erleben sollen. Ich weiß, es sieht nicht danach aus, aber es ist die Arbeit eines ganzen Lebens.«

»Ich meinte das Gespräch mit Ihnen. Sie waren anders, als ich nach dem Anruf meiner Kollegen erwartet hatte.«

»Das ist lieb von Ihnen. Zumindest vermute ich, dass es lieb gemeint ist. Ich weiß ja nicht, was Sie erwartet haben.«

Wieder das Zucken. Diesmal eindeutig ein verstecktes Grinsen. »Was meinen Sie mit Arbeit eines ganzen Lebens?«

»Das ist schwer zu erklären.«

»Versuchen Sie's.«

»Soll ich wirklich?«

»Ja.«

»Also … Sie haben von meinem Vater gehört?«

»Ernest Hemingway? Klar. Er ist Schriftsteller, oder?«

»War Schriftsteller.«

Sie schwieg kurz. »Ach so. Ja, natürlich. Ein Flugzeugabsturz?«

»Schon wärs. Er hat sich umgebracht.«

»Stimmt, darüber habe ich etwas gelesen. Das tut mir sehr leid.«

»Schon gut, es ist lange her. Haben Sie schon mal ein Buch von ihm gelesen?«

»Nein, warum?«

»Nicht wichtig. Er war ein ganz bestimmter Typ Mann ...« Sie suchte nach den richtigen Worten. »Wir waren nie wirklich auf einer Wellenlänge. Ich war eine Weile ziemlich wütend auf ihn, aber je älter ich werde, umso schwerer fällt es mir, wütend zu bleiben. Wir tun doch alle nur unser Bestes, und auch er hat sein Bestes getan. Und hatte obendrein mit seinem schwarzen Tier zu kämpfen.«

»Mit seinem schwarzen Tier? Wer war das? Sein Todfeind?«

»Ja, so könnte man es nennen. Es ist eine Art Familienfehde.« Gloria sah zu dem schmalen Fenster hinaus, das zur einen Hälfte mit blauem Himmel gefüllt war, zur anderen mit der tristen Unterseite der Fernstraßenbrücke, die am Gefängnis vorbeiführte. »Jeder weiß, dass Papa sich umgebracht hat – zumindest fast jeder –, aber die wenigsten wissen, dass auch mein Großvater Selbstmord begangen hat. Und mein Onkel, meine Tante und meine Nichte.«

»O Gott ...«

»Papa hat es das schwarze Tier genannt. Ich weiß nicht genau, was es ist, aber ich weiß, dass es existiert und sehr stark ist.« Sie schüttelte kurz den Kopf und wandte sich wieder zu Ramos, die noch immer mit undurchdringlicher Miene in der Tür lehnte. »Mich hat es auch ein paarmal fast erwischt, aber ich bin noch da. Ich habe viel verbockt, aber ich bin noch da.«

Ramos sah sie an und atmete langsam und ruckartig aus.

»Entschuldigung.« Gloria lachte verlegen. »Man darf alte Trottel nie faseln lassen.«

»Nein«, erwiderte sie. »Ich verstehe.«

Sie tauschten einen Blick.

»Also dann …« Sie stieß sich vom Türrahmen ab und wischte mit den Händen über die Hose, und die gedrückte Atmosphäre im Raum war schlagartig verschwunden. »Ich wollte nur kurz vorbeikommen und nachsehen, ob es Ihnen gut geht.«

»Ja, es geht mir gut. Wenn Sie mir wirklich helfen wollen, dann bitten Sie die Leute hier, mir meine Herztabletten zu geben. Das Personal hat so viel medizinisches Gespür wie ein Topf Muschelsuppe.«

Sie runzelte die Stirn. »Das ist nicht in Ordnung. Das spreche ich sofort an.«

»Meine Heldin.«

»Passen Sie auf sich auf, Gloria.«

»Sie auch … Geben Sie acht auf sich da draußen.«

Als Ramos weg war, saß Gloria wieder schweigend da und fügte die Polizistin ihrem wachsenden Hort von Erinnerungen hinzu. Die Lässigkeit, mit der sie sich anlehnte, ihren breitbeinigen, selbstsicheren Gang, ihre schwarze Mähne. Jung, verwegen, lebendig. Sie wünschte ihr alles Glück der Welt.

Es war wohl Zeit, sich anzuziehen. Irgendwann musste

der Tag schließlich beginnen. Weil sie sich in einem Frauengefängnis befand, gab es auch nur Frauenkleidung, aber das machte nichts. Die Kleidung spielte keine Rolle mehr für sie.

Als sie sich bückte, um einen frischen Slip anzuziehen, kam der Brustschmerz zurück, ein rollender Schmerz, der wie mit Schwung die Rippen hinunter und in den Bauch fuhr. Gloria hielt inne, um Luft zu holen, und wartete, dass es wie immer vorüberging.

Der nächste Schub fühlte sich an, als wäre eine Granate in ihr explodiert, wie ein alles zerstörendes, qualvolles Dröhnen. Sie spürte fast nichts, als ihr Jochbein auf den gefliesten Fußboden knallte.

Sie schaffte es, sich auf den Rücken zu drehen. Wieder starrte sie an die schimmelige Decke, und der Schmerz kam und kam noch einmal – bis er plötzlich wie durch ein Wunder schwand.

Doch es war Gloria, die wich, die verschwand.

Das schreckliche Rasseln in ihrer Lunge verstummte. Ihr Körper entfernte sich. Die Kontrolle über ihre Muskeln riss ab wie Spinnenseide im Wind, und es gab sie nicht mehr. Es wunderte sie, wie viel Zuneigung sie jetzt, ganz am Schluss, für ihren Körper empfand, wie traurig sie darüber war, dass er enden musste.

Dann kehrten die Erinnerungen zurück, eindrücklicher als zuvor. Tausend Feuerwerke auf einmal.

Wie Wasser durch ein Zuckerrohrfeld strömendes Licht.

Die breiten Schultern ihres Vaters, über den Schreibtisch gebeugt.

Ein vom Himmel stürzender Spatz.

Dunkle Augen, darin die ganze Welt.

Rodolfos schmaler Rücken, verschluckt von der Nacht.

Die Lippen seiner Mutter an seiner fieberheißen Stirn.

Ihr erster Schluck kubanischer Rum.

Die Atemzüge des schlafenden Patrick drüben im anderen Bett.

Der Stolz im Gesicht seines Vaters, der ihn inmitten der jubelnden Menge hochhebt.

Der Geruch von Miami nach dem Regen.

Valerie.

Und, ein letztes Mal, der Leuchtturm.

Und sie fiel, hinein in die Erinnerungen und durch einen Sturm von Augenblicken, die immer schneller wirbelten, bis sie auseinanderbrachen – nicht zerrissen wurden, sondern sich auflösten und ineinander und in alles übergingen, was einmal Gregory Hemingway gewesen war.

Gigi.

Greg.

Gloria.

Ich.

»Fast geschafft. Na los, weiter! Nein? Also gut.«

Papa hebt ihn sich auf den breiten Rücken, schiebt seine Arme unter Gregs Beine und steigt die gewundene Treppe weiter hinauf. Patrick läuft voraus. Nur zwei schmutzige Fußsohlen blitzen immer ein Stück weiter oben auf und geraten nach jeder Biegung kurz aus dem Blick.

Unermüdlich steigen sie Stufe für Stufe hinauf und treten plötzlich hinaus in den Himmel.

»Bitte schön, Gig«, sagt sein Vater, macht jedoch keine Anstalten, ihn auf den Boden zu stellen. Von hier oben auf der Plattform erscheint Key West wie ein Miniaturdorf aus Bernstein und Gold unter dem staubigen Dämmerlicht.

Er regt sich auf dem Rücken seines Vaters; die Schönheit weckt ihn aus dem Halbschlaf. Das Meer glänzt bis zum Horizont und ist besprenkelt mit dunklen Flecken – ein- und ausfahrenden Booten, an deren Rümpfen und Masten winzige rote Funken aufglimmen und verlöschen. Möwen folgen ihnen mit trägen Flügeln oder gleiten in Aufwinden über der Stadt dahin, schweben mit gravitätischer Anmut nach oben und verschwinden im Dunst.

Patrick ist um den Leuchtturm herum auf die andere Seite der Plattform gerannt. Man sieht nur seinen Rücken, während er auf das Meer hinausblickt und das Geländer dabei mit beiden Händen umklammert, als würde er sich jeden Moment darüberschwingen und den Vögeln auf ihrem Flug folgen, vergoldet vom Rest der untergehenden Sonne.

Alle drei sehen zu, wie sich die Erde dreht und die ersten Sterne im Westen flackernd zu funkeln beginnen.

Bis die Stille von einem leisen, in die Knochen fahrenden Brummen beendet wird und über ihren Köpfen ein Strahl aus brennendem Gold den frühen Abend zerteilt. Es tut ihm schon weh, wenn er nur hinsieht, so hell ist der Strahl, wie ein Speer der untergehenden Sonne. Das Brummen wird lauter, und das Licht schwenkt zur Seite; über ihnen ganz langsam, im tieferen Dunkel dahinter unglaublich schnell.

Er streckt sich, sodass der helle Schein gerade noch seine Fingerspitzen erfasst. Einen Moment lang spürt er ihn fast, doch dann greift er ins Leere und fällt zurück auf die Schultern seines Vaters.

»Papa?«

»Was ist, Gig-man?«

»Für was braucht man Leuchttürme?«

»Man braucht sie beispielsweise, weil sie schön sind.«

»Ja.«

»Aber vor allem sollen sie Schiffen, die sich im Dunkeln oder im Nebel verfahren haben, den Heimweg zeigen. Sie bringen sie sicher nach Hause.«

Er seufzt und schlingt seine Arme fester um den Hals seines Vaters. »Das ist nett, dass sie das tun.«

»Ja. So ziemlich das Netteste, was man tun kann.«

Sie schweigen und blicken gemeinsam in die schwärzer werdende Nacht hinaus, über die endlose Welt hinweg und in sie hinein, die sich dort unten wölbt und wartet.

ANMERKUNG DES AUTORS

Dieser Roman ist zwar ein fiktionales Werk, wurde aber inspiriert durch das reale Leben von Hemingways jüngstem Kind Gregory, das sich später auch Gloria nannte.

Gregs Leben war komplex. Soweit ich feststellen konnte, gab es nicht den einen ausschlaggebenden Moment der Selbstfindung oder Transition, sondern Greg zeigte sich bis zum Tod abwechselnd als Mann und als Frau.

Den Namen »Greg« im Unterschied zu »Gloria« habe ich genutzt, weil Greg ihn ein Leben lang selbst verwendet hat, während Gloria nur einer von mehreren weiblichen Vornamen war (wenn auch offenbar der bevorzugte), die der Klarheit wegen unerwähnt bleiben. »Greg« habe ich daher in Bezug auf Gregs/Glorias Leben im Allgemeinen gebraucht, »Greg« oder »Gloria« hingegen in den einzelnen Szenen, je nachdem, für welches Pronomen er/sie sich vermutlich jeweils selbst entschieden hätte.

Mein Ansatz erhebt keinen Anspruch auf Letztgültigkeit, doch werden die Leser:innen hoffentlich spüren, dass er auf Liebe und Respekt beruht.

WEITERFÜHRENDE LITERATUR

Carlos Baker, *Hemingway: Die Geschichte eines abenteuerlichen Lebens*

Ernest Hemingway, *Paris – Ein Fest fürs Leben*

Ernest Hemingway, *Tod am Nachmittag*

Ernest Hemingway, *Der Garten Eden*

Ernest Hemingway, *Kurzgeschichten*

Lorian Hemingway, *Es war einmal ein Fluß*

Mary Welsh Hemingway, *Wie es war*

Richard Bradford, *The Man Who Wasn't There: A Life of Ernest Hemingway*

Amanda Fortini, *The Importance of Not Being Ernest* (New York Times, 2013)

Gregory H. Hemingway MD, *Papa*

John Hemingway, *Strange Tribe*

Valerie Hemingway, *Running with the Bulls: My Years with the Hemingways*

Paul Hendrickson, Hemingway's Boat: *Everything He Loved in Life, and Lost*

Paul Hendrickson, *Papa's Boys* (Washington Post, 1987)

Jeffrey Meyers, *Hemingway: A Biography*

DANKSAGUNG

Mein Dank gilt meinen Eltern Jody und Jim sowie Estée, Audrey und Stephen, für alles.

Und ich bedanke mich bei Reg für die angenehme Gesellschaft in den langen Stunden des Redigierens.

Bei Michelle, die mich jahrelang beraten und unterstützt hat.

Bei Amy für geduldiges Lesen und für ihr Feedback.

Bei John Ash, dem hervorragenden Agenten. Ohne seine Hilfe und sein Feedback hätte dieses Buch nie einen Verleger gefunden.

Bei Francesca Main und allen Mitarbeiter:innen von Phoenix. Wenn Ihnen dieses Buch gefällt, bedanken Sie sich bei Francesca. Dank ihrer Redaktion wurde der Text auf jeder Seite besser. Und wenn Sie von diesem Buch erfahren oder das schöne Cover in einer Buchhandlung entdeckt haben, bedanken Sie sich beim Phoenix-Team, das dem Buch zur bestmöglichen Präsentation verholfen hat.

Charlie Castelletti und Erick Jackaman bin ich sehr dankbar für das von ihnen durchgeführte Sensitivity Reading.

Auch Claire und allen in meiner Gruppe der London Library Emerging Writers gilt mein Dank. Sie haben mir geholfen, mich als Schriftsteller ernst zu nehmen.

Bedankt sei Paul Hendrickson, dessen Buch *Hemingway's Boat: Everything He Loved in Life, and Lost* Urquell und Hauptreferenz im Zusammenhang mit der Biografie des realen Greg darstellt. Die Idee, Greg auf seinem letzten Weg zu einem fernen, erinnerungsträchtigen Leuchtturm gehen zu lassen, spielt auf Pauls Darstellung von Gregs letztem Lebenstag an und soll deutlich machen, dass es dieses Buch nicht gäbe, wenn sich Paul nicht als Erster allen früheren Historikern widersetzt und Greg und Gloria die verdiente Liebe und Würde entgegengebracht hätte. Falls Sie sich für das Thema interessieren, lege ich Ihnen diese Lektüre sehr ans Herz. Es ist gründlich recherchiert, wunderschön geschrieben und voller Mitgefühl.

Ebenfalls bedanke ich mich bei Sara Schindler und allen Mitarbeiter:innen des Kein & Aber Verlags, dafür dass mein Buch auch auf Deutsch erscheint – und bei Michaela Grabinger für ihre Übersetzung.

Zum Schluss bedanke ich mich bei Ihnen, den Leser:innen. Wir werden uns wohl nie begegnen, aber ich habe das Buch für Sie geschrieben.

BRYAN WASHINGTON
Dinge, an die wir nicht glauben

»Eine ganz bewegende Auseinandersetzung mit vielen Themen
wie Familie, Herkunft, Paarbeziehungen, aber auch Rassismus
und Homophobie.«
DEUTSCHLANDFUNK KULTUR

In Bens und Mikes hitzigen Streitereien fliegen schon mal
Handys durch die Gegend. Ihre Konflikte löst das junge Paar
mit Sex. Ben, ein schwarzer Kindergärtner, und Mike, ein Koch
mit japanischen Wurzeln, leben seit vier Jahren zusammen in
Houston. So richtig glauben beide nicht mehr an ihre Liebe.
Als Mikes schroffe Mutter Mitsuko aus Japan zu Besuch
kommt, reist ihr Sohn überstürzt ab, um seinen todkranken
Vater zu pflegen, den er seit Jahren nicht mehr gesehen hat.
Ben bleibt zurück mit einer fremden Frau, die auf Distanz geht
und erst mal wortlos die ganze Küche umräumt. Aber mit der
Zeit merken Ben und Mitsuko, dass sie Mike durch den jeweils
anderen neu kennenlernen. Seine Abwesenheit wird zum ver-
bindenden Glied. Doch dann kehrt Mike zurück, und das fragile
Gebilde gerät ins Wanken.

Roman
Broschiert, 384 Seiten
Aus dem Amerikanischen von Werner Löcher-Lawrence
ISBN 978-3-0369-6167-5

Auch als eBook erhältlich
www.keinundaber.ch

JEANETTE WINTERSON
Orangen sind nicht die einzige Frucht

»Eine der begabtesten Erzählerinnen der Gegenwart.«
FAZ

Die temperamentvolle Jeanette wächst als Adoptivkind bei fanatischen Mitgliedern der Pfingstbewegung auf. Für ihre Stiefmutter ist sie eine »Auserwählte«, die mit ihr gegen die sündige Welt kämpft und eine Missionarin für die Kirche werden soll. Doch Jeanette erfährt einen unerwarteten Sinneswandel, als sie sich mit sechzehn in eine junge Frau verliebt. Von ihrer Gemeinde und ihrer Stiefmutter für diese Liebe geächtet und zunehmend unsicher, warum der Glaube über dem Verlangen stehen sollte, verlässt sie schließlich ihr Elternhaus und die Kirche, um selbstbestimmt ihr Glück zu finden.

Roman
Broschiert, 272 Seiten
Aus dem Englischen von Brigitte Walitzek
ISBN 978-3-0369-5999-3

Auch als eBook erhältlich
www.keinundaber.ch